KB067556

Globalization and Consumer Oriented Market Economy

소비자와
글로벌마켓 중심의
시장경제

이승신 / 이종인 / 박정근

박영사

책을 펴내면서

시장경제에 미치는 소비자선택의 영향력은 절대적이다. 소비자가 선호하는 상품은 판매가 늘어나지만 선택해주지 않는 기업의 상품은 시장에서 퇴출당한다. 소비자와 기업의 상호관계에서 최종적인 의사결정의 힘은 소비자에게 있는 것이다. 그럼에도 불구하고 시장경제는 여전히 생산자의 관점이 우세하며 관련된 정책들에서도 소비자의 시선이 홀대받는 경우가 적지 않다. 더욱이 오늘날의 핵심 키워드 중의 하나인 '글로벌 시장(global market)'에서의 소비자문제에 관해서는 여전히 관심도가 높지 않은 편이다.

이러한 배경에서 우리 3인의 저자는 '소비자'와 '글로벌마켓'을 중심으로 하는 '시장경제'를 공부하기 위한 교재의 필요성에 공감했다. 오랫동안 소비자학을 가르쳐 온 이승신 교수는 '소비자와 시장경제' 등의 교과목을 강의하면서 느낀 소비자중심의 시장경제에 필수적인 콘텐츠를 제안하였으며, 경제학을 전공한 이종인 박사는 소비자정책에 관한 장기간의 실무경험을 경제학이론에 접목하는 아이디어를 제시했다. 미국에서 유통·소비자학을 가르치고 있는 박정근 교수는 글로벌 환경에서의 소비자문제에 관한 신선한 시각을 이 책에 담기로 했다. 그리하여 2013년 봄부터 이 책의 집필을 적극적으로 추진해 왔다.

우리는 이 책의 집필을 기획하면서 다음과 같은 몇 가지 방향에 공감했다. 첫째, 소비자경제학이나 시장 환경, 그리고 소비자정책에 관련된 저서들과는 차별화하여 글로벌 경제 환경의 변화를 강조하고 기초적 사회과학 이론에 바탕을 두되 시장에서 빈번히 제기되는 소비자문제들을 조명하려 했다. 둘째로는, 일부 교재들에서 볼 수 있는 소비자 정보를 망라하는 백과사전식 체제는 지양하고자 했으며, 셋째, 대학에서 한 학기 강의용으로 활용할 수 있도록 전체를 15개의 장으로 구성하고자 했다. 마지막으로, 소비자문제와 시장경제, 그리고 관련 정책에 관심 있는 일반 독자에게도 유용한 정보를 제시하고자 했다.

이 책의 전체 구성 중, 제1장과 제8장, 제9장 1~4절, 제11장, 제15장 1절은 이승신 교수가 집필을 맡았으며, 제2장과 제4~7장, 제9장 5절, 제10장, 제12장 2~3절, 제13장 1절 및 제15장 2절은 이종인 박사가 집필을 담당했다. 그리고 제3장, 제12장 1절, 제13장 2~3절, 제14장 및 제15장 3절은 박정근 교수가 집필을 맡았다. 해당 내용에 관련된 재미있는 뉴스나 참고할 만한 〈읽을거리〉와 사례조사 등을 추가하고, 각 장 말미에는 검토과제와 참고문헌을 두어 독자들이 관련된 내용을 참고해 볼 수 있게 배려하였다. 각 장별 내용을 독립적으로 책임 집필한 후에, 전체적인 구성과 초고의 편집은 이종인 박사가 맡았으며, 공동 집필자 3명이 윤독과 윤문을 통해 내용의 조화와 형식의 통일을 기했다.

이 책의 출간은 여러 분들의 도움이 있었기에 가능했다. 특히 이 책의 전체 내용을 읽고 교정의 일을 훌륭히 해준 건국대학교 소비자정보학과 대학원생들에게 고마움을 전한다. 덧붙여, 어려운 출판 여건에서도 소비자와 경제문제 전문서의 학술적 가치에 비중을 두어 출간을 결정해준 박영사의 안종만 대표와 편집부원 여러분께 감사드린다.

이 책을 저술하면서 소비자와 시장경제에 관련된 이론적 토대를 여러 경제현상에 맞게 설명하고 또 다양한 응용을 통해 독자들의 이해를 돕고자 노력했으나 막상 출간을 앞두고 보니 부족한 부분이 한두 곳이 아니다. 저자들의 능력 부족 탓이며 미흡한 부분은 다음 기회에 보완해나갈 것을 약속드린다. 이 책에 대한 독자 여러분의 건설적인 지적과 비평을 바란다.

2014년 7월
공동저자 이승신·이종인·박정근 씀

제2부　소비자중심의 경제학의 기초

GLOBAL

제3부 현대 소비경제와 소비자

GLOBAL

제4부　시장경제에서의 소비자정책의 지향

GLOBAL

제14장　글로벌시장 중심의 소비자정책의 진전

제15장　소비자정책의 현재와 미래

GLOBAL

Globalization
and
Consumer Oriented Market Economy

제**1**부

소비자중심의 시장경제

소 비자는 생산자와 더불어 2대 경제주체의 하나이다. 소비자와 기업 간에, 상품(goods & services)의 거래과정에서 발생하는 이른바 소비자문제는 소비자의 일상의 경제활동 중에 발생되며, 소비자 문제들을 해결하는 과정 역시 시장에서의 경제활동의 범위 내에서 이루어진다. 따라서 우리는 시장경제구조의 틀 속에서 소비자문제와 소비자학, 소비자경제라는 학문의 위치를 살펴볼 수 있다.

제1부에서는 시장경제에서의 소비자문제를 소비자와 글로벌마켓 중심의 시각에서 살펴본다. 우선 제1장에서는 소비자의 합리적 의사결정 문제를 살펴보고 시장경제체제 아래에서의 소비자주권과 소비자문제의 본질, 그리고 바람직한 문제해결 방향에 관해 정리한다. 제2장에서 소비자의 행동에 밀접한 관련이 있는 소비자학과 경제학을 포함한 사회과학에서 활용되는 합리성과 효율성과 같은 핵심 개념들을 이해하고, 끝으로 제3장에서는 세계화와 글로벌경제 속에서 소비자의 위치와 소비자문제들에 관해 살펴본다.

서문에서도 언급했지만, 이 책은 기존의 소비자경제에 관련된 교과서들과는 달리 글로벌 경제환경에서의 소비자문제를 강조한다.

제1장

시장경제와 소비자문제

　　시장경제란 시장의 힘을 통해서 사회가 보유하고 있는 대부분 혹은 상당 부분의 경제적 자원이 배분되는 일종의 경제적 자원의 배분메커니즘을 지칭하는 말이다.

　　대체로 성숙된 경제에서는 자원의 배분이 시장경제체제에 의하여 이루어진다. 시장경제체제에서는 개인이 생산에 필요한 자원을 소유하고, 경제활동의 자유를 누린다. 또한 이들은 자신의 이익을 가능한 한 많이 확보하기 위해 경제와 관련된 의사결정 과정에 적극적으로 참여하고, 되도록 합리적인 선택을 하기 위해 최선을 다한다. 시장경제체제는 다음의 세 가지 조건이 충족될 때라고 할 수 있다. 한편 이들의 경제활동은 가격을 통해 조정되는데, 개별 경제주체들은 재화, 용역, 그리고 생산요소의 시장가격을 토대로 하여 무엇을, 얼마나, 어떻게 만들고 소비할지 등을 판단하는 것이다. 시장경제체제에서는 정부가 개인의 경제활동에 가능한 적게 개입하는 것을 원칙으로 한다. 이상의 내용을 종합하면 아래의 〈표 1-1〉과 같이 세 가지 조건이 충족될 때 시장경제체제라 할 수 있다.

표 1-1 시장경제체제의 3가지 조건

1. 개별경제 단위가 무엇을, 어떻게, 어디서, 언제, 생산, 소비할 것인가를 스스로 결정한다는 자유의 사가 기본조건이 된다.
2. 개별단위에 의한 경제적 의사결정은 넓은 의미의 '가격'에 의해 결정된다.
3. 가격은 대체로 개별 재화의 수요와 공급에 의하여 결정된다. 각 시장에서 수요와 공급이 균형을 이루어 가격을 형성하면, 가격은 수많은 경제단위의 개별적인 활동을 조정한다. 시장 경제는 자발적 교환을 통하여 이루어지며, 보이지 않는 손이 작용한다.

이러한 시장경제체제에서는 무엇을, 어떻게, 누구를 위하여 생산할 것인가의 기본적인 경제문제를 수요와 공급에 맡겨 해결한다. 공급자의 측면에서는 인간생활에 필요한 물자를 생산하고 최종생산품을 시장에 팔기 위해 결국 수요자가 필요로 하고 원하는 물품을 생산하고자 할 것이다. 즉, 무엇을 생산할 것인가에 대한 결정은 시장에서의 수요에 의해 결정되는 것으로 이에 가장 큰 영향을 미치는 것은 개별소비자의 선택이다. 결국 개별소비자의 선택은 공급자가 무엇을 생산할 것인가를 좌우하는 기본요소가 된다.

다음은 어떻게 생산할 것인가에 대한 결정이다. 이때는 공급자로서의 기업이 소비자의 수요충족을 위해 재화와 서비스를 생산할 때 기업이 보유하고 있는 자원을 가장 효율적으로 사용하기 위한 결정과정이다.

마지막은 누구를 위하여 생산할 것인가에 대한 문제이다. 이는 생산을 통해 자원의 공평한 배분이 이루어질 수 있느냐의 문제로써, 주로 생산요소(토지, 노동, 자본) 소유자에 의해 결정되며 생산에 필요한 기술, 물자, 자본을 제공할 수 있는 자는 소득이나 이윤을 얻게 되고, 이것으로 재화와 서비스를 구입하게 된다.

아울러, 시장경제는 경제활동 순환도〈그림 1-1〉의 경제 3주체인 소비자, 정부, 기업이 어떻게 상호관련이 되어있는지를 통해 보다 쉽게 이해할 수 있다.

소비자는 최종재시장을 통해서 기업에 필요한 재화와 용역을 요구 및 소비하고 기업은 가격경쟁을 통해 이를 생산하고 제공하면서 경제활동을 하고 있다. 또 기업은 제품과 서비스를 생산하는 데 있어 필요한 자원을 생산요소시장을 통해 공급받고 생산요소를 제공한 자에게 그 대가를 지불한다. 이렇게 획득한 소득

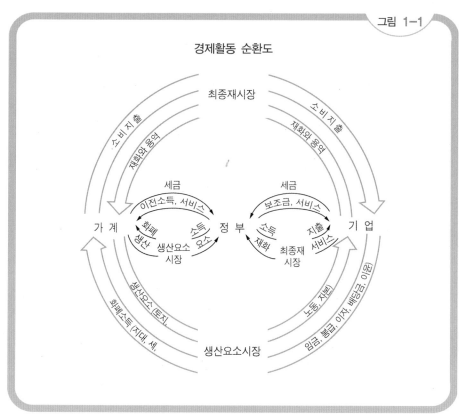

그림 1-1

경제활동 순환도

최종재시장

소비지출
재화와 용역

소비지출
재화와 용역

세금
이전소득, 서비스

세금
보조금, 서비스

가 계

화폐
생산

소득
요소

생산요소
시장

정 부

소득
재화

지출
서비스

최종재
시장

기 업

생산요소 (토지,
화폐소득 (지대, 세,

노동, 자본

임금, 봉급, 이자, 배당금, 이윤

생산요소시장

출처: 이승신, 김기옥, 김경자, 심영, 정순희(2003), 가계경제분석, 신정.

은 다시 재화와 용역에 사용되면서 기업에게 되돌려지는 순환이 거듭된다.

위 그림을 통해 우리는 시장경제의 모든 구성원이 소비자와 생산자의 두 가지 역할을 모두 담당하고 있으며, 생산과 소비가 상호 관련되어 있음을 볼 수 있다. 즉 생산과 소비는 결국 소비자의 요구를 충족시키기 위한 경제활동이라고 할 때 시장경제에 있어서 소비자의 역할과 기능은 중요하다고 할 수 있다.

아울러 소비자문제는 소비자와 기업 간에 발생한 문제로써 기업이 생산한 상품이나 서비스의 구입 또는 소비하는 과정에서 나타난 소비자의 불만, 경제적 손실, 생명·신체의 위해를 가할 때 발생하게 된다. 이러한 소비자문제는 개개인의 소비자가 느끼는 불만과 피해에 국한되지 않고 상품과 서비스를 거래하는데 있어 가격·품질·안전성 등의 거래조건에 대하여 소비자가 갖게 되는 문제의식과 잠재적 욕구를 포괄하는 개념으로서 시장경제와도 밀접한 연관을 갖는다(백병성, 2009).

1 소비자의 합리적 의사결정

합리적 또는 합리성에 대한 개념은 다양한 분야에서 다루어지고 있다. 그러나 다양한 분야에서 여러 학자들에 의해 논의되어 왔음에도 불구하고 합리성에 대한 정의는 명확하게 일치하고 있지 않다. 이러한 합리성에 대한 개념을 중요하게 다루는 대표적인 학문은 경제학이라고 할 수 있다. 희소한 자원을 효율적으로 배분하고 이를 합리적 선택행위를 통해서 결과의 극대화를 이루는 것이 경제적 행위의 본질이라고 할 수 있기 때문이다(정오현·고동완, 2011).

남상섭·안병근(2008)은 합리적 소비를 경제학의 관점에서 바라보았다. 경제학에서의 합리성에 근거한 합리적 소비란 소비자가 자신의 일정한 소득이나 예산으로 얻을 수 있는 만족감인 총효용이 극대화되도록 행동하는 것을 의미한다. 이러한 합리적 소비 즉, 주어진 예산으로 총효용을 극대화하기 위해서는 2가지 조건이 필요한데, 한계효용균등의 법칙과 예산제약조건이 충족되어야 한다. 한계효용균등의 법칙이란, 소비자가 구매하는 각 재화 1원어치의 한계효용이 균등하게 되도록 예산이 배분되어 재화를 구입하여야 한다는 것이며, 예산제약조건이란 재화의 구입에 사용한 지출액의 합계가 소비자의 예산과 같아야 함을 의미한다.

김기옥 외(2012)는 합리성과 효율성을 통해 경제주체로서의 소비자의 선택활동을 설명하였다. 이에 따르면 합리성이란, 소비자가 시장에서 의사결정을 할 때 어떤 등급 체계가 있는 선호에 따라 일관성 있게 행동을 하는 것을 의미한다. 이러한 합리성은 결국 소비자에게 가장 큰 이익을 가져오게 된다는 것을 의미한다. 이때 합리성이란 개념은 내적 일관성과 자기이익의 극대화라는 2가지 의미를 포함하게 된다. 따라서 소비의 합리성이란 소비자가 가지고 있는 선호가 내적으로 일관되고 완전한 상태에 있음을 전제하는 것이다. 반면에 효율성은 경제적인 의미로서 최소의 희생으로 최대의 효과를 얻는 것이다. 즉, 최소한의 자원을 활용하여 동일한 결과를 얻어내는 것 또는 동일한 자원을 가지고 이전에 없던 최대의 결과를 얻게 되는 것은 객관적으로 판단할 수 있는 효율성이라 하겠다. 그러나 합리성은 개별 소비자의 선호에 따른 우선순위와 의사결정이 내려지는 것을 뜻하므로 효율성과 다른 주관적인 개념이라고 할 수 있다. 때문에 개별적인 소비행동은 객관적 개념인 효율성과 주관적 개념인 합리성에 따른 판단기준이 달라질 수 있다. 그러나 우리는 흔히 충동구매, 유명상표 선호를 주관적인 판단에 비추어 '비합리적'인 소비라고 단정 짓는 경우가 많다. 이는 소비자가 어떻게 소비해야 하는가에 대한 규범적 의식이 반영되어 있는 것이라고 할 수 있다. 따라서 한 소비자의 기준과 가치관이 다른 소비자들에게도 적용되는 것은, 결국 소비자로서의 선택과 공동체적 책임감이 조화되어야 함을 의미한다.

자본주의 경제 체제에서 우리는 매 순간 생산한 물건을 구매하거나 서비스에 비용을 지불하는 방식으로 소비하며 살아간다. 주어진 소득 범위 내에서 소비를 해결해야 하므로 소비의 주체는 어떻게 하면 동일한 소비로 만족을 높일지 고민한다. 구매하고자 하는 상품의 가격과 품질을 고려하고, 그 상품을 소비할 때 얻게 되는 만족감과 소비에 따르는 기회비용을 따져 소비하는 것이다. 이처럼 현재는 물론 장래 가계의 만족을 극대화하는 소비행위를 합리적 소비라 한다. 낮은 가격은 합리적 소비에 주요 조건이지만 합리적 소비가 되는 것은 아니다. 식품, 유아용품처럼 제품과 서비스의 품목에 따라 가격보다 안전성 등 다른 조건이 만족도의 척도가 되기도 한다.

또한, 소비의 합리성 개념은 수단적 소비합리성과 목적적 소비합리성으로 나누어 정리되기도 한다(김난도, 2003). 수단적 소비합리성은 소비자가 일관된 의사결정 과정을 거쳐 내린 의사결정을 의미하며, 목적적 합리성은 소비자가 가지게 된 소비의 소망이 합리적이어야 함을 의미한다. 따라서 수단적 소비합리성은 소망·신념과 행동의 일관성, 소망체계의 일관성, 신념체계의 일관성을 모두 갖추어야 하고, 목적적 합리성을 갖기 위해서는 소망이 최적이고 자율적이어야 한다고 했다. 이러한 논리를 바탕으로 구매 중독이란 소망과 신념 사이의 불일치를 비합리적 소비의 원인으로 보았다. 또 소비자가 실제 부자가 아니면서 상류층을 모방 소비하는 것은 소망이 최적이 아니며 자율적이지 않으므로 목적적 합리성에 위배되어 비합리적 소비행위로 간주된다.

2 시장에서의 소비자의 개념과 특성

1) 시장에서의 소비자 개념

소비자의 개념에 대한 견해는 다양하다. '개인적 이용을 위해 상품이나 서비스를 제공받는 사람', '타인이 공급하는 물자나 용역을 소비생활을 위해 구입·사용하는 자', '거래과정의 말단에서 구매자로 나타나는 생활인' 등과 같이 공급자에 대립하는 개념이 일반적이다. 또, 일반 국민을 소비생활의 측면에서 포착한 개념으로 보는 견해도 있다. 이에 따르면 성별·연령·거주지역·문화의 차이를 막론하고 각자의 다양한 욕구를 충족시키고 생활을 영위하기 위해 많은 상품과 서비스를 소비하므로, 모든 인간을 소비자로 보고 있다. 뿐만 아니라 부모의 대행 또는 대리인에 의한 소비자역할이 가능하므로 인간의 생명이 형성되는 순간부터 사망 이후의 일정기간까지 계속된다고 설명되기도 한다.

현행 소비자기본법에서는 아래 〈표 1-2〉와 같이 '소비자라 함은 사업자가 제공하는 물품 및 용역을 소비생활을 위하여 사용하거나 이용하는 자 또는 생산활동을 위하여 사용하는 자로서 대통령령이 정하는 자'라고 명시되어 있다. 추가적으로 동법 시행령 제2조에서는 아래 〈표 1-3〉과 같이 '물품 또는 용역을 생산활동을 위하여 사용하는 자'의 범위를 정하고 있다. 이에 따르면 제공된 물품 또는 영약을 최종적으로 사용하는 자로 제공된 물품 등을 원재료, 자본재 또는 이에 준하는 용도로 생산활동에 사용하는 자는 제외한다. 그러나 제공된 물품 등을 농업(축산업) 및 어업활동을 위하여 사용하는 자는 소비자의 범위에 포함됨을 명시한다. 즉, 생산에 필요한 원료를 구매하는 제조업자나 상품을 싸게 사서 이윤을 붙여 다시 파는 중간소비자는 제외되고 사용을 위해 구매활동을 하는 유통의 말단에 위치한 구매집단으로서의 최종소비자를 법에서 정한 소비자의 개념이라고 할 수 있다.

표 1-2 소비자기본법에 명시된 소비자의 정의

[소비자기본법]

제 1 장 총 칙

제 2 조(정의) 이 법에서 사용하는 용어의 정의는 다음과 같다.

1. "소비자"라 함은 사업자가 제공하는 물품 또는 용역(시설물을 포함한다. 이하 같다)을 소비생활을 위하여 사용(이용을 포함한다. 이하 같다)하는 자 또는 생산활동을 위하여 사용하는 자로서 대통령령이 정하는 자를 말한다.

표 1-3 소비자기본법 시행령에 명시된 소비자의 범위

[소비자기본법 시행령]

제 1 장 총 칙

제 2 조(소비자의 범위) 「소비자기본법」(이하 "법"이라 한다) 제 2 조 제 1 호의 소비자 중 물품 또는 용역(시설물을 포함한다. 이하 같다)을 생산활동을 위하여 사용(이용을 포함한다. 이하 같다)하는 자의 범위는 다음 각 호와 같다. 〈개정 2007. 10. 31, 2008. 1. 31, 2008. 2. 29, 2013. 3. 23〉

1. 제공된 물품 또는 용역(이하 "물품등"이라 한다)을 최종적으로 사용하는 자. 다만, 제공된 물품 등을 원재료(중간재를 포함한다), 자본재 또는 이에 준하는 용도로 생산활동에 사용 하는 자는 제외한다.
2. 제공된 물품 등을 농업(축산업을 포함한다. 이하 같다) 및 어업활동을 위하여 사용하는 자. 다만, 「원양산업발전법」 제 6 조 제 1 항에 따라 해양수산부장관의 허가를 받아 원양어업을 하는 자는 제외한다.

---

2) 시장에서의 소비자 특성

전통경제학자들에 의하면 소비자는 자립적이며 완전한 정보를 가지고 생산을 조절, 통제할 수 있으며 주어진 조건에서 최대의 만족을 달성하기 위해 행동하는 합리적 경제인이라고 하였다.

그러나 실생활에서의 소비자는 자신의 생활영위를 위해 시장거래에 임하는 거래의 주체로서 시장거래를 함에 있어 경제적 효율성뿐만 아니라 인간의 약점을 동시에 드러내는 특징을 가진다. 또한 소비자의 요구(needs)와 욕망(wants)은 다양하기 때문에 그들의 관심영역과 거래행위는 광범위하다. 이러한 사실 때문에 소비자들은 비전문적이라는 특성을 갖게 되며, 비전문성은 소비자의 힘을 분산시켜 개별소비자의 미시적 힘을 매우 미약하게 만든다. 한편 자본주의 경제체제에서는 자본의 집중으로 사업자는 자본, 조직력, 정보력을 기반으로 거대기업을 생성하여 특정 시장에서 전문화 하게 되고, 이것이 소비자의 힘을 약하게 만들어 소비자들이 사업자에 대해 소비자가 종속적 위치에 놓이게 한다는 특성을 갖는다.

3 소비자문제의 발생과 배경

소비자문제 발생의 배경에 대해 Garman(1997)은 네 가지 이유로 소비자문제가 존재한다고 하였다.

첫째, 생산자가 소비자의 욕구나 소비자이익을 충분히 만족시킬 수도 없으며, 만족시키려고 하지도 않기 때문이다. 이 결과 안전하지 못한 제품, 제품성능이 떨어지거나, 배달상의 문제, 기만적인 광고, 제대로 지켜지지 않는 보증이나 약속 등의 소비자문제가 발생하게 된다.

둘째, 소비자정보의 부족 때문이다. 예를 들면 성능, 내구성, 결함가능성, 건강이나 안전에 대해 정보가 부족하기 때문에 소비자문제가 생겨나는 것이다. 이는 효율적인 선택을 할 수 있는 충분한 정보가 없기 때문에 시장에서 소비자의 화폐가치가 충분히 발휘되지 못하는 것이다.

Reading 읽을거리 1.1

소비자원 "알뜰폰, 이용료 저렴 … 가입경로는 부족"

알뜰폰 서비스의 이용요금은 저렴한 데 반해 가입경로와 관련 정보가 부족해 소비자가 어려움을 겪는 것으로 조사됐다.

한국소비자원은 3월 27일~4월 5일 알뜰폰 서비스를 이용 중인 300명에게 설문 조사한 결과, 알뜰폰을 사용한 이후 통신비가 월평균 41.3%

감소했다고 25일 밝혔다. 3G 스마트폰에서 알뜰폰으로 전환한 사용자는 통신비를 46.7%(5만 1천 226원 → 2만 7천 312원), 4G (LTE)폰에서 전환한 이용자는 52.1%(5만 7천 495원 → 2만 7천 528원) 절감할 수 있었다. 통화 품질에 대해서도 이용자의 94.0%가 기존 이동통신 서비스의 품질과 동일하다고 답했다.

그러나 알뜰폰 업체 18개 중 가입처를 오프라인에 둔 업체는 2개에 불과했으며 13개 업체는 홈페이지에서만 가입할 수 있게 해 소비자가 가입하는 데 불편함을 겪는 것으로 나타났다.

한국소비자원 관계자는 "알뜰폰 보급 확대를 위해 관련 기관과 업체에 가입 경로를 확대하고 정보 제공 방법 등을 개선해줄 것을 건의할 계획"이라고 말했다.

자료: 연합뉴스(2013), 소비자원 "알뜰폰, 이용료 저렴 … 가입경로는 부족", 2013. 4. 25. 〈http://news.naver.com/main/read.nhn?mode=LSD&mid=sec&sid1=105&oid=001&aid=0006224897〉

위의 사례를 통해 소비자에게 충분한 정보가 있다면 자신의 이익과 안전을 도모할 수 있기 때문에 소비자에게 있어 정보는 매우 중요하다.

셋째, 시장시스템이 소비자의 불만이나 피해를 쉽게 효과적으로 해결하지 못하기 때문이다.

R읽을거리 1.2
Reading

소비자중심기업 찾는 방법? CCM마크만 확인하면 OK

소비자원, 올해 첫 '소비자중심경영 신규평가 의무교육' 개최

한국소비자원은 오는 5월 14일과 15일 양일간 소비자원 2층 대교육장에서 CCM 신규인증을 준비하는 기업을 대상으로 '2013년 제1차 CCM 신규평가 의무교육'을 개최한다고 8일 밝혔다. 이 교육과정은 '소비자중심경영 인증제도 운영규정' 제15조 제2항에 따라 신규평가를 신청하는 기업은 공정거래위원회가 교육기관으로 지정한 한국소비자원이 실시하는 CCM 관련 교육을 평가신청 전 1년 이내에 총 10시간 이상 이수해야 한다. 이번 교육은 기업 스스로 CCM 체계를 구축, 평가를 준비할 수 있도록 인증제도 개요 및 평가기준, 인증기업 사례 등으로 구성된다.

CCM 인증제도는 기업이 수행하는 모든 활동을 소비자관점에서 소비자중심으로 경영활동을 지속적으로 개선하고 있는지를 한국소비자원이 평가하고 공정거래위원회가 인증하는 제도이다.

인증기업에게는 CCM 인증마크 사용권한을 부여하고 소비자관련 법 위반시 제재수준을 경감해주는 등 다양한 인센티브를 제공하고 있고, 소비자 측면에서는 상품 및 서비스 선택권이 강화되고 소비자 문제 발생시 인증기업의 CCM 운영체계에 따라 신속하고 합리적으로 도움을 받을 수 있다.

한국소비자원 관계자는 "사업자 측면에서도 CEO와 임직원의 소비자중심경영 인식을 강화하고 상품과 서비스 수준을 소비자 관점에서 끊임없이 혁신해 궁극적으로 대외 경쟁력 제고가 기대된다"며 "한국소비자원은 2013년 상반기 CCM 평가신청기업에 대한 현장평가를 완료했으며, 심의를 거쳐 6월 중순 인증서를 수여하고 CCM 운영 우수사례 컨퍼런스를 개최할 예정"이라고 설명했다.

자료: 매경닷컴(2013), 소비자중심기업 찾는 방법? CCM마크만 확인하면 OK, 2013. 5. 8. 〈http://news.mk.co.kr/newsRead.php?year =2013&no=357531〉

넷째, 너무도 많은 공공정책이 생산자에게 유리하게 작용하며 소비자의 이익을 지켜주지 못하기 때문에 소비자문제가 발생한다.

R 읽을거리 1.3
Reading

"상견례도 취소…" 전 재산 날리게 된 동양증권 피해자

올 11월 결혼을 앞 둔 김 모(32) 씨는 지난 주말, 예정됐던 상견례를 취소했다. 대출까지 받으며 모아온 전세자금 1억 원을 날리게 생겼기 때문이다. 여자 친구에게 미안한 마음에 며칠 동안 연락을 끊기도 했다. 사정을 얘기하고 여자친구에게 이해를 구했지만 예정대로 할 수 있을지 불투명하다. 지난 8월 동양증권 CMA에 맡겨놨던 돈 가운데 일부를 인출할 생각으로 동양증권을 찾았다. 돈을 맡겨놓으면 높은 이자를 받을 수 있는 적금과 비슷한 상품이 있다는 동양증권 직원의 말에 전세자금 1억 원을 직원이 제안한 상품에 투자했다.

1달 반 뒤, 동양사태가 난 뒤 알고 보니 김 씨가 구입한 상품은 동양의 회사채였던 것이다.

"이런 상황 터지고 나서 제가 갖고 있는 게 뭐냐고 물으니 회사채라고 하더라구요. 회사채가 뭔지 전 이번에 처음 들었어요"라며 "오늘이 실은 … 저기 상견례 날이에요. 지금 다 취소하고 결혼도 다음 달에 해야 되나 말아야 되나 이런 얘기까지 나오고 있어요. 도대체 누구를 탓해야 하는 건지 …"

◈ 우리나라에 없는 '투자자 보호제도' 논의해야
　할 때

　'안전하다'는 직원의 말만 믿고 투자자들이 상품에 대한 지식도 없이 투자를 했다는 피해자들이 속출하고 있다. 상황이 이렇게 되면서 증권사 직원들이 투자 상품의 종류나 위험성 등에 대한 충분한 설명 없이 상품을 판매하면서 '불완전 판매' 문제가 계속 제기되고 있다. 피해자 가운데는 상대적으로 정보가 부족한 고연령대가 많다는 분석이 나오면서 금융투자사들의 불완전 판매 덫에 걸려든 투자자들을 보호할 제도적 장치 마련이 필요하다는 논의가 수면위로 떠오르고 있다.

◈ 투자자들만 '홀라당' … 금융투자사에 배상책
　임 물리는 기금 마련 논의

　우리나라의 경우 금융투자회사가 파산할 때 관련 투자자에 대한 보호 장치가 거의 없다. 최근 동양 사태가 터지면서 투자자 보호제도의 하나로 투자자보호기금제도가 학계와 시민단체를 중심으로 논의되고 있다. 5000만 원 이하의 예금에 대해서는 보호해주는 예금보험제도가 금융기관에 대

한 대량인출사태를 막고 예금자를 보호하는 것처럼 금융투자상품에 투자한 투자자들도 보호할 수 있는 기금을 마련하자는 주장이다.

　이와 함께 투자자 보호기금 외에 집단피해구제기금 도입에 대한 주장도 제기되고 있다. 투자자 보호기금이 손해금액의 일정 부분에 대해서만 보호를 해 주고, 공동 기금을 통해 보상을 받는 것이라면 집단피해구제기금은 피해자들이 공동으로 펀드를 구성해 법적 소송을 진행하고 부실 관련자에 책임을 묻는 것이다.

　김효연 조사관은 "다수 피해자 발생할 때 국가기구에서 유사 피해자를 모아 펀드를 만들고 부실 관련인, 과실 있는 사람들에 대해 집단 소송을 제기해 배상 책임을 묻는 것이다"라며 "개인이 아닌 집단이 부실 관련자에 적극적으로 책임을 물을 수 있고 국가가 공적으로 보호해준 부분을 넘어서서 보상을 받을 수 있게 된다"고 말했다.

자료: CBS노컷뉴스(2013), "상견례도 취소…"
전 재산 날리게 된 동양증권 피해자, 2013. 10. 22.
〈http://www.nocutnews.co.kr/news/1118214〉

4 소비자주권과 소비자권리 그리고 소비자문제

　경제체제는 기본적으로 자본주의와 사회주의 혹은 시장경제와 계획경제로 구분된다. 시장경제체제는 소비자들이 원하는 재화와 서비스가 제공되도록 생산요소들을 배분 또는 할당한다는 점에서 개인에게 선택의 자유를 부여하여, 누구나 자율적으로 경제활동을 참여하게 된다.

시장경제체제

가격의 기능에
의한 합리적
자원 배분

재산권 보장

모든 계획은
국가가

다음

사회주의(계획경제)

자본주의(시장경제)

1) 시장경제와 소비자주권

민주사회에서 국민들이 정치적인 주권을 가졌듯이 시장경제에서 소비자주권은 소비자들이 경제적인 주권을 가져야 함을 의미한다. 다시 말해 자본주의 경제에서 생산자와 소비자의 최종적인 의사결정 권한이 소비자에게 있어야 한다는 것이다. 이것은 단순히 소비생활에 있어서 다양한 대안이 제공됨으로써 선택의 자유가 보장된다는 소극적인 의미가 아니라 소비자 개개인의 자유롭고 자주적인 선택권이 시장구조를 통해서 궁극적으로 생산자들이 어떤 제품을 생산할 것인가를 결정한다는 적극적인 의미까지 포함될 수 있다. 이에 맞춰 최근에는 생산자들이 단순히 소비자를 보호하고 소비자의 클레임 제기에 대응하는 형식의 소극적 자세에서 벗어나, 오히려 소비자에게 품질에 관한 상세 내용을 알리고, 소비자의 입장에서 제품을 개발하는 형태로 나가고 있다.

2) 소비자의 권리

소비자권리는 사회·경제적 제도 내에서 소비자가 향유할 수 있는 기본권리이다. 1962년 미국 케네디 대통령이 연방의회를 통해 4대 권리를 제시한 바 있으며, 1975년에는 경제협력개발기구(OECD)도 소비자보호와 정보에 관한 기본 계획에서 소비자의 5대 권리를 선언하였다. 이어서 1980년에는 세계각국의 소비자 단체들의 협의기구인 국제소비자연맹(IOCU)도 소비자의 7대 권리를 선언하였다. 이와 같이 소비자의 권리는 세계 각국의 소비자운동과 소비자행정의 목표로 이용되고 있다. 우리나라 소비자기본법은 소비자의 8대권리를 소비자기본법에 〈표 1-4〉와 같이 명문화하고 있어 소비자의 권리 침해가 있을 경우에는 소송 등을 통해 적극적인 권리로서 주장할 수 있게 되었다는 점에서 커다란 의의가 있다.

📑 표 1-4   소비자기본법에 명시된 소비자권리

[소비자기본법]

제2장   소비자의 권리와 책무

제4조(소비자의 기본적 권리)   소비자는 다음 각 호의 기본적 권리를 가진다.
1. 물품 또는 용역(이하 "물품 등"이라 한다)으로 인한 생명·신체 또는 재산에 대한 위해로부터 보호받을 권리
2. 물품 등을 선택함에 있어서 필요한 지식 및 정보를 제공받을 권리
3. 물품 등을 사용함에 있어서 거래상대방·구입장소·가격 및 거래조건 등을 자유로이 선택할 권리
4. 소비생활에 영향을 주는 국가 및 지방자치단체의 정책과 사업자의 사업활동 등에 대하여 의견을 반영시킬 권리
5. 물품 등의 사용으로 인하여 입은 피해에 대하여 신속·공정한 절차에 따라 적절한 보상을 받을 권리
6. 합리적인 소비생활을 위하여 필요한 교육을 받을 권리
7. 소비자 스스로의 권익을 증진하기 위하여 단체를 조직하고 이를 통하여 활동할 수 있는 권리
8. 안전하고 쾌적한 소비생활 환경에서 소비할 권리

3) 시장경제에서의 소비자문제의 원인

소비자와 기업 간 상품 및 서비스의 거래과정에서 발생하는 문제가 다 소비자문제이다. 기만적인 행위로 인한 문제, 약속했던 품질보증 불이행과 같은 계약 불이행으로 발생하는 소비자 피해, 안전이나 기능 결함에 의한 위해(hazard) 등 역시 모두 소비자문제에 포함된다.

소비자문제의 시발점을 생각해보면, 산업기술의 발달 이후 소비자들은 풍요를 겪었으나 대신 소비자들은 그들이 원하는 재화 및 서비스를 선택하는데 시간과 노력을 들여야 했다. 그러나 사실 어떤 소비자도 자신이 사용하는 모든 재화를 제대로 평가할 능력을 갖고 있지 못했으며 소비자들에게 기술의 발달은 재화나 서비스를 선택하는 평가능력에 독이 될 수밖에 없었다고 할 수 있다. 이와 더불어 생산자와 판매자들은 자신의 상품을 소비자가 선택하도록 하기 위하여 모든 수단과 방법을 동원해 소비자를 세뇌시키고, 소비자들은 왜곡된 정보의 홍수 속 에서 또 한 번의 어려움을 겪고 있다. 오늘날의 소비자 문제는 대량생산, 대량판매, 대량소비라는 현대사회의 구조에 기인하는 구조적 문제로 전통적인 피해와는 달리 다음과 같은 6가지의 특성을 가지고 있다. (1) 보편적 발생, (2) 피해의 광범위한 파급, (3) 피해원인규명의 곤란성, (4) 당사자간 지위불평등성에 기인 (5) 피해의 심각성, (6) 경제적 효율로 인한 문제회피의 곤란성이 그것이다.

위에서는 소비생활 속에서 발생하는 소비자 문제의 다양한 원인과 특징을 소비자학의 관점에서 알아보았다. 그러나 소비는 시장에서 이루어지며 시장은 생산자 및 판매자 와 소비자 사이에 계속적인 경제행위가 일어나는 장소이기 때문에 경제학적 관점에서도 생각할 수 있다. 경제학에서는, 현실의 시장기구가 효율적으로 작동하지 않는 시장실패를 소비자문제의 주된 원인으로 본다. 따라서 시장실패의 해결은 곧 소비자문제의 해결책이 된다고 할 수 있다. 소비자문제를 야기하는 시장실패의 원인으로는, 다음의 3가지를 들 수 있다. 첫째로 기업과의 거래시 당사자 간 정보의 불균형 혹은 정보가 부족할 때 시장실패가 일어나게 된다. 둘째로는 공해와 같은 외부효과도 소비자문제를 일으키며, 마지막으로 다른 사람들이 생산한 소비자정보(공공재)를 공짜로 소비하려는 무임승차자 심리에 의해서도 발생한다. 훌륭한 정보라도 이러한 공짜족이 많으면 많을수록 회사로서는 손해이기 때문에 좋은 정보를 소비자에게 제공하지 않으려고 하고, 결국 시장의 실패가 발생하게 되어 소비자문제가 발생하게 되는 것이다.

5 **시장구조에서의 소비자문제**

경제학에서 시장구조 또는 시장형태란 수요자와 공급자의 역학관계 또는 공급자간의 경쟁에 따라 구분된다. 이러한 시장구조는 그 종류와 재화에 따라 재화의 가격과 생산량, 자원배분의 효율성 측면에서 차이가 발생한다. 대표적으로 시장구조는 완전 경쟁, 불완전 경쟁, 독점적 경쟁, 과점, 독점 시장으로 나뉠 수 있다.

1) 시장구조의 특징

네 가지 시장구조는 크게 완전경쟁시장과 불완전경쟁시장으로 구분할 수 있다. 불완전경쟁시장은 다시 독점적 경쟁시장과 과점 그리고 독점 시장으로 나뉜다. 이러한 시장구조에 따른 특성은 아래 〈표 1-5〉와 같다.

표 1-5 시장구조의 특성

구 분	완전경쟁시장	불완전경쟁시장		
		독점적 경쟁시장	과점 시장	독점 시장
정 의	소수사업자의 시장점유율이 높지 않음	다수기업, 단 유사상품 공급	3개 사업자의 시장점유율이 75%이상인 경우	1개 사업자의 시장점유율이 50%이상인 경우
공급자의 수	다수	다수	소수	하나
수요자의 수	다수	다수	다수	다수
제품의 성질	동질적	어느 정도 이질적	동질적	이질적(대체재부재)

출처: 허경옥(2010), 소비자학의 기초, 교문사.

2) 시장구조의 불완전성과 소비자문제

시장구조의 불완전성이란(Market imperfection) 경쟁의 정도에 따른 것으로 완전

경쟁이 성립하지 않는 모든 경우에 시장의 불완전성이 존재한다고 할 수 있다. 현대사회에서 시장은 불완전경쟁시장으로 대기업들이 규모의 이익과 대량생산의 이익을 누리며 새로운 기업들에게 시장진입을 차단하고 독과점적 시장구조의 형태를 취하고 있다. 이로 인해 소비자들은 경쟁적 시장구조가 아닌 독과점시장하에서 선택할 수 있는 상품의 폭이 좁아지게 되는 문제를 겪게 된다.

3) 불공정거래와 소비자문제

자본주의 사회에서는 자유경쟁이 원칙이며, 상품의 가격은 대체로 수요와 공급관계에 의해서 자유롭게 행해져야 한다. 그러나 자유로운 시장경쟁을 저해할 수 있는 공정하지 않거나 정당하지 못한 방법으로 거래하는 행위를 불공정거래라 한다. 현 우리나라의 「공정거래법」에서 제시하고 있는 일반 불공정 거래 유형과 기준은 아래 〈표 1-6〉과 같이 정리하고 있다.

표 1-6 일반 불공정거래 유형과 기준

불공정거래 유형	거래 형태
거래 거절	거래개시 거절, 거래관계 중단, 거래상품과 용역 수량 내용 제한
차별적 취급	거래지역, 가격, 기타 거래조건 차별
경쟁사업자 배제	공급원가보다 현저히 낮은 가격으로 판매, 통상거래가보다 부당하게 높은 가격으로 구입
부당한 고객유인	과도한 이익의 제공, 계약 성립의 저지, 계약불이행의 유인 등을 통해 부당하게 경쟁자 고객 유인
거래강제	끼워팔기, 사원판매 등을 통해 경쟁자 고객과의 거래 강제
거래상 지위 남용	우월적 지위 부당하게 남용하여 거래상 불이익 부여
구속조건부 거래	거래지역 또는 거래상대방 제한하여 사업 활동, 부당하게 구속하는 조건으로 거래
사업활동 방해	과도한 이익의 제공, 계약 성립의 저지, 계약불이행의 유인 등을 통해 부당하게 경쟁자 고객 유인
부당한 자금 자산 인력의 지원 (부당 지원 행위)	가지급금, 대여금, 인력, 부동산, 유가증권, 상품, 용역, 무체재산권 등을 제공하거나 현저히 유리한 조건으로 거래하여 특수 관계인이나 다른 회사 지원

네이버·다음, 공정위에 "불공정 혐의 자진是正·피해보상"

각종 불공정 거래 혐의로 공정거래위원회의 조사를 받아온 네이버와 다음이 자진 시정 및 피해 보상 방안을 내놓고 제재를 피할 가능성이 생겼다. 네이버와 다음은 돈을 낸 업체를 검색 결과 상단에 보여주는 광고를 마치 순수한 검색 결과인 것처럼 이용자들을 속이고, 포털을 기반으로 활동하는 중소기업들에 갖가지 횡포를 부린 혐의 등으로 지난 5월부터 조사를 받았다. 또 네이버는 계열사에 일감을 몰아줬다는 혐의도 받고 있다.

공정위는 27일 열리는 전원회의에서 네이버와 다음이 신청한 동의 의결 절차에 대해 인용 여부를 심의할 계획이라고 25일 밝혔다. 공정위가 네이버와 다음이 신청한 동의 의결을 받아들이면 제도 도입 이후 첫 번째로 적용하는 사례가 된다.

공정위가 27일 열리는 전원회의에서 동의 의결 개시를 결정하면 두 포털사는 그동안 지적된 불공정 행위를 다시 저지르지 않겠다는 구체적인 실행 방안과 그동안의 횡포에 피해를 입은 고객, 기업 등에 보상하는 방안을 한 달 안에 마련해야 한다. 그다음 단계로 공정위가 30일 이상 각계의 의견을 수렴한 뒤 검찰총장의 동의를 얻어 시행하게 된다.

만약 공정위가 동의 의결을 받아들이지 않으면 네이버와 다음은 예정대로 과징금과 시정 조치 제재를 받게 된다.

공정위 내부에서는 두 포털사에 기회를 줄 필요가 있다는 의견이 조심스레 나오고 있다. 예정대로 제재를 내리면 포털사들이 소송을 제기하게 되고, 3~5년씩의 법정 공방을 벌여야 한다. 그러는 동안 문제가 된 행위가 불법인지 합법인지 여부에 대해 법적으로는 판단 유보 상태가 된다. 제재를 가하면 과징금과 시정명령뿐이라 포털사들이 소비자들에겐 피해 보상을 하지 않게 된다는 것도 동의 의결을 받아들일 필요가 있다는 주장의 근거로 거론되고 있다. 공정위의 한 간부는 "IT 분야는 변화가 빨라 3~5년 후에 시정 조치를 하더라도 실효성이 없다"고 말했다.

동의 의결 절차에 들어갈 경우 관건은 피해자 보상을 얼마를 들여 어떻게 할 것이냐가 될 것으로 보인다. 공정위의 한 핵심 관계자는 "포털 특성상 고객이 불특정 다수이기 때문에 보상 방안을 어떻게 만들 수 있을지 궁금하다"며 "제재를 받았을 때 예상되는 수백억원대의 과징금만큼의 액수를 내놓아야 설득력 있을 것"이라고 말했다. 공정위 안팎에서는 동의의결제를 받아들이더라도 일부 혐의에 대해서는 제재를 내릴 가능성이 있다는 관측도 나온다. '봐주기 논란'을 피해가는 절충안을 모색할 수 있다는 것이다. 공정위의 한 관계자는 "네이버의 불공정 행위 중 계열사에 일감을 몰아준 혐의까지 처벌하지 않으면 다른 기업들과 형평이 맞지 않는다는 지적이 나올 수 있다"고 말했다.

☞ 동의의결제

소비자 피해를 일으킨 기업이 잘못을 시인하면

서 재발 방지 대책은 물론 피해 보상까지 하겠다고 신청하면 법적인 제재를 가하지 않고 사건을 마무리 짓는 제도를 말한다. 이 제도는 소비자 피해를 빨리 복구할 수 있다는 장점이 부각되면서 유럽과 미국을 중심으로 활발하게 운영되고 있다. 우리나라도 한·미 FTA(자유무역협정)를 체결할 때 미국의 요구로 2011년 11월 시행에 들어갔지만 그동안 실행된 사례는 없었다.

자료: 조선일보(2013), 네이버·다음, 공정위에 "불공정 혐의 자진是正·피해보상", 2013. 11. 26. 〈http://biz.chosun.com/site/data/html_dir/2014/01/02/2014010202750.html?brief_news02〉

6 소비자문제의 바람직한 해결

소비자문제가 발생했을 때 그에 대한 해결은 경제 3주체가 모두가 각 분야에서 노력을 했을 때 이루어질 수 있다. 그 중 소비자문제의 주체가 되는 소비자와 기업의 역할로 나누어 해소 방향을 살펴보고자 한다.

1) 소비자의 역할

소비자문제 해결을 위해서는 무엇보다 소비자 개개인의 주의가 필요하다. 소비자 스스로가 안전과 권익을 높이기 위한 지식을 습득하는 동시에 소비자의 8대 권리에 대한 성실한 행동을 함으로써 스스로의 권익을 보호하고 높일 수 있도록 해야 한다. 또한 소비자의 역할은 소비자로서 개인 및 가계의 소비에만 국한 된 역할이 아니라 자원의 획득·배분·구매·사용·처분하는 과정까지 포함한 역할을 뜻하며, 획득자·배분자·구매자·사용자·처분자로서 사회와 상호작용하는 역할을 종합한 개념으로 정의할 수 있다.

2) 기업의 역할

오늘날에는 소비자 스스로의 노력을 함에도 불구하고 기업이 협조하지 않는다면 동등한 입장의 거래가 이루어지지 못한 것이며, 이것은 기업이 사회적 책임을 자각하고 소비자문제에 적절히 대처하지 못한 것이라 할 수 있다.

검토 과제

1. 과학기술이 발전함에 따라 소비자의 역할이 어떻게 변화되어 왔는지 설명하라.

2. 오늘날 점점 늘어나고 있는 비윤리적인 소비자(일명 블랙컨슈머) 문제의 해결방안을 생각해 보라.

3. 1962년 미국 케네디 대통령이 제시한 소비자의 4대 권리에 관해 설명하라.

4. 소비자 문제를 해결하기 위한 정부의 역할에 관해 생각해 보라.

주요 참고문헌

▣ 김기옥, 정순희, 허경옥, 김혜선(2012), 시장경제와 소비자, 교문사.

▣ 김난도(2003), "소비합리성의 개념에 대한 연구", 소비자학연구, 14(3), pp. 85-106.

▣ 남상섭, 안병근(2008), 시장경제의 원리와 실제, 현우사.

▣ 백병성(2009), 소비자행정론, 시그마프레스.

▣ 이승신, 김기옥, 김경자, 심영, 정순희(2003), 가계경제분석, 신정.

▣ 정오현, 고동완(2011), "관광객 소비지출 의사결정의 합리성", 관광학연구, 35(7). pp. 31-50.

▣ Garman, E. Thomas. (1997). Consumer Economic Issues in America. Dame Publications Inc.

제 2 장

사회과학의 핵심 개념과 소비자행동

자연과학 학문 분야와 마찬가지로, 사회과학에도 특화된 전문적 표현들이 있다. 이들 중에는 특정 학문을 전공하지 않은 경우에는 이해하기 어려운 경우가 많지만 상당부분은 이미 일상화되어 실생활에 사용되는 경우도 적지 않으며, 소비자학을 포함한 사회과학 전반에 걸쳐 활용되는 일상용어가 된 경우가 흔하다. 대표적인 표현이 '기회비용'과 '합리성', 그리고 '효율성' 등의 표현이라 하겠다.[1]

이러한 용어들은 제4장 〈그림 4-1〉에서도 살펴볼 소비자 또는 소비생활 관련 학문분야에 있어서도 대부분 그대로 사용된다. 이 장에서는 이러한 용어들 중 시장경제 생활에서 일상화된 개념들에 관해 명확히 이해해보도록 한다.

소비자학을 포함한 특히 경제학을 배우는 사람이라면 누구나 배웠던 개념들이고 경제학을 배우지 않은 사람이라도 일상생활 중에 종종 사용되는 핵심 개념 6가지만 선별하여 살펴보도록 한다. 즉, 합리성, 최적화, 균형, 효율성, 탄력성, 기회비용 등의 개념을 중심으로 그 경제적 의의와 일상의 소비생활에서의 활용

---

1 대학에서 경제학을 한번이라도 접해본 경우라면 '경제학의 기본 문제'는 '자원의 희소성'에 있다는 것을 이해하고 있을 것이다. 물이나 공기와 같이 우리 주변에 언제든지 존재하는 것이라면(물론 지금은 맑은 물이나 공기도 희소한 자원이 되고 있다) 경제생활의 기본적 문제가 해결되었다고 볼 수 있다. 자원은 부족한데 해당 자원을 원하는 사람들이 많아서 발생하는 이른바 '경제문제' 때문에 우리는 선택을 해야 하며, 그러한 선택에는 반드시 대가가 따르게 된다(이 대가를 '기회비용'이라고 한다).

에 관해 살펴본다. 사실 이러한 개념들은 소비자와 같은 경제 주체들의 행위를 이해하는데 필수적이다.

우선, 합리성의 개념과 이를 통한 합리적 소비자 그리고 행동경제학 측면에서의 합리성에 대하여 알아본다.

1 합리성

사회과학 분야에서 가장 많이 사용되는 개념을 꼽으라면 단연 합리성 (rationality)이 1순위일 것이다. 예컨대, 여러 사회과학 이론에서 일반적으로 설정하고 있는 기본 가정 중의 하나는 "모든 경제주체는 합리적으로 행동한다."는 명시적 또는 암묵적 가정이다. 물론, 경제학뿐 아니라 법학이나 사회학 등 다른 학문 분야에서도 인간의 합리성을 기본적으로 전제하는 경우가 많다.

1) 합리적 소비자

합리성의 의의

합리적이라는 말은 특히 경제학에서는 수단으로서의 합리성을 의미한다. 즉 원하는 목표가 일단 설정되었다면 이를 가장 좋은 방법으로 성취하고자 하는 노력(수단)에서 합리성을 이해할 수 있다. 예컨대 인간의 합리적 행동이란 목적과 일관된 행동을 의미하며 따라서 체계적인 움직임을 의미하는 것이다. 이어서 설명하겠지만, 이러한 합리성이 전제되지 않으면 또 다른 중요한 경제적 개념인 최적화와 균형, 효율성 등의 의미가 무색해진다.

체계적이고 계획적으로 목적 달성을 위해 최선을 다하는 소비자의 이른바 '합리적소비 등 합리적 행동의 판단'은 '한계적(marginal)'으로 이루어진다. '한계적'이라는 말의 의미를 예를 들어 설명해 보자.

한 소비자가 소비를 통해 자신의 만족수준을 최대로 높이기 위해 어떤 소비 상품을 선택하려 한다고 가정하자. 그는 이 선택이 자신의 '최선의 선택(best choice)'

인지 여부를 알기 위해 주머니사정 등 '주어진 제약 하에서 내가 택할 수 있는 가장 최선의 선택인가?'라고 스스로 반문해 본다. 만일 그렇지 않다면 처음의 선택수준보다 근소(very small)하게 늘리거나 줄여본다. 그렇게 함으로써 드는 비용보다 얻는 만족감이 더 큰 경우는 그러한 근소한 변화가 더 좋은 결과가 되며, 그러한 물음에 '그렇다'라는 경우는 더 이상 근소한 변화가 불필요하게 된다. 이러한 근소한 변화를 경제학에서는 '한계적(marginal)'이라고 표현한다(제5장에서 이러한 '한계적'이란 말의 의미를 보다 상세히 공부하도록 한다).

사실 합리성 개념은 인간의 행동에 관련된 것으로써 경제학에서보다는 법학이나 철학 등의 분야에서 더 많이 사용된다. 예컨대, 영어권 국가들의 사회규범이나 법 관습에서는 이러한 인간의 '합리성'을 판단의 기준으로 삼고 있다.

'합리적 소비자'의 한계

소비생활 속에서 '합리적일 수 없는' 인간의 행동을 볼 때 인간의 합리성을 전제하는 대부분의 경제이론은 사실상 한계가 있을 수밖에 없다. 예컨대 많은 사람들은 일상생활 속에서 자신이 부닥칠 수 있는 위험성에 대해 과소평가(underestimate)하는 경향이 많다. 예를 들어 하루에도 수많은 자동차사고 소식을 접하고 있으면서도 "설마 내가"라는 생각을 가지고 자신과는 무관하다는 심리적 판단을 하는 경향이 있다.[2] 또한 일반적으로 소비자는 통계적으로 낮은 사고발생 가능성을 무시하거나 무감각한 성향이 있다. 셋째, 탄산음료의 병이 폭발하는 경우처럼 제품의 사고발생 빈도가 매우 낮은 경우, 구매경험(learning by doing)에 의해 얻은 제품의 위험정보가 정확하지 않을 수 있으며, 또한 피해의 크기가 매우 큰 경우에는 경험에 의해 위험 정보를 얻는다는 것은 불가능한 일이다. 넷째, 반복해서 사용하지 않는 제품의 경우 단기에 있어서는(또는 장기에서도) 구입 전에 제품의 특성을

---

2 이 점은 인간이 지니고 있는 합리성의 한계(bounded rationality)로 인하여 야기된다고 볼 수 있다. 특히 제품의 안전문제에 있어서 소비자는 잠재적인 위험(potential risks)에 대해 잘못된 인지(認知)와 판단을 할 수 있다. 관련된 조사결과를 보면, 소비자는 자신의 안전의식 수준이 낮다고 응답한 경우가 전체의 67.2%로 나타났으며, 이와 같이 안전의식 수준이 낮은 이유 중 "설마 내가 사고를 당하겠는가 하는 안이한 생각 때문에"라고 응답한 경우가 전체의 절반을 차지하였다(한국소비자보호원, 제품결함에 의한 소비자 피해실태 조사(내부자료, 1998. 8월). 이러한 소비자의 성향이 존재하는 한 제품 또는 작업장에서의 위험에 대한 충분한 정보가 주어진다고 하더라도 제품의 위험 정도를 정확히 판단할 수 없게 될 가능성이 있다.

상대적으로 잘못 판단할 수 있다(이종인 박사학위 논문, 76쪽).

하지만 이러한 합리성의 가정이 경제학 등 사회과학 이론에서 차지하는 위치에 전혀 흔들림이 없는 것은 그 나름대로의 이유가 있기 때문이다. 무엇보다도 합리성의 가정이 현실의 사회현상에 대해 유용한 예측을 가능케 한다는 사실이다. 예컨대, 한 사람의 행동은 비합리적일 수 있지만, 수많은 사람들의 총체적 행동의 결과는 합리적인 행동으로 수렴된다는 것이다.

2) 인간의 비합리성과 행동경제학

소비의사의 결정에 관한 종래의 여러 이론들을 통해 소비행동의 기본적인 사항들을 이해할 수 있다. 하지만 기존의 이론들은 대부분 이상적인 경제적 인간(homo economicus) 또는 합리적 소비자를 전제하고 있으며, 그런 전제 아래 소비자가 자신의 효용을 최대화한다고 간주하고 있다.

하지만 현실에서의 소비자의 행동은 합리적이지 못하거나 이타적인 경우도 없지 않는 등 합리성의 가정이 성립하기 어려운 현상이 많이 나타나며, 이론적으로도 가정의 완화 내지 해소의 필요성이 제기되어 왔다. 그 중의 하나가 이른바 행동경제학(behavioral economics) 내지 인지경제학(cognitive economics) 분야이다. 행동경제학에 관해서는 제4장에서 구체적으로 살펴보도록 하겠다.

Reading 읽을거리 2.1

합리적 인간(the reasonable man)

인간은 이성적 동물이며 인간 이성은 합리적이라는 명제가 특히 서구인들이 전통적으로 갖고 있는 생각이다. 서구의 철학(philosophy)과 논리학(logic)에서는 인간 이성이 합리적이라는 전제 위에 인식론을 전개했고 사고(thinking)의 논리 규칙들을 도출했다. 이런 입장은 사람들이 주어진 상황에서 논리적 사고와 합리적 판단을 한다는 것을 전제하고 있다. 논리적 규칙에 맞지 않는 사고, 자신의 욕구를 최적화하지 않는 행위의 선택은 비합리적인 사고들이며, 인간 이성이 마땅히 보여야 할 합리성을 벗어난 잘못된 것으로 여겨져 온 것이다.

영미법 국가들의 법 관습에서는 본문에서 살펴보았듯이 이러한 인간의 합리성을 법적 판단의 기준으로 삼고 있는 경우가 많다. 하지만 영미법에서 법적 판단의 기준으로 삼는 이러한 인간의 합리성에 기초한 법원칙들에 대해 비판적인 글들도 적지 않다. 허버트 경(Lord A. P Herbert)이 쓴 『합리적 인간(the reasonable man)』이라는 에세이는 유명한 풍자 글이다. 그중 일부를 소개한다.

"합리적 인간은 이성적이고, 하나의 표준이 되며, 우리들이 지향하고자 하는 선한 시민의 성품을 모두 지닌 존재이다. 합리적 인간을 만나지 않고서는 영국의 영미법을 구성하는 판례의 숲속을 산책하거나 여행하는 일이 불가능하다. (중략) 합리적 인간은 늘 타인을 배려하고, 사리분별(思慮分別)이 바로 자신의 인생지침이며, 안전제일이 인생의 좌우명이다. 그는 자신이 가는 곳을 일정불변하게 주시하고 있으며, (중략) 움직이는 버스에는 결코 승차하지 않으며, 아직 정차하지 않는 기차에서는 절대 내리지 않으며, (중략) 시민들에게 자신의 삶의 모습을 본받으라고 공허하게 애원하면서, 사법부(司法府)의 하나의 기념비로 우뚝 서 있는 사람이다."

자료: 쿠터·율렌(이종인 옮김), 법경제학,
비봉출판사, 2000, 311쪽.

다음 절에서는 최적화와 균형을 통하여 소비자 효용의 개념과 시장의 균형과 불균형을 살펴보고, 일반적인 균형이론을 통하여 소비자 경제를 이해해 본다.

2 최적화와 균형

1) 최적화: 소비자의 효용극대화

사회과학 중 특히 경제학 분야에서 합리성 다음으로 중요한 개념이 바로 최적화(optimization)이다. 최적화라는 말은 사회과학의 전유물이 아니며 교육학과 컴퓨터공학 등 다양한 분야에서 실용적으로 사용되고 있는 용어이기도 하다. 교육학에서는 '인간과 조직의 합리성, 지식과 정보의 가용성을 전제하였던 고전적 조직이론학자들의 의사결정 모형'(교육학용어사전)을 의미하며, 공학에서는 '최대의 효율이 얻어지도록 시스템이나 프로그램을 수정하는 것'을 의미한다.

경제학을 포함한 사회과학에서는 극대화(최대화, maximization)와 최소화(극소화,

minimization)를 합쳐서 부르는 개념으로서, '개별 경제주체가 주어진 제약조건 아래서 최선의 의사결정을 함으로써 자신의 목적을 실현시키고 있는 상황'으로 최적화를 정의할 수 있다.

예컨대, 소비자들은 효용(utility)을 극대화하려 하고, 기업들은 이윤 극대화와 비용 최소화를 추구한다. 경제학자들은 대부분의 사람들이 앞서 설명하였듯이 합리적이며, 이 합리성은 극대화 내지 최소화를 요건으로 하기 때문에, 이러한 최적화행동(optimizing behavior)을 가정한 모형들이 유의하다(significant)고 본다.

주어진 제약 아래서의 최선의 선택 문제는 이 극대화 또는 최소화를 이용하여 수학적인 방법으로 설명될 수 있다. 즉, 수학에서 정수를 작은 수에서 큰 수까지 순서를 정할 수 있는 것과 마찬가지로 합리적인 시장에서의 소비자도 자신에게 주는 만족감의 크기에 따라 여러 선택 가능한 재화들의 순서를 정할 수 있다.[3] 따라서 보다 나은 선택은 보다 많은 수와 연관된다.

경제학에서는 이 조합을 소비자의 효용함수(utility function)라고 부른다. 또한 선택상의 제약은 수학적으로 표현하여 가능성제약(feasibility constraint)이라고 한다. 주어진 제약 하의 최선의 선택은 바로 주어진 가능성제약 하 효용함수의 극대화를 의미한다. 예를 들어, '소비자는 상품 구매 시 주어진 소득 제약 아래 자신의 만족 수준을 극대화하려 한다'라고 표현할 수 있다.

최적화는 경제 주체들이 자신이 할 수 있는 최선을 다한다는 의미이다. 그런데 현실적으로 사람들이 비합리적으로 행동하거나, 효용을 계산하기가 불가능한 경우가 많다. 또한 추구하는 목표가 잘못 정의되는 경우도 종종 있다. 이러한 여러 상황을 해석하기 위해 경제학자들은 전통적 경제이론에서 가정하고 있는 합리성(full rationality) 가정을 완화하는 방법론에 대해 논쟁을 거듭하고 있으며, 실제로 이 가정을 완화한 경제모형을 설정하거나 아예 심리학적 측면에서 경제문제를 다루기도 한다.

2) 시장 균형

사회과학 학문분야에서 합리성과 최적화 다음으로 중요한 개념으로 균형

---

3 소비자 효용이론에서의 효용의 서수성(ordinality)을 의미한다.

(equilibrium)이 있다. 균형이란 일단 어떤 상태가 달성되면 새로운 교란요인이 없는 한 그대로 유지되려는 경향을 의미한다. 일반적으로 경제학에서는 상호작용이 발생하는 장소가 어디이든 어떤 상황이든 관계없이(예컨대, 시장, 선거, 게임, 회사, 결혼 등) 그 상호작용의 패턴이 균형을 유지하려 한다고 가정하게 된다.

특히 미시경제학에서 최적화와 균형 간에는 매우 밀접한 관계가 있다. 즉 모든 개인이나 집단의 행동은 극대화 내지 최소화를 추구하는데, 이 최적화행동은 이들이 안정된 상태인 균형을 지향하게 된다는 것이다. 이들 경제주체들의 행동의 궁극적인 목표는 균형이 아니라 최적화이지만, 이들 주체들의 상호작용은 균형 상태를 이끌어내게 된다.

균형에는 안정적(stable) 균형과 불안정적(unstable) 균형이 있다. 예를 들어 〈그림 2-1〉과 같이 산골짜기에 쌓인 눈뭉치는 안정적 균형상태를 유지하는 반면, 산꼭대기의 놓여있는 눈뭉치는 불안정한 균형상태가 될 것이다.

외부의 교란요인이 없다면 상호작용의 결과는 하나의 안정적 균형에 도달하게 된다. 그러나 사회생활에서는 하나의 상호작용이 균형에 도달되기 전에 여러 외부적 교란요인이 개입됨으로써 쉽게 균형에 이르지 못한다. 그렇지만 균형분석은 그 나름의 중요한 의미가 있다.

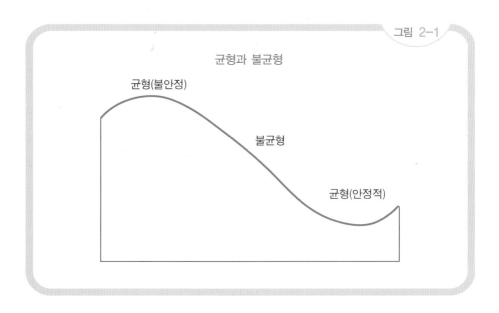

그림 2-1

균형과 불균형

균형(불안정)

불균형

균형(안정적)

상호작용 분석에 있어 가장 단순한 형태는 정체상태 하의 분석이다. 변화의 전 과정을 모두 고려하여 분석하는 것은 매우 어렵기 때문에 대부분의 경우는 여러 균형 상태를 서로 비교해보는 이른바 비교정학(comparative statistics)적 분석만 적용하고 있다.

3) 일반균형이론

어떤 소비재의 공급이 수요를 초과하면 시장가격은 하락하게 되는데, 가격이 떨어지면 공급은 줄고 수요는 늘어난다. 그러다가 해당 재화의 공급과 수요가 일치하게 되면 더 이상 줄거나 늘어날 요인이 없어져 시장에서의 균형상태가 실현되는 것이다. 이때의 가격을 균형가격, 수급량을 균형수급량이라고 한다. 즉 수요공급의 법칙은 대표적인 균형이론의 하나이다. 수요공급의 법칙과 같이 특정 상품의 수요공급이라는 사회경제현상의 일부분에 국한된 이론을 부분균형이론이라고 한다.

이러한 부분적 균형을 수많은 재화의 관계로까지 확대한 경우의 균형은 이른바 일반균형이론으로 설명되어진다. 일반균형이란, 여러 여건(생산의 기술적 조건, 기호, 재화 및 생산요소의 부존량 등)이 주어져 있으며, 완전경쟁과 효용 및 이윤극대화 원리가 작용한다는 가정 아래서 가격을 포함한 모든 경제량이 전면적인 균형 상태에 있는 것을 의미한다.

일반균형이론은 왈라스(Walras, L.)라는 경제학자가 창시하였으며, 이후 유명한 파레토(Pareto, V.)에 의해 계승되어 최근에는 애로우(Arrow, K, J.)의 이시일반균형모형(intertemporal general equilibrium model), 레온티에프(Leontief, W)의 산업연관분석 분야로 발전되었다.

이러한 일반균형이론은 아담스미스의 이른바 '보이지 않는 손'으로 표현된 시장경제체제에서의 가격기구(price mechanism)의 기능을 총괄적으로 이해하는 데 매우 유용한 분석틀을 제공했을 뿐 아니라, 사회후생과 관련 경제정책의 이론적 기틀이 되고 있다.

다음 절에서는, 소비자 행동 경제의 핵심 개념인 효율성과 형평성에 대하여 그 개념을 알아보고, 이와 관련하여 자원 배분과 정부의 개입을 통한 효율성과 형평성 간의 선택의 문제들을 살펴본다.

3 효율성과 형평성

1) 파레토효율성과 칼도-힉스효율성

(1) 효율성의 의의

경제적 사고에서 필수적으로 활용되는 중요한 개념에서 효율성(efficiency)이 빠질 수 없다. 우리는 적은 비용으로 만족을 높이는 경우를 흔히 현명한 소비행동이라는 의미로 '효율적 소비'라고 표현하곤 한다.

경제학에서는 효율성의 개념을 다양한 범주에서 정의하고 있다. 예를 들어 생산에 있어서의 효율성을 보면, (1) 보다 적은 생산요소(inputs)의 조합을 사용하여 동일한 생산물(outputs)을 더 이상 생산할 수 없거나, 혹은 (2) 동일한 생산요소의 조합을 사용하여 보다 많은 생산물을 생산할 수 없는 상황이 되면 '생산에 있어서 효율적이다'라고 한다.[4] 또한 소비의 효율성을 보면, (1) 보다 적은 소득(돈)을 사용하여 목표하는 효용(만족)수준을 더 이상 달성할 수 없거나, (2) 같은 지출(돈)로 더 높은 효용(만족)수준을 달성할 수 없는 상황은 소비에 있어서의 효율성이 달성된 것으로 정의한다.

앞서도 소개하였지만, 유명한 경제학자인 아담 스미스(Adam Smith)는 경쟁적 시장에서는 이른바 '보이지 않는 손(invisible hand)'에 의해 소비자의 효용극대화와 생산자의 이윤극대화가 달성되고 그 결과 우리 사회에 가장 큰 부(wealth)로 귀결된다고 하였다.[5] 이는 시장에서 소비자와 생산자가 각각 효용극대화와 이윤극대화를 추구하며, 그 결과 소비의 효율성과 생산의 효율성이 달성되어 마침내 사회적 효율성이 달성된다는 것이다.

---

4 달리 표현하면, 보다 적은 생산요소의 조합을 사용하여 동일한 생산물을 생산할 수 있는 다른 방법이 있다면 현재 상태는 효율적이지 않은 것이다.

5 그의 유명한 국부론(An Inquiry into The Nature and Causes of The Wealth of Nations, 1776)에서 언급한 내용이다.

다양한 효율성의 개념과 유형이 존재하지만, 아래에서 설명하는 파레토효율성 기준이 가장 일반적이다.

(2) 파레토효율성과 칼도-힉스효율성

경제학에서의 효율성에 대한 정의 중에는 자원 배분에 있어서의 만족수준을 나타내는 이른바 파레토효율성(Pareto efficiency)이 있다. 다른 어떤 사람의 만족을 더 악화시키지 않고서는 적어도 한 사람의 만족수준을 높이는 것이 불가능한 상태를 파레토 효율적이다(Pareto efficient)라고 한다. 예컨대, 시장에 영수와 영희라는 두 명의 소비자와 우산과 빵이라는 두 재화만이 존재한다고 하자. 처음에 두 재화가 두 사람에게 배분되어 있는 경우 이 배분이 파레토 효율적인지 여부를 살펴보자. 만일 이 두 사람 중 영수(혹은 영희)의 만족을 더 낮추지 않고서는 영희(혹은 영수)의 만족을 더 높일 수 있도록 빵과 우산을 재배분할 수 없는 경우, 이 배분을 파레토 효율적인 배분이라고 한다.

한편 '파레토개선(Pareto improvement)'라는 표현도 종종 사용되는데, 이는 하나의 자원배분 상태에서 다른 사람에게 손해가 가지 않게 하면서 최소한 한 사람 이상에게 이득을 가져다주는 것을 의미한다.

또 다른 효율성의 개념으로 칼도-힉스효율성(Kaldor-Hicks efficiency)이 있다. 어떤 정책으로 어느 한쪽에 손해가 생기더라도 그로 인한 다른 쪽의 이익의 크기가 그 손해보다 크면 효율적이라는 의미이며, 이를 잠재적 파레토효율성(potential Pareto efficiency)이라 하기도 한다. 즉 어떤 정책의 결과 발생된 손실을 이익부분에서 모두 보상하고서도 (사회에 미치는) 이익이 크다는 것이다. 이러한 칼도-힉스효율성은 파레토효율성이 지나치게 이상적이어서 현실에서의 공공정책에 적용하기 어려운 여건에서 그 대안의 하나로 제시되었다.

이러한 효율성은 명쾌한 수학적 개념이기도 해서 경제학에서는 수학적 분석방법으로 효율성을 분석하는 경우가 일반적이다.

효율성의 개념은 앞서 설명한 최적화 개념과 일맥상통한다. 즉 어떤 사회 구성원의 경제적 후생은 그들이 누리는 총잉여(total surplus: 소비자잉여+생산자잉여)로 측정할 수 있다면, 이러한 총잉여를 극대화시키는 자원배분의 속성이 바로 효율성이라고 볼 수 있다.

2) 형평성과 경제체제

효율성에 초점을 둔 경제체제는 결국 규제 없는 경제, 이른바 정부의 개입이 없는 자유방임(laissez-faire)의 경제로 귀결된다. 하지만 현실에서 자유방임의 경제체제는 '신화'에 불과하며 어떤 형태로든 정부의 규제가 없을 수 없다. 적어도 시장이 잘 작동되도록 하는 기본적 게임의 법칙은 정부가 설정해 주어야 하는 것이다.

이상적인 자유방임의 경제에서도 제기되는 경제문제가 있다. 다름 아닌 '시장에서의 자원의 배분이 과연 공평한가?'의 문제이다.

(1) 형평성의 의의

효율성과 대비되는 중요한 사회적 개념으로 형평성 내지 공평성(equity)이 있다. 형평성이란 사회구성원들 사이에 경제적 후생이 사회통념상 불편부당하게 배분되는 것을 의미한다.6 형평성은 적용되는 여건에 따라 여러 의미를 갖는다. 예컨대 평등성(equality), 공평성(fairness), 동등함(sameness), 정당한 권리(right)의 보장, 받을만한 자격(deserts), 소득배분(distribution of income), 지불능력(ability to pay) 등의 의미로 해석되기도 한다.

형평성은 이와 같이 다양한 뜻으로 해석되고 있어서 사실 그 의미를 명쾌하게 정의하기는 거의 불가능하다. 하지만, 일반적으로 기본재산·재능의 형평성, 과정의 형평성, 결과의 형평성 등 3가지로 구분하여 형평성을 정의하고 있다.

(2) 형평성의 3가지 관점

기본재산·재능 또는 천부(equity of endowments)의 형평성은 말 그대로 한 사회에서 개인의 부나 자원의 원천적 배분을 의미한다. 이 기준에 따르면 상속재산이나 개인적 재능에 차이가 없어야 이른바 천부적 형평성이 달성된다. 이러한 형평성의 기준은 그러나 현실에서는 적용되기 어렵다. 비록 개인의 노동력의 대가

---

6 일반적인 공평성과는 달리 형평성의 (법적) 개념은 동등한 자를 동등하게, 동등하지 않는 자를 동등하지 않게 취급하는 것을 뜻하며, 전자를 수평적 형평성, 후자를 수직적 형평성이라고 한다.

나 상속된 부의 재분배는 과세 등을 통해 공평하게 할 수 있지만 개인의 지능이나 신체상태, 유전적 질병 등의 특성은 공평하게 할 방법이 없는 것이다. 다시 말해 개인의 천부적 형평성은 어떤 사람에게는 이익이 되는 반면 또 어떤 사람에게는 불이익을 주는 '불공평'한 결과를 낳게 된다.

과정의 형평성(equity of process)이란 모든 개인이 자신의 능력을 바탕으로 동등하게 경쟁하여 소득을 얻을 기회가 주어져야 한다는 의미이다. 천부적 형평성과 과정의 형평성을 구분할 때 흔히 사용하는 사례는 달리기 경주이다. 천부적 형평성은 모든 경기자가 동일한 출발선에 서 있어야 한다는 관점인 반면, 과정의 형평성은 모든 경기자에게 공정한 게임의 조건과 동등한 거리와 규칙이 제공됨을 의미한다.

현실에서는 이 두 가지 형평성의 기준이 잘 준수되지 않거나 지켜지기 어려운 경우가 많다. 예컨대 세계 여러 국가들에서 소수민족들의 자녀들은 교육의 기회가 제한되거나 상대적으로 열악한 교육환경에 직면하게 되고 또 인종차별을 겪거나 사회진출에 어려움을 겪는 비율도 상대적으로 높다.

이러한 두 가지 형평성 기준은 비록 결과가 동등하지 않더라도 불공평하다고 하지 않을 수 있다. 하지만 결과의 형평성(equity of outcomes) 기준은 '결과의 절대적 공평(absolute equality of outcomes)'을 판단의 기준으로 삼는다. 그런데 사실 꼼꼼히 살펴보면 결과의 형평성이란 개념 자체에도 여러 판단의 기준이 있을 수 있다. 공산주의 이념과 같이 '능력에 따라 생산하고 필요에 따라 배분'하는 것도 그 하나가 될 수 있을 것이며, '동일한 효용을 주는 결과'를 기준으로 삼을 수도 있을 것이다. 하지만 어떤 판단의 기준이든지 절대적 공감을 얻는 것은 불가능해 보인다.

3) 효율성과 형평성 간의 선택

지금까지 살펴본 효율성의 목표와 형평성의 목표 사이에는 특히 소비자정책을 포함한 공공정책과정에서 상충관계를 보이는 경우가 많다. 경제적 효율을 높이는 정책들이 형평성을 훼손할 수 있으며, 형평성 제고 차원에서 추진되는 많은 복지정책들이 효율성을 저하시키는 경우도 없지 않다. 사살 많은 정책들은 자원

배분의 효율성과 사회구성원들의 형평성제고 간의 상충관계를 경험하게 된다. (앞서 살펴보았듯이) 형평성의 경우도 사회적으로 일치된 판단의 기준을 갖기 어렵다.

예컨대 의료서비스는 기본적으로 시장의 '보이지 않는 손'에 맡길 경우 불완전한 정보와 불확실성으로 인해 공익성이 저해되는 등 시장실패에 처할 위험이 매우 높아 국가의 공적 개입이 이루어지고 있는 분야이다. 하지만 의료서비스의 형평성의 가치를 지나치게 강조하여, 국가가 의료시장에 과도하게 개입할 경우 의료보장제도의 권위주의화, 관료주의화 등의 정부실패가 발생하여 효율성을 떨어뜨릴 수 있다. 즉 의료서비스는 시장실패에 따른 형평성의 문제, 그리고 정부실패에 따른 효율성의 문제라는 딜레마에 놓여 있는 것이다.

그럼에도 불구하고, 제기되는 문제는 '과연 효율성과 형평성을 동시에 달성하거나 개선할 수 있을까?'에 있다. 가능성이 없는 것은 아니다. 예컨대 공해(pollutions)와 같은 환경문제를 해결하기 위한 '오염물질거래제(pollution permit)'와 같은 시장지향적 정책으로 인해 사회적 비용을 절감하여 효율을 개선하는 동시에 시민들에 미치는 공해물질 감소를 통해 사회적 형평의 문제도 일정부분 해소되고 있다고 판단된다.

하지만 항상 그러한 긍정적 효과가 나타나는 것은 아니다. 많은 경제정책들은 효율성 위주로 진행되고 있는 것이 현실이며, 경우에 따라서는 형평성에 초점을 둔 정책의 추진으로 인해 효율성을 저해하는 결과를 보이기도 한다. 어쩔 수 없이 효율성과 형평성 간에 선택을 할 수밖에 없는 경우가 적지 않다.

R 읽을거리 2.2
Reading
3불 정책과 효율성과 형평성 간의 선택

벌써 수년 전 논점이지만, 교육정책 중에 3불 정책이란 말이 있었다. 이른바 고교등급제, 기여입학제, 그리고 본고사를 금지하는 교육정책을 말

한다. 당시 3불 정책은 모든 국민들에게 가능한 평등한 교육의 기회를 제공하고 대학의 지나친 경쟁에 따른 부작용을 해소하고자 하는 교육정책

당국의 입장이었다. 하지만 입시철이나 선거철에 편성하여 대학입학 문제가 사회적 이슈화가 될 때마다 해당 정책들과 관련된 효율성과 형평성간의 갈등이 단골메뉴가 되었다.

3불 정책은 빈익빈부익부의 양극화현상의 확대를 막고자 하는 형평성을 강조한 정책이라고 볼 수 있다. 하지만 지난 2007년에는 정부산하의 국책연구소인 한국교육개발원까지 당시 정부의 3불 정책의 무용성 내지는 부적절성을 지적하였을 뿐 아니라 그러한 정책들이 오히려 사교육의 격차를 벌렸다는 주장을 했을 정도로 3불 정책에 대한 비판이 높았다. 즉 지나친 평준화로 인해 공교육이 붕괴되자 사교육이 창궐하는 등 정책의 비효율성으로 인해 오히려 형평성까지 훼손하는 결과를 낳았다는 주장이다.

교육서비스는 누구나 누려야 하는 보편적서비스(universal services)라는 관점에서 형평성의 중요성이 특히 강조되지만 효율성을 무시하는 정책은 양질의 교육서비스의 크기를 줄여 결국 모두 수요자의 효용수준을 낮추게 되는 원하지 않던 결과를 낳는다.

자료: 저자(이종인) 글.

4 탄력성

1) 탄력성: 반응의 지표

경제학에서 자주 사용되는 주된 개념 중의 하나로 탄력성(elasticity)을 빼놓을 수 없다. 수학이나 물리학 등에서 사용되는 탄력성이란 말은 '어떤 두 변수가 일정한 함수관계 아래서 변화할 때, 그 중 한 변수의 변화 정도가 다른 변수의 변화 정도에 반응하는 정도를 가리키는 수치'를 일반적으로 의미한다. 다시 말해 어떤 독립변수(independent variable)가 1% 변할 때 그 변수로 인해 영향을 받게 되는 종속변수(dependent variable)가 몇 % 변하는지를 나타내는 지표를 의미하며 'A의 B 탄력성(B elasticity of A)'을 'A의 변화율÷B의 변화율'로 정의한다.

2) 수요의 탄력성

가격탄력성

탄력성의 개념은 경제학에서 시장의 수요와 공급에 관한 내용을 다룰 때 많이 응용된다. 예컨대 어떤 재화의 가격변화에 따라 그 수요량이 얼마나 민감하게 반응하는지를 나타내는 지표로 '수요의 가격탄력성', 즉 '수요량의 변화율÷가격의 변화율'을 정의하고 실제 수식의 계산에 이용하게 된다.[7]

소비자이론에서는 또한 수요의 가격탄력성 이외에도, 수요의 소득탄력성, 수요의 교차탄력성 등의 개념을 유용하게 활용한다.

소득탄력성

소비자 수요의 소득탄력성(income elasticity of demand)은 소득이 증가하였을 때 증가하는 수요의 %비율을 의미하며 소득탄력도 내지 소득탄성치라고도 한다. 보다 정확하게는 '소득에 대한 수요의 탄력성'이 정확한 표현이다.

만일 어떤 재화의 수요량이 소득과 같은 비율로 증가하거나 감소한다면 소득탄력성은 1이 된다. 현실적으로는 소득탄력성이 1의 값을 갖는 경우는 흔하지 않다. 어떤 재화에 대한 수요가 소득과 같은 방향으로 변한다면 그 재화는 정상재(normal good)라 불리는 반면에 소득과 수요가 반대방향으로 움직이는 경우는 열등재(inferior good)에 해당한다. 또한 열등재 중에서 소득증대에 따른 소득효과가 대체효과의 절댓값을 초과하는 경우, 다시 말해 가격이 상승하면 오히려 수요량이 증가하는 재화를 기펜재(Giffen's goods)라고 한다.[8]

교차탄력성

수요의 가격탄력성과 소득탄력성 외에도 중요한 의미를 갖는 탄력성 개념이 있는데 바로 교차탄력성(cross elasticity of demand)이다. 대체관계 또는 보완관계가 있는 이른바 연관재의 가격변화에 대하여 해당 상품의 수요량의 상대적 반응도를 나타낸다. 다시 말해, X재의 수요량 변화율을 Y재의 가격 변화율로 나눈 몫을 의미한다.

교차탄력성은 재화의 특성을 구분하는 기준으로 활용된다. 즉 두 재화 간에 교차탄력성 값이 0보다 클 경우를 대체재 관계에 있다고 하며, 0보다 작을 경우는 보완재 관계에 있다고 한다. 예컨대 커피에 대한 수요는 홍차의 가격과 같은 방향(+)으로 변화하며, 커피와 대한 수요는 설탕의 가격과 역의 방향(−)으로 변

---

7 제5장에서 수요의 가격탄력성에 관해 보다 상세히 살펴보고 있으므로 여기서는 개념만 소개한다.
8 기펜재는 모두 열등재이지만, 열등재라고 모두 기펜재가 되는 것은 아님에 주의해야 한다.

화한다. 한편 어떤 한 재화에 대한 수요가 다른 재화의 가격의 변화에도 전혀 영향 받지 않는 경우는 서로 독립재 관계에 있다고 한다. 설탕과 쌀의 경우가 좋은 예이다.

3) 여타 탄력성 개념

공급의 탄력성

수요의 탄력성과 마찬가지로 상품의 공급에 있어서도 탄력성의 개념이 사용된다. 공급의 가격탄력성이란 어떤 상품의 가격이 변화할 때 그 상품의 공급량이 변화하는 정도를 나타낸다. 다시 말해 가격이 몇 % 변할 때 그에 대한 공급량이 몇 % 변화하느냐를 나타내는 비율(공급량의 변화율÷가격 변화율)을 의미한다. 공급량의 변화율은 공급량의 변화 분을 원래의 공급량으로 나누어 측정하며, 가격의 변화율은 가격의 변화 분을 원래의 가격으로 나누어 측정한다.

공급의 탄력성이 클수록 가격상승의 효과는 줄어들며, 반대로 탄력성이 적을수록 가격상승의 효과가 커진다. 이런 점에서 공급의 탄력성의 크기는 생산능력의 여유 수준을 보여주는 지표가 된다.

이와 같이 시장의 수요와 공급의 문제 등을 고려할 때 탄력성의 개념을 활용하게 되는데, 이 탄력성은 이론적인 측면뿐 아니라 실제적으로도 사회과학뿐만 아니라 자연과학 전반에 걸쳐 매우 폭넓게 사용되고 있다.

다음 절에서는, 선택의 문제에 있어서 소비자에게 중요한 고려를 하게 하는 기회비용의 개념과, 올바른 선택을 위한 비교우위의 문제에 관해 살펴본다.

5 기회비용

1) 감추어진 비용

기회비용(opportunity costs)은 하나의 재화를 선택했을 때, 그로 인해 선택을 포기한 재화 중 차선의 가치를 가진 선택 내지 그 선택의 가치를 말한다. 즉 포기된 재화의 대체 기회 평가량을 의미하는 것으로서, 어떤 생산물의 비용을, 그 생산으로 단념한 다른 생산기회의 희생으로 보는 개념이다.

예컨대, 한 도시가 도시 소유의 빈 땅 위에 병원을 건축하기로 결정한다면, 그 기회비용은 그 땅과 건설 자금을 이용해 행할 수 있었던 다른 사업을 의미한다. 그 병원을 건축하는 결정을 함으로써, 그 도시는 스포츠센터, 넓은 주차장 또는 도시의 채무를 탕감하기 위해 그 땅을 매각하는 것과 같은 기회를 상실한다. 더욱 개인적인 관점에서, 독자의 친구와 함께한 금요일 저녁의 음주 가무에 대한 기회비용은 만약 독자가 회사에서 야근을 했다면 벌 수 있었던 돈의 양과 독자가 사용해 버린 액수의 합계이다. 그것이 항상 화폐적 가치를 의미하는 것은 아니며 포기한 선택들 중 차선의 선택을 의미하는 것이다.

기회비용 이론에서 중요한 것은 경제적 비용(economic costs)과 회계적 비용(financial costs) 개념의 차이다. 기회비용은 회계적 또는 화폐적인 비용으로 표현되지 않기 때문에 행위의 과정 속의 비용은 명백하지 않은 일종의 감추어진 비용(hidden costs)의 특성을 갖는다.

2) 소비에 있어서의 비교우위

기회비용의 개념은 또한 소비자 간의 거래, 사회 내지 국가 간의 교역문제를 설명할 때 자주 활용되는 이른바 비교우위(comparative advantage)이론에서 필수적으로 사용된다. 예컨대, 비교우위는 '다른 생산자에 비해 같은 상품을 더 적은 기회비용으로 생산할 수 있는 능력'을 의미한다.

Reading 읽을거리 2.3

AI 확산되면 기회손실비용 1조원 이상

AI(조류인플루엔자)로 인해 1조원 이상의 직·간접 기회손실이 발생할 것이라는 주장이 나왔다.

현대경제연구원 30일 발표한 보고서를 보면 AI가 발생할 경우 농가 등에 대한 직접 피해분 아니라 사료회사나 유통 등 관련 업체들에 있어서도 간접적으로 기회손실 피해가 발생할 것으로 우려된다.

이 연구원은 AI가 전국적으로 확산됐을 때 감염률을 5%와 10%, 15%로 각각 나눠서 가정했다. 피해 규모는 2008년 때와 환경이 유사하다는 점을 고려해 정부재정 소요액 3070억 원을 기준으로 각종 비용을 비례 추정했다.

이 연구원은 이를 근거로 AI감염률이 5%일 경우 농가와 정부부문의 직접 기회손실 규모는 각각 837억 원, 2046억 원 등 모두 2883억 원에 달할 것으로 분석했다. 간접 기회손실 규모도 사료산업, 육류 및 육가공업, 음식업 등 519억 원에 이를 것으로 전망했다. 10%라면 직접 기회손실은 5765억 원, 간접 기회손실은 1037억 원이 된다. 15%일 경우는 직접 8648억 원, 간접 1556억 원이다. 1조원이 넘는 규모다.

이 연구원은 "이처럼 전염성 가축질병 발생은 국가 전체로는 가금 산업 피해뿐 아니라 관련 전후방 산업연관효과 약화로 인한 기회비용 손실을 발생시킬 것"이라며 "소비심리 악화를 유발, 경기 회복세도 약화될 것으로 보인다."고 말했다.

자료: 파이낸셜뉴스(2014. 1. 30.일자, 정지우 기자).

지금까지 소개한 합리성, 최적화, 균형, 효율성, 탄력성, 기회비용 등 여섯 가지 기본 개념은 소비자를 포함한 경제 주체들의 행동을 설명하는데 필수적이다. 이 외에도 사회과학 이론에서 배워야 할 많은 개념들이 있다. 인간의 욕구(wants)와 희소성(scarcity), 선택(choice)과 가치(value), 선호(preference) 등 경제학의 가장 기본적 개념들뿐만 아니라, 규모의 경제(economy of scale), 대체재(substitutes)와 보완재(complements), 경제적 이윤(economic benefits)과 회계적 비용(accounting costs) 등 다소 이론적인 개념들도 경제생활에서 널리 사용되고 있다. 특히 다양한 사람들 간의 상호작용이 일어나는 시장과 같이 분산화 된 상황 아래서는 이 기본개념들에 대한 올바른 이해가 매우 중요하다.

경제학을 포함한 사회과학에서의 이러한 기본 개념들은 시장경제에서 작용하는 다양한 현상을 분석하고 이해하는데 폭넓게 적용될 수 있다.

검토 과제

1. 대부분의 경제이론서들을 보면 경제주체들의 합리적 행동을 가정하고 있다. 그런데 사람들은 과연 합리적으로 행동하는 것일까? 자신이나 주변의 사례를 들어 설명해 보라.

2. "현실에서는 각종 시장실패가 결합되어 나타난다."고 하는 사실을 인정하고 있는 이른바 차선이론(second-best theory)에 대해 설명하라.

3. 파레토 효율성과 칼도-힉스 효율성의 의미를 살펴보고, 이들 간의 차이점과 장단점을 비교해 보라.

4. 천부적 형평성(equity of endowments), 과정의 형평성(equity of process), 결과의 형평성(equity of outcomes)의 의미는 무엇이며 서로 어떤 차이가 있는가? 독자는 어느 경우가 보다 의미 있는 개념이라고 생각하는가?

5. 경제학을 포함한 사회과학의 주된 쟁점인 효율성과 공평성(공정성)은 서로 상충되는가? 소비생활 속에서의 사례를 들어 설명하라.

6. 탄력성의 개념을 이용해 정상재와 열등재, 필수재와 사치재를 구분하여 설명하라.

주요 참고문헌

▣ 쿠터·율렌(이종인 옮김, 2000), 법경제학, 비봉출판사.

▣ 이종인(1999), 생산물책임원칙이 제품안전성에 미치는 효과, 박사학위 논문.

▣ 파이낸셜뉴스(2014. 1. 30.일자, 정지우 기자)

▣ 한국소비자보호원(1998. 8), 제품결함에 의한 소비자 피해실태 조사(내부자료).

▣ Adam Smith(번역: 김수행, 2007), 국부론(상), 비봉출판사

▣ Paul Krugman and Robin Wells(번역: 김재영, 박대근, 전병헌, 2008), 크루그먼의 경제학, 시그마프레스.

▣ Adam Smith(2008), Select Chapters and passages from the Wealth of Nations of Adam Smith, Kessinger Publishing.

제3장

글로벌 경제환경과 소비자

　냉전의 종식으로 전 세계는 이념의 논쟁보다는 경제문제에 더 큰 관심을 갖게 되었다. 즉, 현재 일반 국민들의 일상적인 삶과 직접적인 연관성이 적은 이상주의적 이데올로기의 옳고 그름을 따지기보다는 국가의 주인인 국민들의 행복을 최대화하고 앞으로의 삶을 보다 풍요롭게 하기 위하여 어떠한 경제사회 정책을 수립하고 실행하여야 하는지에 대해 모든 국가의 관심이 쏠리게 된 것이다.

　동시에 과학기술과 정보통신 및 교통수단의 획기적인 발전은 개별 국가들 간에 빈번한 교류를 일상화시켜 줄 뿐만아니라, 국가 간 지역적 위치 차이에 따른 물리적 심리적 거리감을 줄여주면서, 자연스럽게 일반 국민들도 다른 나라에서 어떠한 일들이 벌어지는지 또 그것이 우리에게는 어떠한 영향을 끼칠 것인지 등에 대하여 관심을 갖게 되는 계기를 만들어 주었다.

　이렇듯 전 세계가 하나의 운명 공동체(지구촌)로서 정치, 경제, 사회, 문화 등 거의 모든 분야에서 공동의 관심과 가치를 실시간으로 공유하고 개별 국가들 간에 실질적인 교역과 교류가 활발(세계화)해지면서, 이제는 산업화가 이루어진 그 어떤 나라에서도 타국과의 교류 없이 독자적인 생존이 불가능하게 되었다.

　이 장에서는 이러한 세계화가 소비자에게 미치는 긍정적 또는 부정적인 영향 등을 살펴보도록 한다.

1) 글로벌 경제환경의 출현

(1) 경제의 세계화

이러한 세계화는 개별 국가의 의지와는 상관없이 거스를 수 없는 현실이 되었고, 이러한 세계화의 흐름 속에 국가들 또는 기업들 간의 경쟁은 더욱 심화되어 국제적인 경쟁력을 갖추지 못하는 국가나 기업은 자연히 도태될 수밖에 없는 상황에까지 이르렀다. 또한 개별 국가들 간의 상호작용이라는 국제관계 속에서 때로는 국가 간의 군사력, 경제력, 산업화 정도, 부존자원의 양 등에 따라 대등한 관계와 불평등한 관계가 형성되고 그것이 점차 구조화되는 현상이 나타나기도 한다. 또 이러한 구조화는 국가 간의 관계에서 뿐만 아니라 자본력과 세계 경제 또는 개별 국가에 미치는 영향력 등에 따라 기업과 기업, 국가와 기업 간에 발생하기도 한다.

신자유주의를 이념적 토대로 하고 있는 경제의 세계화는 기업의 자율성에 대한 두터운 신뢰를 바탕으로 실제 경제주체들이 경쟁적으로 영리를 추구하는 공간적 장소인 시장과 그 시장의 작동원리에 모든 것을 일임해야 한다는 주장에서부터 출발한다. 신자유주의자들은 경제가 지속적으로 성장하고 발전하기 위해서는 기업의 자유로운 경제활동이 보장되어야 한다면서, 이를 위해 창의적이고 자유로운 경제활동에 걸림돌이 되는 각종 규제(예, 노동시장)는 철폐되어야 한다고 주장한다. 또 공공사업들 중, 고비용, 저생산으로 효율성과 경쟁력이 낮은 사업들은 민간기업에 위탁하여야 비용도 절감하고 생산성도 높일 수 있다고 한다. 따라서 이들이 요구하는 정부의 역할은 경제주체인 개인과 기업의 사유재산보호, 그리고 이들의 경제활동을 효과적으로 기능하게 하는 시장경쟁의 각종 운영원리들이 그 목적을 위해 잘 작동할 수 있도록 보장하는 것에 한하며, 그것은 곧 작은 정부를 의미한다. 결국 신자유주의자에게 있어 세계화는 높은 생산성(경제효율성)을 위해 자유로운 경제활동(영리활동)을 저해하는 각종 규제로부터 자유로워진 기업이 글로벌 경쟁을 통해 새로운 시장을 개척하고 확대해 가는 과정이며, 이들의 국경을 넘는 자유로운 경제활동이 자국경제와 세계경제를 번영시키는 원동력이 된다는 것이 그들의 주장이다.

신자유주의의 세계화는 지난 30~40여 년간 (다국적)기업을 통한 투자 유치, 일자리 창출과 고용 증대, 소비촉진을 통한 내수시장의 활성화와 경기 부양, 개인과 기업의 경쟁력 강화를 통한 개별 국가의 경제성장 견인과 그로 인한 세계경제의 동반성장이라는 긍정적인 평가를 받아 왔다. 그러나 반대로 노동시장의 유연화와 고용불안, 경쟁체제에서 밀려난 사회적 약자 발생, 공공서비스의 민영화로 인한 공익적 가치 훼손과 복지제도의 후퇴, 경제개도국과 미개발국의 경제적 종속과 소득불균형의 심화, 치열한 글로벌 경쟁 하에서 국가들 간 이해 충돌과 갈등의 심화 등 부정적인 평가 또한 받고 있다.

또한 노동시장의 유연화라는 결과는 자본의 논리로 목적과 수단의 전도현상이 심화되어 개인과 가정의 최소한의 생활보장과 행복추구를 위한 경제활동의 제1차적인 목적 즉, 인간의 존엄과 자율적 존재로서의 가치를 보장하기 위한 생활 수단으로서의 경제활동이 기업과 자본의 목적을 위해 왜곡되었으며 그 결과 신자유주의 세계화 속의 개인은 기업과 자본의 성장을 위한 도구적 존재로 전락하였다는 것을 단적으로 보여주는 것이라는 정치사회학적 비판도 받고 있다.

같은 맥락에서, 최소비용으로 최대의 효과를 얻으려는 기업의 이해관계와 단기간 내에 산업화를 이루어 국가경제를 활성화시키려는 개별 국가들의 이해관계의 일치가 현재 인류의 건강하고 평화로운 삶에 치명적인 위협이 되는 전 세계적 환경오염과 지구온난화, 이상기후 등을 야기했다는 비판도 가능하다. 즉, 재화의 대량생산과 비용절감이라는 보다 구체적이고 현실적인 경제적 목적을 위해, 자연과 인류의 조화로운 공존이라는 미래지향적이고 절대적인 가치를 경시하고 자연과 생태계를 무차별적으로 개발하고 파괴하였으며, 이는 경제개발과 번영이라는 세계화의 명분을 위해 모든 인류의 소중한 자산이자 유한한 자원인 자연과 환경이 앞서 말한 개인과 가정처럼 도구적 존재로 전락해 희생되었음을 의미한다.

신자유주의 세계화의 흐름이 지난 세기동안 세계 경제에 끼친 지난 결과물을 단적으로 이야기하자면, 자본주의적 생산수단과 이것의 자유로운 활동이 보장되는 시장의 세계화는 달성하였지만, 그 결과물인 소득의 공평한 재분배에 의한 세계화에는 실패하였고, 따라서 이는 진정한 의미의 세계화가 아닌 일부 국가와 기업을 위한 반쪽뿐인 세계화라고 말할 수 있다.

(2) 글로벌 경제환경의 가속화 요인

1960년대 이후 글로벌화(세계화)는 세계경제와 기업환경을 변화시키는 가장 큰 요인이 되었고, 이미 많은 기업과 정부들은 다양한 글로벌 경제활동에 참여하고 있다. 글로벌 경제 환경 속에서 기업이나 국가는 지리적인 한계를 벗어나서, 하나의 큰 시장을 중심으로 움직이게 되었다. 최근 정보통신과 물류 기술의 발달은 정보, 통신, 상품(서비스) 배송 등의 경제비용을 낮춤으로써 나라 간 자원 및 재화의 이동을 촉진시키고 있다. 또한 국제기구의 출현으로 국제표준 규범과 조약 등이 만들어 졌으며, 이는 글로벌 경제 환경에 참여하기 위한 기본적인 요소가 되었다. WTO 협정에 따라 관세장벽과 같은 무역장벽을 철폐하고 국제투자 원칙을 완화함으로써 세계경제의 통합과 범세계적인 경제 네트워크의 구축도 이루어져 가고 있다.

이와 같이, 다양한 외부 요인들이 글로벌 경제 환경을 가속화하고 있으며, 이는 Yip(1989)에 의해 네 가지로 구분된다.

첫 번째는 시장요인(Market Driver)이다. 소비자들의 동일한 니즈, 글로벌 소비자와 유통채널의 증가, 그리고 이를 전달하는 글로벌 마케팅 활동이 범주에 포함된다.

두 번째는 비용요인(Cost Driver)이다. 즉 국가별로 다른 기술력과 비용효율성에 의해 규모의 경제를 이루고자 세계화가 가속화하는 현상을 생각할 수 있다.

세 번째, 정부요인(Government Driver)을 들 수 있다. 경제적 장벽 완화, 관세를 축소하는 무역정책의 장려, ISO9000과 같은 국제 표준 기준 제정 등이 대표적이다.

마지막으로 경쟁요인(Competitive Driver)이다. 국가 간에 작용하는 독립성과 경쟁구조가 글로벌 경제환경을 가속화하고 있는 것이다.

이처럼 글로벌 경제환경 속에서는 시장을 자극하고 세계화를 가속화하는 다양한 변수가 존재하며, 이로써 세계 경제가 하나의 거대한 시장으로 서로 밀접하게 영향을 끼치고 있다.

2) 세계화의 정의와 사례

(1) 세계화의 정의

세계화는 국제사회 전반에서 나타나고 있는 현상임에도 불구하고, 한마디로 정확히 정의하기는 어렵다.

국제통화기금(IMF)에서는 세계화를 재화와 서비스 및 금융자본, 그리고 기술이 무제한으로 국경을 넘어 거래되는 양과 양상의 증대라고 정의하고 있다(1997). 경제학자 마이클 포터는 세계화를 기업이 개별국가시장에 대해 각기 다른 전략을 취하는 것이 아니라 전 세계 시장을 하나의 시장으로 보고 통합된 전략을 수립하는 것으로 정의하였다. 세계은행의 경우 세계화를 제품, 서비스, 자본뿐 아니라 정보, 아이디어, 인적 자원의 세계적인 교류로 정의하였다.

이처럼 세계화에 대한 정의는 다양하지만, 근본적으로 세계화란 국가 간의 교통·통신 수단 및 정보·통신 기술의 비약적인 발달이 뒷받침되어 국가 및 지역 간에 존재하던 상품·서비스·자본·노동·정보 등에 대한 인위적 장벽이 제거되어 사회·경제적 생활 공동체의 범위가 국가를 초월하여 확대되면서 전 세계가 하나로 통합되고, 상호 의존성이 증대되는 현상을 일컫는다. 이와 같이 세계화는 경제, 정치, 사회, 문화 전반적으로 나타나는 국제적 통합현상이며, 이는 단순하게 시작과 끝을 명확하게 정의할 수 있는 개념이라기보다는 그 과정으로 볼 수 있다.

경제학적으로는 세계화란 "재화 및 용역과 생산요소, 즉 노동과 자본의 시장이 더욱 밀접하게 국제적으로 통합되는 과정"을 뜻한다고 볼 수 있다(양동휴, 2004). 때문에 글로벌 경제환경 속에서는 기업이 개별국가보다는 세계를 하나의 시장으로 보고 그에 맞는 전략을 세우고 활동하는 것이 중요하다. 과거 세계화는 국가 간의 경제적인 관계를 일컫는 경우가 많았으나, 현재에 와서는 문화적인 측

표 3-1 세계화의 정의

정 의	출 처
세계화는 국경 없는 하나의 세계를 의미한다.	Kenichi Ohmae(2000)
세계화는 국경을 넘어선 경제, 정치, 사회, 문화적 관계가 강화되는 것을 말한다.	Hans-Henrik Holm and Georg Sorensen(1995) R. J. Holton(1998)
세계화는 국제 정치, 경제의 개념이다.	Robert Spich(1995)
세계화는 국가 간 상품, 및 서비스, 자본의 교류를 통한 경제성장의 상호 의존성을 의미한다.	International Monetary Fund(1997)
세계화는 글로벌 경제통합을 의미한다.	Herman E. Daly(1999)

면의 세계화가 활발해지고 있다. 위의 〈표 3-1〉을 통해 세계화에 대한 다양한 정의를 살펴볼 수 있다.

(2) 세계화 사례

코카콜라

코카콜라는 많은 글로벌 브랜드 중에서도 세계 브랜드 경쟁력 1위를 고수하고 있는 회사이며, 세계화 사례에서 가장 성공적으로 꼽힌다. 코카콜라는 현재 광범위한 세계적인 네트워크를 기반으로 다양한 제품라인을 구축한 대표적인 글로벌 기업이다. 1970년대와 1980년대에 코카콜라는 통합과 집중화 전략을 이용해 지금과 같은 글로벌 사업 확장을 이룰 수 있었다. 그러나 1990년대, 세계경제는 다른 방향으로 이동하기 시작했다. 급격한 세계화가 진행되면서, 많은 국가들에서 세계화로 인한 문제들이 발생하였고, 때문에 글로벌 경제환경의 적합성과 지속성에 대해 의문을 제기하기 시작했다.

이에 따라 각 나라의 고유한 정치, 경제, 문화적 정체성을 지키고자 하는 움직임이 일어났으며 이러한 변화에 맞춰 코카콜라는 단순히 빠르고 넓은 문어발식 사업확장이 아닌, 지역사회와 함께 성장하는 "multi-local" 전략으로 방향을 변경했다.

가장 대표적인 "multi-local" 전략으로는 지역별로 다른 Bottling파트너를 두고, 사업을 진행하면서 지역 고용창출 및 경제발전에도 이바지하는 것이다. 이러한 코카콜라의 글로벌 전략은 현재 200개 이상의 나라에서 각국의 소비자의 니즈, 현지 법, 현지문화 등에 맞게 진행되고 있다. 코카콜라는 특정 국가에 맞는 성분, 포장, 유통 및 미디어 등을 이해하고 그에 맞는 차별화된 글로벌 전략을 진행하고 있다(Svensson, 2001). 코카콜라의 글로벌 성공은 무조건적인 사업 확장이 아니라, 지역 사회와 함께 성장하고 그에 대한 책임을 바탕으로 한 현지화 전략의 성공이라고 볼 수 있다. 이와 같은 코카콜라의 "multi-local" 전략은 세계화를 하고자 하는 기업에게 적절한 예라고 할 수 있다.

월마트

월마트는 세계에서 가장 큰 슈퍼마켓 체인으로 현재 아시아, 유럽, 남미 등으로 세계적인 사업 확장을 활발하게 진행하고 있다. 이런 글로벌 확장의 일환으로 월마트는 중국으로 진출하였다. 2011년 월마트는 중국에서 75억 달러 이상의 매출을 이루었고, 지난 10년간 크게 성장하고 있다. 이러한 월마트의 글로벌 성장은 중국 및 홍콩의 지역성장에도 두드러지는 역할을 하고 있을 뿐만 아니라 20,000명 이상의 중국인 공급업자들과 파트너 십을 가지고 있다. 이는 전체 월마트 매출의 70%를 차지할 만큼 큰 수치다. 단순히 중국 내에서의 사업 운영뿐만 아니라, 중국과의 다양한 사업 교류는 중국에서의 월마트 성장을 가속화하고 있다(Schell, 2011). 이와 더불어 2013년 월마트 중국은 향후 3년간 110개의 매장을 추가로 열고 19,000개의 새로운 일자리를 만들어, 중국경제 성장에 이바지하겠다는 의사를 밝혔다.

그러나 중국에서의 성공과는 달리 월마트는 한국에서는 실패하였다. 1998년 한국이 국제통화기금(IMF)의 체제 하에 있던 때, 월마트는 한국 시장에 진출했다. 월마트는 네덜란드계 할인점인 마크로의 4개 매장을 인수하며 최초 진입에 필요한 거점을 확보했으나, 글로벌 스탠다드 전략을 한국 시장에 접목시키는 데서 한국 소비자를 설득하는 데에는 실패했다. 한국 소비자의 기호와 다른 상품구성, 서구식 대량 포장, 미국식 매장 인테리어, 매장위치, 프로모션 전략 등이 실패원인으로 여겨지고 있다. 또한 월마트는 가격 경쟁력을 가장 대표적인 전략으로 내세웠으나 그 당시 한국 소비자들은 이미 가격보다는 높은 품질과 서비스를 선호하고 있었기 때문에, 이러한 월마트의 전략이 통하지 않았던 것이다(이준연, 2010).

　　이와는 대조적으로, 이마트는 초기에 월마트의 사업모델에서 착안했으나 한국 소비자의 독특한 식생활과 쇼핑 모델을 정확히 분석하고 이를 바탕으로 "Korean Style discount store"를 만들었고 한국 유통시장에서 크게 성공하게 되었다. 결국 월마트는 한국의 소비자를 이해하려 하지 않고, 글로벌 기업으로서의 이미지와 선진화된 시스템을 과신한 나머지 한국 시장에서의 글로벌 로컬리제이션에 실패한 것이다.

Reading 읽을거리 3.1

Walmart to Accelerate Development in China, Creating 19,000 Jobs

CEO Mike Duke and Walmart China CEO Greg Foran outline plans to open up to 110 new facilities in next three years. Company will focus development on Supercenters and Sam's Club, remodel existing stores, and make continued investments in logistics network

During a visit to Beijing today, Wal-Mart Stores, Inc. president and CEO Mike Duke and Walmart China president and CEO Greg Foran told reporters that over the next three years, Walmart will accelerate development in China by opening up to 110 new facilities. The plan calls for developing further in tier-two, tier-three and tier-four cities, and will create nearly 19,000 new retail jobs, all to better serve emerging groups of customers created by the country's urbanization.

Greg Foran, Walmart China president and CEO, also emphasized that Walmart's focus in China in the future is investment and development, and stressed that quality should take precedence over quantity as the company grows in China.

Foran outlined Walmart's business plan in China for the next three years, saying the company will focus on the following expansion strategies:

Open more stores, including in tier-three and tier-four cities: Walmart plans to open up to 110 new facilities from 2014 to 2016. Foran said the primary focus of this expansion will be on Walmart Supercenters and Sam's Clubs.

Accelerate the development of Sam's Club: Walmart opened two Sam's Clubs in Hangzhou and Suzhou this past year, bringing the total number of Sam's Clubs in China to 10, and hopes to open several more in the next three years. Foran said that Sam's outlook is promising, that this business model is especially ripe for the burgeoning middle-income and upper-income consumers, and because many cities are well-suited for this format, the growth of the Sam's Clubs in Walmart China's portfolio will be strong for years to come.

Improve the quality of older stores through a robust remodeling program: According to Foran, Walmart's remodeling plan aims to remodel about 45 stores this year, 55 next year and 65 during the following year. Remodeling existing stores is intended to improve store operations and customer in-store experiences by optimizing the sales floor, improving parking and access as well as increasing the energy efficiency of facilities.

Invest in more distribution centers as a long-term strategy and enhance the strength of the logistics network: Walmart opened a new distribution center in Wuhan in August, next month a new distribution center will open in Shenyang, and the company plans to open more over the next year. By end of next year, all stores will have access to ambient and chilled distribution network. Customers will benefit from this network with improved quality assurance and quality control, reduced cost, better in-stock, and improved food safety, Foran said.

자료: Walmart China, October 24, 2013.

R읽을거리 3.2
Reading

'토종' 이마트, 월마트 제압 비결

지난 98년 세계적인 유통업체 '월마트'는 한국 상륙작전에 나섰다. 유통업계 공룡인 월마트의 한 해 매출은 165조원. 이는 한국 예산의 2배를 웃도는 수준으로 가공할 만한 영업력을 자랑합니다.

그러나 당초 국내 시장을 휩쓸 것이라는 예상을 깨고 월마트는 한국시장에서 맥을 못 추고 있다.

바로 월마트 방어 최전선에 토종할인점 '이마트'가 있었기 때문이다. 지난해 매출 기준, 33%

가 넘는 점유율로 국내에서 확고부동한 1위 자리를 지키고 있는 이마트는 이제 중국 시장까지 영역을 넓혀 평당 매출액 1위라는 성과를 이뤄내며 고속 성장세를 보이고 있다.

국내 유통업계에 새 바람을 일으키며 등장한 이마트는 가족 단위 쇼핑 문화를 선도함은 물론, 국내 제조업계와 유통업계 지킴이로 거듭나기 시작했다. 이마트 유통혁명 12년, 이제 할인점은 소비자 물가 안정에도 큰 역할을 담당하고 있다.

지난 93년 11월 백화점과 재래시장으로 양분되던 국내 유통시장에 국내 최초의 할인점 이마트가 문을 열었다. 또 96년 국내 유통시장이 완전 개방됨에 따라 월마트 등 세계적인 유통업체들의 한국 상륙작전도 시작돼, 국내 유통시장은 위기의식을 느끼기 시작했다. 그러나 이마트는 다국적 기업들과 차별화를 위해 우리 현실에 맞는

물류 시스템을 구축하는 데 성공, 월마트가 한국에서 만큼은 그 위력을 발휘하지 못하는 전례를 남겼다.

머지않아 국내 할인점 시장이 포화될 것을 예상한 이마트는 지난 97년, 일찌감치 중국 시장에 진출했다. 중국은 우리나라의 2배가 넘는 590여 개 다국적 할인점이 영업중인 유통전쟁터. 글로벌 할인점들이 표준화된 서비스를 제공하는 동안 이마트는 중국인의 쇼핑 문화를 파악, 현지인 입맛에 맞는 할인점으로 그 모습을 바꿔나가며 적극적인 마케팅에 나섰다. 이마트는 오는 2009년에 25개, 2012년 50개 점포 확장을 목표로 오늘도 드넓은 중국 시장에서 뛰고 있다.

자료: 파이낸셜 뉴스, 2005년 11월 17일자.

에이치앤엠(H&M)

제조, 유통 등 다양한 분야에서도 세계화가 진행되고 있으며, 특히 의류산업은 현재 활발하게 세계화가 진행되고 있는 비즈니스 영역이다. 글로벌 SPA 브랜드 중 하나인 H&M은 20~30대 여성을 타깃으로 하여 저렴하고 다양한 상품을 전 세계 시장에서 선보이고 있다.

스웨덴에서 시작한 H&M은 현재 미국, 아시아 등에서 빠른 매출 성장을 보이고 있다. H&M의 가장 큰 경쟁력으로는 빠른 디자인 순환을 들 수 있다. 예를 들면 새로운 디자인을 빠르게 접할 수 있다는 것은 늘 새로운 것을 추구하는 소비자의 니즈를 충족할 뿐만 아니라, 빠른 회전으로 인한 상품의 희소성을 전 세계 소비자에게 인식시킬 수 있는 것이다. 초기 H&M은 미국시장에 진출한 여러 브랜드 사이에서 고군분투를 하였으나, 그 후 현지화 전략을 통해 고급스러우면서도 접근성이 좋은 다운타운으로 위치를 옮기고, 미국 소비자의 니즈에 맞는 상품구성으로 타 브랜드와 차별성을 두고 있다(Dumitrescu & Vinerean, 2010).

뿐만 아니라 시즌 별로 진행되는 세계적인 디자이너인 칼라거펠트, 스텔라 맥카트니 등과의 콜라보레이션을 통하여 저렴한 가격으로 프리미엄 디자인을 접할 수 있는 기회를 주고 있다. 때문에 H&M은 저가의 상품임에도 불구하고 다른 SPA 브랜드에 비해 좋은 브랜드 이미지를 보유하게 되었다. H&M 역시 기획에서, 디자인, 생산, 판매 등의 단계를 자국만이 아닌 다양한 국가에서 진행하고 있다. 예를 들면, 디자인의 경우 스웨덴 본부의 디자이너를 중심으로 진행되고 있고, 생산은 유럽과 아시아 등의 20여개 국에서 위탁공장을 통해 진행 중이다. 이러한 글로벌 디자인, 생산, 유통구조는 각국 소비자의 니즈에 빠르게 대응할 수 있을 뿐만 아니라, 지역 소비자에 맞는 매장운영을 통해 글로벌 기업으로서의 입지를 굳히는 데에 도움을 주고 있다.

앞선 사례에서처럼, 이제 많은 글로벌 기업들은 단순히 빠른 규모성장이 아니라, 각 나라와 지역사회와 동반 성장할 수 있는 현지화 전략을 통해 세계화를 성공으로 이끌고 있다.

3) 현지화 전략

많은 글로벌 기업들의 사례에서 볼 수 있듯이, 자국에서 어느 정도의 성과를 이룬 기업들에게 세계화는 지속성장을 위해 반드시 동반되는 전략이다. 초기 글로벌 기업의 경우, 단순히 현지에 진출해서 사업을 확장하는 형태였다면, 현재의 글로벌 전략은 그와 확연히 다른 형태를 띤다. 현재 글로벌 확장에 성공하기 위해서는 표적으로 하는 현지 시장에 대한 정치, 경제적 분석은 물론, 현지문화와 소비자에 대한 정확한 이해가 필요하다. 현지 사정에 대한 정확한 분석을 바탕으로 그에 맞는 현지화 전략을 통해 시장에 진입해야 한다.

현지화(glocalization)란 용어는 소니의 창업자 모리타 아키오로부터 시작되었다. 현지화는 세계화를 뜻하는 globalization과 지방화를 뜻하는 localization의 합성어로, 세계화 속에서도 현지의 문화나 기업환경을 이해하고 이에 맞는 경제활동을 하는 것을 의미한다(Svensson, 2001). 이는 글로벌전략 속에서 무분별한 사업 확장이 아닌 현지에 맞는 전략 수정과 산업활동의 중요성에 대해 설명할 수 있는 개념이다. 현지화는 글로벌 표준화를 기본전략으로 하는 글로벌 전략과는 다르

출처: Svensson(2001) "Glocalization" of business activities: a "glocal strategy" approach.

며, 성공적인 세계화를 위해서는 서로 다른 시장에 대한 전반적인 이해를 바탕으로 해당 지역의 문화에 맞는 전략을 세우고 활동을 하는데 핵심을 두고 있다. 세계화는 단순한 글로벌 전략에서 시작해서 multinational, international 등의 과정을 거쳐 궁극적으로는 현지화로 이어진다고 할 수 있다.

대표적인 현지화 사례의 성공기업으로는 맥도날드와 스타벅스를 들 수 있다. 세계에서 가장 큰 햄버거 체인인 맥도날드는 현재 119개 나라에서 하루에만 6,800만 고객에게 햄버거, 치킨 등의 패스트푸드를 판매하는 글로벌 기업이다. 미국에 본사를 두고 있는 맥도날드는 1996년 인도시장에 진출하였고, 현재는 인도 전역 어디에서나 맥도날드를 만날 수 있다. 맥도날드는 글로컬리제이션의 대표적인 성공사례로 여겨지고 있다. 소를 숭배하는 인도에서 소고기패티 버거가 전문인 맥도날드가 어떻게 성공할 수 있었을까? 인도는 다양한 문화의 상징적인 나라이다. 인도의 무슬림 신도들은 돼지고기 역시 더러운 동물이라고 생각하여 먹지 않는다. 이에 맥도날드가 자신들의 특화상품인 소고기패티 버거를 취급하지 않고, 인도의 다양한 향신료와 완두콩 등의 채소를 이용하여 McAloo Tikki라는 새로운 메뉴를 개발하였다. 이 메뉴는 인도 맥도날드의 대표메뉴이며 이러한 지역맞춤형 메뉴개발을 기반으로 맥도날드는 현재와 같은 성장을 이룰

그림 3-2

현지화 전략의 사례

출처: McDonald's India, Starbucks China.

수 있었다.

　미국 시애틀과 워싱턴에 본사를 두고 있는 스타벅스는 세계에서 가장 큰 커피체인이다. 중국에만 800개 이상의 체인점을 가지고 있는 스타벅스에서는 일반적인 스타벅스와는 다른 메뉴를 접할 수 있다. 'Dragon Boat Festival' 기간 중에 중국의 스타벅스 매장에서는 'Zongzi'라는 중국 전통음식을 만나볼 수 있다. 또한 봄 축제 기간에는 광동지역 스타일의 팬케이크와 전통차를 판매하기도 한다. 중국 스타벅스에서는 메뉴뿐 아니라, 차를 즐겨 마시고 지역 내 커뮤니티공간을 중요시하는 중국인들을 위해, 지역 내 예술가들과 공동작업을 통한 맞춤형 인테리어 작업으로 중국 고객들에게 친근한 이미지를 주기 위해 노력하고 있다. 스타벅스는 이와 같이 중국인 소비자의 로열티를 높이고 이를 확고히 하기 위해 현지문화를 이용한 다양한 전략들을 전개하고 있고, 이러한 노력은 글로벌 브랜드 이미지를 지키면서도, 지역 내 고객과의 커뮤니케이션에 큰 역할을 하고 있다.

　세계 문화콘텐츠의 중심인 디즈니 캐릭터들도 현지에 맞는 상품개발을 통해 성공적인 세계화를 진행하고 있다. 대표적인 디즈니 캐릭터인 미키마우스의 경우, 일본에서는 기존보다 작은 입의 미키마우스로 만나볼 수 있다. 일본 소비자의 경우 입이 작은 캐릭터를 선호하기 때문에, 그들의 기호에 맞게 세계적인 캐릭터인 미키마우스를 수정한 것이다.

또한 스파이더맨 역시 인도에 진출할 때는 얼굴을 동양인으로 수정하고, 의상도 현지에 맞는 의상으로 바뀌게 되었다. 미국문화와 글로벌문화의 대표적인 상품들도 다른 문화권 소비자들의 공감을 위해서 수정하게 되는 것이다.

이처럼 인터넷과 멀티미디어 기술의 발달로 이제는 문화상품도 현지화의 대상이 되고 있다. 문화를 있는 그대로 수출하는 것이 아니라, 현지 문화와 소비자의 인식에 접목시켜서 세계화의 수단으로 사용하는 것이다. 이와 같이 해외 글로벌 기업들의 성공적인 현지화 전략은 현재 세계화를 추구하고 있는 한국기업들에게도 시사하는 바가 크다.

2 세계화와 무역정책

1) 세계 경제구조 및 질서의 변화

세계화는 세계 경제 전반에 걸쳐 많은 변화를 일으키고 있다. 변화하는 무역 트렌드는 선진국뿐 아니라 여러 개발도상국의 경제성장을 가속화하고 있다. 제조업의 경우 저렴한 생산비용과 풍부한 자원을 기반으로 한 중국, 인도, 남미 등의 여러 나라에서 진행되고 있다. "The world is flat" 현상이 지역이나 국적을 초월하면서 글로벌 경쟁구도가 심각해지고 있다(Friedman, 2006). 지역 간, 국가 간 비용과 가격차이는 세계화와 국제 무역량 성장을 부채질하는 중요한 요소가 되고 있다. 이러한 글로벌 경제적 흐름은 소비자가 양질의 상품과 서비스를 좀 더 합리적인 가격으로 구매할 수 있게 하는 장점이 있는 반면, 세계적인 불균형을 초래할 수도 있다. 때문에 세계 균형발전을 위한 제도 및 노력이 요구되고 있다.

한국산업연구원(2012)의 "세계경제의 구조변화와 산업자원협력에 대한 연구"에 따르면, 크게 세 가지의 환경 변화를 언급하고 있다. 첫 번째는 신흥국들의 경제 부상을 꼽을 수 있다. 자료에 따르면 중국과 같은 신흥국이 세계 GDP에서 차지하는 비중은 2000년 20%에서 2017년에는 그 두 배에 달하는 42.5%까지 성장할 것으로 예상되고 있다. 이러한 신흥국의 경제성장은 단순한 양적 성장만이 아니라 중산층이 확대되고 도시화 및 산업화가 진전되는 것을 의미하며, 이는 또 인프라 및 생산재 수출시장의 성장을 의미한다. 두 번째로는 글로벌 가치사슬의 확대와 무역 성격의 변화를 들 수 있다. 세계무역의 형태가 재화무역에서 업무무역으로 전환되고 있기 때문에 과거에는 생산의 우위가 경쟁력이었다면, 이제는 업무의 비교우위가 경쟁력을 결정하게 되는 것이다. 마지막으로는 국제자원의 상승과 자원부국의 경제적 부상이다. 세계화와 함께 신흥국들의 산업화는 자원부족으로 이어졌고, 자원부족으로 인한 자원의 가격인상도 계속되고 있다. 따라서 원유와 같은 고자원을 보유하고 있는 국가들의 경제적 우위도 지속될 예정이다.

2) 글로벌 금융위기 이후의 세계 경제

세계화로 경제적인 성장과 호황을 누리던 세계 경제는 2000년 닷컴버블 붕괴, 2001년 미국 911사태, 2000년대 중반 중국 등 경제신흥국들의 부상, 2008년 글로벌 금융위기를 겪으면서 조금씩 변화의 움직임을 보이고 있다. 특히 글로벌 금융위기 이후에는 '고용없는 성장(jobless growth)'으로 소비수요가 진작되지 못하고 금융시장의 불안으로 가계와 기업의 자금조달이 곤란해지면서, 개별 국가들은 이에 대한 해결책으로 수출확대를 최우선 전략으로 내세우며 자국 산업의 보호에 더욱 신경을 쓰고 있다. 또한 미국 달러 약화와 유로, 엔고 현상 등 통화 시장이 불안정해지고 있다. 이 모든 상황 역시 수출입 의존도가 높은 한국 경제에는 부정적인 영향을 끼칠 가능성이 있다.

삼성경제연구소는 글로벌 금융위기 이후의 세계경제의 변화를 몇 가지로 전망하였는데, 그 중 의미 있는 2가지를 소개한다.

첫째, WTO 체제중심의 다자간 무역협상이 정체되면서 그 위상이 약화되고 FTA와 RTA 등 지역무역협정이 확산되고 있는데, 그 이유는 FTA가 이해관계가 유사한 2개의 국가 또는 한정된 복수의 국가들이 협상을 하기 때문에 다자간 협상에 비해 타결 가능성이 높고, 그 속도 또한 빠르기 때문이다. 또 각국별 또는 지역별 이해관계에 따라 이합집산이 진행되면서 지역주의 흐름이 강화되고, 그 분야 또한 무역과 투자분야에서 금융 및 통화분야로 확대될 것이며, 장기적으로 미주, 유럽, 아시아로 이루어진 3극체제(Tripolar system)가 형성될 것으로 전망하였다. 또한 각국은 자국의 경제, 산업, 기업을 보호하고 고용을 확보하기 위하여 직접적인 무역보호주의뿐만 아니라 기술, 환경, 자원 등 다양한 형태의 보호주의를 실시하고 있다(신보호주의: 호주, 러시아, 아르헨티나, 볼리비아 등은 원유, 가스 등 에너지 및 관련사업을, 중국, 호주 등은 회토류, 철강 등 원재료를 통제하고 있음). 이는 정부가 자유방임에서 벗어나 개입과 적극적인 주도로 경기부양, 고용을 중시하겠다는 뜻으로 국가 간 경쟁과 이해다툼이 더욱 심화될 것으로 전망된다.

둘째, BRICs(Brazil, Russia, India, China) 등 경제신흥국들의 지속적인 성장으로 이들이 세계경제에 미치는 영향력은 계속 확대될 전망이다. 그 이유는 신흥국들의 주력 수출품이 고부가가치화하고 있고, 글로벌 기업의 수가 증가하고 있으며, 국제금융시장에서도 이들의 역할이 커지는 등 경제의 질적인 측면에서도 긍정적으로 변화하고 있기 때문이다. 따라서 글로벌 금융위기 이전까지 미국을 비롯한 선진국의 민간수요가 세계경제를 견인하는 구조였다면, 그 이후에는 신흥국이 세계경제 회복을 견인하는 구도로 변화하고 있다고 말할 수 있다. 한편, 이들 국가들의 시장 또한 새로운 마켓으로 성장하여 다른 국가들에게 기회가 되고 있는데, 신흥국 중산층의 중간시장(Middle Market)이 부상하면서 '적정가격의 고품질' 제품에 대한 수요가 급증하고 있기 때문이다. 이는 우리나라처럼 선진국과 신흥국의 중간 위치에 있는 국가들에게 매우 좋은 기회가 될 수 있다. 한편 전문가들은 중국과 인도가 전 세계의 38%를 차지하는 막대한 노동력을 바탕으로 노동, 자본, 생산성 등 요소투입형 경제성장을 지속하며, 2030년 이후 각각 세계 1, 3위의 경제대국으로 부상할 것으로 전망하였다. 그러나 경제적 위상이 높아진 신흥국이 자국의 이익을 적극적으로 주장함에 따라 경제권 간 갈등이 고조되고 그 해결이 어려워지는 것은 각국의 '보호주의'의 강화와 함께 세계 경제에 또 다른 숙제를 하나 지워주는 일이다. 따라서 기존의 국제상사중재재판소나 WTO의 분쟁해결기구 등의 역할이 지금보다 더 중대해지고 책임이 커질 것으로 예상되며, 국제무역분쟁에 관한 보다 합리적이고 공정한 해결제도에 대한 연구와 함께 권위 있

┌ 표 3-2 지역별 세계 GDP 생산 비중

(단위: 십억 달러, %)

	2012	1990	2000	2012	2012-1990
북미	18,945	30.4	35.1	26.0	-4.4
EU(27)	18,072	33.3	26.3	24.8	-8.5
일본	5,963	14.0	14.5	8.2	-5.8
동아시아, 동남아시아	11,431	5.7	8.7	15.7	10.0
중국	7,210	1.8	3.7	9.9	8.1
인도 및 오세아니아	4,289	3.9	3.5	5.9	2.0
남미	4,716	4.0	4.6	6.5	2.5
CIS	2,849	1.7	1.1	3.9	2.2
중동 및 북아프리카	2,875	2.5	2.4	3.9	1.4
아프리카(사하라 이남)	1,391	1.4	1.1	1.9	0.5
전세계	71,927	100.0	100.0	100.0	0.0

출처: Frouqin M., H. Guimbard, C. Herzog & D. Unal(2011) 및 관련 자료.

는 기관의 신설도 논의될 것으로 보인다.

3) 관세제도의 변화

경제 글로벌화의 급속한 변화 속에서 진행되는 국제무역의 증가로 세계 각
국은 자국의 산업보호와 재정수입 확대를 위한 정책을 사용하기 시작하였다. 그
중 대표적으로 사용되는 정책이 관세로, 관세란 일정한 영역을 통과하는 물품에
부과하는 조세로서 일국의 재정수입과 국내산업을 보호하는 효과를 가지고 있다.
한국의 경우, 관세제도의 초기인 해방후시대에는 재정수입과 보호효과적인 성격
을 띠고 있었으나, 1970년대 수입자유화 확대를 통해 보호효과 이외에도 국제관
세협력이 보완되었다. 그러나 1995년 이후 세계무역기구의 출범과 더불어 국제
무역환경질서의 변화로 인해 국내 관세정책 및 제도에 관한 변화의 시기를 맞이
하였으며 질적 변화를 통한 제도적 지원방안 도입 그리고 세계화된 관세협력체
계 구축 변화를 맞이하게 되었다(김태명, 2008). 세계화와 함께 인적, 물적 구조의

변화에 따른 새로운 관세정책이 필요한 시점이다.

　　이와 같은 국가 간 자유무역 협정 및 낮은 진입장벽은 다양한 글로벌 기업의 국내 진출 가속화와 더불어 해외구매 대행과 해외사이트를 이용한 직접구매역시 크게 확대되고 있는 추세이다. 이러한 '해외 직구'의 예로 지난 블랙 프라이데이(Black Friday)를 들 수 있다. 미국의 최대 쇼핑 기간인 블랙 프라이데이 기간동안 한국 소비자들은 구매대행 사이트를 이용하거나 또는 직접구매를 통해 의류, 화장품뿐 아니라 전자제품 등을 구매하였으며, 몰테일(해외배송 사이트)에 따르면 2013년 주문량이 전년대비 두 배 가량 늘었다고 밝혔다. 이와 같이 가속화되는 글로벌 경제환경에서 소비자의 이익을 높이면서도 자국의 산업을 보호하기위한 다양한 방안이 제시되고 있다. 관세정책 및 제도의 대응방안으로는 국제무역 및 경제환경을 반영한 탄력적 관세제도의 정책 수립과 관세제도의 적용범위및 대상에 대해 공정성과 일관성이 있는 제도가 필요하다.

Reading 읽을거리 3.3

미국 행사인 '블랙 프라이데이' … 한국이 왜 '들썩'?

해외직구족 증가, 국내 유통업체도 행사, 전자업계도 기대

최근 몇년새 11월말이 되면 '블랙 프라이데이(Black Friday)'가 화두로 떠오르고 있다. 블랙 프라이데이는 미국의 연중 최대 쇼핑일로 추수감사절(11월 넷째 목요일) 바로 다음날, 미국의 주요 백화점과 상점들이 대대적인 세일에 들어가는 것을 일컫는 말이다. 이날부터 크리스마스까지가 미국에선 가장 큰 대목이다.

다시 말해 블랙 프라이데이는 미국의 할인행사다. 그럼에도 불구하고 태평양 건너에 있는 한국 소비자들에게도 블랙 프라이데이가 이슈다. 29일

인터넷 주요 포털 검색어 상위에 '블랙 프라이데이'가 오르고 있고, SNS 등에서도 블랙 프라이데이 이야기가 한창이다. 바다 건너 미국의 행사에 왜 한국 소비자들이 들썩이는 것일까.

우선 '해외직구족' 증가를 그 이유로 볼 수 있다. 해외직구족은 인터넷을 통해 해외에서 제품을 직접 구입하는 소비자를 뜻한다. 관련업계에 따르면 세계 최대 온라인 쇼핑몰인 아마존닷컴을 비롯해 의류브랜드 온라인몰인 폴로랄프로렌, 갭, 백화점 사이트인 블루밍데일 등이 블랙 프라이데

이 4~5일전부터 사전세일에 들어갔다. 이에 따라 국내 직구족들도 이들 사이트를 통해 벌써부터 구매에 나서고 있다.

국내 소비자들이 해외직구를 통해 가장 많이 구입하는 상품은 의류와 유아용품이다. 물론 이들은 가격때문에 해외직구를 즐긴다. 평소에도 해외 직구를 이용하면 같은 브랜드 제품의 국내 수입 가격보다 20~30% 저렴한데, 블랙 프라이데이 세일까지 겹치면서 사실상 절반 이하 가격에 구입이 가능하다는 것이다.

자료: 한국일보, 2013년 11월 29일자
(서울=뉴스1) 백진엽 기자.

3 세계화가 소비자에게 미치는 영향

1) 세계화의 장점

산업혁명 이후 시작된 세계화는 나라 간 상호작용을 통해 국제사회의 교류 및 교역을 크게 증가시켰다. 이러한 상호작용으로, 맥도날드, 피자헛, 월마트 등과 같은 다국적 기업이 생겨났고, 소비자들은 전에 없이 다양한 상품 및 서비스를 이용할 수 있게 되었다. 많은 글로벌 기업은 현지에서 재료를 조달하고, 현지 인력을 고용하여 지역 사회의 동반성장에도 이바지하고 있다. 또한 비용 효율적인 생산으로 저렴하면서도 품질이 좋은 물건을 좀 더 쉽게 소비자가 이용할 수 있도록 하고 있다. 이 뿐만 아니라, 세계화에는 많은 장점이 있다. 세계화를 통해 기업은 고객의 니즈에 좀 더 다양하고 정교하게 접근할 수 있고, 대량생산과 대량소비로 규모의 경제, 범위의 경제 등을 가속화 할 수 있다. 뿐만 아니라 글로벌 경제환경 속에서 국가 간 무역을 통해서 여러 정부에서는 ISO9000과 같이 국제 표준기준 등을 도입하게 되고, 이는 전반적인 제품의 품질향상에 도움이 된다. 또한 글로벌 기업의 자국 내 진출은 자국기업에 상품, 유통, 마케팅, 광고, 고객 서비스 등에도 영향을 미쳐서 이는 고객 서비스 환경을 향상시키고 비용을 절감 하도록 자극한다. 세계화는 글로벌 기업 및 로컬 기업의 경쟁력을 향상시키는 중요한 요소가 된다.

결론적으로 생산자는 세계시장을 배경으로 넓고 다양한 판매활동을 통해 부를 증진시키고, 소비자의 입장에서는 세계의 다양한 물품을 저렴한 가격에 구매할 수 있으므로 이는 소비자에게도 이득이 된다. 경제적인 효과뿐 아니라 환경문제나 인권문제와 같은 세계적인 이슈를 해결하는데도 도움이 되고 있는 것이다.

세계화의 많은 장점에도 불구하고, 일부 국가에서는 반세계화 운동(Anti-globalization movement)의 바람이 불고 있다. 반세계화 운동은 자본주의적인 세계화와 규제를 지키지 않고 무분별한 성장만을 추구하는 다국적 기업들을 비판하는 것이다. 무분별한 세계화는 전 세계적으로 많은 문제를 야기시킨다. 예를 들면, 비용중심의 생산방식은 자국이 아닌 저렴한 노동력이 있는 나라로 생산거점을 옮기게 하고 이는 자국 내 고용불안정 및 불공정한 시장문제를 만들어내고 있다. 또한 기업은 무한경쟁에서 살아남기 위해 개발도상국과 후진국에 불리한 무역조건 등을 만들어내고 이는 빈익빈 부익부 현상을 더욱 가속화한다. 세계화는 문화에도 크게 작용하여, 각국의 고유한 문화를 퇴색시키기도 한다. 자본주의와 이윤극대화가 결합된 신자유주의는 부유한 나라는 더욱 부유하게, 가난한 나라는 더욱 가난하게 만들기 때문에 부의 양극화 현상을 가속화하고 있다. 이와 같은 세계화의 단점을 줄이기 위해, 공정한 생산을 바탕으로 한 공정한 가격을 지불하도록 하는 공정무역을 요구하는 움직임이 전 세계에서 일어나고 있다.

2) 글로벌 소비자의 출현

글로벌화의 가속화에 따라 글로벌 소비자와 글로벌 소비문화가 생겨났다. Alden(1999)은 연구를 통해 글로벌 소비자의 존재를 입증하였고, 이는 글로벌 소비자가 가지는 영향력을 의미하는 것으로 볼 수 있다. 세계화가 진행되면서 자민족중심주의가 낮아지고, 소비자들의 글로벌 소비문화에 대한 수용 정도는 증가하고 있다. 글로벌 소비자는 지역이나 나라에 상관없이 상품이나 서비스에 대한 유사한 니즈(needs)를 가지고 있는 경우가 많다. 글로벌 소비문화는 인터넷, 모바일 커뮤니케이션의 발달과 함께 전 세계로 급속히 퍼져 나가고 있으며 그 사회의 청소년 집단이나 엘리트 계층이 이러한 글로벌 소비문화에 동참하는 표시로서 글로벌 소비형태를 상징하는 글로벌 브랜드를 선호하는 패턴을 보인다.

이처럼 글로벌 소비문화는 비슷한 소비 형태를 띄는 것 뿐 아니라, 동시에 같은 이데올로기나 사회적 이슈 등에 대해 지속적인 관심을 보이고 이를 개선해 나가는 하나의 문화이기 때문에 정치, 사회, 경제 전반에 대한 영향력이 커지고 있다. 산업 전반에서 이루어지는 글로벌 통합은 선진국과 신흥시장 소비자행동의 동질화를 촉진시키고, 이는 전 세계적으로 생산, 판매, 마케팅 등을 하는 다국적 기업을 더욱 활성화시키고 있다. 통신시스템의 발전으로 소비자 기호와 가치의 글로벌 통합이 가능하게 되었으며, 한 문화의 소비자는 다른 문화에서 일어나는 일들을 실시간으로 알 수 있게 되었다. 글로벌 브랜드를 선호하는 소비자가 증가함에 따라, 기업들은 이를 자신들의 브랜드 포지셔닝 전략에 적극적으로 이용하게 되는 것이다.

3) 반세계화 운동

앞에서 언급한 바와 같이, 최근에는 세계화에 반대하거나, 세계화의 문제점을 줄이고자 하는 움직임이 늘고 있다. 반세계화 운동은 거대적인 사회적 운동으로, 무분별한 자본주의와 이윤만을 추구하는 다국적 기업들을 비판하는 움직임이다. 반세계화란 용어는 1990년대 비정부기구에서 처음 사용된 이후 세계 각료회담에서 본격적으로 논의되면서부터 국제적인 용어가 되었다.

이러한 반세계화 움직임은 NGO를 중심으로 전 세계적으로 일어나고 있으며, 2010년 한국에서 G20 정상회의가 개최될 당시에도, 이러한 단체를 중심으로 한 반대 운동이 일어났다. 반세계화 단체에서는 다국적 기업들이 경제적인 힘과 위치를 이용하여 자신들에게만 유리한 각종 무역 협정을 만들어내고, 이를 약소국에게 강요하며, 노동자들에게 부당한 처우를 하고, 무분별한 개발로 환경을 파괴하고 있다고 주장하고 있다.

출처: 서울 G20 반대운동(www.knowledge.allianz.com).

반세계화 운동의 사례

그림 3-3

4 세계화와 소비자문제

1) 소비자분쟁의 해소 노력

세계화가 진행되면서 소비자는 수입되는 제품에서 발생하는 문제들에 노출될 가능성이 높아지고 있다. 특히 한국소비자의 경우 식품 안전성에 대해서 큰 관심을 보이고 있기 때문에 광우병이나 유전자 변형 식품에 대한 공포는 한국사회에서 쉽게 접할 수 있는 이슈이다. 비단 식품의 문제뿐 아니라, 국가 간 자유무역협정과 수출, 수입이 증가하면서 농·수산식품에서부터 공산품, 지적 재산의 도용에 이르기까지 다양한 문제가 대두하고 있다.

이러한 세계화에 관련된 다양한 문제 및 분쟁에 대처하기 위해 세계 여러 나라들은 관련법과 제도를 마련하여 대처하고 있다. 유럽의 경우 문제가 발생한 해당제품 전부에 대해 수입을 할 수 없도록 하는 국내 규정을 적용하고 있고, 건강에 위험을 끼치거나 과학적으로 불확실한 사례들에 대해서는 WTO나 EU 등과 같은 기구를 통해 국제 심판을 진행할 수 있도록 하고 있다.

WTO에서는 준 사법적인 기능을 도입하여 분쟁을 해결하고 있다. 예를 들면, 패널 및 상소기구의 채택절차가 회원 전원이 채택을 거부하지 않는 경우, 반자동적으로 채택되도록 규정하고 있기 때문에, GATT 체제하에서 가능했던 제소국의 거부권 행사가 불가능하도록 되었다. 또한 WTO는 상설 상소기구를 운영하고 있어서, 보고서 자체에 법적인 문제가 있을 경우 이를 시정하도록 요구하고 있다. 뿐만 아니라 분쟁해결제도에는 모든 절차에 시한이 설정되어 있기 때문에, 국가 간 발생하는 분쟁들을 신속하게 해결할 수 있게 되었다. 그러나 이런 긍정적인 측면에도 불구하고, 무역보복이나, 판결 미이행 등에 따른 문제점이 있어 그에 대한 해결방안이 필요한 시점이다.

2014년 기준으로 28개 회원국으로 구성된 EU는 그 중 16개 회원국에서 유로화를 사용하고 있으며, 이러한 경제통합은 EU국가 간 교류를 활성화 할 뿐 아니라, 세계화로 인한 분쟁해결을 함께 해결하고자 하는 노력으로 이어지고 있다. EU국가들은 세계화로 인한 경제개방에 긍정적인 태도를 보여왔으나, 시장 개방으로 인한 일자리 감소, 임금하락, 빈곤과 불평등의 심화 등과 같은 문제들로 인해 세계화에 대한 두려움이 확산되고 있다.

뿐만 아니라 해외 수출입 증가로 인한 소비자 문제도 증가하고 있다. 이를 해결하기 위해 유럽연합(EU)집행위원회에서는, 경쟁법 위반행위에 대한 EU차원의 통일된 집단적 배상청구 제도 도입을 제안하면서, 소비자 문제 해결을 위한 제도적인 방안을 마련하려고 하고 있다. EU에서는 경쟁법 위반행위에 대한 민간 차원의 손해배상의 활성화를 위해서 집단적 손해배상(collective redress) 시스템을 도입하였다(http://ec.europa.eu).

EU집행위에서는 집단적 손해배상청구 활성화를 위해 별도의 법률을 정하고 유럽 내의 소비자를 보호하기 위해 노력하고 있다(유로저널, 2010). 이로 인해 유럽의 소비자는 분쟁이 발생했을 경우 비용이 저렴하고 효과적인 집단적 청구가 용이하게 된 것이다. EU에서는 세계화 과정에서 불가피한 경제적 피해를 최소화하고 그것을 조정하기 위한 노력을 지속하고 있다.

2) 윤리적 소비자

흔히 착한 소비라고도 부르는 윤리적 소비(Ethical Consumerism)는 소비가 환경과 사회에 미치는 영향을 고려하여 환경과 사회에 바람직한 방향으로 소비하는 행위를 일컫는다. 윤리적 소비는 친환경 소비(에너지 절감 제품 사용, 유기농 제품 소비, 동물 보호 소비 등)뿐 만 아니라 생산자에게 정당한 값을 지불하는 공정무역, 로컬후드 구매, 공정 여행 등을 포함한다(http://eroun.net/ethicalconsumerism). 윤리적 소비 이전에도 윤리는 경영에 있어 다양한 방식으로 적용되어 왔다. 윤리적 소비자는 소비자가 주최가 되어, 기업의 윤리적인 경영을 요구하고, 정당한 방식의 소비를 추구하고자 하는 것이다.

최근, 윤리적 소비는 하나의 트렌드가 되어 소비자뿐 아니라 기업에도 적지 않은 영향을 미치고 있다. 윤리적 소비는 경제 불황에도 불구하고 증가하고 있으며, 외부적 경제 상황에 상대적으로 영향을 덜 받고 견고한 지속가능한 소비 영역으로 자리매김하고 있다. 대한상공회의소의 '윤리적 소비에 대한 소비자 인식' 조사에서 지난 1년간 과반수가 넘는 응답자가 윤리적 소비를 응답했으며, 70%가 넘는 응답자는 동일 가격과 품질이라면 윤리적 가치를 반영한 제품을 구매하겠다고 답했다. 또한 기업의 윤리성에 대한 정보 취득이 쉬워짐에 따라, 기업의 윤리성 평가에 근거한 소비가 보다 용이해지고 있는 실정이다.

윤리적 소비가 좀 더 활성화되기 위해서는 윤리적 가치 제공 외에도 편의성, 품질, 가격 경쟁력 향상에 대한 노력이 수반되어야 한다. 윤리적 소비의 지속적인 성장은 현대인의 의미 추구 경향과 가격 보다 가치에 중점을 둔 소비 경향 등에 원인을 두고 있다. 윤리적 소비자에 대한 이해를 바탕으로 윤리적 제품과 서비스를 고객에게 제공하는 것은 기업으로 하여금 윤리적 책임을 실천할 수 있게 할 뿐 아니라, 윤리적 소비로 인한 추가적인 이익의 창출도 가능할 수 있게 된다.

윤리적 기업 알아주는 착한 소비자 늘고 있다

코오롱FnC는 헌 옷을 모아 새롭게 만든 재활용 의류 브랜드인 '래코드'를 만들었다. 헌 옷의 해체작업은 장애인 직업재활단체인 '굿윌스토어'와 함께 하고 있다. 지난 11~20일까지 현대백화점 압구정본점에서 팝업스토어를 열었는데, 젊은 여성들의 호응이 높아 목표를 초과 달성했다고 회사측은 전했다.

이마트는 올해 1~4월 공정무역 커피 매출을 분석한 결과, 전년 동기 대비 21.6%의 높은 신장률을 보였다. 공정무역 제품은 상품의 원료 등 생산에 관련해 공정한 가격을 지불, 제3국가 노동자들의 불합리한 노동 착취를 막고 복지를 돕는 사회기여활동을 말한다.

이처럼 '착한 소비' '윤리적 소비' 또는 '공정무역 상품'이란 단어는 이제 소비자들에게 전혀 생소하지 않다. 하나를 사더라도 의미를 따져서 사는 소비자들이 이제 일부에서 다수가 된 것.

21일 대한상공회의소가 소비자 500여명을 대상으로 실시해 발표한 '윤리적 소비에 대한 소비자 인식' 조사에서도 이 같은 결론이 나왔다. 우선 "가격과 품질이 비슷하면 윤리적 가치를 반영한 제품을 구매하겠는가"라는 질문에 72.9%가 '그렇다'고 답변했다. '아니다'라는 응답은 9.0%에 그쳤다.

특히 단순히 의향만 있는 것이 아니라 '지난 1년간 실제로 윤리적 소비를 했다'는 사람들이 59.6%로 과반수를 넘는 것으로 나타났다. 윤리적 소비로 구매한 품목(복수응답)을 살펴보면 '음식료품'(45.4%), '생활용품'(43.0%)이라는 답변이 많았고 '재활용품'(22.8%), '가전제품'(20.2%) 등의 순이었다.

착한 소비가 대세로 자리 잡으면서 윤리적 소비자들을 잡으려는 기업들의 움직임도 잇따르고 있다.

자료: 한국일보(2012년 5월 21일자).

검토 과제

1. 전자상거래의 급속한 발전이 세계화에 미친 영향에 관하여 논하여 보라.
2. 글로벌 유통회사들이 한국시장에서 부진한 이유를 한국 소비자의 특성을 감안하여 생각해 보라.
3. 세계화가 소비자 정보와 가격에 미치는 영향에 관하여 논하여 보라.
4. 윤리적 소비의 사례를 들고 바람직한 진행방향을 제시해 보라.

주요 참고문헌

- 양동휴(2004), "세계화의 역사적 조망", 경제발전연구, 10(1).
- Alden, D. L., Steenkamp, J. B. E., & Batra, R(1999). Brand Positioning Through Advertising in Asia, North America, and Europe: The Role of Global Consumer Culture. Journal of marketing, 63(1).
- Dumitrescu, L., & Vinerean, S(2010). THE GLOCAL STRATEGY OF GLOBAL BRANDS. Studies in Business & Economics, 5(3).
- Herman E. Daly(1999), "Globalization Versus Internationalization: Some Implications", Global Policy Forum, see http://www.globalpolicy.org/globaliz/econ/herman2.htm.
- Kenichi Ohmae(2000), The Borderless World: Power and Strategy in the Global Marketplace (London: HarperCollins, 1992), as cited in RAWOO Netherlands Development Assistance Research Council, "Coping with Globalization: The Need for Research Concerning the Local Response to Globalization in Developing Countries", Publication No. 20, p. 14.
- International Monetary Fund(1997), "World Economic Outlook, A Survey by the Staff of the International Monetary Fund", "Meeting the Challenges of Globalization in the Advanced Economies", in the World Economic and Financial Surveys, p. 45, see http://www.imf.org/external/pubs/WEOMAY/Weocon.htm (Chapter 3).

- Robert Spich(1995), "Globalization Folklore: Problems of Myth and Ideology in the Discourse on Globalization", Journal of Organizational Change Management, Vol. 8, No. 4, pp. 6-29, p. 7.
- Schell, O. (2011). How Walmart Is Changing China. Atlantic, December.
- Staber, U. H. (1992). Organizational interdependence and organizational mortality in the cooperative sector: A community ecology perspective. Human Relations, 45(11), 1191-1212.
- Svensson, G. (2001). "Glocalization" of business activities: a "glocal strategy" approach. Management decision, 39(1), 6-18.
- Herzog, C., & Ünal, D. (2011). Industry or Services: The European Specialization Dilemma. La Lettre du CEPII, (317).

GLOBAL

Globalization
and
Consumer Oriented Market Economy

제 2 부

소비자중심의
경제학의 기초

모든 학문은 해당 분야 내에 다양한 세부 연구 분야가 있다. 경제학이나 소비자경제학의 경우도 마찬가지다. 예컨대, 어떤 개인이나 가계의 의사결정과정을 연구하는 분야가 있을 수 있으며, 한 나라 경제 전체의 움직임을 들여다보는 연구 분야가 있을 수 있다.[1]

제2부에서는 소비자중심의 경제학의 기초에 관해 살펴보기로 한다. 경제학은 전통적으로 크게 두 분야로 나누어지는데, 그 중의 하나가 미시경제학(microeconomics)이다. 거시경제학(macroeconomics)이 나라경제 전체에 관한 경제현상을 연구하는 경제학 분야임에 반하여, 미시경제학은 가계와 기업이 어떻게 의사결정을 내리며, 시장에서 이들이 어떻게 상호작용하는가를 연구하는 경제학 분야이다. 시장에서 소비자라는 경제 주체의 의사선택 내지 의사결정(decision making)에 관해 연구하는 이른바 소비자경제학은 미시경제학의 한 분야라고 볼 수 있다.

시장경제에서의 소비자문제를 탐구하기 위해서는 이러한 미시경제학 이론뿐 아니라 거시경제학의 기초 지식이 요구된다. 정부의 재정·금융정책과 같은 거시경제정책이 소비자 후생에 어떤 영향을 미치는지, 그리고 실업과 인플레이션과 같은 소비생활에 밀접한 변수들에 관한 기초적 지식을 습득할 필요가 있다.

제2부에서는 이러한 시장경제에서의 소비생활에 밀접한 미시경제학과 거시경제학의 주요 내용을 발췌하여 소비자 입장에서 새로이 해석하여 설명하고자 한다.

우선 제4장에서는 종래의 경제학 이론체계에서의 소비자의 위치와 소비자경제학에 관해 살펴보고 경제학적 시각에서 소비자문제의 해법을 모색해 본다.

이어 제5장에서는 시장에서 소비의 주체인 가계(households)[2]가 어떻게 의사 결정하는지 살펴보고, 생산의 주체인 기업(firms)의 경제적 행동에 관해서도 개략적으로 설명한다.

제6장에서는 시장의 전반적 기능과 소비자 권익 보호의 한계에 관해 배운다. 소비자문제의 원인을 경제학적 관점에서 재조명해 본 후에, 시장경제의 한계를 보여주는 이른바 시장실패 이론을 통해 시장에서 소비자선택이 제약받는 현상과, 뒤따르는 정부의 역할과 소비자후생의 문제를 살펴본다.

---

1 예컨대 경제학의 경우 개별 경제주체들의 합리적 행동을 분석하는 미시경제학과 경제 전체의 수준에서 고용이나 물가수준, 경제성장과 국제경제 등에 관한 거시경제학으로 대별되며, 보다 세부적으로는 국제경제학, 화폐금융론, 경제성장론, 노동경제학, 산업조직론, 재정학, 자원경제학, 도시경제학, 인구경제학, 그리고 경제사와 경제학설사 등이 있다. 또한 최근에는 정보경제학, 법경제학, 전자상거래경제학, 행동경제학 등과 같은 새로운 경제학의 학문 영역이 생겨나고 있다.

2 시장에서 상품과 서비스의 최종적 소비활동을 담당하는 경제주체를 경제학에서 가계(households)라고 부른다. 가계는 기업(firms), 정부(governments)와 함께 경제활동을 영위하는 핵심 경제주체이다. 한 집안 살림의 수입과 지출의 상태를 의미하는 가계(family budget)와는 다른 의미이다.

제 4 장

경제학 이론체계에서의 소비자

소비자는 소비를 위한 기회비용과 선택상의 여러 여건을 감안하여 의사결정을 하게 되며, 이러한 의사결정에 있어서 정보의 비대칭과 공급자의 이기적 행태와 같은 도덕적 해이 등을 경험하게 된다. 이에 소비자는 한정된 소득수준 안에서 올바른 선택의 문제를 고민하게 되고, 최적의 소비를 위한 선호를 중심으로 합리적 의사결정을 하기 위해 노력하게 된다.

제4장에서는 이러한 소비자 의사결정에서의 특징들을 기초적인 경제학이론을 바탕으로 살펴보고 소비자의 소비와 선호의 문제 해결을 통한 행동경제학의 문제까지 공부해 보고자 한다. 또한, 경제학적 시각에서 소비자문제를 고찰해 보고 불완전정보와 소비자행동의 문제도 검토해 본다. 더불어 경제학 이론구조에서의 소비자와 소비(자)경제학 이론의 위치를 설명한다.

1 소비 의사의 결정

1) 소비의 결정

상품의 구매과정에서 입게 되는 소비자피해나 안전사고와 같은 소비자문제의 대부분은 소비자의 일상적인 경제활동 중에 발생된다. '경제'를 의미하는 'economy'란 단어가 원래 '집안 살림을 하는 사람'이라는 의미에서 유래했듯이[3] 소비자의 가정 살림살이와 경제는 서로 많은 공통점이 있다. 한 가정에서도 많은 의사결정이 필요하듯이 경제를 구성하는 사회에서도 필요한 자원을 선택하고 행동을 결정해야 한다. 그 과정에서 가정문제, 소비자문제, 사회문제 등 다양한 문제가 제기되며, 이러한 문제들을 해결하는 과정이 경제활동의 범위 내에서 이루어진다. 그러한 의미에서 경제학(economics)은 '한 사회가 희소한 자원을 어떻게 관리하는가를 연구하는 학문'으로 정의되는 것이 일반적이다.

이러한 관점에서 우리는 소비자문제와 경제학의 관계를 생각해볼 수 있다. 다시 말해 경제학에서의 소비 문제에 관한 분석에는 소비자문제의 발생에 관한 경제학적 해석이 빠질 수가 없는 것이다.

우리들의 일상생활을 보면 매일의 식생활을 위해 식재료를 준비해야 하고, 취미생활을 위해 필요한 용품을 구입해야 한다. 또한 가족과의 해외여행을 하거나 노후의 안정된 생활을 위해 그리고 불확실한 장래를 대비해 여유자금을 저축한다. 이러한 우리들이 소비지출과 저축을 위해 필요한 소득을 얻기 위해서는 직장에 나가 일을 하거나 스스로 독립된 사업을 하는 등 경제활동을 하게 된다.

이와 같은 주로 가계의 행동에 관한 여러 경제이론들이 있는데, 그 중 '소비'에 초점을 맞춘 것으로는 이른바 '소득－소비가설'이 있다. 이는 '본래의 소비는 소득에 대하여 정(+)의 관계에 있기 때문에 소득이 늘어남에 따라서 소비도 함께 증가한다'라고 하는 이론이다. 소득소비가설은 '절대소득가설', '항상소득가설', '생애소득(lifecycle)가설', '(시간적, 공간적)상대소득가설' 등으로 세분하여 이론적으로

---

3 맨큐(김경환·김종석 옮김), 맨큐의 경제학 제4판, p. 3.

정리된다. 이 책이 경제이론서는 아니므로, 각 소득-소비가설들의 의미와 현실에서의 성립여부 문제만 간략히 살펴보도록 한다.

(1) 절대소득가설

절대소득가설(absolute income hypothesis)은 단기적으로 소득이 증가하면 소비도 늘어난 소득의 일정부분만큼 따라서 늘어난다는 논리이다. 다시 말해 소비의 크기가 당기의 절대소득에 의존한다는 경제학자 케인즈(John M. Keynes)의 주장이다.

케인즈는, 비록 소비에 영향을 미치는 금융자산, 시장이자율, 정부정책, 장래소득에 대한 기대 등 여러 요인들이 있지만, 단기적으로는 이러한 요인들을 일정불변이라 가정했다. 즉 가계의 소비수준은 현재소득에 의해서만 영향받으며, 소득증가분의 일부분만 소비에 반영되는 것으로 정의하였다.[4]

이러한 절대소득가설은 단기에서는 성립한다. 하지만 장기적으로는 소득과 소비간의 다양한 영향관계가 나타날 수 있으며, 이러한 부분들을 설명하기 위해 절대소득가설에 대체적인 여러 가설이 등장하게 되었다. 그 중 대표적인 것이 항상소득가설, 생애주기가설, 상대소득가설이다.

(2) 항상소득가설

항상소득가설(permanent income hypothesis)은 소비자가 현재 소득이 아닌 이른바 항상소득에 의해 자신의 소비수준을 결정한다는 이론이며 시카고대학의 프리드먼(Milton Friedman) 교수가 제시하였다.

항상소득이란 어떤 소비자가 일생동안에 획득할 것으로 기대하는 평균소득을 의미한다. 항상소득과 실제소득은 한 개인의 일생을 통해서는 같은 값을 갖겠지만, 특정 시기나 기간에서는 같아야 할 이유는 없는 것이다. 실제소득은 항상소득보다 클 수도 있고 작을 수도 있는데 프리드먼은 이러한 실제소득과 항상소득과의 차이를 일시소득(transitory income)이라 칭하였다. 또한 소득과 마찬가지로

---

4 경제이론서에서는 절대소득가설을 $C = \alpha + \beta Y$으로 수식화할 수 있다. 여기서 C는 소비, Y는 당기의 소득수준을 나타내며, β를 한계소비성향(MPC), C/Y를 평균소비성향(APC)이라 한다. APC는 MPC보다 크며, MPC는 0과 1사이의 값을 갖는다.

소비도 항상소비(permanent consumption)와 일시소비(transitory consumption)로 구분하였다.[5]

그는 소비자의 일시소득은 일시소비와 독립적이어서 대부분 저축되며, 실제소득 가운데 항상소득의 비율이 클수록 소비성향이 높고, 일시소득 비율이 클수록 저축성향이 높다고 주장하였다.

이러한 항상소득가설은 소비자의 소비결정이 소득뿐만 아니라 개인의 장래소득 등에 관한 기대에 의해서도 영향을 받을 수 있음을 이론적으로 잘 보여주는 소득-소비이론으로 볼 수 있다.

(3) 생애소득가설

생애소득가설(life-cycle income hypothesis)은 사람들은 대체로 남아있는 여생을 염두에 두고 현재 시점의 소비를 결정한다는 관점이며, 앤도(A. Ando)와 모딜리아니(F.Modigliani)에 의해 제창된 이론이다.[6] 여생 동안 얻을 수 있는 총소득을 노동소득과 자산소득으로 나누면, 소비는 이 두 소득의 선형함수로 표시할 수 있다.

이 가설에 따르면 평생소득에 대한 소비의 비율은 당기의 소득수준에 대한 비율보다 훨씬 안정적으로 나타난다. 다시 말해 장기적으로 평균소비성향과 한계소비성향이 같아진다는 의미이다. 따라서 소비와 저축간의 상대적 크기는 연령대에 따라 달라지는데, 청년기와 노년기에는 '소비>저축' 현상을 보이는 반면에 중년기에는 '소비<저축' 현상을 보이게 된다.

(4) 상대소득가설

상대소득가설(relative income hypothesis)은 소비가 당기의 소득뿐 아니라 타인의 소득과 자신의 과거 소득의 영향을 받는 변수라는 것이며, 미국의 경제학자 듀젠베리(Duesenberry, J. S.)에 의해 제창된 소득-소비이론이다.

---

5 항상소득가설을 수식으로 표현해 보면, $Cp=k(i, w, u) \cdot Yp$, $Y=Yp+Yt$, $C=Cp+Ct$으로 나타낼 수 있다. 여기서 Y는 개인가처분소득, Yp는 항상소득, Yt는 일시소득, C는 실제소비, Cp는 항상소비, Ct는 일시소비, k는 항상소비와 항상소득간의 비례상수, i는 이자율, w는 항상소득에 비인적부(非人的富)의 비율, u는 k에 영향을 미치는 기타의 경제적 요소, ρ는 상관관계를 나타내는 기호이다(경제학사전, 2011. 3. 9, 경연사).

6 생애주기소득가설 또는 생애주기가설이라고도 한다.

상대소득가설은 두 가지 효과로 요약된다. 첫 번째는 개인의 소비가 타인의 소비수준에 의하여 영향을 받는다는 이른바 전시효과(demonstration effect)이다. 소비자는 항상 자신이 속해 있는 계층의 사람들과 비교하면서 생활하기 때문에 타인의 소비형태와 소득수준에 의해 영향을 받게 된다는 것이다.

두 번째는 자신의 최고 소비수준에 의해 영향을 받는다는 이른바 톱니효과(ratchet effect)이다. 소득이 증가함에 따라 일단 높아진 소비수준은 소득이 감소해도 이전 수준으로 감소하지 않는다는 것이다. 다시 말해 현재의 소비가 비가역성의 작용에 의해 과거의 최고 소비수준에 의해 영향을 받는다는 것이다.[7]

2) 소비 의사결정의 문제

가계의 소비행동에는 '의사결정'의 문제가 동반된다. 이에 관한 연구는 심리학과 마케팅론, 사회학, 경제학 등 다양한 학문분야에서 수행되어 왔다. 특히 경제학 분야에서는 이른바 '효용이론'의 연구형태로 진행되어 왔다.

(1) 최적 소비의사 결정

소비자 효용이론은 개인의 '합리성'을 전제하여 소비선택의 문제를 살펴보고 있다. 이른바 합리적인 소비자는 자신의 '효용'을 최대화(utility maximization)하려 하며, 이때의 소비 행동은 최적의 '의사결정'을 한 것이라는 것이다.[8] 여기서 효용이란 소비자가 어떤 상품을 소비할 때 느끼게 되는 주관적인 만족도를 의미한다.

이러한 효용의 개념과 효용의 최대화 등의 이론은 1870년대 이른바 한계효용학파라 불리는 제본스(W. S. Jevons), 멩거(C. Menger) 그리고 왈라스(L. Walras) 등에 의해 주장되었다. 그 후 유명한 마셜(A. Marshall)에 의해 '한계효용체감의 법칙', '한계효용균등의 법칙' 등 고전학파경제학에서의 한계효용이론이 정립되었다.

(2) 소비자의 시장행동과 선호 순서

소비에 관한 의사결정을 할 때 소비자의 선호순서에 주목한 연구가 있는데,

---

7 이상의 4가지 대표적인 소득-소비가설들은 매우 정치한 이론적 구조를 하고 있으며, 해당 주장에 대한 다양한 비판도 존재한다. 관심있는 독자는 경제이론서를 참조하기 바란다.
8 이 책의 제2장에서 합리성과 최적화에 관해 보다 구체적인 설명을 하고 있다.

새뮤얼슨(P. A. Samuelson)이 주창한 이른바 현시선호이론(theory of revealed prefer-ence)이다.

앞서 말한 '합리적' 선택을 하는 소비자는 구매하고자 하는 상품의 선호 순서가 있다. 그런데 그러한 소비자의 선호 행동은 원래 소비자의 관념 속에서만 존재하므로 외부에서 알아차릴 수 없다. 따라서 소비자의 선호는 상품의 가격 조건에 따라 결정되는 선호량(수요량)으로 나타내어질 뿐이라는 것이다.

새뮤얼슨은 이러한 시장에서 관찰되는 소비자의 행동에는 모순성이 없다는 전제를 하고 있다. 즉 해당 가격에 따라 나타내어진 소비자의 선호순서는 일정하며 뒤바뀌지 않는다는 것이다. 그에 따라 다른 여러 소비이론(한계효용이론, 무차별곡선이론)에서의 논리적 제약을 해소할 수 있게 되었다.

(3) 정보부족 아래에서의 소비의사 결정

지금까지 살펴본 소비자 의사결정은 모두 정보가 '완전'하다는 전제를 하고 있다. 매우 비현실적인 전제인 것이다. 우리가 생활하고 있는 현실 경제에서 소비자는 정보가 충분하지도 않을 뿐 아니라 거래상대방과 대등하지도 않은 것이 일반적이다.

불완전정보(imperfect information) 또는 비대칭정보(asymmetric information) 여건에서는 장래에 대한 예측에 있어서 필연적으로 불확실성이 뒤따르며, 이른바 위험(risk)이 발생하게 된다. 그러한 불확실성 또는 위험이 있는 상황에서의 소비에 관한 의사결정 문제는 장래에 대한 예상 또는 '기대(expectation)'의 개념을 이용하여 이해할 수 있다. 이른바 기대효용(expected utility)이라는 개념을 통해 정보부족 아래에서의 소비자의 의사결정 문제를 설명할 수 있는 것이다. 이를 경제학에서는 기대효용이론 또는 기대효용가설(expected utility theorem)을 통해 설명하고 있다.[9]

(4) 행동경제학

소비의사의 결정에 관한 이러한 종래의 여러 경제학 이론들을 통해 소비행

---

9 1730년경 스위스 물리학자 베르누이는, 사람은 화폐에 관해 한계효용이 체감하는 효용함수를 갖고 있는데, 도박이 가져오는 효용의 수학적 기대치, 혹은 기대효용을 판단의 기준으로 한다는 가설에 의해 이득의 기대치가 무한대인 도박이라도 실제로는 그 도박에 거금을 내고 참가하는 사람은 없다는 소위 '상트페테르부르크의 역설'을 설명하려고 했다.

동의 기본적인 사항들을 어느 정도 이해할 수 있다. 하지만 기존의 이론들은 대부분 이상적인 경제적 인간(homo economicus) 또는 합리적 소비자를 전제하고 있으며, 그런 전제 아래 소비자가 자신의 효용을 최대화하려 한다고 간주하고 있다.

하지만 현실에서 소비자의 행동은 합리적이지 못하거나 이타적인 경우도 없지 않다. 따라서 소비결정뿐 아니라 소비의사의 결정의 문제를 정확히 파악하기 위해서는 소비자들의 많은 의사결정 요인들을 분석할 필요가 있는 것이다.

이러한 배경 아래 기존의 '합리적 인간'이라는 주류경제학의 핵심가정에 대해 문제를 제기하는 학자들이 적지 않다. 그 대표적인 경우가, 이른바 '행동경제학(behavioral economics)' 연구자들의 관점이다. 이들은 사람이 갖는 여러 사회적, 인지적, 감정적 이유와 편향에 의해 발생하는 다양한 심리학적 현상을 경제학이론에 도입하였다. 이들은 종래의 경제학 이론이 현실과 괴리되었음을 강조하면서 다양한 인간의 심리에 관련된 실험 연구를 통해 새로운 분석모델을 제시하였다.

R읽을거리 4.1
Reading

행동경제학의 대가 게리 베커

2014년 5월 3일 '시카고 학파의 거목' 게리 베커 교수가 83세로 세상을 떠났다. 뉴욕타임스는 "결혼 출산과 사망 등 매일 벌어지는 생활 현상들의 원인을 밝혀내려 했던 '행동 경제학의 대가'가 세상을 떠났다"고 보도했다. 그는 전통경제학이 다루지 않았거나 기피했던 인종, 결혼, 교육, 범죄화 형벌 등도 경제학 이론을 통해 분석함으로써 미시경제학의 지평을 넓혔다는 평을 받는다.

경제학의 유용성을 높인 그는 모든 인간은 얻게 될 이익과 비용을 계산하여 자신의 이익을 극대화하려한다고 주장했다. "개인은 이기적이든 이타적이든, 충실하든 악의적이든 효용을 극대화하고자할 뿐이다"고 말하기도 했다. 하지만 경제학계 일부에서는 그의 연구영역 확대를 인정하려 하지 않았지만, 교육·가족·범죄와 형벌의 경제학이 경제학으로 자리 잡는 기틀을 마련한 것은 분명 커다란 업적임에 틀림없다.

그는 어려서부터 인종차별과 불평등의 문제에 관심을 가졌으며, 박사학위 논문의 주제도 차별에 관한 것이었다. 소수계층에 대한 차별이 그들의 소득과 고용, 직업에 어떤 영향을 미치는지 경제이론을 활용하여 분석했다. 이어, 노동, 인적자본, 가계, 생산은 물론 경제학이 기피해왔던 인종, 결혼, 교육, 범죄문제까지도 경제이론으로 설명하고자 했다. '범죄와 형벌: 경제학적 접근' (1968)이

그의 대표적인 논문인데, 여기서 그는 잠재적 범죄자는 범죄활동에서 기대이익과 기대비용을 비교(형량)하여 자신의 범행 여부를 결정한다는 논리를 폈다. 이와 같이 다양한 사회현상을 경제학과 접목시킨 공로로 그는 1992년 노벨경제학상을 받았다.

자료: 한국경제(2014. 5. 19. S3면) 및 이종인(범죄와 형벌의 경제학, 2013) 외.

다음 절에서는, 소비자가 이러한 합리적인 의사결정을 하고자 함에도 불구하고 발생되는 소비자문제의 이해를 통하여, 소비자문제 발생의 근본적인 원인과 해결방식의 선택, 그리고 소비자문제의 해법은 무엇인지 등에 관해 소비자경제학 측면에서 살펴본다.

2 경제학에서의 소비자문제의 해법

1) 경제학적 시각에서의 소비자문제

(1) 소비자문제의 이해

소비자와 생산자(기업) 간에, 상품의 거래과정에서 발생하는 소비자문제는 시장경제체제 기능상의 문제에서 출발하기 때문에 본질적으로는 경제문제이다. 시장경제체제에서는 이러한 경제문제를 결정하는 주된 요인이 바로 소비자의 선택이다. 예컨대, 소비자가 선호하는 제품은 많이 팔리고, 선호하지 않는 제품은 비인기 종목이 되어 시장에서 퇴출된다. 결국 시장에서 제품생산의 결정권이 소비자에게 있다. 다시 말해 소비자와 생산자의 상호관계에서 최종적인 의사결정의 힘이 소비자에 주어져 있다는 의미이다.[10] 다시 말해 한 나라 경제의 주인(주권자)

---

10 국정의 최종최고 결정권자가 국민이라는 이른바 '국민주권'의 의미를 생각해보면 쉽게 이해될 것이다.

은 생산자가 아니라 바로 소비자라는 것이다.

(2) 소비자문제의 발생 요인

경제학에서는, 현실의 시장기구가 효율적으로 작동하지 않는 시장실패(market failure)를 소비자문제의 주된 원인으로 본다. 따라서 시장실패의 해결은 곧 소비자문제의 해결책이 된다.

시장실패의 원인에는 여러 가지가 있지만, 우선, 거래당사자 간 정보의 불균형 혹은 정보의 부족에서 시장실패가 나타난다. 예를 들면, 자동차의 안전성에 관한 정보가 제조회사보다 부족한 소비자는 합리적인 판단을 하기 어려워진다.

이런 시장실패의 관점에서 소비자문제를 살펴보면, 공해와 같은 외부효과(externality)도 소비자문제를 일으킨다. 예컨대, 섬유공장이 방출하는 매연이나 폐수는 공기와 하천을 오염시켜 그 섬유를 소비하지 않는 제3자(이웃주민)에게도 손해를 끼친다. 하지만 섬유공장이 그 비용을 모두 부담하지는 않는다.

소비자문제는 다른 사람들이 생산한 소비자정보(공공재)를 공짜로 소비하려는 무임승차자(free rider) 심리에 의해서도 발생한다. 훌륭한 정보라도 이러한 공짜족들이 많으면 많을수록 회사로선 손해이기 때문에 좋은 정보를 소비자한테 제공하지 않으려고 한다. 결국 상품에 관한 정보가 기업에 비해 부족하거나 비대칭적이어서 시장의 실패가 발생하게 되고 소비자문제도 더불어서 발생되는 것이다.

오늘날은 정보의 홍수시대이다. 예전보다는 소비자들이 상품정보를 훨씬 많이 갖고 있다. 그럼에도 소비자피해는 줄어들지 않고 있는 이유는 무엇일까?

설사 올바른 정보를 많이 갖고 있더라도, 현실적으로 사람들은 합리적인 판단을 하지 못하는 게 사실이다. 예컨대, 유행이나 개인의 취향, 습관에 따라 소비를 함에 따라 유행추구 풍조, 준거집단(準據集團)[11]에 의한 영향, 신분유지와 상승을 위한 체면 중시 등의 비합리적 소비행위 등을 들 수 있다. 특히 사고와 같은

차이점이라고 하면, 국민주권은 1인 1표인데 반해 소비자주권은 소비자의 구매력의 크기에 달려있는 것이다.

11 어떤 개인 스스로가 구성원인지 아닌지를 확인하고 또 그것의 규범을 따르게 되는 집단을 준거집단이라고 한다. 다시 말해 우리가 어떤 사람들이나 집단의 가치와 기준을 하나의 준거의 틀로서 받아들일 때, 그 사람들이나 집단은 우리에게 준거집단이 되는 것이다. 사회집단이나 학교집단, 노동자집단, 또래집단 등이 대표적인 예이다.

안전에 관련된 문제는 그 위험을 어느 정도 인지하고 있을지라도, 설마 나한테 그런 일이 일어날까 … 하는 심리가 있어서 덜 조심하는 경향도 없지 않다.

정보가 충분하더라도 소비자의 나이나 학력수준 등에 따라 이해력이나 자기보호 능력이 다르기 때문에 소비자문제가 야기되는 경우도 있다. 예를 들어, 본드(접착제) 흡입이 우리 몸의 신경조직에 영향을 미쳐 환각을 일으킨다는 위해정보가 오히려 청소년들의 호기심을 자극시킨다는 조사결과도 있다. 더불어 현대산업사회의 특징인 고도분업과 전문화로 시장이 복잡해지면서 소비자는 시장에 공급된 정보를 소화하는데 물적, 시간적 제약과 분석능력의 한계에 직면하게 된다.

Reading 읽을거리 4.2

시장실패와 외부효과

'시장실패(market failure)'는 말 그대로 시장기구가 그 기능을 제대로 발휘하지 못하여 생산자원과 생산물과 같은 자원이 적재적소에 효율적으로 배분되지 못하는 상태를 말한다.

시장실패란 용어를 처음으로 사용한 경제학자는 바토(Francis Bator) 하버드대 케네디 행정대학원 명예교수이다. 그는 MIT 경제학교수로 재직하던 1950년대 후반에 자유시장경제의 장점과 한계를 피력한 두 편의 논문을 발표하였는데, 그 중 '시장실패의 해부학(the anatomy of market failure)'에서 당시 경제학의 주류였던 일반균형모형이 전제하고 있던 확실성과 완전정보 등의 가정들이 현실과는 거리가 멀다는 점을 지적했다. 즉 불확실성과 정보의 불완전성 문제를 제쳐 놓고 전통적인 경제분석의 틀 내에서 살펴보아도 경쟁의 불완전성, 공공재, 외부효과 등이 자원배분의 왜곡을 초래하는 시장실패의 요인임을 지적했다.

또한 그는 현실에서 경제 주체들이 완전한 정보를 얻을 수 없다는 점도 자원배분의 효율성을 저해한다는 점을 강조했다. 거래당사자간의 정보의 부족은 생산자가 소비자의 수요 이상으로 재화와 서비스를 산출토록 하거나, 반대로 수요에 못미치게 산출토록 하는 비효율을 초래한다는 것이다. 더불어 소비자도 정보부족에 기인하여 상품의 선택과 소비에 있어 적정한 판단의 왜곡을 야기시킨다는 것이다.

이러한 시장실패에 관한 이론의 정립 등의 공

2) 불완전정보와 소비자 행동

앞서 우리는 정보의 문제와 직결시켜 소비자문제를 살펴보았다. 즉 생산자와 소비자, 판매자와 구매자, 청약자와 수약자 등 거래당사자 간의 정보의 비대칭 문제 또는 소비자의 정보 부족을 모든 소비자문제의 발생 원인으로 간주한 것이다. 이 절에서는 이러한 '불완전정보(imperfect information)'에 관해 살펴보도록 한다.

많은 경제학 입문서에서는 경쟁적 시장에서 모든 시장 관계자들이 '완전한 정보'를 가지고 있다고 가정한다.[12] 이는 소비자와 생산자가 시장과 시장거래의 모든 것을 알고 있다는 것이 아니라, 이성적이고 정상적인 의사결정을 하기 위해 필요한 모든 정보를 가지고 있다는 의미이다(예컨대 시장에서의 소비자는 제2장에서 살펴본 '합리적 소비자'라는 것이다).

하지만 현실에서의 소비자는 과거와 현재, 그리고 미래에 관한 정보가 완전하지 않은 경우가 더 많으며, 위험과 불확실성을 초래하는 소비의사 결정을 해야만 한다. 이러한 불완전한 정보 아래서의 행동은 여러 형태의 비정상적인 선택을 가져오게 되는데, 이른바 역선택, 도덕적 해이, 본인－대리인문제, 크림스키밍, 체리피킹 등의 문제를 야기하게 된다.

불완전정보는 한명 이상의 시장 참여자가 의사결정을 위해 필요한 정보를

---

12 경제학자들도 시장경제에서 경쟁과 정보가 불완전하다는 것을 알고 있지만, 이론적 분석과 의사결정의 편의를 위해서 '완전경쟁'과 '대칭적 정보' 상황을 전제하고 있다.

갖지 못함을 의미한다. 불충분한 정보, 부정확한 정보, 획득불가능한 정보, 알려지지 않은 정보, 숨어있는 정보, 왜곡정보, 정보취득능력이 없는 상황 등을 모두 포함한 개념이다. 불완전한 정보는 시장 참여자가 추가적인 정보 또는 정확한 정보를 갖고 있었다면 보다 효율적인 결과를 예상할 수 있기 때문에 (제6장에서 공부할) 시장실패의 주된 요인 중의 하나이다.

(1) 정보비대칭

정보비대칭(asymmetric information)이란 구매자와 판매자가 서로 다른 정보를 갖고 있는 것을 의미한다. 소비자가 구매하려는 상품에 관한 필요한 정보가 없거나 생산자가 그들이 생산하여 판매하는 상품에 관한 충분한 정보가 없다면, 시장 거래에 대한 편익과 비용은 생각했던 것 보다 다를 수 있다. 또한 시장에서의 거래를 제약하거나 왜곡하는 결과를 초래할 수 있다.

상대방이 어떤 유형의 경제주체인지 잘 알 수 없는 경우에는 좋은 상품을 파는 사람을 골라서 거래하면 된다. 하지만 정보 부족 또는 비대칭적 정보 상황으로 인해 상대방의 유형을 잘 모르거나 알 수 없는 경우에는 어떤 유형의 상대방과 거래하게 될 가능성이 높을까? 이 절에서 공부할 역선택의 논리에 따르면, 실제로 피하고 싶은 상대방과 거래하게 될 가능성이 높다.

중고차시장

대표적인 예로 중고차시장(레몬마켓)을 들 수 있다.[13] 중고차를 시장에 내 놓는 주인은 구매자보다 차에 관한 더 많은 정보를 가지고 있다. 다시 말해 중고자의 구매자와 판매자 간에는 중고차의 품질에 관한 비대칭정보 상황에 놓이게 된다.

설명의 편의를 위해 고품질중고차시장과 저품질중고차시장이 따로 형성되어 있다고 하자. 고품질중고차의 판매자는 그에 따른 높은 가격을 받고자 하고, 저품질차의 판매자는 적정한 가격을 받고자 할 것이다. 하지만 구매자는 자신이 고품질중고차 시장에서 사는 차가 고품질인지 저품질인지 알 수 없기 때문에 고

---

13 겉모습만 그럴듯한 물건을 영어로 'lemon'이라 하고 내실 있는 경우를 'peach'라고 한다. 그런 의미에서 영어권에서는 중고차시장을 'lemon market'이라 부른다.

품질 중고차에 대한 수요는 감소한다. 또한 저품질중고차 시장에서도 생각보다도 더 낮은 품질일 가능성이 있다고 생각하기 때문에 저품질중고차에 대한 수요도 낮아진다.

이러한 상황이 반복되면 고품질중고차의 판매 가격은 매우 낮게 형성되며, 고품질중고차 판매자는 판매의사가 없어지게 된다. 결국 중고차시장에 대한 평가가 악화되어 중고차시장 전체의 규모가 줄어들거나 아예 없어지게 될 수도 있다.

비대칭정보에 대한 대응

하지만 현실에서 중고자시장은 존재할 뿐 아니라 번성하기도 한다. 왜냐하면 (정부의 인위적인 조치가 없더라도) 당사자들이 비대칭 정보에 대응하여 적절한 행동을 하기 때문이다.

구매자는 전문가의 조언을 받거나 다른 구매자의 의견을 들을 수 있다. 또한 인터넷 검색을 통해 각종 정보를 수집하고, 해당 차량을 직접 시범주행하는 방법으로 정보를 수집한다. 판매자 역시 제값을 받기 위해, 판매하는 이유를 진솔하게 설명해주거나 차량운행기록을 보여주거나 보증을 해주기도 하며, 자신의 사회적 평판을 알려줄 수도 있을 것이다.

물론, 국가 또는 정부가 나서서 정보비대칭 문제에 따른 시장왜곡현상을 해소할 수도 있다. 문제있는 중고차를 시장에서 몰아내도록 하는 법이나 규칙(이를 영어권에서는 'lemon laws'라고 한다)을 제정해서 적용할 수 있으며, 연비나 품질검사결과를 의무적으로 제시토록 할 수 있다.

(2) 역선택

정보의 격차가 존재하는 시장에서 불완전한 정보에 기초하여 행동하기 때문에 발생하는 비정상적인 선택을 역선택(adverse selection)의 문제라고 하며, 자기선택 또는 반대선택이라고도 한다. 거래에 있어서 어느 일방이 정보를 가지고 있기 때문에 발생하며, 결과적으로 바람직하지 않은 상대방과 거래할 가능성이 높은 현상을 가리키는 말이다.

보험회사와 보험가입자간의 관계에서 이러한 역선택의 문제를 쉽게 이해할 수 있다. 보험회사는 가입희망자들 중 사고의 위험이 낮은 사람만 받아들이고 사고 위험이 높은 사람은 피하고 싶어 한다. 이때 가입희망자가 어떤 유형인지 판별할 수 있다면 별 문제가 되지 않을 것이다. 사고위험이 큰 가입자에게는 높은 보험료를 요구하여 보험가입을 포기하게 할 수 있기 때문이다. 하지만 어떤 유형의 가입희망자인지 알 수 없다면 결과적으로 사고위험성이 높은 사람들만 자신의 보험을 구매하게 되는 이른바 역선택현상이 나타날 수 있는 것이다.

가입희망자의 유형을 알 수 없는 경우, 보험회사는 평균적인 사고확률에 기초해 산출된 보험료(premium)를 모든 보험가입자에게 적용하게 된다. 사고위험이 낮은 사람은 그 보험료가 너무 많다고 판단하여 가입을 꺼리지만, 사고위험이 큰 사람은 그 보험이 자신에게 유리하다고 판단하여 가입하려 한다.

보험회사가 이러한 역선택의 문제를 모를 리 없으며 나름의 대책을 갖고 있다. 예컨대 신체검사기록을 제시토록 하여 객관적 위험정보를 얻을 수 있으며, 특정한 보장을 받기 전에 일정 기간 이상 가입하게 할 수 있다. 또한 보장의 범위를 제한할 수 있으며, 한 집단의 사람들에게 하나의 보험만 가입하게 하는 것도 역선택을 방지하려는 대비책의 하나가 된다.

(3) 크림스키밍과 체리피킹

크림스키밍(cream skimming)은 말 그대로 생유 중에서 맛있는 크림만을 분리해서 채집한다는 의미로, 보험회사가 저비용의 개인을 가입시켜서 이윤을 증가시키기 위해 건강한 고객을 찾으려고 경쟁하는 현상을 뜻한다.

크림스키밍 현상이 일반화되면 고령자나 장애자와 같은 위험성이 높은 집단의 선택권은 제약받을 수밖에 없다. 즉 건강하지 않거나 비용이 많이 드는 집단을 차별하는 결과를 초래하기 때문에 형평성 문제를 야기시키는 문제가 있다.

크림스키밍과 유사한 용어로, 좋은 대상만을 골라가는 행위를 뜻하는 체리피킹(cherry picking)이 있다. 체리는 다른 과일에 비해 가격이 비싼 편이어서 마음껏 먹기가 쉽지 않다. 아이들이 어렸던 미국 체류시절, 저자는 종종 인근의 체리농장으로 가족 나들이를 겸해서 체리피킹을 갔다. 1인당 15달러의 농장입장료만 지불하면 얼마든지 맛있는 체리만 골라서 따먹을 수 있을 뿐 아니라 농장에서 제공하는 작은 용기에 체리를 담아 올 수도 있다. 먹음직스럽지 못한 체리는 체리 피커들의 선택에서 제외될 수밖에 없다.

불완전한 정보 상황에서의 이러한 크림스키밍과 체리피킹 현상은 보험시장의 경우 선택받지 못한 다수 소비자들로 하여금 예상보다 더 많은 비용을 보험료를 부담해야만 하는 부작용이 따른다.

(4) 도덕적 해이

보험에 가입하는 사람은 사고 예방을 위해 합당한 노력을 하겠다는 암묵적 약속을 보험회사뿐 아니라 자신과도 하게 된다. 하지만 일단 가입 후에는 그러한 약속을 지킬 유인이 없어진다. 사고예방을 위해서는 상당한 비용이 드는데 비하여 (노력을 소홀히 하여) 사고가 나더라도 어차피 보험사로부터 보상을 받게 되기 때문이다. 보험회사는 가입자의 그러한 도덕적으로 해이한 행동에 대한 완전한 정보를 가지고 있지 못하다.

이와 같이 도덕적 해이(moral hazard)는 원래 보험시장에서 사용되었던 용어이다. 경제학에서는 정보의 비대칭이 존재하는 상황에서 주인(principal)이 대리인(agent)의 행동을 완전히 관찰할 수 없을 때 대리인이 자신의 효용을 극대화하는 과정에서 취하는 바람직하지 못한 행동을 도덕적 해이라고 한다.

이러한 도덕적 해이가 문제가 되는 이유는 타인에게 비용을 전가함으로써, 상대방(보험회사)의 비용을 높이게 되며, 제3자(다른 보험가입자)들의 행동(보험계획)에도 영향을 주기 때문이다.

도덕적 해이를 막거나 완화하는 다양한 방법이 있다. 보험가입자에게 보험료의 일부분을 부담케하는 공제(deduction)조항을 활용할 수 있으며, 보험 가입자로 하여금 일정한 비율을 부담하게 하는 공동보험(co-insurance)방식을 택할 수 있다. 또한 보험가입자에게 유인을 제공하는 방안으로 실적에 비례한 보수를 지급하는 방법도 있으며, 병원입원일 제한과 같이 서비스를 제한하거나, 사전에 허가를 받도록 조치할 수도 있다. 또한 일정한 기간이 지난 후에 추가적 서비스를 제공하는 방법도 상대방의 도덕적 해이를 막을 수 있는 수단이 된다.

(5) 본인-대리인 문제

감추어진 행동(hidden action)이 문제되는 비대칭적 정보의 상황에서 발생하는 문제의 전형적 예가 바로 본인-대리인의 문제이며, 그로 인해 앞서 살펴본 도덕적 해이 문제가 발생하게 된다.

어떤 일을 자신이 직접 수행하기에는 능력이 부족하거나 또는 다른 이유로 대리인을 선정해 일처리를 맡기는 경우가 종종 있다. 이때 일을 맡기는 사람을 본인(principal), 그리고 의뢰를 받아 대신 일 처리를 해주는 사람을 대리인(agent)이라고 부른다. 그런데 이 둘 사이에는 정보가 대칭적이지 않기 때문에 대리인은 주인의 의도와는 다른 행동을 할 가능성이 있게 된다. 그런데도 본인은 이러한 대리인의 (도덕적 해이) 행동을 알 수가 없어 이른바 본인-대리인의 문제가 발생하는 것이다.

계약관계나 거래관계에 있는 수많은 관계에서 이러한 본인-대리인 관계를 읽을 수 있다. 사장님은 종업원이 열심히 일하기를 원하지만 종업원은 일단 근로계약을 체결한 후에는 자신의 노력과는 무관하게 봉급을 받으므로 대충대충 일할 가능성이 있는 것이다. 주주와 경영자, 소송의뢰인과 변호사, 학생과 스승, 국민과 관료, 특히 국민과 대통령과의 관계도 본인-대리인의 관계로 볼 수 있다.

본인-대리인 문제에 대해서도 다양한 해법이 있을 수 있다. 대리인에게 수수료나 로열티, 발생되는 이익의 배분 약속, 성과에 따른 인센티브 제공 등을 통해 대리인의 일에 대한 근면성을 기대할 수 있다. 또한 대리인에 대한 엄격한 모니터링과 책임을 계약을 통해 명확히 하는 방법도 있으며, '참 잘했어요!'와 같은 칭찬과 격려, 감사의 표현과 같은 비금전적 인센티브도 본인-대리인 문제를 해소하는 데 도움이 된다.

3) 소비자문제의 해법

앞서 살펴보았듯이, 소비자의 행동에 관련된 여러 경제이론들이 발전되어 왔지만 정보비대칭의 문제 등으로 인해 야기되는 현실에서의 소비자문제를 설명하는 데는 여전히 한계가 있다. 또한 시장에서의 경제적 교환(거래)은 소비자뿐 아니라 생산자 내지 공급자의 행동에 관한 분석도 함께 고려해야만 시장에서 발생하는 다양한 소비자문제에 대한 객관적 설명이 가능해질 것이다.

하지만 현실에서는 거래당사자간 비대칭정보 또는 정보부족에 의해 소비자가 약자인 경우가 많으며, 따라서 많은 소비자문제는 생산자 내지 공급자 측면에서 비롯되기도 한다.

위에서 우리는 소비자문제를 경제학에서의 이른바 '시장실패'에 기인한다고 배웠다. 따라서 그 해법도 경제이론적 측면에서 이해할 수 있겠다.

앞서 말한 외부효과(공해)와 공공재(무임승차자 문제), 독과점의 폐단, 비대칭 소비자정보 등으로 인해서 시장경제가 효율적인 기능을 하지 못할 때, 정부가 적절하게 규제를 하거나 올바른 정보를 제공해서 소비자문제를 해소할 수 있게 된다.

또한 그런 시장실패를 보완하기 위해 법과 제도를 효과적으로 운용해서 소비자 권리(주권)를 확보토록 하면 된다. 예를 들어, 사업자의 사기행위나 기망행위에 대한 처벌을 강화하고, 피해발생 시 신속하고 저렴하게 구제를 해 줄 수 있는 '대안적 분쟁해결(ADR)' 시스템을 운용하며, 집단소송제와 같은 소비자의 집단적 의사를 반영할 수 있는 채널을 제도화하는 것을 들 수 있다.

소비자문제의 해결은 결국 소비자들이 스스로의 권리(주권)를 행사할 수 있는 여건이 조성돼야 한다고 요약할 수 있다(소비자의 권리와 소비자주권은 제2장에서 살펴본 바 있다).

다음 절에서는, 이러한 소비자 문제 해결을 위한 소비자경제학의 이해를 돕고자 경제학적 측면에서의 소비자이론과 소비자경제학의 학문적 위치 등을 살펴본다.

3 경제학 이론구조에서의 소비자의 위치

1) 미시경제에서의 소비자이론

필자가 대학시절 들었던 경제원론이나 미시경제학 이론서에는 앞 절에서 소개한 항상소득가설이나 상대소득가설, 생애소득가설 등 소득소비가설과 같은 소비의 경제이론에 관한 내용이 대부분 포함되어 있었다. 하지만, 언제부턴가 소비경제학(Consumer Economics, Economics of Consumption)의 본질과 정의, 경제학체계에서의 소비자학의 위치 등에 관한 사항은 표준적인 경제이론서에서는 더 이상 찾아볼 수 없게 되었다. 이러한 현상은 우리나라뿐만 아니라 미국이나 일본 등 외국의 경우도 크게 다르지 않다.

예컨대, 고전경제학파의 조상이라고 불리는 아담 스미스(Adam Smith)도 불후의 명저서인 '국부론(1776)'에서 "소비는 전체 생산의 유일한 목적으로서, 생산자는 소비자의 이익을 촉진시키는데 필요한 사항에만 관심을 갖는다."고 하였고, 유명한 철학자인 스튜어트 밀(John S. Mill)은 "경제학은 생산이나 분배와 불가분의 관계에 있는 것 외에는 부의 소비에 아무런 관계가 없다. 명확한 과학의 주제로서의 부의 소비법칙에 대해서는 아는바 없으며, 아마도 인간의 향락의 법칙에 지나지 않는다."라고 하여, 소비이론 자체를 인정조차 하지 않았다.[14]

하지만, 시장에서의 소비자의 위치와 역할이 경제이론의 핵심 부분이 됨에 따라 특히 미시경제학의 많은 부분이 소비자이론이 차지해 가게 되었다. 미시경제학은 기본적으로 수요이론과 공급이론 그리고 시장이론으로 구성되는데 수요이론이 소비자이론에 해당한다. 탄력성과 무차별곡선, 효용극대화 등이 대표적인 소비자이론이다. 또한 비교적 최근에 들어와 이론으로 구성된 불확실성하의 선택 문제도 대부분 시장에서의 소비자를 분석 대상으로 하고 있다.

앞서 언급했듯이 소득소비이론 등 소비자행동이론은 이제 경제학교과서에서는 찾아보기 어려운 실정이다. 그렇다고 하여 경제학 이론에서 소비자이론이

---

14 日本消費経済学会(編, 1993), 所費経済学総論, 税務経理協会, 21쪽

배제된 것은 물론 아니다. 소비자이론은 (다른 인접학문 분야와 더불어) 경제학의 여러 분야 속에 자리를 차지하고 있는 실정이다.

전통적 경제학이론은 오늘날의 미시경제학(microeconomics) 이론으로 대표된다. 세계경제의 대공황(great depression)기를 거치면서 영국의 경제학자인 케인즈의 '고용이자 및 화폐의 일반이론'에 의해 확립된 거시경제학(macroeconomics)[15]에도 거시경제정책과 소비자효용 등의 내용들이 포함되어 있긴 하지만 대부분의 소비자이론은 미시경제이론 속에서 읽을 수 있다. 예컨대, 미시경제학에서의 불확실성 아래에서의 선택의 문제, 소비자선호체계, 최적 선택 등은 주된 소비자이론이기도 하다. 또한 소비자잉여, 현금보조, 현물보조, 현시선호이론 등 미시경제학에서의 제반 이론과 분석모형들이 소비자이론에서 응용되고 있는 실정이다.

이러한 미시경제학 이론에서의 소비자이론은 제5장과 제6장에서 보다 구체적으로 살펴본다. 거시경제 또는 개방경제에서의 소비자이론 역시 7장에서 구체적으로 공부하도록 한다.

2) 소비(자)경제학

(1) 소비(자)경제학의 본질

소비(자)경제학은 어떤 학문분야일까? 어떤 사전에서는 '소비자와 외부환경과의 경제적인 상호작용을 중점적으로 다루는 학문'이라고 정의하고 있기도 하지만, 한마디로, 소비 내지 소비자를 중심으로 한 경제학이다. 즉, 소비(자)경제학은 공급자 중심의 기존의 경제이론 체제에서 벗어나 소비자를 하나의 주체로 보고 동일한 경제주체로서 행해지는 시장에서의 역할과 의무, 소비자 보호 등에 초점을 맞추어 연구를 진행하고 있는 학문 분야로 이해할 수 있다.

소비(자)경제학은 소비자로 인한 경제 환경의 변화에 주목하는 것에 그치지 않고 소비자와 외부의 상호 작용에 의한 경제 활동에도 주목하고 있다.

---

[15] 국민소득 이론에 입각한 소비와 투자, 저축 등의 집계량을 가지고 국민소득의 결정을 논하는 경제학으로써, 1935년 케인스의 '고용·이자 및 화폐의 일반이론(The General Theory of Employment, Interest and Money)에 의해 확립된 경제학 이론이다. 현대의 거시경제학은 여전히 케인스의 절대적인 영향아래 놓여있다고 볼 수 있다.

(2) 소비(자)경제학의 학제적 특성

소비 내지 소비자를 중심으로 한 경제학, 즉 소비(자)경제학이라는 학문체계는 다음의 4가지를 전제하고 있다고 볼 수 있다.

첫째, '소비자'라고 하는 경제주체와 '소비'라고 하는 경제행위는 서로 독립된 존재가 아니라는 점이다. 생산, 유통, 소비 등의 경제행위를 담당하는 경제주체들은 서로 밀접한 연관을 가지고 경제 활동에 참여한다.

둘째, 소비자는 소비의 주체만이 아니라 경우에 따라서는 생활자, 생산자, 근로자의 위치에 서기도 한다는 점이다. 특히 현대 자본주의 시장경제에서의 경제주체들은 그 이해관계가 매우 복잡하게 얽혀있으며, 소비행위는 생산활동이나 유통활동 등이 없이는 존재할 수 없는 것이다.

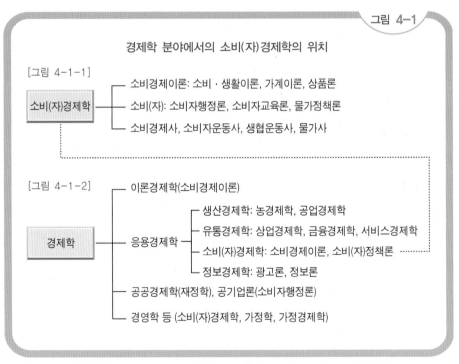

그림 4-1

경제학 분야에서의 소비(자)경제학의 위치

[그림 4-1-1]

소비(자)경제학 ┬ 소비경제이론: 소비·생활이론, 가계이론, 상품론
　　　　　　　├ 소비(자): 소비자행정론, 소비자교육론, 물가정책론
　　　　　　　└ 소비경제사, 소비자운동사, 생협운동사, 물가사

[그림 4-1-2]

경제학 ┬ 이론경제학(소비경제이론)
　　　　├ 응용경제학 ┬ 생산경제학: 농경제학, 공업경제학
　　　　│　　　　　　├ 유통경제학: 상업경제학, 금융경제학, 서비스경제학
　　　　│　　　　　　├ 소비(자)경제학: 소비경제이론, 소비(자)정책론
　　　　│　　　　　　└ 정보경제학: 광고론, 정보론
　　　　├ 공공경제학(재정학), 공기업론(소비자행정론)
　　　　└ 경영학 등 (소비(자)경제학, 가정학, 가정경제학)

출처: 日本消費経済学会(編, 1993), 所費経済学総論, 税務経理協会, 21쪽 및 관련 문헌.

셋째, 대부분의 생산은 소비를 그 목적으로 하고 있지만, 이윤을 추구하는 자본주의 사회에서는 소비와 생산이 양립할 수밖에 없는 것이 주된 경제원칙으로 볼 수 있다.

넷째, 자본주의 시장경제에서 소비행위를 위해서는 지출가능한 소득의 획득이 선행되어야 한다는 점이다.

소비자 내지 소비를 대상으로 하는 소비(자)경제학은 이러한 전제 아래 인접한 다양한 학문 분야와 연결되어 있다. 경제학은 전통적으로 경제이론, 경제정책, 경제사 등의 영역으로 구분되는데, 이를 소비(자)경제학에 응용해 보면 〈그림 4-1-1〉과 같이 나타낼 수 있다. 또한 경제학은 순수과학의 측면에서 이론경제학과 응용경제학, 공공경제학 등으로 구분되는데 이 체계를 소비(자)경제학에 응용해 보면 〈그림 4-1-2〉와 같이 분류해 볼 수 있을 것이다.

소비(자)경제학의 학제적 체계는, 이와 같은 전통적 경제학에 기초한 분야뿐 아니라 가정학, 사회학, 경영학, 마케팅론 등 다양한 학문분야들에서의 이론들을 응용하고 있는 복합·응용 학문분야라고 할 수 있다.

1. 각 소득-소비가설의 장단점을 비교해 보라.

2. 행동경제학은 전통적 주류경제학에서의 '합리적 인간' 가정에 이의를 제기하고 있는데, 주로 어떤 측면인지 사례를 들어 설명하라.

3. 도덕적 해이 문제는 보험의 경우에 종종 인용된다. 개인화재보험이나 생명보험과 같은 상품의 경우, 보험가입자가 스스로 도덕적 해이를 줄이려는 인센티브를 갖고 있다. 예를 들어 설명해 보라.

4. 경제학에서 소개되는 소비자이론 모형의 사례를 들어보라.

5. 전통 경제학에서의 소비자경제학의 위치에 관해 〈그림 4-1〉을 참고하여 설명해 보라.

주요 참고문헌

- 맨큐(김경환·김종석 옮김, 2007), 맨큐의 경제학 제4판.
- 경제학사전(2011. 3. 9.), 경연사.
- 이종인(2012), 세상을 바꿀 행복한 소비자, 이담북스.
- 이종인(2013), 범죄와 형벌의 법경제학, 한울아카데미.
- Steinemann·Apgar·Brown(2005), Microeconomics for Public Decisions, South-Western.
- 伊藤セツ·川島美保(2008), 消費生活経済学, 光生館.
- 朝岡敏行·関川 靖(2007), 消費者サイドの経済学, 同文館出版.
- 日本消費経済学会(編, 1993), 所費経済学総論, 税務経理協会.

제 5 장

시장에서의 가계와 기업의 행동

시장경제에서 소비를 대표하는 주체는 소비자이다. 그런데 개별 소비자의 행동과 경제활동을 체계적으로 정형화하기는 여러 가지 문제가 있다. 따라서 경제이론에서는 개별 소비자 대신 가계(households)라는 경제단위를 소비의 주체로 간주한다. 경제학에서 가계는 자원과 목표 또는 가치관 등을 공유하는 가족원을 인적 구성으로 하여 자원의 배분 및 소비 활동을 담당하는 경제주체를 의미한다.

이 장에서는 이러한 소비의 주체인 가계[1]와, 생산을 담당하는 주체인 기업[2]의 시장 행동에 관해 기초적 경제이론을 바탕으로 공부한다.

우선 제1절에서는 소비자선택 및 시장수요 이론(theory of consumer and market demand)으로써, 대표적인 소비자가 주어진 소득제약 아래 시장의 수많은 재화와 서비스를 어떻게 합리적으로 선택하는지를 살펴본다. 이어서 제2절에서는 소비 제품과 서비스의 생산을 담당하는 기업이 추구하는 목표가 무엇인지 살펴보고, 어떤 원리 아래서 기업이 공급량을 선택(결정)하게 되는지에 관해 공부한다.

---

1 가계(家計)는 원래 '한 집안 살림의 손질과 지출의 상태'나 '집안살림을 꾸려 나가는 방도나 형편'을 의미하지만, 경제학에서의 가계는 자원의 배분활동이나 소비활동을 행하는 최소 경제단위를 의미한다.
2 기업(企業)의 국어사전에서의 의미는 '영업 이익을 얻기 위하여 재화나 용역을 생산하고 판매하는 조직체'이지만 경제학에서는 이윤추구를 목적으로 하는 생산경제의 최소 단위체를 의미한다.

경제학에서는 소비자의 선택에 관한 일반 이론을 합리적 선택이론(theory of rational choice)이라고 한다. 본 절에서는 소비자선택 및 시장수요 이론(theory of consumer and market demand)을 쉽게 이해해보도록 한다. 즉 소비자가 자신의 소득 제약 아래 시장의 수많은 재화와 서비스를 어떻게 합리적으로 선택하는지를 살펴보고, 이러한 소비자의 선택을 설명하기 위해 합리적 선택이론이 형성되어 온 과정과 시장에서의 소비자 수요에 관해 공부한다.

1) 소비자 선호의 변화와 수요

전통적인 소비자선택이론은 소비자의 선호(preference)에 관한 분석을 전제로 한다. 소비자들은 자신들이 좋아하거나 싫어하는 상품(goods and services)에 대해 알고 있으며, 자기 선호를 충족하는 정도에 따라 해당 상품조합들의 순서를 매길 수 있다고 가정한다. 즉 소비자는 서로 다른 상품묶음 A와 B가 있을 때 둘 중 어느 쪽을 더 좋아하는지(혹은 더 싫어하는지), 아니면 동일하게 좋아하는지 비교할 수 있다는 것이다.

이와 같이 소비자의 선호순위는 선호의 완비성, 이행성, 연속성의 가정에 입각하여 설명할 수 있다(이를 선호체계의 기본 공리(axiom)라고 부른다).

(1) 선호체계의 기본 공리

완비성

선호의 완비성(completeness)이란 소비자가 모든 가능한 상품묶음들 중 어느 쪽을 더 좋아하는지 순서를 매겨 비교할 수 있다는 의미이다. 즉 어떤 재화와 서비스로 구성된 상품조합 A와, 같은 재화와 서비스로 구성된 상품조합 B가 있을 때 소비자가 B보다 A를 더 좋아하거나 A보다 B를 더 좋아하거나 혹은 동일한 정도로 좋아하는지를 분명히 말할 수 있다는 것이다. 완비성 가정 아래서는 소비자는 '비교할 수 없다'라는 결론을 내릴 수가 없는 것이다.

이행성

선호의 이행성(transitivity)은 A, B, C 세 개의 상품묶음이 있을 때 어떤 소비자가 A를 B보다 좋아하고, B를 C보다 좋아한다면 이 소비자는 반드시 A를 C보다 더 좋아해야 한다는 것이다. 또한 이행성 조건은 소비자가 A와 B를 동일하게 좋아하고(즉 선호가 무차별하고), B와 C를 동일하게 좋아한다면, 이 소비자는 A와 C를 동일하게 좋아해야 한다는 조건이기도 하다.

어떤 사람이 A를 B보다 좋아하고, B를 C보다 좋아하며, C를 A보다 좋아하는 경우는 '선호가 순환(circular preferences)된다'라고 한다. 이행성 조건은 이러한 개별 소비자의 선호가 순환되는 것을 인정하지 않는다.

물론 이러한 이행성 가정이 현실에서 항상 성립되는 것은 아니다. 나이가 어린 청소년이나 아동, 정신질환자 중에는 선호가 순환되는 경우가 있을 수 있는 것이다.

연속성

선호의 연속성(continuity)이란 소비자의 선호가 변화해 나갈 때 연속적으로 변화해 가며 갑작스러운 변화는 나타나지 않는다는 의미이다. 즉 두 상품묶음의 양에 미미한 차이만 있다면 이들에 대한 소비자의 선호도에도 아주 작은 차이밖에 없다는 뜻이다.

(2) 소비자선호의 주관성

이러한 3가지 기본적 가정을 전제해서 소비자는 자신이 선호하는 선택을 할 수 있으며 이를 '합리적 선택'이라고 간주한다. 그런데 소비자의 선호는 매우 주관적이다. 사람들은 서로 다른 다양한 기호(tastes)를 갖고 있는데, 이는 동일한 상품임에도 불구하고 사람마다 다른 선호순위를 갖고 있다는 것을 반영한다. 이러한 선호의 주관성 문제는 심리학이나 사회학과 같은 타 학문분야에서 많이 다루어지고 있으며, 전통적인 경제학에서는 소비자의 선호 내지 기호가 주어져있다(given)고 가정한다. 이 가정은 종종 소비자의 선호가 외생적(exogenous)이라고 표현되는데 그 의미는 소비자의 선호가 경제체계의 외부에서 결정된다는 의미이다.

전통적 경제학에서는 소비자 선호의 주관성 문제를 다루고 있지 않다. 철수가 A라는 상품묶음을 B라는 상품묶음보다 더 선호하고, 영희도 철수와 같이 B보다 A를 더 선호한다고 하자. 이때 철수와 영희 중 누가 A를 더 선호하는지 알 수 없다. 즉, 각 소비자의 선호의 순위(order)만 알 수 있으며, 그 선호의 크기(strength)는 알 수 없다. 각 소비자들 간의 후생(well-being)의 비교(불능) 문제는 소비자정책을 포함한 공공정책을 수립하고 집행하는데 매우 중요한 의미가 있다.

2) 효용함수와 효용극대화 행동

(1) 소비자 효용함수

소비자의 선호 순위가 정해지면 그 소비자의 효용함수(utility function)를 유도해 낼 수 있다. 어떤 소비자가 x와 y라는 두 상품만을 선택할 수 있다고 가정하자. 소비자의 효용을 u로 나타내면 x와 y의 상품묶음으로부터 얻을 수 있는 소비자의 효용을 $u = u(x, y)$로 나타낼 수 있다.

이 효용함수를 〈그림 5-1〉과 같이 그림으로 나타낼 수 있는데 이러한 그림을 흔히 무차별지도(indifference map)라고 한다. 그림에서 각 곡선은 소비자에게 동일한 수준의 효용 내지 후생을 가져다주는 x, y의 상품묶음들이다. 이때 이 개별

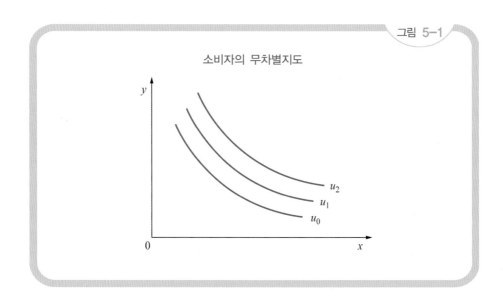

그림 5-1

소비자의 무차별지도

곡선들을 무차별곡선(indifference curve)이라고 부른다. 즉, 그림에서 무차별곡선 u_0 상의 모든 x, y 의 상품묶음은 소비자에게 동일한 효용을 주게 된다. 그리고 무차별곡선 u_1 상의 모든 상품묶음이 소비자에게 주는 효용수준은 u_0 곡선 상의 모든 상품묶음이 주는 효용수준보다 항상 높음을 의미한다.

(2) 소비자의 소득제약

소비자는 상품묶음의 선택에 있어 자신의 만족을 가로막는 여러 제약에 직면하게 된다. 즉, 시간, 에너지, 지식, 문화, 소득수준 등과 같이 소비자의 선택을 제한하는 여러 제약요인이 있지만 그중 가장 큰 제약은 소득수준이다. 이 소득수준의 제약을 〈그림 5-2〉에 나타냈다. 그림에서 우하향하는 직선을 예산선(budget line) 또는 소득제약선(income constraint line)이라고 부른다. 〈그림 5-2〉에서 예산선 아래 부분은 주어진 소득수준(Income: M) 아래 선택 가능한 모든 x, y 의 상품묶음들이다. 소비자가 자신의 전체 소득을 x 와 y 두 상품 구입에 모두 쓰고자 한다면, 소비자가 선택하는 상품 묶음은 예산선 위의 한 점에 놓이게 될 것이다.

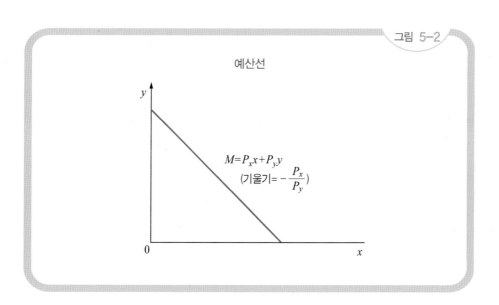

그림 5-2

예산선

$$M = P_x x + P_y y$$
$$(기울기 = -\frac{P_x}{P_y})$$

(3) 효용극대화 행동

이제 주어진 예산제약 아래 소비자의 효용을 극대화할 수 있는 x, y의 상품묶음을 살펴보자. 소비자의 기호(preference)는 〈그림 5-1〉에서 무차별지도로 나타냈고, 예산제약은 〈그림 5-2〉에서 예산선으로 나타냈다.

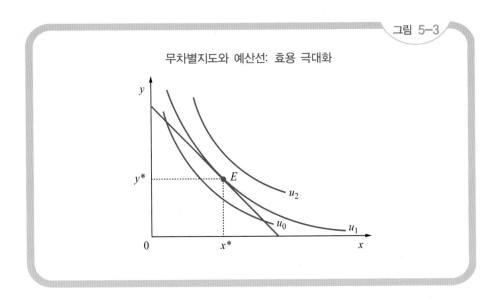

이 두 그림을 합치면 〈그림 5-3〉와 같이 나타낼 수 있다. 소비자가 자신의 예산제약 아래 선택할 수 있는 최적의 상품묶음은 〈그림 5-3〉의 E점이 되며 이때의 상품묶음은 x^*, y^*가 된다. 이 (x^*, y^*)묶음은 소비자가 선택할 수 있는 모든 상품묶음 중에서 자신에게 가장 큰 효용을 주는 상품묶음임을 의미한다.

3) 경제적 최적해 '한계비용 = 한계편익'

제2장에서도 설명하였듯이, 경제학 이론에서는 어떤 특정한 제약 아래에서의 조건부극대화(constrained maximization)가 매우 중요하다. 경제학에서 조건부극대값(constraint maximum)은 '한계비용과 한계편익이 같아지는 한 점'에서 정의된다(표현이 어려워 보이지만 아래 내용을 읽어보면 이해가 어렵지 않을 것이다).

이 극대화 정의를 보다 구체적으로 설명해보자 한 소비자가 소비행동을 통해서 자신의 만족(효용)을 극대화하기 위해 어떤 상품을 소비(선택)한다고 가정하자. 그는 이 선택이 자신의 최선책, 즉 극대값인지 여부를 알기 위해 '주어진 제약 하에서 내가 택할 수 있는 가장 최선의 선택인가?'라고 스스로 반문해 본다. 그 다음 최초의 선택수준보다 근소한(very small) 수준을 늘리거나 줄여본다. 이러한 근소한 변화를 경제학에서는 한계(marginal)라고 나타낸다.

소비자가 자신의 최초의 선택에서 근소하게 증가시킨 경우를 보자. 이때 그 상품의 근소한 증가에 따른 추가되는 비용을 한계비용(marginal cost)이라 하고, 근소한 증가에 따른 이익의 증가를 한계편익(marginal benefit)이라고 한다. 소비자는 근소량의 증가에 따른 한계편익이 한계비용보다 더 큰 경우에는, 이 새로운 선택이 더 좋은 결과를 가져왔다고 판단한다. 소비자는 자신의 한계편익이 한계비용보다 더 큰 이상 이러한 근소한 변화 내지 한계적 수정을 계속해 갈 것이다. 그렇지만 한계편익이 한계비용과 같게 되거나 더 적어지게 되면 그는 더 이상 한계적 수정을 하지 않을 것이다. 이러한 과정을 통해 소비자의 효용수준이 극대값(최적해)에 도달하게 된다.

이러한 한계비용과 한계편익의 개념을 이용하여 〈그림 5-3〉에서 E 점 즉, 소비자의 소득제약 하에서 효용 극대화를 설명할 수 있다. 예산선 M 상에서의 근소한 이동은 소비자가 x 와 y 상품 중 한 상품에 대한 지출을 1단위 줄이고 다른 상품에 대한 지출을 1단위 늘림을 나타낸다. 이러한 예산선 상에서의 이동에 따른 비용과 편익의 측정을 위해 소비자효용의 근소한 변화(혹은 한계적 변화)의 개념을 사용한다. 예를 들어 y 상품 한 단위를 적게 구매하게 되면 이로 인해 효용이 감소되는데 이것이 예산재배분에 따른 한계비용이다. y 의 구매를 줄임으로써 절약한 예산으로 x 의 구매를 늘임으로써 소비자의 효용이 증가되는데 이를 예산재배분에 따른 한계편익이라고 한다. 소비자는 자신의 주어진 소득으로 y 에 대한 지출을 줄이고 x 에 대한 지출을 늘려나가다가 한계편익이 한계비용과 같게 될 때 더 이상 소득의 재배분을 하지 않을 것이다. 이때 소득제약 아래 극대화가 달성되며, 바로 〈그림 5-3〉의 E 점에 해당한다.

4) 소비자 수요와 수요의 가격탄력성

수요의 법칙

지금까지 미시경제이론 중 소비자의 합리적 행동에 대해 살펴보았다. 이제 소비자선택이론의 핵심 개념인 시장에서의 소비자수요(market demand)와 수요의 법칙(law of demand)에 관해 공부하자.

어떤 상품에 대한 수요의 양을 결정하는 데 여러 경제변수가 영향을 미치고 있지만, 그 중에서 가장 중요한 역할을 하는 것은 바로 그 상품의 가격(P)이다. 일반적으로 다른 모든 조건이 동일하다고 할 때, 해당 상품의 가격이 높아지면 사람들은 더 적은 양을 수요하게 되고, 반대로 가격이 낮아지면 수요하는 량이 많아진다. 이와 같은 가격과 수요량 사이의 관계는 현실에서 매우 빈번하게 관찰된다고 하여 이를 수요의 법칙(law of demand)이라고 한다.

어떤 상품에 대한 이러한 소비자 수요(Q_D)는 해당 상품의 가격뿐 아니라 다른 변수들의 영향도 받는다. 예컨대, 수박에 대한 소비자 수요는 다른 상품인 참외값(P_R)의 하락이나 상승에 따라 영향을 받게 될 뿐 아니라, 소비자의 소득수준(M)과 소비자의 수(N)와 기호(Taste, T) 등에 의해 영향을 받는다. 이와 같이 한 상품의 수요량과 여러 영향변수들 사이의 관계는 다음과 같이 간단한 수식으로 나타낼 수 있으며, 이를 시장수요함수(market demand function)라고 한다.

$$Q_D = f(P, P_R, M, N, T)$$

이러한 시장수요함수는 앞서 소개한 수요법칙을 따르게 되며, 다음 〈그림 5-4〉와 같이 나타낼 수 있다.

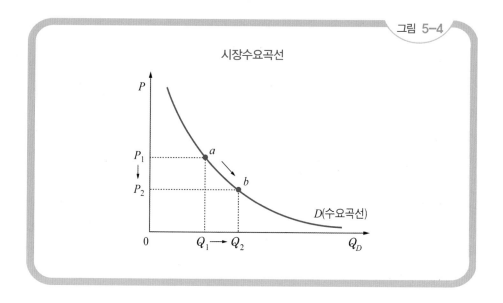

그림 5-4

시장수요곡선

수요의 가격탄력성

지금까지 우리는 어떤 상품에 대한 소비자의 수요량이 그것의 결정요인과 어떤 관계를 갖고 있는지, 즉 〈그림 5-4〉의 수요곡선의 의미를 살펴보았다. 그림에서의 수요곡선(D)은 경우에 따라 더 완만하거나 가파른 형태를 할 수도 있다. 수요곡선의 기울기는 매우 중요한 의미를 갖고 있는데 이를 소비자수요이론에서는 수요의 가격탄력성(price elasticity of demand) 혹은 간단히 수요탄력성(elasticity of demand)이라는 개념으로 설명하게 된다.

수요탄력성은 상품의 가격이 달라질 때 수요량이 얼마나 변하는지를 보여주는 척도이다. 이때 탄력성은 수요량의 변화율(percentage changes)을 가격의 변화율로 나눈 값이다.

$$수요탄력성(e) = 수요량의 \ 변화율(\%) \div 가격의 \ 변화율(\%)$$

수요탄력성은 대개 e로 나타낸다. 탄력성의 범위는 비탄력적($e < 1$), 탄력적($e > 1$) 및 단위 탄력적($e = 1$)으로 구분된다. 수요가 비탄력적인 상품의 경우 상품가격의 %변화에 비해 수요량의 %변화가 적게 된다. 예를 들어 $e = 0.5$인 상품은 가격이 50% 저하될 경우 그 상품에 대한 수요가 25% 증가한다. 반면, 수요가 탄력적인 상품의 경우 상품가격의 %변화에 비해 수요량의 %변화가 더 크게 된다. 즉 어떤 상품이 $e=1.5$이라는 말은 가격이 50% 하락할 때 수요량이 75% 증가하고, 가격이 20% 높아질 때 수요량이 30% 감소하게 됨을 의미한다.

수요탄력성의 크기를 결정하는 요인에는 여러 가지가 있다. 그 중 주된 결정요인은 대체재(substitutes)의 존재 여부이다. 대체재가 많은 상품일수록 수요탄력성이 크고 대체재가 적은 경우는 수요탄력성이 작다. 예컨대 쇠고기, 돼지고기, 닭고기 등과 같은 식품의 경우는 수요의 가격탄력성이 비교적 크며, 소금이나 고추와 같이 적합한 대체재를 쉽게 찾을 수 없는 경우에는 그 탄력성이 상당히 작다. 또 다른 수요탄력성의 결정요인으로는 상품의 특성을 들 수 있다. 식료품과 같은 생활필수품은 수요의 가격탄력성 값이 일반적으로 작다.

R읽을거리 5.1
Reading

탄력성의 응용: 휘발유 값과 조세귀착

경제학원론 수준에서 탄력성, 특히 수요의 가격탄력성을 설명할 때 흔히 응용하는 사례로 이른바 '조세귀착'이 있다. 조세귀착이란 부과된 세금이 실제로 누구에게 부담되는가에 대해 살펴보는 것을 의미한다. 경제학이론서에서의 결론은, 누구에게 세금을 부과하든지 관계없이 세금의 실질적인 부담은 동일하다는 것이다. 비록 사채재의 경우 적용되는 높은 특별소비세율을 적용받고 있지만 이제는 필수재가 되어 버린 휘발유에 부과되는 유류세의 경우를 통해 수요의 가격탄력성 문제를 살펴보자.

우리나라의 경우 휘발유에 붙는 세금은 가격의 절반 가까이를 차지한다. 한국석유공사에서 오피넷(www.opinet.co.kr)을 통해 매주 발표하는 가격정보를 보면 2014년 7월초 현재 휘발유 전국 평균 소비자가격은 1,860원 수준이다.

이중 정유사 공급가는 전체의 47.4%에 불과하며, 나머지는 48.7%의 세금과 3.9%의 유통비용과 마진이 차지하고 있었다. 이중 정부가 거둬가는 세금의 구성을 보면 교통세(리터당 약 530원), 교육세(교통세의 15%), 부가세(소비자가격의 10%), 기타 지방세인 주행세(교통세의 26%) 등이다. 그 외에도 발표된 세금으로 분류되지 않은 관세(수입가격의 3%)와 수입부과금(리터당 16원)

이 있다. 이러한 세목들 중 교통세와 교육세, 주행세는 소비자가격의 변동에 관계없이 정액으로 부과되기 때문에 휘발유 가격이 상승하면 세금의 비중은 줄지만, 가격이 하락하면 오히려 세금의 비중이 커지는 역진적 특성을 갖고 있다.

이런 유류세는 외형적으로는 휘발유 공급자인 주유소와 정유사에게 부과된다. 하지만 상당부분은 휘발유 소비자에게 전가되는데 과연 어느 정도가 소비자에게 전가되는 것일까? 이 문제는 휘발유 수요의 가격탄력성과 공급의 가격탄력성의 크기에 달려있다. 휘발유는 사실상 필수재여서 수요의 가격탄력성은 매우 작은 반면, 공급의 가격

탄력성은 매우 큰 편이다. 그 결과 휘발유 소비세의 부담은 대부분 소비자에게로 귀착된다. 다시 말해 리터당 1,860원 수준인 휘발유 가격의 절반 정도인 세금의 대부분이 소비자에게 전가된다는 말이다. 물론 주유소나 정유사도 세금의 일부분을 부담하지만 수요탄력성과 공급탄력성의 차이로 인해 그 크기가 매우 적게 되는 것이다. 따라서 휘발유에 부과된 세금을 말 그대로 소비자가 부담하는 소비세로 불러도 될 만하다.

자료: 저자(이종인) 글.

2 - 기업의 행동

시장에서의 공급은 소비자에게 재화와 서비스를 공급하는 주체인 개별기업의 의사결정에 관련되어 있다. 본 절에서는 기업이 추구하는 목표가 무엇인지 살펴보고, 어떤 원리 아래서 기업이 공급량을 선택(결정)하게 되는지 설명한다.

1) 기업의 이윤극대화 행동

기업이란 생산요소(inputs; 자본, 노동, 토지 등)로부터 생산물(outputs; 재화와 서비스)을 만들어 가는 생산의 주체이다. 앞서 수요이론에서 소비자가 소득제약 하에 자신의 효용을 합리적으로 극대화한다고 가정한 것과 같이, 기업은 소비자수요와 생산기술(technology of production)의 제약아래 자신의 이윤극대화를 추구한다고 가정한다.[3]

---

3 기업이 추구하는 최우선의 목적 내지 목표는 물론 이윤추구이지만, 발전을 추구하는 성장성 목적뿐만 아니라 사회적 책임이라는 비경제적 목적도 있을 수 있다.

이윤, 총비용, 총수입, 한계비용

미시경제학에서는 생산의 총수입(total revenue)에서 총비용(total costs)을 감한 것을 기업의 이윤(profit)이라고 정의한다. 기업의 총수입은 총 판매단위 수(Q)에 각 판매단위의 가격(P)을 곱한 것이다. 총비용은 각 생산물의 단위비용에 사용된 생산단위 수를 곱한 값이다. 이윤 극대화를 추구하는 기업은 제품생산의 총수입과 총비용의 격차가 최대가 되는 수량을 생산하게 된다. 미시경제학에서는 이를 '기업이 생산의 한계비용(marginal cost, MC)과 생산의 한계수입(marginal revenue, MR)이 같아지는 수준의 상품수량을 생산하게 될 때 그 기업의 이윤(π)이 극대화된다'라고 표현하고, 다음과 같은 간단한 수식으로 나타낸다.

$$\pi(Q) = TR(Q) - TC(Q)$$

한계비용은 생산물의 최종(한계적) 한 단위의 생산에 따른 총비용의 증가분으로 정의된다. 또한 한계수입은 생산물의 판매를 한 단위 추가함에 따른 총수입의 증가분이다. 어떤 기업이 이윤 극대화를 추구하며 q_1 단위를 생산하고 있다고 가정하자. 그리고 이 기업의 경리담당자에 의하면 q_1 단위를 생산·판매하여 얻는 수입이 q_1 단위 생산에 따른 비용보다 더 크다고 가정하자. 이 경우 그 기업은 q_1 번째 단위의 생산물을 생산하는 것이 자사의 이윤을 증가시키게 될 것은 분명하다. 왜냐하면 총수입이 총비용 이상으로 늘어나기 때문이다.

이제 이 기업이 생산을 확대하여 q_2 번째 단위의 생산물을 생산하려 한다고 가정하자. 이 기업의 경리담당자에 의하면 q_2 번째 단위의 생산에 따른 한계비용이 한계수입을 초과한다. 즉 q_2 의 생산은 총수입을 늘리지만 늘어나는 총수입 이상으로 총비용도 증가시키게 된다. 이 경우 q_2 의 생산은 이 기업의 이윤을 감소시키게 된다.

이윤의 극대화

이상의 고찰에서 볼 때, 이윤을 극대화하기 위해서는 한계수입이 한계비용을 상회하는 기업은 생산을 확대해야 하고, 역으로 한계비용이 한계수입을 초과하는 경우에는 생산량을 감소해야 함을 알 수 있다. 따라서 한계비용과 한계수입이 일치하는 점까지 생산하면 그 기업의 이윤이 극대화될 수 있다.

〈그림 5-5〉에서 기업의 한계비용곡선 MC와 한계수입곡선 MR이 교차하는 (같아지는) 점이 기업의 이윤이 극대화되는 생산수준이다. 이 이윤극대화(profit-maximizing) 생산수준을 q^*로 나타내었다. q^*수준의 생산에 따른 총이윤은 그림에서 음영으로 나타낸 부분이 되며, 이는 기업의 총수입($p \times q^*$)과 총비용(q^*생산의 평균비용 $\times q^*$)의 차로 나타나 있다.

〈그림 5-5〉에서 한계수입곡선 MR은 편의상 시장의 일반적 가격(P)과 같은 수평으로 그려져 있다. 이는 기업이 시장의 일반적인 가격에 자신이 원하는 량을 판매할 수 있음을 의미한다. 즉 한계수입이 시장가격 P와 일치하게 된다. 이 경우 기업은 가격수용자(price-taking)의 위치에 놓이게 되는데 이는 해당 기업이 판매량을 두 배로 늘리더라도 재화나 서비스의 시장가격에는 아무런 영향을 미칠

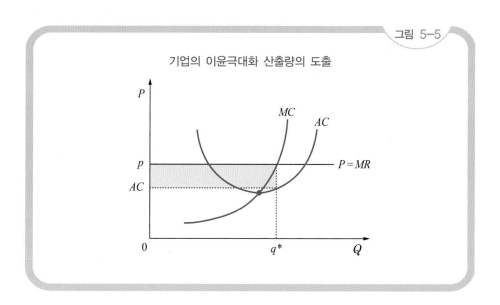

그림 5-5

기업의 이윤극대화 산출량의 도출

수 없음을 의미한다. 다시 말해 산업에는 수많은 기업들이 생산활동을 하고 있고, 이들 대부분이 작은 규모여서 그 중 어떤 기업도 재화나 서비스의 시장가격에 영향을 미칠 수 없음을 나타낸다.

예를 들어 (미국 등 빵을 주식으로 하는 국가들의 경우) 밀을 생산하는 농가의 수가 매우 많기 때문에 그 중 한 농가가 밀 생산을 두 배, 세 배로 늘리거나, 절반으로 줄이더라도 밀의 시장가격에는 아무런 영향을 미치지 못한다(물론 모든 농가에서 밀의 증산을 결정하게 되면 밀의 시장가격에 상당한 영향을 미칠 것이다).

2) 단기적 행동과 장기적 행동

미시경제학에서 기업의 행동은 단기(short run)와 장기(long run)의 서로 다른 두 기간에서 이루어진다고 보게 된다. 이 기간은 달력상의 기간에 그대로 대응하는 것은 아니며, 기업의 생산요소(input)를 기준으로 하여 구분된다. 즉 적어도 1개 이상의 생산요소가 고정되어 있는 기간은 단기라 하고 모든 생산요소의 투입량을 조정할 수 있는 기간을 장기라고 한다.

일반적으로 단기에서는 자본(기업의 건물, 기계, 기타 내구재)이 고정요소가 되며, 따라서 자본과 관련된 모든 비용이 고정비용(FC; fixed costs)이다. 원칙적으로 단기에서 기업은 이러한 고정비용을 무시한다. 왜냐하면 고정비용은 기업이 생산을 중지하든지, 혹은 수 천만 단위를 생산하든지 관계없이 기본적으로 소요되는 비용이기 때문이다.

장기에서는 모든 생산요소가 가변적(variable)이다. 이 경우 고정비용의 개념은 더 이상 적용되지 않는다. 장기에서 기존 기업은 생산능력을 확대해 나가든지 아니면 그 산업으로부터 완전히 철수하게 될 것이다. 또한 다른 새로운 기업이 진입할 수도 있다.

이와 같은 기간의 구분은 개별기업의 이윤극대화생산량의 균형수준과 관계가 있다. 생산기간의 각 시점에서는 경제 전체의 평균 자본수익율(average rate of return)이 존재한다. 특정 산업의 이윤이 산업 전체의 평균이윤율을 초과하는 경우, 만일 진입장벽(barriers to entry)이 없다면 기업들은 그 산업에 참여(진입)하게 될 것이다. 새로운 기업들이 진입함에 따라 그 산업의 생산물의 가격이 하락하게 되고 개별기업들의 수입은 감소된다. 동시에 생산요소의 확보를 위한 경쟁이 격화되어 생산요소의 가격이 상승하고 따라서 각 기업의 비용을 압박하게 된다. 이상의 두 요인이 복합적으로 작용하여 각 기업의 이윤이 감소하게 되고 이윤율이 산업의 평균이윤율 수준으로 하락하게 되면 더 이상 시장진입이 일어나지 않는다.

경제학에서는 이러한 일을 특별한 방법으로 설명하고 있다. 즉, 자본수익율의 평균을 '경제적 이윤(economic profit)'을 얻기 위해 총수입으로부터 감한 (subtracted) 비용의 일부로 간주한다. 따라서 이 산업에 투여된 자본의 수익률이 경제 전체의 평균수준과 일치할 경우를 '경제적 이윤이 영이다'라고 표현한다. 이상의 고찰에서, 장기균형에서는 산업의 경제적 이윤이 영이 된다는 결론을 얻을 수 있다. 이 조건은 기업의 평균비용곡선 AC 의 최저점에서만 달성될 수 있기 때문에 장기균형에서는 생산요소가 가장 효율적으로 사용된다. 따라서 경제적이윤이 영(zero)이라는 조건은 매우 바람직한 상태가 된다.

검토 과제

1. 한계비용과 한계편익에서의 '한계(marginal)'의 의미를 설명하라.

2. 현실에서 소비자 선호의 이행성이 성립하지 않는 경우를 사례를 들어 설명하라.

3. 수요탄력성과 수요의 가격탄력성은 같은 말인가 다른 말인가?

4. "쌀과 같은 생필품은 수요탄력성 값이 일반적으로 크다." 이 표현의 정오를 판단하고 그 이유를 설명하라.

5. 기업이 추구하는 최우선의 목표는 이윤극대화라고 보았다. 현실적으로 이윤추구 이외의 다른 기업의 목표에는 어떤 것들이 있는지 생각해 보라.

주요 참고문헌

▣ 맨큐(김경환·김종석 옮김, 2007), 맨큐의 경제학 제4판.

▣ 이종인(2012), 세상을 바꿀 행복한 소비자, 이담북스.

▣ 쿠터·율렌(이종인 역, 2000), 법경제학, 비봉출판사.

▣ Steinemann·Apgar·Brown(2005), Microeconomics for Public Decisions, South-Western.

제6장

시장 기능의 한계와 소비자 후생

앞 장에서는 소비자의 효용극대화 행동과 생산자의 이윤극대화 행동에 대해 살펴보았다. 이제 극대화행동을 하는 소비자와 생산자가 어떻게 서로 상호작용을 하게 되는지 그리고 그러한 경제주체간의 상호작용이 시장에서 어떻게 조화를 이루게 되는지 살펴볼 차례이다.

제1절에서는 우선 완전경쟁시장(perfectly competitive market)에 있어 수요와 공급의 상호작용의 결과 유일한 가격과 공급량의 조합이 결정되는 과정 즉 시장균형 상황을 아담스미스의 이른바 보이지 않는 손(invisible hands)에 빗대어 살펴본다. 그 다음 시장구조가 독점으로 변경된 경우에는 가격과 공급량이 어떻게 달라지는지에 관해 살펴본다. 이어 공공정책상의 중요한 쟁점이 되고 있는 사례를 들어 시장의 균형이 달성되는 과정을 살펴보도록 한다. 본 절에서의 설명은 대부분 완전경쟁시장과 독점시장(monopoly market)에 대해 할애하지만, 추가적으로 과점시장(oligopoly)의 분석을 위한 게임이론(game theory)에 관해서도 개략적으로 소개한다.

제2절에서는 이러한 시장경제의 한계에 관해 살펴본다. 이른바 현실에서 볼 수 있는 경쟁의 불완전성, 시장의 실패, 정보비대칭의 문제, 정부정책의 실패 등에 관한 경제이론을 요약 정리한다.

이어 제3절에서 소비자후생의 문제를 기초적인 후생경제학 이론을 접목해 고찰한다. 후생의 일반적·경제적 의미를 살펴보고, 후생의 크기를 관찰하는 척도로서의 사회후생을 이른바 소비자잉여와 생산자잉여, 그리고 제3자잉여의 합으로 산정해내는 후생경제학 기법을 응용해본다.

1 보이지 않는 손

1) 경제학적 관점에서 소비자문제의 원인

(1) 시장경제체제와 소비자

일상생활에서 흔히 말하는 시장경제라는 것은 자본주의 시장경제를 의미한다. 자본주의 시장경제에서는 자본과 토지와 같은 생산수단이 사유화되고, 기업은 이윤을 얻기 위해 이 생산수단을 이용하여 공장을 짓고 노동자를 고용하여 상품을 생산한다.

이러한 시장경제 체제에서는 생산·교환·분배·소비가 모두 자유시장기구(free market mechanism)에 의해 이루어진다. 즉 새뮤얼슨(Paul A. Samuelson)이 정의한 세 가지 기본적 경제문제인 무엇을 얼마나 생산할 것인가?(What & How much to produce), 어떻게 생산할 것인가?(How to produce), 누구를 위해 생산할 것인가?(For whom to produce)의 문제가 모두 시장기구에 의해 달성되는 것이다.

(2) 소비자문제의 원인

앞서 제2장에서도 살펴보았지만, 일반적으로 소비자문제란 소비자와 기업간에 상품(goods & services)의 거래로 발생하는 제 문제를 의미한다. 예컨대, 기업의 허위 과장된 표시·광고 내지 기만적인 행위나 약속 불이행으로 발생하는 소비자 피해, 또는 당연히 기대할 수 있는 상품의 안전이나 기능에 미치지 못하는 상품을 소비자가 사용함으로써 발생되는 소비자 위해(hazards) 등이 소비자문제의 전형적인 형태이다.

이러한 소비자문제는 기업과의 상품 거래에서 소비자라는 경제주체가 갖는 특성, 예컨대, 정보의 부족, 전문성의 부족, 흩어진 다수의 목소리 등으로 인한 권리의 자력행사의 어려움 등으로 인해 발생하는 제반 문제이다.

시장실패와 소비자문제

경제학적인 관점에서는, 이러한 소비자의 특성으로 인해 발생하는 시장의 실패(market failure)를 소비자문제의 주된 원인으로 보고 있다. 대개 시장실패는 현실의 시장기구가 효율적으로 작동하지 않는 면이 있음을 의미한다. 경제 이론적으로는 다음과 같은 원인에 의해 시장의 실패가 발생한다고 한다. 즉 (1) 독점과 같이 시장이 경쟁적이지 못할 때, (2) 공해와 같은 외부효과(externality)이 있을 때, (3) 비경합성(non-rivalry)과 비배제성(non-excludability)의 특성을 보이는 공공재(public goods)가 존재할 때, (4) 거래당사자간에 심한 정보의 불균형이 존재할 때 시장기구가 제대로 작동되지 않아 실패(failure)가 나타나게 된다.[1]

이 중, 거래당사자간 정보의 불균형 내지 소비자의 정보부족의 문제 중심으로 소비자문제를 살펴보면, 소비자는 기업과의 상품 거래에서 상품의 품질(안전성)에 관한 정보가 기업보다 부족한 위치에 있다. 즉 소비자정보의 비대칭성이 존재하며, 이 경우 소비자의 합리적인 판단이 어려워진다. 소비자정보가 비대칭적이라는 것은 소비자정보의 공공재적 성격에 기인한다. 즉 소비자정보는 (국방, 치안, 공원서비스 등과 같이) 공공재. 즉 그 공급량에 관계없이 일단 제공되면 누구나 동시에 이용할 수 있으며(비경합성; non-rivalry), 대가없이 사용하려는 사람을 막을 수 없다(비배제성; non-excludability).

소비자정보의 비대칭성의 또 다른 요인은 현대산업사회에서의 특징인 '고도의 분업'과 '전문화'에서 찾을 수 있다. 시장이 복잡하고 전문화되어 감에 따라 소비자들은 시장에 공급된 정보를 소화하는데 물적, 시간적 제약과 분석능력의 한계에 직면하게 된다.

설사 소비자정보가 완전하고 대등한 상태로 제공된다고 할지라도 현실적으로 소비자는 합리적인 판단을 하지 못하는 게 사실이다. 예컨대 유행이나 개인의

---

1 시장실패에 관해서는 다음 절에서 좀 더 구체적으로 살펴본다.

취향·습관에 따라 하는 소비행위는 합리적인 소비행위가 되기 어렵다. 또한 소비자는 개인적 이해력의 차이 등에 의해 합리적인 판단이 어려울 경우가 많다.

이러한 시장실패의 결과로, 앞서 소개하였듯이, 기업과의 상품 거래에서 소비자라는 경제주체가 갖는 특성, 즉 정보와 전문성의 부족, 권리의 자력 행사의 어려움 등으로 인해 소비자문제가 발생하는 것이다.

(3) 소비자문제의 바람직한 해소 방향

이러한 소비자문제의 해결도 경제학적 관점에서의 시장실패의 교정수단을 고려하는 것이 정도이다. 즉 독과점의 폐단, 공해, 비대칭소비자정보 등의 존재로 시장경제가 효율적인 자원배분기능을 제대로 하지 못할 때 적절한 공공규제와 적절한 정보제공을 통하여 시장실패의 문제를 해결하는 것이 바로 소비자문제를 해소하는 지름길이다.[2]

또한 법적으로는 그러한 시장 실패를 보완하기 위해 법과 제도를 효과적 운용하여 소비자 권리(주권)를 확보토록 해야 한다. 예컨대, 사업자의 사기 기만적 행위나 계약불이행으로부터 소비자를 보호하고, 피해 발생시 분쟁처리 비용을 최소화할 수 있는 시스템을 운용하며, 소비자의 집단적 의사 반영을 위한 채널을 제도화하는 등의 방법이다.

결론적으로 소비자정책은 소비자의 주권을 행사할 수 있는 시장 환경을 조성하여 소비자의 합리적 선택을 방해하는 요인들을 없앰으로써 소비자의 후생을 높여나가는 방향으로 추진되어야 할 것이다. 즉 개별 피해를 구제해주는 것만이 궁극적인 소비자문제의 해결은 아닌 것이다.

2) 경쟁시장에서의 균형

경제학에서 경쟁 또는 완전경쟁이란 경쟁자의 숫자가 매우 많은 상태를 의미한다. 한 산업에 수많은 기업이 존재하여 그들 중 한 기업의 행동이 시장가격

---

2 하지만, 역시 원론적인 사항이지만, 소비자문제(시장실패) 해결을 위한 이러한 공공규제(정부개입)가 오히려 큰 부작용을 낳을 수도 있을 것이다. 이른바 정부의 실패(government failure)이다. 예컨대, 독과점기업의 가격횡포로부터 소비자를 보호하기 위하여 가격을 규제할 경우 독과점기업은 상품의 품질을 저하시켜 독과점이윤을 확보하려 할 것이다.

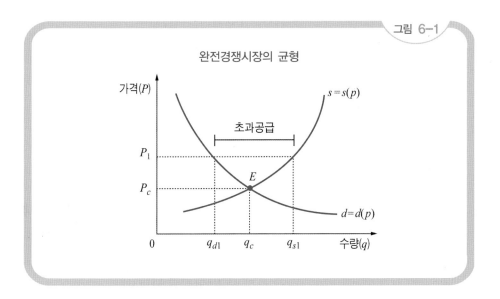

그림 6-1

완전경쟁시장의 균형

가격(P)

$s = s(p)$

초과공급

P_1

E

P_c

$d = d(p)$

0 q_{d1} q_c q_{s1} 수량(q)

에 영향을 주지 못하고, 수많은 소비자가 존재하여 개인의 효용극대화행동이 시장가격에 영향을 줄 수 없는 산업을 완전경쟁산업(perfectly competitive industry)이라고 한다(흔히 '경쟁 산업'이라 하면 이론적으로는 완전경쟁산업을 의미한다).

　이와 같은 완전경쟁산업에서는 생산물의 총수요(aggregate demand)와 총공급(aggregate supply)은 〈그림 6-1〉과 같이 우하향하는 수요곡선 $d = d(P)$와, 우상향하는 공급곡선 $s = s(P)$로 나타낼 수 있다. 총수요와 총공급이 교차하는 점(E)에서 균형가격(이를 시장청산가격(market clearance price)이라고 부르기도 한다)과 균형공급량이 결정된다. 이 균형가격과 균형공급량 수준에서 소비자와 생산자의 의사결정이 일치된다.

　〈그림 6-1〉에서 P_c, q_c의 조합이 균형이 되는 이유는 P_c, q_c 조합 이외의 경우를 살펴봄으로써 이해할 수 있다. 최초의 시장가격이 P_1이라 하면 P_1에서 생산자는 q_{s1}의 생산물을 공급함으로써 자신의 이윤을 극대화할 수 있고, 효용을 극대화하려하는 소비자는 q_{d1} 단위의 생산물을 구입하게 될 것이다. 이 경우 P_1 가격에서 생산자가 팔려고 하는 공급량이 소비자가 구입하려는 수요량을 초과하기 때문에 공급과 수요의 결정이 서로 일치하지 않게 된다. 이와 같이 시장에 초과공급이 나타날 경우에는 시장 가격이 하락하게 될 것이며, 이에 따라 소비자

는 수요량을 늘리고 생산자는 공급량을 줄이게 되어 공급량과 수요량 간의 격차가 좁혀지게 될 것이다.

이러한 과정에서 시장가격은 P_c에 이르게 되며, P_c에서는 생산자의 공급량과 소비자의 수요량이 일치(그림에서 q_c)하게 된다.

3) 독·과점시장에서의 균형과 불공정거래 가능성

(1) 독점시장

독점(monopoly)은 한 산업에 단지 1개의 생산자만 존재하는 극단적 형태의 시장구조를 말한다. 시장에 진입장벽(entry barriers)이 존재하여 해당산업에 기업간 경쟁이 불가능한 경우 독점기업이 생겨나고 또한 유지할 수 있게 된다. 이와 같은 진입장벽은 일반적으로 다음 몇 가지 조건 아래서 나타난다.

첫째, 가장 단순한 독점의 발생원인은 상품생산에 필요한 요소를 독점적으로 장악하는 경우를 들수 있다. 예컨대 우리나라에 하나밖에 없는 약초 재배지를 소유하고 있는 기업은 이것이 원료가 되어 제조되는 약품시장을 독점하게 되는 것이다.

둘째, 기술적 진입장벽인 규모의 경제(economy of scale)가 있는 경우에는 독점이 필연적으로 발생한다. 규모의 경제란 생산 수준을 늘릴수록 평균생산비가 낮아지게 되는 생산의 한 조건을 의미한다. 이러한 규모의 경제가 나타나는 경우에는 한 산업에 하나의 기업이 다른 많은 기업들보다 낮은 비용으로 생산을 할 수 있게 되어 결국 한 기업만 생존할 수 있게 된다. 이처럼 규모의 경제라는 기술적 요인이 독점화의 경향을 가져오게 되는 경우를 자연독점(natural monopoly)이라고 부르는데 전기, 수도사업, 원격통신사업, 전신업, 발전소 등 공익사업(public util－ities)은 자연독점인 경우가 많다.

셋째, 진입에 대한 법적 제한이 있을 경우 시장의 독점화가 촉진된다. 예컨대 정부가 특정 산업에 신규진입을 불허하는 경우, 그리고 특정 기업에 특허권(patent)를 부여하거나, 전매권을 허용하는 경우 독점이 형성·유지된다.

경쟁적 기업과 마찬가지로 독점기업도 한계비용과 한계수입이 일치하는 수준에서 생산을 결정하여 이윤을 극대화하게 된다. 독점기업의 한계비용은, 경쟁

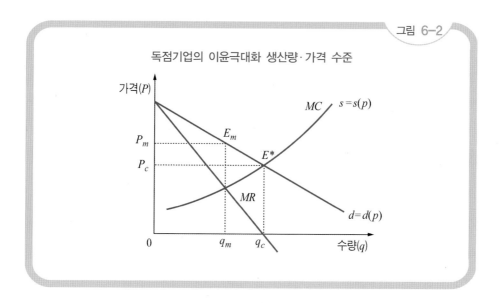

그림 6-2

독점기업의 이윤극대화 생산량·가격 수준

기업과 마찬가지로 생산량을 한 단위 더 늘릴 때 드는 비용이며 〈그림 6-2〉에W
서 MC곡선으로 나타냈다. 하지만 독점기업의 한계수입은 경쟁 기업의 한계수입
과 같지 않다. 한계수입은 판매단위수의 한계적 변화(혹은 근소한 변화)에 따른
기업의 총수입의 변화를 의미한다. 경쟁적 기업의 경우에는 한계수입이 상품의
가격과 일치하였다. 경쟁적 기업은 시장가격에서 자신이 원하는 단위를 판매할
수 있으므로, 판매단위를 추가할 때마다 판매가격이 그대로 총수입에 더해진다.
하지만 독점기업의 경우는 이와 다르다. 〈그림 6-2〉의 한계수입(MR)곡선에서
보듯이 판매단위가 증가할수록 독점기업의 한계수입은 감소한다. 그림에서 MR
곡선이 수요곡선 아래에 위치하게 됨을 유의하라. 이것은 판매단위에 관계없이
한계수입은 항상 시장가격보다 적음을 나타낸다. 그림에서 q_c 단위까지는 판매단
위가 증가되어도 MR이 양수가 되지만, 그 크기는 감소한다. 즉, 판매단위가 증가
할수록 기업의 총수입은 증가되지만 그 증가비율은 감소한다. q_c 단위를 생산할
경우 이 기업의 총수입은 더 이상 증가하지 않는다(즉 MR=0이다). q_c 단위 이상을
생산할 경우 MR은 음수가 된다. 즉, q_c 단위보다 더 많이 생산할 경우에는 각 생
산단위는 독점기업의 총수입을 오히려 감소시키게 된다.

이와 같이 독점기업의 한계수입과 판매단위 간의 관계가 복잡한 이유는 독

점시장에서의 수요곡선이 우하향하기 때문이다. 수요곡선이 우하향하는 것은 독점기업이 판매 가격을 낮추어야 함을 의미한다. 즉 생산물의 판매단위를 늘이기 위해서 독점기업은 추가되는 마지막단위(한계 단위)의 가격만 낮추는 것이 아니라, 판매할 상품 전체의 가격을 낮추어야 한다. 그 결과 생산물의 판매를 한 단위 추가함으로써 얻는 총수입의 증가분이 해당단위의 판매가격보다 항상 적게 된다. 한계수입이 가격보다 항상 적고 가격(수요곡선)이 감소하기 때문에 MR곡선도 또한 우하향하고 수요곡선 아래에 위치하는 것이다.

독점기업은 한계수입과 한계비용이 일치하는 수준의 생산량을 선택함으로써 자신의 이윤을 극대화한다. 〈그림 $6-2$〉의 q_m 수준이 $MR = MC$인 생산수준이다. 수요곡선은 q_m의 생산수준에서 소비자는 p_m 가격을 지불하려함을 나타낸다. 만일 이 산업이 독점이 아니라 경쟁 산업이라면 기업의 이윤극대화 행동으로 총공급곡선 s와 산업의 수요곡선 d가 교차하는 점(E^*)에서 균형가격과 균형공급량이 결정될 것이다. 경쟁시장가격 P_c는 독점가격(p_m)보다 낮고 경쟁시장에서의 공급량(생산량, 소비량) q_c는 독점공급량(q_m) 수준보다 많게 된다.

R읽을거리 6.1
Reading

전력독점과 캘리포니아 블랙아웃

우리는 2011년 9월에 이어 지난해 여름에도 대정전사태, 이른바 블랙아웃(black out) 현상을 경험했다. 전기가 부족해 모든 전력 시스템이 일시 정지하는 블랙아웃이 일부 지역에서 발생한 것이다.

미국의 캘리포니아 주에서는 지난 2000년부터 2001년까지 전력부족이 주 전체를 지배했던 가혹한 시기였다. 공교롭게도 필자는 당시 샌프란시스코 인근의 캘리포니아 버클리 대학에서 연수 중이었다. 5인 가족이 머물던 집에서도 며칠씩 전원이 끊기는 바람에 냉장고와 세탁기가 제 기능을 하지 못해 곤란을 겪었다. 예고 없이 전원이 나갔던 초기에 비해 나중에는 동네마다 순차적으로 전원을 끊는 이른바 강제 순환정전(rolling black out)을 예고해 줘서 큰 낭패는 면할 수 있었다. 초강대국 미국에서 특히 세계 5~6위권의 경제력을 갖고 있었던 캘리포니아 주에서 경험한 이러한 '원시적' 현상에 놀라움을 금치 못했었다.

당시의 주된 요인은 — 비록 수많은 학자들과 정책담당자들 그리고 시민대표들의 논의와 분석, 연구 결과가 서로 달랐지만 — 특히 남부 캘리포니아 지역을 중심으로 한 천연가스 가격폭등이었다. 이상한 점은, 캘리포니아 주의 천연가스 가격이 그 주요 공급처인 텍사스 주보다 훨씬 더 높았다는 사실이다.

천연가스는 주들을 연결하는 송유관(파이프라인)에 의해 운송되었는데 남부 캘리포니아에 공급되는 송유관을 독점했던 엘파소사가 시장가격을 높이기 위해 고의적으로 가스공급량을 제한했기 때문이었다.

송유관은 독점화되는 경향이 있어서 대부분 정부의 가격규제를 받는다. 따라서 송유관 회사가 천연가스 운송비로 받을 수 있는 금액은 정해져 있다. 하지만 엘파소사는 송유관을 운영할 뿐 아니라 캘리포니아에서 규제받지 않으며 천연가스 판매를 담당하는 자회사가 받는 가스가격을 높이기 위해 송유관 소유권을 이용했다. 엘파소사는 텍사스 주와 캘리포니아 주의 가스가격 격차를 벌리기 위해 송유량을 의도적으로 줄인 것이다.

엘피소시는 이러한 험의를 부인했지만, 장기간의 논쟁 끝에 2003년 캘리포니아 주에 17억 달러를 배상하는 합의서에 동의했다. 당시 많은 분석가와 연구자들은 천연가스 시장에서의 엘파소사의 시장지배력 행사와 같은 여러 시장조작이 캘리포니아 블랙아웃의 주된 원인이었던 것으로 결론내리고 있다(필자도 법경제학 연구자로서 캘리포니아 버클리대학 로스쿨, MBA 등에서 있었던 관련 세미나와 토론회에 참석하곤 했다). 더불어 전력시장과 같은 공공부문(공익사업)의 규제완화가 도리어 민간회사의 시장 조작을 불러 온 비판도 만만치 않았다.

독점은 비록 공익사업 분야라 하더라도 일정부분 시장의 비효율과 그에 따른 소비자후생의 악화를 초래한다. 우리의 경우 앞서 2001년 한국전력의 발전부문도 개방했지만 미완성이라는 비판이 있으며, 송·배전과 판매부문은 여전히 독점구조 아래서의 문제점들이 나타내고 있다. 그에 따라 운영의 비효율뿐 아니라 적시의 설비투자가 이루어지지 않아 잠재적 전력부족을 초래했으며, 그에 따른 적자누적을 수차례의 전기요금 인상으로 소비자에게 떠넘긴다는 지적도 있다.

공포의 블랙아웃이 올 여름에도 어김없이 찾아올 단골 매뉴가 되지 않으려면 국민의 절약정신과 요금인상에만 매달리지 말고 지금부터라도 전력사업의 효율화를 전제한 기존의 전력공급체계와 가격설정방식 등에 관한 종합적인 진단과 재검토 그리고 대처가 필요할 것이다.

자료: 이종인(조선일보 2014년 7월 9일자 (A27면), 독자칼럼 기고문).

(2) 과점시장과 독점적경쟁시장

경제학에서는 위에서 설명한 극단적 완전경쟁과 극단적 독점 사이에 존재하는 여러 형태의 시장구조에 대해 분석하고 있다. 그 중 가장 중요한 시장구조는 과점(oligopoly)과, 불완전경쟁(imperfect competition)의 한 형태인 독점적경쟁시장

(monopolistic competition)이다.

　　과점시장이란 몇몇 소수의 기업이 한 시장(혹은 주어진 산업)내에 존재하며 이들 기업들의 이윤극대화 결정이 서로 의존적 형태의 시장구조를 말한다. 즉, A기업의 최적해는 자신의 한계비용과 한계수입(수요곡선)에만 의존하는 것이 아니라 B, C, D 등 그 산업 내 다른 기업들의 생산량과 판매가격에 의해서도 영향을 받게 된다는 의미이다.

　　독점적경쟁시장이란 기업들의 자유로운 시장진입과 퇴출, 시장 내 다수기업의 존재 등 완전경쟁시장의 여러 특성을 대부분 가지고 있지만, 상품의 품질이 차별화(differentiated products)되어 있다는 독점시장의 중요한 특징을 하고 있는 시장구조를 말한다. 따라서 차별화된 이질적인 상품(heterogenous products)을 생산하는 기업이 어느 정도의 독점력을 가진다는 점에서는 독점시장과 비슷하지만, 다수의 타 기업과 경쟁해야하고 또 잠재적 진입자도 고려해야 하는 입장에 있기 때문에 그 독점력에는 한계가 있다.

4) 시장 균형분석 사례: 주택임대차 시장

　　균형이론을 현실의 문제에 적용해 보자. 주택임대시장이 〈그림 6-3〉과 같다고 가정하자. 임대주택의 수요는 우하향하는 D곡선으로 나타나 있으며 공급은 우상향하는 S곡선으로 나타나 있다. 임대시장이 완전경쟁 아래 놓여 있다고 하면, 이윤극대화를 추구하는 임대주택 소유자와 효용극대화를 추구하는 임대주택의 소비자의 독립적 행동의 결과 r_1의 임대료에 h_1단위의 주택이 공급되고 수요된다. 즉 주택의 수요와 공급이 r_1가격에서 일치하여 균형이 이루어지고 있다. 이때 수요곡선과 공급곡선이 이동(shift)될 별도의 요인이 없는 한 이 가격과 공급량의 균형이 그대로 유지된다.

　　이제 정부가 주택임대료가 지나치게 높다고 판단하여 임대료수준을 하향 안정화하는 정책을 시행하려한다고 하자. 예컨대 정부가 조례(條例)를 제정하여 균형시장임대료 r_1보다 낮은 수준인 r_m의 임대료 상한(ceiling)제를 실시하기로 결정하였다고 하자. 과연 이러한 정부의 기대가 실현될 수 있을 것인가?

　　〈그림 6-3〉의 r_m 수준에서 소비자는 r_1 수준보다 더 많은 h_d단위의 임대주

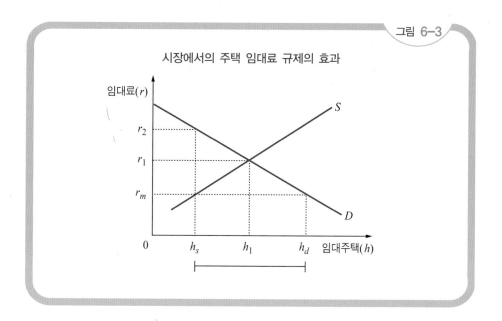

그림 6-3

시장에서의 주택 임대료 규제의 효과

택을 수요하려 할 것이다. 하지만 이때 주택소유자들이 시장에 공급하려는 임대주택의 단위는 h_1보다 적은 h_s 단위이다. 즉, 보다 낮은 임대료로 임대하는 것이 채산성이 맞지 않을 것이 분명하므로 생산자들은 r_m 수준에서는 소유한 주택의 일부분을 다른 용도(예컨대 매각하거나 친지에게 무상으로 임대하는 등)로 전환하려 할 것이다. 이와 같이 정부에 의한 임대료 상한의 설정 결과 $h_d - h_s$에 상당하는 임대주택의 초과수요(공급부족, shortage)가 나타나게 된다.

만일 이 임대료 상한제가 엄격하게 실시될 경우에는 임대주택의 공급부족현상이 지속될 것이다. 이러한 상황에서는 이른바 '줄서기'와 같은, 임대주택의 초과 수요자들 중 h_s를 배정하는 방법(non-price methods)이 마련되어야 할 것이다. 어떤 요인으로 수요곡선이 좌로 이동하든지 공급곡선이 우로 이동하게 되면 임대주택의 공급부족 문제는 점차 해소되어갈 것이다. 경우에 따라서는, 임대주택의 생산자가 통상적인 수리와 유지관리를 하지 않으면서 r_m의 임대료가 경쟁적인 임대료가 될 때까지 주택가치의 하락을 방치하게 될 가능성도 있을 것이다.

또한 이 임대료 상한 규제가 느슨한 경우에는 소비자와 생산자는 서로 교섭하여 임대주택의 공급부족을 해소하는 수단을 강구하려할 것이다. 예를 들어 r_m의 임대료만을 지불하는 다른 소비자보다 더 우선적으로 임대하기를 원하는 소비자는 이중계약서 작성을 통하여 임대 주에게 r_m을 초과하는 실질 임대료를 지불하게 될 수도 있을 것이다.

2. 시장경제의 한계와 소비자 선택의 제약

시장경제는 (적어도 효율성의 측면에서는) 매우 우수한 제도이다. 하지만 현실의 시장은 완벽하지 않다.

그 내부에 자원배분의 비효율성을 가져오게 하는 외부효과와 공공재와 같은 수많은 요인들이 존재하며, 그로 인해 이른바 시장실패(market failure)가 나타난다. 그래서 정부가 일정부분 역할을 담당해야 하는데, 정부도 완벽할 수 없어 이른바 정부실패(government failure)가 발생한다. 소비자 선택의 문제를 포함하여 경제문제의 원활한 해소를 위해서는 시장기능과 정부기능의 장점들을 조화시켜 활용할 필요가 있다.

1) 시장 실패

(1) 불완전경쟁과 시장의 실패

시장경제의 장점과 한계

수많은 기업과 가계가 시장에서 상호작용하면서 분산된 의사결정에 의해 자원배분이 이루어지는 경제체제를 우리는 시장경제라고 배웠다. 이러한 시장경제는 개인의 이익(私益; private interests) 추구에 의한 의사결정과 사유재산을 근간으로 하는 경제 질서이며, 국민경제의 여러 문제들을 기본적으로 시장의 힘에 의해 해결하는 체제를 의미한다. 또한 가격 변동을 신호로 수요와 공급이 자동으로 조절된다. 다시 말해 '시장가격'이라는 이른바 '보이지 않는 손'에 의해 사익(private interest)과 공익(public interest)이 서로 조화된다. 그런 관점에서 무계획의 시장경제가 계획경제(planned economy)보다 성공적이라는 평가를 받는다.

이러한 시장경제의 장점을 극대화하기 위한 제도적 장치로는 첫째, 사유재산권의 보호(배타적 이용권, 침해자로부터의 법적 보호, 양도권리), 둘째 경제활동(계약)의 자유 보장, 마지막으로 공정하고 자유로운 경쟁을 들 수 있다. 한마디로 정부는 법치주의의 기치 아래 게임의 규칙(rule of game)을 잘 만들어주기만 하면 된다는 것이다.

이러한 시장경제는 (일정 조건에서라면) 적어도 자원의 효율적 배분이 달성될 수 있으며, 소비자주권(consumer sovereignty)을 보다 쉽게 보장할 수 있게 된다.

하지만 시장기구는, 주기적으로 나타나는 실업과 인플레로 인한 사회후생의 현저한 감소를 피할 수 없을 뿐 아니라, 소득 내지 부의 공평한 분배를 실현할 가능성이 매우 낮다. 또한, 효율성 측면에서의 성과가 탁월하다 해도 자원배분의 효율성이 완벽할 수 없는 것이다. 우리는 그 이유를 시장실패(market failure)에서 찾을 수 있다.

시장실패의 사례

경제이론에서 시장의 실패는 사익추구가 공익을 초래한다는 아담스미스(Adam Smith)의 이른바 '보이지 않는 손(Invisible Hands)의 원리가 들어맞지 않는 것을 의미한다.

만일 개인의 사익추구 행위가 공익을 해치거나 타인을 해롭게 한다면 시장의 가격 메커니즘이 효율적 자원배분 내지 균등한 소득분배를 실현하지 못하게 할 것이다. 다시 말해 시장의 기능이 잘 작동하지 않게 되는 것이며 이를 시장실패로 이해할 수 있다.

시장실패의 형태 또는 원인은 여러 관점에서 살펴볼 수 있다. 첫째, 시장의 기능상 장애로 볼 수 있는 이른바 독점·불완전경쟁산업, 둘째 시장의 내재적 결함으로서 비용체감산업(규모의 경제), 외부효과, 공공재(예: 국방서비스), 셋째, 시장의 외재적 결함으로써 소득분배상의 불균형을 들 수 있다. 그 외에도 위험·불확실성, 물가앙등, 실업, 국제수지 불균형 등도 시장실패의 형태 내지 원인으로 볼 수 있다.

이러한 시장실패의 예를 들어보면, 타인에게 해를 미치나 그에 대한 보상 또는 처벌이 뒤따르지 않는 경우와, 타인에게 이들을 주나 보상받지 못하는 경우를 구분해서 살펴볼 수 있다.

첫 번째의 사례로는, 공해와 환경오염이 대표적이며, 새치기, 끼어들기, 음주운전, 불법주차, 시험 부정행위, 희귀종의 남획, 불법사냥 등을 예로 들 수 있다. 이러한 사례들은 대개 외부불경제 또는 공유자원 형태로 나타나는 시장실패이며 만일 정부의 개입이 없다면 지나치게 많이 생산되거나 지나친 행위가 나타날 것이다.

두 번째의 사례로는 국방·치안서비스와 방범서비스의 경우가 대표적이며, 자기 집앞 눈치우기, 예방주사 맞기, 등대, 과학기술 R&D 등이 좋은 사례이다. 이러한 외부경제 또는 공공재 형태로 나타나는 시장실패의 경우 만일 정부의 개입이 없다면 지나치게 적게 생산되거나 과소한 행위가 이루어질 것이다.

(2) 외부효과 문제

긍정적 외부효과와 부정적 외부효과

앞서 살펴본 시장실패의 사례들은 일방의 생산, 분배, 소비 행위가 제3자에게 의도하지 않은 이득 및 손해를 주었으나, 그 대가를 받지도 지불하지도 않은 경우들이다. 이러한 경우들은 대부분 경제이론에서 설정하는 '시장(market)의 테두리 내가 아니라 밖에 존재하게 된다는 의미에서 외부효과가 발생한다'고 말한다.

외부효과는 근본적으로 소유권행사에 있어서의 결함에 기인하는데, 부수적으로 발생하는 편익과 비용을 타인으로부터 배제시키기가 (기술적으로) 불가능하거나, 불명확하거나 용이하지 않은 소유권 설정에 기인한다. 이러한 외부효과가 존재하게 되면 사적편익(비용)과 사회적 편익(비용)이 달라진다.

외부효과는 공해(pollution)와 같은 부정적 외부효과 또는 외부불경제(Negative externalities)와 R&D와 같은 긍정적 외부효과 또는 외부경제(Positive externalities)로 구분된다.

부정적 외부효과

부정적 외부효과는 〈그림 6-4〉에서 보듯이 사적편익이 사회적편익보다 크며, 사적비용은 사회적비용보다 적은 경우이다. 생산자, 소비자 모두 이러한 부정

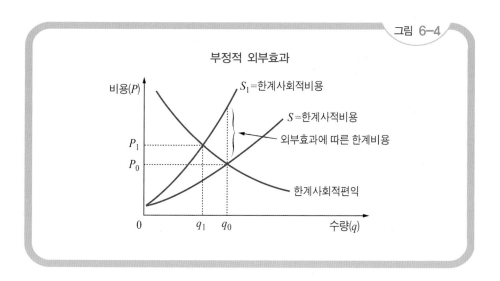

그림 6-4

부정적 외부효과

비용(P)

S_1=한계사회적비용

S=한계사적비용

외부효과에 따른 한계비용

P_1

P_0

한계사회적편익

0   q_1 q_0 수량(q)

적 외부효과를 야기하는 경제활동에 관여될 수 있다. 생산에 있어서의 부정적 외부효과가 존재할 경우 완전경쟁균형 생산량이 파레토효율적 생산량을 초과하게 되어 재화의 과잉공급이 발생하게 된다. 환경오염물질을 배출하는 제조업자의 경우가 좋은 예이다. 이들의 생산 활동에서는 현실적으로 오염물질을 발생해서 공해(pollutions)를 야기하게 되지만 그로 인한 사회적비용을 모두 부담하는 것은 아니다.

이와 같은 이 경우 효율적 자원배분을 위한 정책으로는 사회적비용과 사적비용 간의 차액에 해당하는 조세를 부과하는 것이다. 즉 〈그림 1-3〉에서 한계사회적비용과 한계사적비용의 차액을 환경세의 형태로 과세함으로써 부정적외부효과를 내부화(internalize)할 수 있다.

소비활동에서도 부정적 외부효과를 발생시킬 수 있는데, 자동차운전의 경우가 좋은 예이다. 운전자들은 자동차운전이라는 상품을 소비함으로써 공기 중에 환경과 인체에 유해한 배기가스를 방출시킨다. 하지만, 그로 인해 발생하는 보행자 건강 침해나 환경오염과 같은 사회적 비용들을 다 부담하지는 않으며 심지어 자신의 비용으로 생각하지도 않는다. 이러한 부정적 외부효과는 결과적으로 과다한 (운전이라는) 소비행위를 하도록 한다.

이러한 소비에 있어서의 부정적 외부효과의 경우도 사회적비용과 사적비용의 차액에 해당하는 유류세나 환경세를 부과함으로써 지나치게 많은 소비를 억제하는 등 외부효과를 내부화할 수 있다.

긍정적 외부효과

긍정적 외부효과는 사회적편익이 사적편익보다 크며, 사회적비용은 사적비용보다 적은 경우이다. 부정적 외부효과와 마찬가지로 생산활동과 소비자활동 모두 긍정적 외부효과와 연관될 수 있다.

우선 긍정적 외부효과를 초래하는 생산활동의 경우를 보자. 기존의 주택을 헐고 새 집을 건축하는 주택환경개선사업을 예로 들어 보자. 이윤극대화를 추구하는 건축업자는 오래된 나무와 아름다운 화초가 있는 정원도 헐고 그 자리에 집합주택을 지으려할 것이다. 하지만 해당 정원은 소유권이 있는 집주인뿐 아니라 지역주민들에게도 많은 즐거움을 주었던 것이어서, 사회적편익이 사적편익보다 컸었다. 이때 '정원'이라는 완전경쟁균형 생산량은 파레토효율적 생산량에 미달하게 되며 결과적으로 지나치게 적은 공급을 초래한다.

소비에 관한 긍정적 외부효과도 이와 비슷한 방법으로 이해할 수 있다. 예컨대 보존해야 할 사적지로 지정된 한 민가의 사적편익은 사회적편익보다 적을 것이다.

이와 같은 긍정적 외부효과가 존재할 경우 효율적 자원배분을 위한 바람직한 대책은 사회적편익과 사적편익의 차액을 보조금 형태로 지원하는 것이다.[3]

외부효과 대처 전략

이러한 외부효과에 대한 전략으로 여러 가지가 있지만 어느 것도 유일한 대책이 될 수는 없다. 외부효과에 대응하기 위한 전략을 구사할 때 반드시 고려해야 할 사항들이 있다. 경제적 효율성이 우선적으로 고려되어야 한다. 그 어떤 경우도 장기적으로 손실을 보면서 전략을 구사할 수 는 없을 것이다. 제2장에서 공부했던 형평성의 문제 역시 시장실패에 대응할 전략을 짤 때 고려해야 할 중요한 요소이다.

그 외에도, 정책의 실행가능성과 유연성, 그리고 불확실성과 경제적 인센티

---

[3] 보다 상세한 설명은 공공경제학 교과서나 외부효과에 관련된 논문들을 참고할 수 있다.

브 등도 외부효과 대응전략 마련 시 고려해야 할 중요한 요소들이다.

가장 대표적인 외부효과 대처 전략은 정부의 규제이다. 법규나 규칙을 통해 금지하거나 통제하는 방식과, 행정명령이나 지침을 통한 정부의 개입 등이 대표적인 규제이다.

한편, 세금을 부과하거나 다양한 형태의 보조금을 지급하는 전략은 정부가 직접적 규제를 하지 않고도 외부효과의 문제를 줄이거나 해소할 수 있게 하는 시장지향적인 방식이다. 최근에는 이른바 오염물질 배출권거래제(marketable permits) 형태의 시장지향적 인센티브 전략도 상용화되고 있는 추세이다.[4]

한편, 외부효과의 존재가 자원의 효율적 배분을 저해하는 이유 중의 하나는 재산권이 분명하게 확정되어 있지 않아서라는 견해가 있다. 경제학에서는 이를 코즈정리(Coase Theorem)를 통해 설명하고 있다. 코즈정리란, '민간의 경제 주체들이 자원분배 과정에서 재산권이 명확하게 확립되어 있는 경우 만일 아무런 비용의 지불(이를 '거래비용'이락 한다)이 없거나 미미한 비용으로 협상이 가능하다면, 외부효과로 인해 발생하는 비효율성은 시장에서 스스로 해소될 수 있음'을 의미한다.[5]

(3) 공공재 문제

사회과학에서 공공재란 소비의 편익을 누구나 공유할 수 있는 재화나 서비스를 말하며 공급주체와는 직접적 관계가 없다. 이론적으로는 비경합성(non-rivalry)과 비배제성(non-excludability)의 특성[6]을 함께 갖는 재화와 서비스를 공공재 또는 집합재(collective goods)라고 한다. 국방서비스나 환경보호법, 등대 등이 좋은 예이다. 등대는 주변을 항행하는 선박의 좌초위험을 줄여주는데, 한 선박이 그 혜택

---

4 오염물질을 배출하는 생산활동을 하고 있는 기업들 간에 오염물질의 배출 권한을 시장에서 거래할 수 있도록 한 제도를 말한다. 오염활동 혹은 오염방지 활동에 대한 권리와 의무를 분명히 정의하고, 이에 대한 자율적 조정을 촉진하여 최소의 사회적 비용으로 적정한 환경오염 수준을 유지하고자 고안된 재산권제도의 하나이다((시사경제용어사전, 2010. 11, 대한민국정부). 우리나라도 이 제도가 지난 2014년 1월 국무회의 심의를 거쳐 배출권거래제 기본 계획이 확정되고, 2015년에 본격적으로 시행될 예정이다.

5 코즈정리는 저명한 경제학자인 코즈(Ronald Coase)가 쓴 1937년의 '기업의 본질(The nature of the firm)'에서 유래되었다.

6 비경합성이란 새로운 소비자가 추가로 진입한다 하여도 기존의 소비자에게 영향을 미치지 않는 성질을 말하며, 대개 '소비에 있어서의 비경합성'을 의미한다. 비배제성은 타인을 소비자로부터 배제시킬 수 없는 것을 말한다.

을 본다고 해서 주변의 다른 선박의 혜택을 방해하지 않으므로 비경쟁적이며, 또한 주변을 항행하는 선박이라면 누구든지 등대불빛의 혜택을 받을 수 있기 때문에 비재제적이다.

흔히 국가가 생산·공급하는 재화와 서비스를 공공재라고 생각하는 경향이 있는데 반드시 그렇지는 않다. 의료보험이나 국민연금, 임대주택 등은 공공재가 아니다.

공공재의 가장 큰 문제는 특정인을 해당 재화 또는 서비스로부터 배제할 수 없어 발생하는 이른바 무임승차자(free-rider)문제이다. 다시 말해 공공재의 두 가지 특성 때문에 그 생산비를 부담하지 않더라도 일단 생산된 뒤에는 누구나 소비 가능하고 따라서 아무도 그 비용을 부담하지 않으려 한다. 비용을 지불하는 소비자만 손실을 잃게 되는 것이다.

이런 공공재의 공급을 시장에 맡기면 어떻게 될까? 공공재의 공급량이 턱없이 부족하거나 극단적으로는 공급 자체가 이루어지지 않을 것이다. 따라서 공공재의 특성을 갖는 재화나 서비스는 시장에서의 가격기구가 작동할 여지가 없어 결국 시장의 실패를 초래하게 된다. 따라서 공공재의 공급은 정부가 일정부분 그 역할을 담당할 수밖에 없다.

R읽을거리 6.2
Reading

공공재와 공유자원의 비극

시장에서 환경오염과 같은 해로운 외부효과 문제를 해결할 수 있다면, 다시 말해 오염사고를 일어킨 자 스스로가 외부비용을 내부화할 수 있다면, 국가의 행정적 내지 사법적 개입이 필요하지 않게 된다.

그러나 현실에서 시장을 통한 환경문제의 해결은 매우 어려운데 그 대표적인 이유가 바로 환경에 관련된 외부효과는 공공재적 성격을 갖는 공해(公害, public bads)라는 점이다. 즉, 사람들의 선호표출기피에서 오는 정보의 부족, 높은 거래비용, 무임승차자로서의 행위 등이 시장에서의 자발적 해결을 어렵게 한다.

이러한 환경오염의 공공재적 성격을 이해하는 좋은 예로 '공유자원의 비극(tragedy of the commons)'이라는 고전적 우화가 있다. 대부분의 주민들이 양을 키워 생계를 유지하는 중세의 어느 마을에 있는 목초지는 공유지이므로 누구든지 양을 방목할 수 있었다. 목초지에 풀이 많고 양들이 적을 때에는 문제가 없었지만, 양들이 많아짐에 따라 점차 목초지의 풀이 고갈되어 결국 초원이 황폐지로 변하여 그 마을이 황폐하게 되었다는 내용이다(Mankiw, Essentionals of Economics, 3rd Ed.(2004), p. 231). 다시 말해 깨끗한 강물과 같은 환경자원을 시장에 맡기게 되면 사회적 관점에서 볼 때 과다하게 사용되어 결국 고갈된다는 것이다.

환경오염과 같은 시장의 실패도 일종의 공유자원의 문제로 볼 수 있다. 깨끗한 물과 공기도 초원과 같은 공유자원이기 때문에 과다한 오염물질의 배출은 과다한 방목과 같은 현상이다. 즉, 환경오염사고로 인한 물적·인적 피해는 오늘날의 공유자원의 비극이다. 이러한 환경오염의 문제는 깨끗한 환경이라는 공유자원에 대한 소유권이 명확하기 부여되지 않아 발생한다. 따라서 만일 '공유자원'에 대한 소유권이 확립된다면 환경오염의 문제는 어느 정도 해결될 수 있을 것이다.

자료: 이종인, 『불법행위법의 경제분석』, 한울출판사(2006), 357쪽.

2) 정부의 역할과 정부 실패

(1) 전통적 정부의 역할

정부의 역할은 시대적 상황을 배경으로 한다. 예컨대 중상주의 시대에 있어서 정부는 국민의 경제활동에 적극적으로 개입하여 통제하는 것이 미덕으로 여겨졌지만, 시장의 기능을 중심으로 한 자유경쟁의 근대 야경국가 시대에는 이러한 정부의 간섭을 배제하는 것이 하나의 미덕이었다.

하지만 1930년대 대공황을 겪은 이후로 세계적으로 정부의 적극적인 재정정책과 금융정책을 당연시하는 이른바 현대 복지국가 모델에서는 국민경제의 안정적 성장을 위한 경제정책을 시행하고, 사회보장제도를 실시하는 등 정부의 적극적인 시장개입이 당연시되었다.

최근에는 이른바 '보이지 않는 손'이 작동하는 시장기능과 불가결한 정부 기능의 장점을 잘 조화하는 시스템이 바람직하다는 관점이 우세하다. 시장경제체제를 갖고 있는 세계의 많은 국가에서도 전통적인 정부의 역할은 무시하지 않는다. 대표적인 정부의 역할로는, (1) 사유재산권 보호, (2) 시장실패 교정, (3) 가치재의 공급, (4) 소득·부 재분배, 그리고 (5) 거시경제의 안정화 등이다.

시장경제가 잘 작동되려면 무엇보다 정부가 사유재산을 잘 보호해주어야 한다. 열심히 일해서 얻은 소득과 부를 완력으로 빼앗아가는 것을 용인한다면 사람들은 열심히 일하는 대신 강도가 되려 할 것이다.

또한 시장의 불완전성과 시장실패를 정부가 나서서 보완하고 교정해주어야 한다. 앞서도 살펴보았지만 공해와 환경파괴, 음주운전과 불법주차, 시험부정행위와 노상방뇨행위 등 사익만을 추구하는 행위들은 시장에서 자발적으로 해결되기 어려우며, 정부가 개입하여 교정해야 한다. 하지만 주의할 점은 이러한 정부의 역할이 시장의 기능을 대체하는 것은 아니며 시장의 기능을 보완하고 교정하며 규제하는데 한정되어야 한다는 것이다.

또한 정부는 의료와 교육 서비스, 국방과 치안서비스와 같은 이른바 공공재적 성격의 가치재를 공급해주어야 한다. 이러한 가치재는 시장에서는 무임승차자 문제로 인해 제값 받고 팔리지 않으며 따라서 생산자체가 불가능해진다.

취약계층을 보호하고 소득과 부를 재분배하는 등 이른바 '형평성'의 문제 역시 '효율성'을 중시하는 시장경제에서 충분한 해소가 어려우므로 상당부분 정부가 그 기능을 수행할 수밖에 없다.

끝으로, 경기변동 조절과 물가안정, 성장촉진, 빈곤해소 등 거시경제의 안정화를 위한 제반 정책은 시장의 기능만으로는 달성이 불가능하다.

이러한 정부의 역할에서 우리는 다양한 정부의 얼굴을 그려볼 수 있다. 국방, 치안, 도로항만, 정보네트워크, 사회적 인프라 등을 공급하는 공공재의 공급자(Public Goods Provider)의 얼굴에 더하여, 기업의 애로를 해소하고 경영을 지원하며 보조금정책을 담당하는 지원자(Facilitator)의 모습도 있다. 또한 각종 법규와 규칙을 제정하여 운용하는 규제자(Regulator)의 얼굴을 하고 있으며, 공기업을 운영하는 기업가(Entrepreneur)의 역할도 수행한다. 더불어, 한 국가의 경제발전 계획을 세우고 산업정책을 수립하는 등 계획 수립자(Planner)의 역할도 중요하지만 국민들에게는 각종 세금을 징수하는 징세자(tax collector)의 일면이 정부의 주된 역할의 하나로 보인다.

(2) 정부의 실패

시장실패 등의 보완과 교정을 위한 시장에 대한 정부의 개입이 자원의 최적 배분을 저해하거나 기존의 상태를 더욱 악화시키는 경우를 정부의 실패(government failure)라고 한다. 정부실패란 말은 1970년대 후반에 등장했다. 1930년대 대공황이후 정부의 적극적인 재정정책과 금융정책을 옹호하는 이른바 케인즈학파(Keynesian School)에 힘입어 정부 주도형 성장전략이 주를 이루었다. 하지만 1978년과 1982년 두 차례 석유파동을 겪은 후 세계적 경기침체에 빠지게 되었고 각국의 정부는 재정적자에서 헤어나지 못하는 상황이 되었다. 그 결과 정부의 적극적인 개입의 한계를 느끼고 그 대안을 모색하는 과정에서 정부실패라는 개념이 제기되었다.

정부의 실패는 여러 형태로 나타난다. 주택임대료상한정책과 최저임금제도, 그리고 농산물보조금제도와 같은 이른바 빈곤층과 사회취약계층을 보호하기 위한 제반 정책과 제도가 오히려 빈곤층과 사회취약계층을 더 어렵게 하는 결과는 시장주의자들이 제기하는 대표적인 정부실패의 예시이다. 또한 환경규제의 결과 경제적 유인이 낮아져 제조업체의 생산성이 저하되는 것도 정부실패의 한 형태이다.

경제 이론적으로는 어떤 형태이든 관계없이 정부의 개입은 후생손실(dead-weight loss)을 유발시키게 된다. 경제원칙을 지키지 않는 정부의 시장 개입에는 늘 정부실패를 초래할 가능성이 있다. 정부는 게임의 규칙(the rule of game)을 정하고 심판자의 역할에 충실해야 한다.

한편, 1980년대 이후에는 정부가 직접적으로 시장에 개입하는데 한계가 있다는 인식이 확산되어 갔다. 다시 말해 정부실패로 인해 정부의 개입이 시장실패보다 더 나쁜 결과를 초래한다고 본 것이다. 사실 정부의 개입이 없이도 시장에서 자율적으로 실패를 교정하는 자정 작용이 작동한다는 주장도 만만치 않다. 또한 글로벌 경제 환경에서 국가 간 정책조율이 확대됨으로써 정부의 시장개입이 더욱 어려워지는 측면도 있다.

(3) 정부의 핵심 역할

앞에서도 강조했듯이 정부는 시장의 기능이 원활히 작동되도록 하기 위한 제도적 장치로서, 국민의 재산권을 보호하고, 계약의 자유를 보장하며, 경쟁의 촉진을 위해 노력해야 한다. 또한 외적의 침입으로부터 자국민의 생명과 재산을 보호하며(국방), 타인의 침해로부터 생명과 재산을 보호(경찰, 사법)해야 한다.

덧붙여, 정부가 해서는 안 되는 역할이 있다. 개인이나 단체의 재산권을 침해하거나, 지나친 시장간섭과 규제, 그리고 결과의 평등을 추구해서는 안된다.

결론적으로, 시장실패의 교정을 위한 정부의 역할과 시장의 기능을 조화시킬 필요가 있다. 환경오염과 같은 외부효과의 문제도 정부역할과 시장기능의 조화 속에서 해결책을 찾아야 하며, 환경규제, 안전, 소비자보호 등 그 정당성이 인정되는 사회적규제도 일정부분 시장기능과 조화함으로써 공익적 목적을 달성할 수 있게 된다.

"어떤 역할을 해야 한다는 것(명분)과, 그 역할을 잘한다는 것(현실)은 서로 다른 이야기"이다. 시장과 정부 양자의 장점을 보완적으로 활용하는 지혜가 필요하다.

3. 소비자와 후생

1) 후생과 후생경제학

오늘날 경제가 발전하고 복지사회를 지향하면서 소비자후생에 관한 관심이 높아지고 있다. 후생(welfare)이란 사전적으로는 '사람들의 생활을 넉넉하고 윤택하게 하는 일'의 의미이지만, 경제적으로는 '효용을 느끼는 정도'를 의미하며 '직접 또는 간접적으로 화폐로써 측정되는 효용 수준'을 나타낸다.

이러한 경제적 후생을 대상으로 하는 경제학분야가 '후생경제학(welfare economics)'인데, 국가 경제정책의 목표가 사회 전체의 경제적 후생의 극대화에 있다는 전제 아래 경제적 후생의 개념이나 극대화의 조건을 연구하는 경제학 분야이다. 다시 말해 후생경제학이란 자원배분과 소득분배가 어떤 조건하에서 최적상태에 도달하는가를 분석하고, 나아가서 자원배분과 소득분배를 어떤 방향으로 개편하는 것이 경제적 후생을 극대로 하는가를 연구하는 경제학의 한 분야이다.

후생경제학에서 다루는 사항을 단순화하면 "What is best?"이다. 예컨대 반 값등록금을 실현할 것인가? 최저임금 수준을 인상할 것인가? 전월세상한제를 도입할 것인가? 무상급식을 실현할 것인가? 이러한 질문들은 경제적 효율성뿐 아니라 우리 사회에서 정치적이면서도 윤리적 논쟁이 되고 있기도 하다.

예컨대, 정부에서 소득재분배 차원에서 고소득자에게 물리는 최고세율을 올리는 세법개정을 추진한다고 하자.7 이에 찬성하는 사람들은 고소득자의 자원을 저소득자에게 배분할 수 있다는 관점에서 바람직하다고 보는 반면, 반대 입장의 사람들은 그러한 조세정책이 우리경제의 '효율성'을 떨어뜨릴 것이라고 우려한다. 어느 쪽이 옳다고 생각하는가? 양측 다 분명한 논리적 근거를 갖고 있지만, 논점은 결국 (제2장에서 공부했던) 효율성과 형평성 간의 상충관계로 귀결된다. 즉 높은 세율은 재분배효과는 분명히 있겠지만 그에 따른 효율성 저하도 무시할 수 없다.

한 가지 유의할 점은, 경제학에서 말하는 후생(welfare)은 우리가 흔히 말하는 저소득 서민들을 위한 정부의 복지프로그램을 의미하는 것은 아니다. 더더군다나 행복이나 삶의 질과 동일어로 사용되는 것도 아니다. 경제학에서의 후생은 기본적으로는 경제적효율성에 초점을 맞추고 있다.

2) 소비자잉여와 생산자잉여

후생경제학에서의 중요한 결론은 구매자와 판매자 모두가 시장에 자발적으로 참여하여 이득을 얻게 된다는 것이다. 이때 소비자가 얻는 이득을 소비자잉여, 생산자가 얻는 이득을 생산자잉여라고 부른다.

소비자잉여는 소비자의 최대지불용의 금액에서 실제로 지불한 금액을 빼고 남은 나머지 금액이며, 〈그림 6-5〉에서 수요곡선과 가격과의 사이 면적인 삼각형 AP_1C가 이에 해당된다. 소비자잉여는 소비자가 시장에 참여하여 얻게 되는 혜택의 척도이다. 즉 모든 사람들이 다 똑같은 "내 마음의 가격"을 가지고 있는 것은 아니다. 주어진 상품에 대한 지불용의는 각 사람마다 다를 수 있다는 의미

---

7 실제로 정부에서는 2013년 세법개정 후속 시행령 개정을 통해 최고세율(38%)을 적용받는 과세표준 구간이 3억에서 1.5억으로 낮춤으로써 1.5억 이상 고소득자들로부터 거둬들이는 세금을 크게 늘리기로 했다. 이러한 결정 역시 경제적 평가보다는 정치적 판단의 산물이었다.

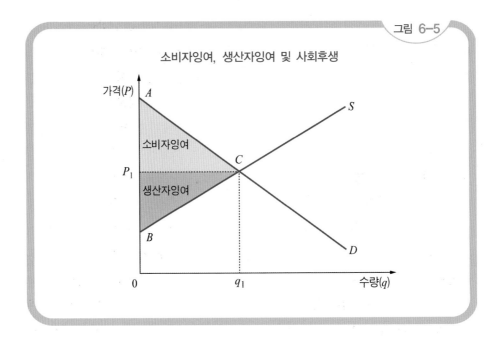

그림 6-5

소비자잉여, 생산자잉여 및 사회후생

이다.

소비자 잉여＝소비자의 최대지불용의 금액－실제로 지불한 금액

생산자잉여는 공급자가 받은 금액에서 생산비용을 뺀 나머지 금액이다. 〈그림 6-5〉에서 가격과 공급곡선의 사이 면적인 삼각형 P_1BC의 크기가 생산자잉여이다. 생산자잉여는 생산자가 시장에 참여하여 얻게 되는 혜택의 척도이다.

생산자 잉여＝공급자의 총수입－기회비용

3) 사회적 후생

위에서 공부한 소비자잉여와 생산자잉여의 합에 더하여, 정부와 같은 제3자 잉여를 합하여 사회적잉여(social surplus) 또는 사회적후생(social welfare)이라고 한다. 〈그림 6-5〉에서 소비자잉여와 생산자잉여를 합한 삼각형 ABC 면적이다(그림에서는 제3자 잉여를 고려하지 않았다). 다시 말해 소비자나 기업이 시장에 참여함으로써 사회에 주는 순경제적이익의 합(sum of net economic benefits)이 바로 사회적잉여인 것이다.

사회적 잉여(사회적 후생) = 소비자잉여 + 생산자잉여 + 제3자 잉여

후생경제학에서는 경쟁시장에서 사회적잉여의 극대화가 달성된다고 간주하는데, 물론 이론서에서 말하는 경제적 효율성의 관점에서의 주장이다. 앞서 소개했던 아담스미스의 이른바 '보이지않는 손'의 작용에 의한 바람직한 현상이다. 시장경제체제에서 사회적잉여 또는 사회적후생이 극대화된다는 말은 한편으로 소비자잉여로 나타낸 소비자의 후생도 극대화된다는 의미이다.

하지만 이러한 효율성의 관점에서의 후생의 극대화 논리에는 분배 내지 형평의 문제를 불러일으킨다. 극단적인 예로 부자들에게 이익을 주고 가난한 사람들에게는 오히려 부담을 지우는 정책도 후생경제학적 논리로는 효율적으로 귀결될 수 있는 것이다.

방법론적으로는 후생경제학이 소비자주권의 원칙에 입각한 경제정책 이론이라고 할 수 있다. 즉 (제2장에서 공부한) 경제적효율성의 원칙에서 사회구성원들인 소비자 전체의 만족을 높이는 것을 목표로 하고 있기 때문이다.

하지만 후생경제학에서는 개별 소비자의 만족, 즉 개인의 효용을 어떻게 통합해서 사회전체의 만족, 다시 말해 사회적 후생을 정의할 것인가의 문제에 대해서는 뾰족한 해법을 제시하지 못하고 있다. 예컨대 연봉 1억원인 사람에게 지불한 1백만원의 상여금과 연봉 1천만원인 사람에게 지급된 1백만원의 가치는 분명 다를 것이다. 고소득자들의 소득의 한계효용은 저소득자들의 소득의 한계효용에 비해 낮은 것이 일반적이다. 이러한 단적인 예만 보더라도 사회적후생의 극대화는 명확히 정의하기도 어려울뿐더러, 후생극대화라는 경제적 목표를 어떻게 달성하는지에 대한 수단에 관해서도 다양한 견해가 있다.

1. 소비자문제의 원인을 시장실패의 관점에서 설명할 수 있는 구체적인 사례를 들어 보라.

2. 기술적 진입장벽인 규모의 경제(economies of scale)가 있는 경우에는 독점이 필연적으로 발생하게 된다고 배웠다. 이에 대처하는 정책수단을 생각해 보라.

3. 시장실패를 교정하기 위한 정부의 시장참여 행동에는 이른바 정부실패가 나타날 수 있다. 현실적으로 관찰되는 정부실패의 사례를 들어 보라.

4. 본문에서는 사회적후생을 소비자잉여와 생산자잉여의 합으로 정의하였다. 소비자와 생산자 외 정부 등 제3의 경제주체의 존재를 고려할 경우 사회후생을 어떻게 정의해야 할 것인가?

 주요 참고문헌

▣ 김재홍 외 5인(1994), 정책적 규제비판(한국경제연구원).

▣ 이종인(2012), 세상을 바꿀 행복한 소비자, 이담북스.

▣ 이종인(1994), "한국의 정부규제 현황과 소비자보호", 소비자문제연구, 제14호.

▣ Steinemann·Apgar·Brown(2005), Microeconomics for Public Decisions, South-Western.

▣ Mankiw(2011), Principles of Economics(6th Ed.).

거시경제·개방경제와 소비자

한 나라의 경제가 성장하고 번영하기 위해서는 활발한 경제활동이 필수적이다. 경제활동이란 시장에서의 생산활동과 소비활동을 의미하며, 경제성장을 위해서는 많은 재화와 서비스의 생산과 소비가 이루어져야 한다.

이 장에서는 기초적인 거시경제 이론을 바탕으로 거시경제에서의 소비자의 위치를 알아보고, 국민소득과 생계비를 측정하는 거시경제 지표들을 공부한다. 이어, 인플레이션과 실업 등 거시경제 문제들이 어떻게 소비자 후생에 영향을 미치는지에 관해 살펴본다. 또한, 정부의 재정정책과 금융정책을 소비자후생효과 측면에서 설명하고, 가속화되는 국경을 넘는 국가간, 지역간 경제협력과 개방경제 여건이 소비자의 이익에 미치는 영향을 공부한다.

1 거시적 시장균형

1) 거시경제와 소비자의 위치

경제활동이 활발해지면 소비자를 대표하는 가계(households)는 근로기회가 늘어나서 그만큼 소득이 늘어나며, 그 결과 소비자로서의 다양한 재화와 서비스를 누릴 수 있어 삶의 질이 향상될 수 있다. 마찬가지로, 생산자를 대표하는 기업(firms)도 (기업가와 주주의 자격으로) 기업활동을 통한 이윤을 얻거나 배당을 받아 역시 소비자로서 보다 나은 삶을 누릴 수 있는 것이다.

하지만 경제활동이 위축되면 기업들의 생산과 판매가 어려워져 생산을 담당하는 근로자의 소득이 줄어들 뿐 아니라 기업의 이윤과 주주의 배당소득도 감소한다. 그 결과 시장에서의 소비활동이 위축되고 기업의 재고가 누적되며 기업은 다시 고용을 감소시키는 악순환이 반복될 수 있다. 이러한 악순환이 장기화되면 기업의 도산이 늘어나며 경제는 대량실업의 위험에 빠질 수 있다(임덕호, 264쪽).

이와 같이 한 나라 경제활동의 활성화 내지 성장 여부는 소비자를 포함한 국민 전체의 생활수준을 결정하는데 커다란 영향을 미친다. 경제발전과 활성화를 위해서는 시장경제에 참여하는 기업과 소비자, 그리고 정부와 같은 경제주체들의 역할이 매우 중요하다. 그 전에 한 나라의 경제활동이 어떻게 이루어지는지 이해할 필요가 있다.

한 나라의 경제는 제1장의 〈그림 1−1〉에서도 소개했듯이 생산자(기업)와 소비자(가계)와 같은 경제주체와, 생산물시장과 생산요소시장의 구성된다. 이러한 구성과 경제활동을 공부하기 위해서는 우선적으로 경제의 거시적 접근방법에 관한 이해가 필요하다.

거시경제학

경제 전체를 하나의 분석 단위로 보고 경제가 어떻게 작동하는지를 살펴보는 이른바 거시분석(macro−analysis)은 세계 경제가 겪어보지 못한 대량 실업과 인플레이션(물가하락)을 초래한 1930년대 대공황(great depression)을 계기로 주목을 받게 되었다. 당시의 전통적인 수요공급이론에 의하면 가격이 상승하게 되면 소비 감소와 생산증가가 뒤따라 가격이 하락되는 것으로 이해했다. 하지만 대공황 이후 물가가 극단적인 속도로 상승하고,[1] 대량 실업이 발생하는 현상을 기존의 경

---

1 물가가 1달에 50%를 넘게 큰 폭으로 상승하는 현상을 초인플레이션(hyperinflation)이라고 한다. 1차 대전 이후 독일, 20여 년 전의 남미 여러 나라, 10년 전의 이스라엘, 최근의 러시아 등이 20세기에 초인플레이션을 경험한 대표적인 나라들이다. 화폐의 가치가 땅에 떨어져 빵 한 개를 사기 위해 손수

제이론만으로는 설명할 수 없었으며, 적합한 정책대안도 제시할 수 없었다.

그러한 상황에서 케인즈(J. M. Keynes)를 비롯한 여러 경제학자들이 경제분석의 역점을 국민소득, 실업, 공황 등과 같은 거시적 문제에 두게 되었는데, 이것이 오늘날 거시적 경제분석 내지 거시경제학(macroeconomics)의 모태가 된 것이다.

거시경제학은 소비자와 생산자, 그리고 정부 등과 같은 경제주체들의 상호작용의 결과로 인해 나타나는 한 나라 경제전체의 현상에 대한 분석을 통해 국민소득, 물가, 실업, 환율, 국제수지 등 경제 전반에 영향을 미치는 변수들의 결정요인과 이러한 변수들 간의 상호관련성을 연구하는 분야이다. 더불어 국민소득의 변화를 설명하는 경제성장이론과 단기적으로 실업과 밀접한 연관을 가지고 있는 경기변동이론을 연구하는 분야이기도 하다.

R 읽을거리 7.1
Reading

대공황(Great Depression)

1929년의 대공황(Depression of 1929) 또는 1929년의 슬럼프(Slump of 1929)라고도 한다. 1929년 10월 24일 뉴욕 월가(街)의 '뉴욕주식거래소'에서 주가가 대폭락한 데서 발단된 공황은

가장 전형적인 세계공황으로서 1933년 말까지 거의 모든 자본주의 국가들이 여기에 말려들었으며, 여파는 1939년까지 이어졌다. 이 공황은 파급범위·지속기간·격심한 점 등에서 그 때까지의 어떤 공황보다도 두드러진 것으로 대공황이라는 이름에 걸맞은 것이었다. 제1차 세계대전 후의 미국은 표면적으로는 경제적 번영을 누리고 있는 것처럼 보였지만, 그 배후에는 만성적 과잉생산과 항상적인 실업자의 존재가 있었다. 이런 배경 때문에 10월의 주가 대폭락은 경제적 연쇄를 통하여 각 부문에 급속도로 파급되어, 체화(滯貨)의 격증, 제반 물가의 폭락, 생산의 축소, 경제활동

레 가득 화폐를 실어 빵가게에 갔다는 유명한 일화도 있다.

산물 가격의 폭락, 체화의 격증을 초래하여 각 지방에서 소맥·커피·가축 등이 대량으로 파기되는 사태까지 일어났다. 금융부문에서도 31년 오스트리아의 은행 도산을 계기로 유럽 제국에 금융공황이 발생하여, 영국이 1931년 9월 금본위제를 정지하자 그것이 각국에 파급되어 금본위제로부터의 잇따른 이탈을 초래, 미국도 33년 금본위제를 정지하였다.

의 마비상태를 불러 왔다. 기업도산이 속출하여 실업자가 늘어나, 33년에는 그 수가 전 근로자의 약 30%에 해당하는 1,500만 명 이상에 달하였다.

이 공황은 다시 미국으로부터 독일·영국·프랑스 등 유럽 제국으로 파급되었다. 자본주의 각국의 공업생산고는 이 공황의 과정에서 대폭 하락하고 1932년의 미국의 공업생산고는 1929년 공황발생 이전과 비교하여 44% 하락하여 대략 1908~1909년의 수준으로 후퇴하였다. 또한 이 공황은 공업공황으로서 공업부문에 심각한 타격을 주었을 뿐만 아니라, 농업부문에도 영향을 미쳐서 미국을 비롯하여 유럽·남아메리카에서 농

이 공황은 자본주의 각국 경제의 공황으로부터의 자동적 회복력을 빼앗아감으로써 1930년대를 통하여 불황을 만성화시켰으며, 미국은 뉴딜정책 등 불황극복정책에 의존해야 하였다. 10여 년 동안의 대불황에 허덕인 미국은 제2차 세계대전으로 경기를 회복, 세계대전 기간 중에는 실질소득이 거의 2배로 증가하였다.

자료: 네이버 지식백과(대공황, Great Depression, 두산백과) 및 관련자료.
⟨http://terms.naver.com/entry.nhn?docld=1080502&cid=40942&categoryld=31787⟩

2) 국민소득과 생계비 측정 지표

어떤 한 소비자의 경제적 여건을 알려면 우선 그 사람의 소득수준을 파악해 보는 것이 좋다. 소득이 많을수록 더 많고 좋은 소비재를 구입할 수 있으며 보다 여유로운 소비생활을 영위할 수 있기 때문이다. 마찬가지로 한 나라의 경제가 어떤 상태에 있는지, 경제의 동향을 어떠한지 등에 관해 판단하려면 당연히 그 경제 전체 구성원의 총소득, 이른바 국민소득을 살펴보아야 한다. 국민소득을 현실 경제에서 측정하기 위한 하나의 지표이자, 세계적으로 가장 많이 사용되고 있는 대표적인 지표가 국내총생산(GDP)이다.

GDP는 한나라 경제 전체 구성원의 소득 총액(total income)과 그 경제에서 생

산되는 모든 재화와 서비스에 대한 지출(total expenditure), 그리고 역시 해당 경제에서의 분배의 총액(total distribution) 등 세 가지 측면에서 살펴볼 수 있다. GDP가 소득과 지출, 그리고 분배 3면에서 동시에 측정할 수 있는 것은 경제 전체로 볼 때 소득총액과 지출총액 그리고 분배총액이 같기 때문이다. 이와 같이 '생산국민소득(GDP) = 지출국민소득 = 분배국민소득'의 공식을 경제이론에서는 '국민소득 3면등가의 법칙'이라고 부른다.

국민소득 3면등가의 법칙이 성립하는 이유를 직관적으로 이해할 수 있다. 제1장의 〈그림 1-1〉에 나타낸 경제활동 순환도에서, 어떤 소비자가 소비재 구입을 위해 1만원을 지출하면 해당 판매자는 1만원의 수입을 올린다. 또 해당 거래로 인한 1만원은 (임금이나 이자 또는 임대료나 이윤 형태로) 분배된다. 두 사람의 거래관계로 인해 경제 전체의 지출과 소득, 그리고 분배는 각각 1만원씩 증가하는 것이다. 즉, 해당 거래를 총소득으로 보든 총지출로 보든, 아니면 총분배로 보든 국민소득은 1만원이 증가하는 것으로 산정되어 진다.

(1) 국민소득의 측정

앞서 설명했듯이 국민소득을 나타내는 대표적인 지표는 국내총생산이며, 그 외에도 과거에 사용했던 국민총생산(GNP), 국민순생산(NNP), 국민소득(NI), 개인소득(PI), 개인가처분소득(DPI) 등 여러 지표가 있다. 본 절에서는 GDP 지표를 중심으로 국민소득의 의미와 측정방법에 관해 살펴본다.

국내총생산

국내총생산(Gross Domestic Product: GDP)이란 일정한 기간(보통 1년) 동안에 한 나라에서 생산된 모든 재화와 서비스의 시장가치를 말한다. 이는 한 나라에서 일정 기간 생산된 모든 생산액을 의미하며, 그 나라의 경제적 후생수준을 비교적 잘 나타내는 것으로 받아들여진다. 국적을 불문하고 한 나라의 국경 내에서 이루어진 생산 활동을 모두 포함하는 개념이다.

우리나라의 경우 GDP는 다음과 같은 원칙과 절차에 따라 계산되어 진다. 첫째, 가계와 기업, 정부 등 모든 경제주체의 생산 및 지출과 같은 경제활동을 대상으로 하여 추계한다. 재화는 자가소비 등 판매를 목적으로 하지 않더라도 생산액에 포함되지만 서비스는 타인에 의해 제공될 수 있는 활동 중 가계의 자가소비를 위한 가사노동, 개인서비스 활동은 생산의 범위에서 제외된다. 둘째, GDP 통계는 경제활동별, 분기별로 작성, 제공된다. 셋째, GDP통계는 시장가격 기준으로 평가되며, 해당 년도 가격기준인 명목GDP와 기준년도 가격기준인 실질GDP로 구분한다. 넷째, GDP는 제조업, 건설업, 도·소매업 및 음식·숙박업 등 13종류의 경제활동으로 분류하여 추계한다(임덕호, 2006, 248쪽).

GDP에는 국내에 거주하는 비거주자(외국인)에게 지불되는 소득과 국내 거주자가 외국에 용역을 제공함으로써 수취한 소득이 포함된다. 세계은행(IBRD)과 경제협력개발기구(OECD)의 통계조사의 자료로 이용되고 있으며, 우리나라 역시 1995년 4분기부터 국가의 경제규모를 나타내는 지표로 국민총생산(GNP) 대신 국내총생산(GDP)을 사용하고 있다.

〈표 7-1〉은 이러한 기준에 의해 한국은행에서 추계한 우리나라 명목GDP와 경제성장률의 추이를 보인 것이다. 2013년 1/4분기 이후 우리 경제는 적어도 GDP로 나타낸 값으로는 개선되고 있는 것으로 보인다.

표 7-1 국내총생산 및 경제성장률

(단위: 십억원, 전년동기비 %)

구 분	2012	2013	2013				2014
			1/4	2/4	3/4	4/4	1/4
국내총생산 (명목GDP)	1,377,457	1,428,295	336,133	355,993	363,000	373,169	–
경제성장률 (실질GDP성장률)	2.3	3	2.1	2.7	3.4	3.7	3.9

자료: 한국은행 '국민소득'(2014. 4).

경제활동에 관한 다른 지표들

국민총생산(gross national product: GNP)은 1인당 국민소득이나 국가경제의 규모 등을 파악하는 지표로서, 한 나라의 국민들이 국내뿐 아니라 해외에서 생산활동에 참가한 대가로 벌어들인 총소득을 의미한다. GNP는 GDP에서 우리 국민들이 외국에서 벌어들인 소득을 더하고 외국인들이 우리나라에서 벌어들인 소득을 뺀 금액이다.

시장이 국내로 한정되었던 시대에는 GNP를 경제활동규모의 주요 지표로 사용하였으나 국민들의 해외진출이 늘어나면서부터 대외수취소득을 제때 정확히 산출하는 것이 어려워지는 등 문제점이 있어, 세계적으로 GNP 대신 GDP가 국민소득 산출의 주요 지표로 사용되게 된 것이다. 즉 국가 사이의 자본과 서비스의 이동이 활발해진 개방경제에서는 국적에 따른 GNP보다 국가 내의 경제활동을 반영하는 GDP가 보다 유용한 지표로 인정받고 있다.

국민순생산(NNP)은 국민들의 총소득에서 감가상각을 뺀 수치이다. 감가상각은 한 경제가 보유하고 있는 장비나 구조물이 닳아 없어지는 것을 말한다.

국민소득(national income: NI)은 한 나라 거주자들이 재화와 서비스의 생산과정에서 벌어들인 소득의 합을 말한다. 국민소득은 국민순생산에서 간접세(판매세)를 빼고, 기업에 대한 보조금(경상보조금)을 더한 금액이다.

개인소득(PI)은 국민경제를 구성하는 개인에 대해 지불된 소득을 의미하며, 개인이 받는 요소소득에 이전소득을 합한 금액에서 법인유보와 법인세를 공제한 금액을 말한다.

개인가처분소득(DPI)은 개인이 임의로 소비와 저축으로 처분할 수 있는 소득의 크기를 말하며, 개인이 정부에 세금 등을 납부한 후 보유하는 소득이다.

이상의 다양한 국민소득 지표들은 각기 목적에 따라 활용되지만 각 지표가 보여주는 경제활동 상황은 언제나 유사하다. 다시 말해 GDP가 크게 늘어나면 다른 국민소득 지표들도 비슷하게 늘어나게 된다.

(2) 소비자물가지수와 GDP디플레이터

국내총생산(GDP)은 일정기간동안 한 나라에서 생산된 모든 재화와 서비스의 최종생산물의 시장가치를 평가한 것이다. 따라서 상품의 생산량에 관계없이 시장가격이 오르면 GDP가 증가하고, 시장가격이 하락하면 GDP가 감소하는 모순이 발생한다. 각국 정부는 이러한 모순을 시정하기 위해 해당년도의 가격을 반영한 명목GDP뿐 아니라 기준년도 가격을 반영한 실질GDP도 동시에 발표한다. 또한 소비자의 전반적인 생계비 수준을 측정하기 위해 소비자물가지수를 작성하여 발표하고 있다. 학자들은 이와 더불어 소비자물가의 변동을 반영하는 GDP디플레이터(GDP deflator) 지표를 개발하여 활용하고 있다.

소비자물가지수

정부에서 물가를 측정할 때 모든 소비재나 서비스의 가격을 전수 조사하는 것은 아니다. 소비자물가지수(consumer price index: CPI)는 일반 도시가계가 소비생활을 영위하기 위하여 구입하는 재화와 서비스의 가격 변동을 나타내는 지수이며, 우리나라는 통계청에서 조사하여 매월 발표하고 있다. 소비자물가지수는 도매물가지수와 함께 일상생활에 직접 영향을 미치는 물가의 변동을 추적하는 중요한 경제지표의 하나이다.

소비자물가지수를 계산하는 방법은 다음과 같다.

우선, 물가산정에 포함되는 품목, 즉 상품묶음을 선정한다. 2014년 현재는 489개 재화와 서비스가 조사대상 품목으로 선정되어 있다. 둘째, 각 시점에서 해당 상품의 가격을 조사한다. 셋째, 상품묶음의 연도별 구입비용을 계산한다. 넷째, 기준연도의 물가지수를 100으로 설정하고, 각 연도의 소비자물가지수를 계산한다. 우리나라의 경우, 2014년 현재의 기준년도는 2010년이며 5년마다 바꿔 작성하게 된다.

이러한 절차를 통해 구해진 소비자물가지수는 다음과 같이 연도별 물가 상승률, 즉 인플레이션율(inflation rate)을 계산하는데 이용된다.

$$물가상승률 = \frac{해당년도\ 물가지수 - 기준년도\ 물가지수}{기준년도\ 물가지수} \times 100$$

소비자물가지수는 물가변동이 평균적 도시가계의 소비생활에 미치는 영향을 나타내는 지표로서, 어느 특정 개인이나 집단, 계층의 소비생활에 미치는 영향을 나타내지는 않는다. 또한 개별 소비자는 자신이 자주 구입하는 품목들의 가격변동을 통해 느끼는 것이므로, 소비자물가지수와 다소의 차이가 있을 수밖에 없다.

한편, 소비자들의 체감물가를 설명하기 위해 구입 빈도와 지출 비중이 비교적 높아 가격변동을 민감하게 느끼는 142개 품목으로 작성한 생활물가지수도 소비자물가지수의 보조지표로서 통계청에 의해 작성되어 제공되고 있다. 생활물가지수는 소비자들이 장바구니를 들고 시장에 갔을 때 느끼는 물가를 반영한다고 해서 '장바구니 물가지수'라고도 부른다.

표 7-2 연도별 소비자물가상승률과 생활물가상승률 비교

(단위: 전년대비, 전년동월비, %)

| | 2008 | 2009 | 2010 | 2011 | 2012 | 2013 | 2013 | | | 2014 | 2014 | 2014 |
							10월	11월	12월	1월	2월	3월
소비자물가	4.7	2.8	3	4	2.2	1.3	0.9	1.2	1.1	1.1	1	1.3
- 농축수산물	0.5	6.4	10	9.2	3.1	-0.6	-5.2	-3.6	-4.2	-5.6	-5.4	-3.1
- 공업제품	7.8	2.5	3.2	4.9	2.8	0.9	1.1	1.6	1.6	1.7	1.7	1.6
- 집세	2.3	1.6	1.9	4	4.2	2.7	2.6	2.5	2.5	2.4	2.5	2.5
- 공공서비스	2.5	2	1.2	-0.4	0.5	0.7	0.5	0.6	0.7	0.7	0.7	0.6
- 개인서비스	4.7	2.8	2.2	3.7	1.1	1.6	1.4	1.4	1.2	1.2	0.9	1.6
생활물가	5.3	2.1	3.4	4.4	1.7	0.7	0	0.5	0.5	0.6	0.4	0.8

자료: 통계청(소비자물가지수, 2014. 4).

소비자물가지수 측정상의 문제점과 GDP디플레이터

소비자의 생계비의 변동을 측정하기 위한 소비자물가지수는 시장에서의 생활물가를 제대로 반영하지 못하고 있다는 비판이 있다. 앞서도 언급했듯이 소비자물가지수는 도시에 거주하는 가계의 평균적 소비지출에 기초하기 때문에 개별 소비자의 장바구니 물가와는 느낌상 상당한 차이가 있을 수 있다. 이 외에도 물가지수 측정방법상의 문제점도 존재한다.

첫째, 소비자물가지수는 소비자들의 대체효과에 따른 왜곡을 반영해주지 못한다. 소비자들은 가격이 비싸진 상품의 소비는 줄이는 대신 상대적으로 싸진 상

품의 소비를 늘리는데, 소비자물가지수는 고정된 상품묶음을 모두 계산에 넣으므로, 소비자들의 이러한 소비 대체 가능성을 반영해주지 못한다.

둘째, 새로운 상품이 등장하더라도 소비자물가지수는 정해진 햇수(5년)마다 상품묶음을 반영하므로 이러한 변화를 제때 반영할 수 없다. 예를 들어, OLED모니터 신제품의 인기가 크게 늘어 기존의 LCD모니터에 대한 소비가 크게 줄었지만 OLED모니터와 같은 소비자물가지수를 반영하는 신제품이 포함되지 않아 몇 년간은 지수의 변화에 반영되지 않는다. 따라서 소비자의 생계비를 제대로 반영하지 못할 수 있다.

셋째, 상품의 품질변화를 물가지수에 반영하는데 한계가 있다. 예컨대 같은 가격이더라도 아이스크림의 중량이 줄어 소비자의 구매력이 감소하더라도 소비자물가지수는 이를 유연하게 조정하기 쉽지 않다.

이러한 소비자물가지수의 문제점을 보완하는 지표로 GDP디플레이터(GDP deflator)가 있는데, 이는 명목GDP를 실질GDP로 나눈 % 비율을 의미한다. 즉,

$$GDP디플레이터 = (명목GDP / 실질GDP) \times 100$$

명목GDP는 총생산물의 가치를 현재가격으로 측정한 것이고, 실질GDP는 해당 가치를 기준년도 가격으로 계산한 것이다. 따라서 GDP디플레이터는 기준년도 물가수준에 대한 비교년도의 물가수준을 보여준다.

정책담당자들은 소비자물가의 변화 등을 파악하기 위해 소비자물가지수와 GDP디플레이터 지수의 동향을 비교하면서 관찰한다. 물가를 반영하는 이 두 지수는 비슷하게 움직이지만 각 지수의 특성을 반영한 차이점을 보이기도 한다.

장바구니 물가 천정부지인데 '디플레이션'?

지표상의 물가와 체감 물가 사이의 괴리는 물가 논란의 단골메뉴다. 공공요금의 인상, 식탁물가의 급등 등으로 살림살이는 어려운 데 발표되는 물가 지표는 '초저물가'다. 실제 올 1월 소비자물가 동향을 보면 1년 전에 비해 1.1%, 한달 전에 비해 0.5%로 올랐다. 학원비, 전셋값만 해도 10% 이상 올랐는데 물가 상승률은 1%대이니 이해하기 어렵다.

무엇보다 지표가 갖는 한계 때문이다. 소비자물가의 경우 한정된 품목의 가격을 조사한다. 품목별로 가중치를 부여해 지수를 산정한다. 품목에 따라 구매 주기가 다르다는 점을 고려해야 한다. 식료품과 달리 자동차, 가전제품 등은 구매 주기가 길다. 자동차 값이 안정돼 물가에 영향을 줬더라도 '체감'하는 이들은 많지 않다.

이를 감안한 게 생활물가지수다. 쌀, 채소, 라면 등 매월 1회 이상 구매하는 142개 품목으로 구성했다. 신선식품지수는 '먹는 것'에만 초점을 맞춰 육류, 생선류, 채소류 등 51개 품목을 포함한다. 생활물가지수가 장바구니 물가, 신선식품지수가 밥상 물가인 셈이다.

하지만 이 역시 체감과 괴리가 적잖다. 1월 생활물가지수는 전년동월비 0.6%, 전월비 0.8% 상승했다. 신선식품지수는 전월에 비해 4.5% 오른 반면 1년 전에 비해선 12.9%나 하락했다. 날씨 영향과 함께 기준 시점의 기저효과가 영향을 준 때문이다.

실제 지난해 1월엔 한파와 눈의 영향으로 농수산물 값이 많이 올랐다. 당시 신선식품지수는 1년전에 비해 10.9%, 신선채소는 29.9%나 급등했다. 특히 지난해 태풍 등 재해가 없어 채소를 중심으로 농산물 가격이 안정세를 보였다. 또 '평균의 함정'도 괴리의 원인이 된다. 물가지수는 가중치를 감안해 평균을 낸다.

반면 체감 물가는 '주관'이 작용한다. 콩나물, 시금치, 배추 등 품목별로 가격이 오를 때마다 급등으로 느끼는 경우가 많다는 얘기다. 학원비도 비슷하다. 전체 가구중 학원에 보내지 않는 가구 등까지 포함하다보면 평균값이 상대적으로 떨어질 수 있다. 소득수준이나 주거 지역에 따른 학원비 차이도 물가에는 반영되지 않는다.

지난해부터 이어진 전셋값 폭등의 경우는 계산방식의 차이로 체감도에서 차이가 난다. 전셋값 상승은 보통 감정원의 통계를 토대로 제시됐는데 실제 거래가 되지 않았더라도 시세를 반영한다. 반면 물가는 실제 전세 값을 올려 계약을 경우만 산정한다.

한편 정부와 통계청은 체감물가와 지표간 괴리를 줄이기 위해 식료품과 의류, 주택, 교통비 등의 비중을 높이는 방향으로 소비자물가지수를 개편했다.

자료: 머니투데이(2014. 5. 3.일자, 박재범기자).

2 실업과 인플레이션이 소비생활에 미치는 영향

우리나라 경제가 당면한 과제 중의 하나는 실업문제, 특히 청년실업의 해소이다. 장기적 저성장과 고령화도 해결해야 할 중요한 거시경제 과제이지만, 전세계적으로 일반 실업률에 비해 2배 이상 높은 수치를 보이고 있는 청년실업이 앞으로 더 악화될 수 있다는 전망에 사회진출을 앞둔 청년층의 마음을 어둡게 한다. 실업문제와 더불어 글로벌 경제가 직면한 문제가 물가변동에 관련된 인플레이션과 디플레이션이다. 본 절에서는 거시경제의 대표적 논점이 되어 온 실업과 인플레이션이 소비생활이 미치는 영향에 관해 살펴본다.

1) 실업과 소비자

(1) 실업과 실업률

실업(unemployment)은 갖고 있는 직업이 없이 일자리를 찾고 있는 상태를 말한다. 따라서 현재 직업이 있으면서도 보다 조건이 좋은 일자리를 찾고 있는 소비자는 실업자가 아니다. 마찬가지로 직업이 없더라도 일자리를 찾고 있지 않는 경우도 실업자가 아닌 것이다.

한 나라의 실업과 고용 상황을 나타내는 대표적인 용어가 실업률이다. 실업률(unemployment rate)은 전체 경제활동인구 중 실업자의 비율을 의미한다. 이때 경제활동인구(economic-activities population)는 조사 시점 기준 만 15세 이상인 국민 중 취업자 수와 지난 4주 동안 일자리를 찾고 있는 미취업자 수를 포함한다. 한편, 경제활동참가율(participation rate of economic activities)은 경제활동인구를 만 15세 이상의 인구로 나눈 값이다.

〈그림 7-1〉은 통계청에서 작성하여 제시하는 우리나라 실업자 수와 실업률을 나타내고 있다. 정부에서는 매월 15일 현재 만 15세 이상 인구 중 경제활동인구를 대상으로 고용지표들을 조사한다. 2014년 5월 현재 우리나라 실업률은 3.9%이다. 〈그림 7-1〉에서 보듯이 우리나라 실업률은 수년간 3~4% 수준의 비

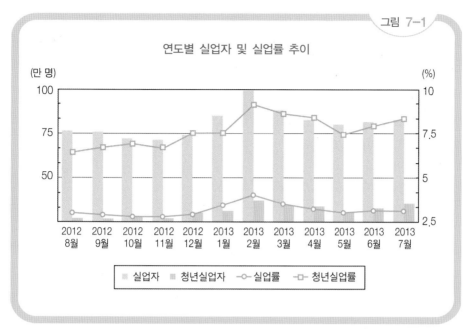

그림 7-1

연도별 실업자 및 실업률 추이

(만 명)

100

75

50

(%)

10

7.5

5

2.5

2012
8월

2012
9월

2012
10월

2012
11월

2012
12월

2013
1월

2013
2월

2013
3월

2013
4월

2013
5월

2013
6월

2013
7월

■ 실업자　■ 청년실업자　─○─ 실업률　─□─ 청년실업률

자료: 통계청 '경제활동인구조사', 2014. 4.

교적 안정된 수준을 보이고 있다. 같은 시점의 주요국들의 경우와 비교해보더라도 매우 건전한 수준이다(2013년 11월 기준으로 미국 6.6%, 독일 5.0%, 프랑스 11.1%, 일본 4.0%인 반면 한국은 2.7%였다). 이 수치는 OECD회원국들의 평균인 7.3%보다 훨씬 낮은 수준이며, 사실상 완전고용상태로 봐도 무방할 수준이다. 하지만 우리나라의 실업률 통계에는 다소의 문제가 있다.

(2) 고용률

실업률이 낮다는 것은 그만큼 고용률이 높다는 의미로 이해된다. 고용률 (employment-population ratio)은 15세 이상 생산가능인구(경제활동인구＋비경제활동인구) 중 일자리를 가지고 있는 사람의 백분율로 나타낸다. 고용률은 실업률 통계에서 제외되는 비경제활동인구 수를 포함하고 있다. 따라서 구직을 단념했거나 노동시장에 빈번히 들어오고 나가는 반복실업 등에 의한 과소 추정과 경기변동에 따른 변동성이 문제가 되지 않는 지표이다. 그러한 장점 때문에 최근에는 우리 사

회에서 고용률을 주된 고용지표로 활용하는 경향이 높아지고 있다.[2]

실업률이나 고용률은 조금만 변동되어도 우리 경제에 커다란 영향을 미친다. 예컨대 지난 1개월간 실업률이 0.5% 증가했다는 것은 실업자 수가 약 13만 명이나 늘었다는 것이다. 실업은 소득원의 소멸에 따른 당사자의 경제적 고통뿐 아니라 실업자 가족 전체의 경제생활을 위협하며, 심각한 사회문제나 국가경제의 위기를 초래할 수도 있다.

2) 인플레이션과 소비자의 실질소득

(1) 인플레이션, 디플레이션, 스테그플레이션

앞 절에서 소비자의 생계비를 측정하는 지표로 소비자물가지수와 GDP디플레이터에 관해 공부했다. 이들은 모두 어느 한 시점에 있어서 물가의 수준을 나타내며 주로 분기별, 연도별 물가를 비교하는데 활용된다. 물가에 관련된 또 다른 경제용어로는 인플레이션이 있다. 인플레이션(inflation)이란 물가가 전반적 지속적으로 상승하는 경제현상을 말한다. 인플레이션은 앞서 공부한 소비자물가지수로도 측정할 수 있으며, GDP디플레이터를 기준으로 구할 수도 있다.

〈표 7−3〉은 건국이후 우리나라의 연평균 인플레이션율을 보여준다. 한국전쟁 직후 연평균 170%의 극심한 물가상승을 겪었으며 60년대 이후 다소 안정적이었으나 여전히 10%가 넘는 고인플레이션이 70년대 말까지 지속되었다. 2000년대에 들어와서는 선진국 수준으로 안정되었으며 최근에는 전 세계적인 경기침체의 영향으로 저인플레이션 기조를 보이고 있다.

표 7-3 연평균 물가상승률 추이

	1950~1959	1960~1969	1970~1979	1980~1989	1990~1999	2000~2009	2010년	2012년	2014년
인플레이션율	170.0	13.3	12.7	8.4	5.7	3.2	3.0	2.2	1.3

자료: 통계청, 소비자물가지수 및 관련자료 종합.

---

2 OECD에서도 회원국들에게 고용률을 적극적으로 활용하도록 권장하고 있다.

전반적 물가수준이 지속적으로 상승하는 인플레이션에 반해, 물가가 하락하고 산출량 저하, 실업의 증가 등 경제활동이 침체되는 경제현상을 디플레이션 (deflation)이라고 한다. 디플레이션이 발생하면 한 나라 안에서 유통되는 화폐의 양이 감소하여 물가가 떨어지고, 돈의 가치가 상승하여 경제활동이 침체된다.

최근 세계적인 저인플레이션 기조에서 산업 부문별로 가격하락 현상을 겪고 있다. 특히 부동산·주택 시장에서 최근 수년간 지역에 따라 심한 가격하락을 겪고 있는데, 이러한 경제의 한 부문에서의 가격이 하락하는 현상을 디플레이션이라고 하지는 않는다.3 디플레이션은 전반적인 물가수준이 하락하는 경제현상으로서, 인플레이션율이 0%이하인 경우를 의미한다. 디플레이션은 인플레이션 문제를 해소하기 위해 정책적으로 물가상승률을 낮추는 디스인플레이션(disinflation)이나 경기가 불황인 디프레션(depression)과는 구분되는 개념이다.

인플레이션과 연관된 경제용어로 스태그플레이션(stagflation)이 있다. 이는 스태그네이션(stagnation: 경기침체)과 인플레이션(inflation)을 합성한 용어로, 경제가 불황인 상황에서 전반적인 물가가 상승하는 현상을 표현한다. 경기가 침체되면 물가는 하락하는 반면에 물가가 계속적으로 상승할 때는 경제가 호황 상태에 놓여 실업률이 하락하는 것이 일반적인 경제 현상이다. 하지만, 미국의 70년대 초반기와 같이 지구촌의 일부지역 내지 국가에서는 경기 침체가 지속되었는데도 소비자물가가 지속적으로 상승하는 스태그플레이션 현상을 종종 겪고 있다.

(2) 인플레이션의 경제적 의미

인플레이션이 소비자들의 경제생활에 미치는 영향을 다음과 같이 정리해 볼 수 있다. 첫째, 인플레이션은 서로 다른 시점에서의 화폐가치의 하락을 의미한다. 따라서 인플레이션이 발생하면 월급생활자의 실질소득이 감소하여 소비자들의 구매력(purchasing power)이 떨어지고 생활수준도 나빠진다. 특히 월급생활자들과 연금 등 이자소득에 의존하는 노령 소비자의 실질소득이 그만큼 감소하여 소비생활에 애로를 겪게 된다.

둘째, 인플레이션은 고소득층에 비해 빈곤계층의 경제생활을 더 어렵게 한

---

3 흔히 '주택시장의 디플레이션'이라고 표현하기도 하지만, 이는 옳지 않은 것이다.

다. 예컨대 주식인 쌀 1포대의 가격이 4만원에서 5만원으로 25% 올랐다고 하자. 월수입이 1천만원인 고소득층에게는 소득 대비 0.1%의 부담만 추가되지만, 월수입이 1백만원인 저소득층에게는 1%의 부담이 늘어나므로, 저소득층의 어려움이 훨씬 더 큰 것이다.

셋째, 인플레이션은 소득과 부의 재분배를 초래한다. 대개 부자들은 금융자산과 더불어 땅이나 주택과 같은 실물자산을 많이 소유하고 있다. 인플레이션 동안에는 화폐의 가치가 떨어지기 때문에, 사람들은 실물자산을 선호한다. 그 결과 부동산과 같은 실물자산의 가격이 상승하게 되어 고소득층의 부는 증가하고, 저소득층의 부는 상대적으로 감소한다.

그 외에도 인플레이션은 화폐가치의 하락을 의미하므로 채권자보다는 채무자에게 경제적 이득을 가져다준다. 또한 기업들의 수출의욕을 감퇴시키고 수입을 촉진하는 효과가 있다.

R읽을거리 7.3
Reading

인플레이션세(inflation tax)

재정적자에 시달리는 정부가 돈의 가치를 떨어뜨려 손쉽게 수입을 올리는 방법이 있다. 이른바 인플레이션세(inflation tax)를 물리는 것이다. 인플레이션세의 의미를 이해하기 위해서는 정부가 지출을 늘리는 수단들에 대해 먼저 알아야 한다.

정부가 정부지출을 증가시키기 위해 사용할 수 있는 방법은 크게 세 가지가 있다. 첫째, 국공채의 발행이다. 일정기간 동안 이자를 지급하고 약속한 기간이 만료되면 액면가를 지급한다는 보증서를 민간에 판매함으로써 정부는 '약속이 적힌 종이'와 실제 화폐를 바꾸어 지출을 늘릴 수 있게

된다. 둘째, 세금을 더 거두는 것이다. 세금징수는 곧 정부의 수입을 의미하므로 늘어난 수입을 정부지출에 사용할 수 있다. 셋째, 화폐발행이다. 정부는 화폐를 발행할 권한이 있으므로 화폐를 새로이 찍어내어 그것을 정부지출에 사용할 수 있다.

첫 번째 방법인 국공채 발행은 곧 정부의 빚이 늘어남을 의미한다. 국공채는 일정기간 후에 상환을 약속하고 민간으로부터 돈을 빌려 쓰는 것이므로 국공채 발행의 남발은 미래 세대에 큰 부담을 지우게 된다. 왜냐하면 국공채의 상환은 정부

가 국공채 발행 당시에 약속한 시점의 조세부담 주체들이 떠맡아야 할 짐이기 때문이다. 두 번째 방법인 증세는 조세법정주의에 의해 반드시 의회의 승인을 거쳐야 하며 국민들의 반발 또한 거세다. 그래서 정부가 지출을 증가시키기 위해 쉽게 사용할 수 있는 방법이 마지막 세 번째 방법인 화폐 발행이다. 이는 국민으로부터의 직접적 저항도 없으며 미래세대에 부담을 지우는 것도 아니다.

그러나 화폐발행의 증가는 인플레이션을 야기한다. 인플레이션은 화폐가치의 하락을 의미하며 이는 같은 액면가의 화폐를 가지고 이전보다 더 적은 양의 상품과 교환해야 함을 의미한다. 즉, 화폐발행은 민간에 부담을 지우지 않고 정부가 지출을 늘리는 좋은 방법인 것 같지만 사실은 국민들이 직접 느낄 수 없는 방법으로 세금을 거두는 것과 같은 효과를 불러온다. 특히, 부동산과 같은 실물자산을 보유한 측은 인플레이션과 함께 자신들의 자산 가격도 동반 상승하므로 큰 부담을 느끼지 않을 수 있지만, 일당 또는 월급의 형태로 상당기간 고정된 현금소득으로 삶을 영위하는 경제주체들은 인플레이션으로 인해 실질소득이 감소하는 고통을 겪어야 한다. 화폐 증발로 인해 발생하는 인플레이션이 경제적 약자들에게 더 무거운 세금을 부과하는 꼴이다.

결론적으로, 정부의 통화량 확대에 따른 인플레이션이 곧 국민이 부담해야 할 세금과도 같은 효과를 보인다는 의미이다.

자료: 위키백과(www.ko.wikipedia.org) 및
관련자료.

3 정부의 거시정책과 소비자후생

앞서 살펴본 실업과 인플레이션은 거시경제에 있어서 대표적인 경제의 불안 요소이다. 높은 실업률과 불안정한 물가변동은 많은 경제적비용을 유발시켜 경제성장을 어렵게 만든다. 한 나라가 추구하는 경제 목표는 고용확대와 물가 안정, 그리고 경제의 지속적 성장이다. 이러한 거시경제 목표의 달성을 위해서는 바람직한 정부의 경제정책들이 마련되고 시행되어야 한다.

정부의 경제정책은 조세와 정부지출의 조정을 통한 재정정책과, 화폐공급이나 금리를 조정하여 거시경제의 동향을 조정하는 금융정책으로 구분하여 이해할 수 있다. 본 절에서는 정부의 재정정책과 금융정책의 의미, 그리고 해당 정책들이 국민의 소비생활에 미치는 효과에 관해 개괄적으로 설명하도록 한다.

1) 재정정책

1930년대 대공황 이전까지는 예산의 수입과 지출의 균형을 유지하는 것이 바람직한 재정정책의 목표라고 믿고 있었다. 그러나 대공황을 겪으면서 케인즈(J. M. Keynes)는 경기를 안정시키기 위해서는 정부의 지출을 늘리고 조세를 감면하여 경제를 활성화하고 실업을 감소시켜야 한다고 주장했다.[4] 이러한 케인즈의 주장은 당시에는 받아들이기 어려웠다. 왜냐하면 애덤 스미스의 '보이지 않는 손(invisible hand)'에서 볼 수 있듯이 당시에는 시장에서의 수요와 공급의 자동조절기능이 주된 경제적 신념이었으며 따라서 정부개입의 최소화가 하나의 미덕이라 믿어졌던 시기였기 때문이다.

하지만 케인즈가 주축이 된 정부지출확대와 조세축소를 통한 재정정책(fiscal policy)이 세계경제의 대공황의 여파를 수습할 수 있었다는 것은 역사적으로 확인이 되었다.

재정정책은 국민경제의 고용을 늘리거나 물가를 안정된 상태로 유지토록 조정하게 된다. 경기침체기에 실업이 늘어나고 투자와 소비가 침체되어 있을 때 정부 차원의 공사를 늘여 지출을 늘리거나 세율을 낮춰 경기를 회복시키는 적극적인 정책을 펴게 된다(이를 확대재정정책 또는 적자재정정책이라고도 한다). 부동산경기 활성화를 위해 양도소득세를 줄여주거나 기업의 투자유도를 위해 법인세율을 낮추는 것은 조세수단을 통한 재정확대정책의 좋은 예이고, 한국형 녹색뉴딜사업으로 불렸던 4대강 사업은, 그 결과에 대한 평가는 다양하지만 대표적인 정부지출확대정책이었다.

한편, 민간의 경제 활동이 지나치게 활발하여 인플레이션이 나타나는 등 경기가 과열될 때에는 정부가 지출을 줄이거나, 세율을 높여서 경기를 진정시키는 소극적 재정정책을 쓴다(이를 긴축재정정책 또는 흑자재정정책이라고도 한다).

재정정책의 한계
정부지출과 조세 수단을 이용하는 재정정책은 정부가 직접 상품이나 노동력

---

4 이러한 주장은 케인즈의 경제이론을 신봉하는 이른바 케인즈학파(Keynesian) 경제학의 대표적인 이론이다.

의 구매자로 등장하므로 국민경제에 미치는 효과는 신속하고 강력하지만 정책의 효과는 당초에 예상했던 것보다 감소되거나 부작용도 발생한다는 제약이 있다. 예컨대 적극적인 확대 재정정책의 경우 정부지출의 증가로 직접적으로 총수요를 늘리게 되어 투자와 소비가 늘게 되고 실업이 감소하게 되고, 소득증가로 인한 소비지출이 늘어나면서 총수요가 추가적으로 증가하는 이른바 승수효과(multiplier effect)도 발생된다. 하지만 확대 재정정책으로 인해 시중에 돈이 많이 풀리면 이자율이 상승하게 되어 투자가 감소하여 총수요의 증가가 일부 상쇄되는 이른바, 구축효과(crowding-out effect)가 발생하며, 한편으로 환율이 하락하여 국내 통화가치의 평가절상을 초래하고 이는 순수출을 감소시키게 되는 등 총수요를 줄이는 효과를 초래한다. 다시 말해 확대 재정정책의 효과는 당초에 예상했던 것보다는 줄어든다는 것이다.

더욱이, 정부의 재정정책과 정치적 시행결정 간의 시차로 인해 정책의 효과가 줄어들거나 역효과가 초래되는 경우도 종종 있다. 정부에서 정부지출이나 세금을 조정하려면 국회에서 관련법이나 규칙들을 개정하는 여러 절차를 거쳐야 하는데, 그러한 과정은 몇 개월에서 몇 년이 걸리게 된다. 따라서 막상 정책을 시행하게 되는 시점에서는 해당되는 경제상황이 많이 바뀌어 정책의 효과가 미미하거나 역효과가 나는 경우도 있는 것이다.

2) 통화정책

통화정책(monetary policy)은 한 나라의 금융당국이 화폐(통화량)의 공급이나 금리를 조정함으로써 경제활동에 영향을 주고자 하는 정책을 말한다. 이때 정책의 주체는 우리나라의 한국은행이나 미국의 Bank of America와 같은 해당 국가의 중앙은행이 된다. 중앙은행이 사용하는 대표적인 통화정책으로는 재할인율의 조정, 공개시장조작, 그리고 지급준비율의 조정이 있다.

재할인율 정책

중앙은행은 할인율을 낮춰 시중의 통화량을 늘리고, 할인율을 높임으로써 통화 공급을 줄일 수 있다. 재할인율(rediscount rate)이란 시중은행이 기업으로부터

매입한 상업어음을 중앙은행에 다시 매각할 때 적용되는 할인율을 말한다. 재할인율정책(rediscount rate policy)이란 중앙은행이 시중은행에 빌려주는 자금의 이율을 높이거나 낮추어 시중은행이 중앙은행으로부터 차입하는 자금규모를 조정함으로써 통화량을 줄이거나 늘리는 통화정책을 말한다.

중앙은행은 시중에 자금이 필요 이상으로 많이 풀려있다고 판단되면 재할인율을 높여 시중은행들의 중앙은행으로부터의 차입규모 축소를 유도함으로써 은행들을 통해 시중에 공급되는 화폐의 양을 줄이고, 반대로 화폐가 부족하다고 판단되면 재할인율을 낮춤으로써 시중에 공급되는 화폐의 양을 늘리게 된다.

공개시장조작 정책

공개시장조작(open market operation)이란 중앙은행이 국채나 다른 유가증권의 매매를 통해 시중은행들과 민간의 유동성을 변동시켜 시장금리에 영향을 주는 정책수단을 말한다.

정부가 통화 공급을 늘리고자 할 때는 시중은행들이 보유하고 있는 정부발행의 국채나 공채를 사들이면 된다. 중앙은행이 국공채를 매입하면 시중은행들의 대출 여력이 늘어나 시중의 통화를 증가시키는 효과가 생긴다. 반대로 중앙은행이 시중은행에게 국공채를 매각하면 시중의 통화량이 감소되고 이자율은 높아지는 효과가 생긴다.

지급준비율 조정 정책

통화량을 조절하는 또 다른 중요한 수단은 중앙은행이 시중은행들의 지급준비율(cash reserve ratio)을 낮추거나 높이는 것이다. 지급준비율이란 시중은행의 예금총액에 대한 현금준비 비율을 말한다. 예컨대 시중은행의 요구불예금 중 15%를 의무적으로 지급준비율로 보관하도록 한다면 은행들은 요구불예금 중 최대 85%만 대출이 가능하다. 이때 만일 중앙은행이 지급준비율을 10%로 낮춘다면 은행들의 대출 여력이 요구불예금의 5%가 추가로 늘어나기 때문에 통화 공급이 늘어나는 효과가 나타난다.

통화정책의 한계

이러한 여러 수단을 통한 금융당국의 통화정책은 시중의 이자율과 물가에 직접적인 영향을 미친다. 즉 통화를 늘리는 정책을 펴면 이자율은 하락하고 소비자의 구매력을 높여서 소비자물가가 상승한다. 또한 시중에 늘어난 통화로 경기가 활성화되어 실업이 줄어들 가능성도 있다.

하지만, 소비자물가의 상승이나 경기에 미치는 효과가 안정적이면 문제가 없지만 인플레이션을 발생시킬 정도도 경기를 과열시키게 되면 소비자의 실질자산가치가 하락하는 등 경제 전반에 악영향을 미칠 수도 있다. 또한 통화의 공급을 늘려서 실업을 줄이고자 하는 시도는 단기적인 효과만 있을 뿐 장기적으로는 인플레이션과 이자율만 높이는 바람직하지 않은 결과를 초래한다는 주장도 있다. 인플레이션은 소비자의 실질소득을 떨어뜨리며, 이자율 상승은 기업들의 투자의욕을 저하시킨다는 것이다.[5]

4 개방경제와 소비자의 이익

대한민국이 무역에 의존하는 정도는 세계 8위이고 주요 20개국(G20) 중에서는 가장 높다. 한 나라의 국민경제가 수입과 수출에 의존하고 있는 정도를 무역의존도 또는 무역성향이라고 하며 국내총생산(GDP)에서 수출입 총액이 차지하는 비율로 계산된다. 우리나라의 무역의존도는 2010년 87.9%에서 2011년에는 96.9%로 높아졌고, 2012년에는 94.6%를 기록할 만큼 우리 경제에서 무역이 차지하는 비중은 절대적이다. 세계가 개방화되면서 세계 여러 나라들의 무역의존도가 높아지고 있지만 우리나라의 경우는 매우 특수한 경우이다. 본 절에서는 국제무역에 관련된 내용을 소비자의 이익 관점에서 설명한다.

---

5 거시경제학을 연구하는 학자들 중 밀턴 프리드만(Milton Friedman)과 같은 이른바 통화주의자(monetarists)들의 입장이다. 이들은 느리지만 지속적인 통화공급의 확대가 바람직한 통화정책이라고 주장하고 있다.

1) 국제무역

폐쇄경제와 개방경제

경제학자들은 한 나라의 경제를 세계 경제와의 상호작용를 고려하지 않는 폐쇄경제(closed economy)와 세계 여러 나라 경제들과 자유롭게 교류하는 개방경제(open economy)로 구분하고 있다. 앞서 살펴본 국민소득과 생계비 측정, 실업과 인플레이션, 그리고 이러한 여러 거시경제문제에 대처하는 정부의 재정정책과 통화정책에 관한 설명은 암묵적으로 폐쇄경제를 전제한 것이었다. 우리나라와 같이 무역의존도가 매우 높은 경우 이러한 폐쇄경제를 전제한 분석과 정책으로는 현실의 복잡한 거시경제 문제들을 이해하는데 애로가 많을 수밖에 없다. 따라서 본 절에서는 거시경제에서의 소비자후생의 문제를 살펴보기 위해, 개방경제에 관련된 주된 개념과 이론들을 공부하고자 한다.

무역수지와 나라경제

한 나라에서 만들어진 상품을 다른 나라에 파는 경제활동을 수출(exports)이라고 하며, 반대로 다른 나라로부터 상품을 사 오는 경제활동을 수입(imports)이라고 한다. 이러한 수출과 수입의 차를 순수출(net exports)이라고 부른다.

국제무역에 관련하여 국제수지, 무역수지, 경상수지 등 '~수지'라는 용어들이 많이 사용된다. 정부 발표 자료나 언론에서 종종 사용되는 일상화된 용어들이다. 예컨대, 한국은행에서는 '○년 ○월 경상수지 흑자규모는…' 이라는 내용의 국제수지 분석결과를 매월 발표하고 있으며, 이를 우리나라 개방경제의 주요 지표로 삼고 있다. 하지만 일반인들에겐 이러한 용어들의 정확한 의미를 모르는 경우가 적지 않다.

국제수지(balance of payments: BP)란 일정기간 동안 한 나라가 다른 나라와 행한 모든 경제적 거래를 체계적으로 분류한 것을 말하며, 이를 표로 나타낸 것을 국제수지표(balance of payment statements)이다.

국제수지는 크게 경상수지, 자본수지, 준비자산증감, 오차 및 누락 등으로 구성된다. 경상수지(balance of current account)는 상품의 수출과 수입을 기록한 상품

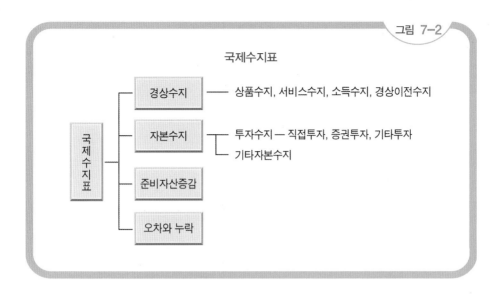

그림 7-2

국제수지표

```
                         ┌─ 경상수지 ──── 상품수지, 서비스수지, 소득수지, 경상이전수지
                         │
   국                    ├─ 자본수지 ──┬─ 투자수지 ─ 직접투자, 증권투자, 기타투자
   제                    │             └─ 기타자본수지
   수
   지                    ├─ 준비자산증감
   표
                         └─ 오차와 누락
```

수지와, 외국과 서비스거래 결과 발생한 수입과 지급을 계상한 서비스수지, 그리고 소득수지 및 경상이전수지로 구성된다. 자본수지(balance of capital account)는 국제거래에서 유가증권의 매매나 자금의 융통과 같은 자본의 유출과 유입을 의미한다. 위의 〈그림 7-2〉에서 상품수지를 무역수지(balance of trade)라고도 부르며, 경상수지 중 상품수지를 제외한 경우를 무역외수지라고 부른다.

한국은행에 따르면 우리나라 국제수지는 경상수지를 기준으로 2012년 이후 연속으로 흑자를 보여 왔으며 2014년 3월에는 73억 달러를 기록할 정도로 그 규모도 크게 늘었다. 그 배경에는 정보통신기기와 승용차, 반도체 등 수출 호조가 상품수지 흑자폭을 키운 것도 있지만, 한편으로는 내수경기가 나쁘다보니 수입도 감소한 이른바 '불황형 흑자'여서 나라경제에는 큰 도움이 되지 않는다는 우려도 있다.

한국, 무역의존도 G20중 '1위'… 내수비중은 '17위'

우리나라의 무역의존도가 주요 20개국(G20) 가운데 가장 높지만 내수 비중은 최하위권에 속해 외부 충격에 가장 취약한 것으로 나타났다. 이에 따라 유럽재정위기와 미국·중국 경기회복세 약화 등 대외 악재에 경제가 발목을 잡힐 수 있다는 우려가 커지고 있다

4일 경제협력개발기구(OECD)에 따르면 한국의 무역의존도(수출입이 국내총생산(GDP)에서 차지하는 비중)는 2011년 현재 110.30%로 G20 중 가장 높은 것으로 집계됐다. 우리나라의 무역의존도는 2009년 95.76%로 사우디아라비아(96.66%)에 이어 2위였으나 2010년 101.98%를 기록하며 1위로 올라선 뒤 2011년에도 G20 중 최고치를 기록했다.

우리나라 다음으로 무역의존도가 높은 국가는 독일(95.19%), 사우디아라비아(92.25%), 영국(66.49%), 멕시코(64.70%), 캐나다(63.48%) 순이었다. 반면 내수가 GDP에서 차지하는 비중의 경우 우리나라는 G20 가운데 17위에 불과했다. 우리나라의 GDP 대비 민간소비 비중은 2011년 현재 52.93%로 조사됐다. 우리나라보다 민간소비 비중이 낮은 국가는 사우디아라비아(30.16%), 중국(34.40%), 러시아(49.34%) 등에 불과했다. 무역의존도가 높고 내수 비중이 낮은 경제는 구조적으로 외부 요인에 취약하다는 약점을 안고 있다.

문제는 이 같은 경제구조가 올해도 지속되고

G20 무역 의존도 (단위: %) ※ 2011년 기준

한국	110.30
독일	95.19
영국	66.49
프랑스	56.68
중국	50.10
미국	31.55
일본	31.35

자료: OECD, 중국해관총서

있다는 점이다. OECD에 따르면 G20 중 올해 1분기 국민계정 통계가 나온 15개국을 조사한 결과, 우리나라의 무역의존도는 15개국 중 가장 높았고, 내수 비중은 14위였다. 2분기(13개국) 무역의존도 역시 13개국 가운데 1위였고, 내수비중은 13위로 가장 낮았다.

높은 대외의존도와 취약한 내수는 한국 경제에 대한 우려를 키우는 요인으로 작용하고 있다. 우리나라의 실질 GDP증가율(전기 대비)은 1분기 0.9%에서 2분기 0.3%로 급락했다. 이는 수출이 부진에 빠진 상황에서 내수마저 경제의 버팀목이 되지 못하고 있기 때문이다. 실제 수출의 성장기여도(전기 대비)는 1분기 1.7%포인트에서 2분기 −0.3%포인트로 하락 반전했다. 민간소비의 성장기여도도 같은 기간 0.5%포인트에서 0.2%포인트로 축소됐다. 세계 4대 회계법인인 딜로이트는 '9월 아시아 태평양 경

2) 환 율

환율(exchange rate)이란 두 나라 화폐 사이의 교환비율, 즉 외화 1단위를 얻기 위해 지불해야 하는 자국화폐의 양을 말하며, 이는 한 나라 화폐의 대외가치를 나타낸다. 환율은 물가수준의 감안 여부에 따라 명목환율과 실질환율, 외환의 수취와 양도의 시기에 따라 현물환율과 선물환율, 그리고 환율의 표시방법에 따라 지급환율(자국화로 표시)과 수취환율(외화로 표시)로 나뉜다.

지급환율을 기준으로 할 때 만일 1달러가 1,000원에서 1,200원으로 오르면 명목환율이 상승한 것이며, 이는 외국화폐 1달러를 얻기 위해 200원을 추가로 더 지급해야 하므로 우리나라 원화의 가치가 하락, 즉 '원화가 평가절하(depreciation) 되었다'고 한다.[6] 한편으로, 1달러가 900원으로 내리면 명목환율이 하락한 것이며, 이는 원화의 대외가치가 높아진 것이므로 '평가절상(appreciation)되었다'라고 표현한다.

환율이 상승하면(원화의 가치가 평가절하 되면) 수출 기업이 벌어들인 1달러를 은행에서 환전할 때 1,000원을 받던 것을 1,200원을 받게 되기 때문에 1달러당 200원의 추가 이익이 생긴다. 또한 수출단가도 낮출 수 있어 그만큼 국제경쟁력이 강화되어 혜택을 본다. 반대로, 환율이 하락하면 수출기업들의 가격경쟁력이 약화되어 어려움을 겪는다.

고정환율제와 변동환율제

지금은 세계 대부분의 나라들이 변동환율제도를 취하고 있지만, 미국과 같은 선진국들도 고정환율제도를 시행했던 역사가 있다. 고정환율제도(fixed exchange rate system)란 정부 또는 중앙은행이 환율을 일정범위 내로 고정시킴으로써 환율

---

6 다시 말해 환율상승은 곧 평가절하를 의미하며, '환율절하'는 잘못된 표현이다.

의 안정을 도모하는 제도이다 세계의 화폐가 금본위(gold standard)를 기준으로 할 때는 각 나라의 화폐가치는 주어진 금의 양으로 환산되어 측정되었다. 예컨대 1971년까지만 해도 미국의 1달러는 금 1/35온스, 영국의 1파운드화는 금 1/12.5 온스의 가치와 일치하도록 평가하였다.

그 후 복잡한 사정으로 인해 미국이 금본위제도를 포기하였고, 따라서 세계의 환율제도는 고정환율에서 변동환율(flexible exchange rate)로 바뀌게 되었고, 현재는 북한과 몇몇 나라들만 고정환율제를 유지하고 있는 실정이다. 중국의 경우 환율이 변동되지 않아 국제적 비판을 받아왔는데 사실 중국은 복수통화바스켓이라는 형태의 제도를 운용하고 있다. 복수통화바스켓제도(multicurrency basket system)란 고정환율에서 변동환율로 전환하기 전의 과도기적 환율제도로, 교역량이 많은 몇몇 국가의 통화시세와 국내 물가상승률 등의 여건을 반영하여 결정하는 환율 결정방식이다. 우리나라도 1980년부터 1990년까지 복수통화바스켓제도를 시행하였으나, 이후 시장평균환율제로 전환하였으며, 1997년 말부터는 자유변동환율제도를 시행하고 있다.

환율변화가 경제 및 소비에 미치는 효과

거래비중이 큰 무역상대국 통화와의 환율의 변화는 여러 형태로 우리 경제와 소비자이익에 영향을 미친다.

환율의 상승은 수출에서 수입을 뺀 순수출이 늘어나서 국내총생산(GDP)를 증가시키고 이는 국내 소비를 늘려서 기업의 수입을 증대시킨다. 반면에 환율이 하락하게 되면 순수출이 감소하여 국내총생산이 감소하고 소비도 줄어들어 나라 경제를 위축시키게 된다.

환율 하락에 따른 한 나라 통화의 평가절상은 물가수준을 낮추는 효과가 있다. 즉 통화가치가 상승하면 그 나라에서 생산되는 상품의 가격 경쟁력이 낮아지므로 수출이 감소되고 국내 소비자들은 상대적으로 싸진 수입품으로 대체소비하려는 경향이 있다. 그 결과 수출 감소로 국산품의 국내공급은 늘어난 반면 수입품에 대한 국내 수요는 늘어나므로 국내 물가는 낮아진다. 더욱이 평가절상은 원유와 같은 주요 원자재의 수입가격을 낮추게 되므로 기업의 이윤이 증가하여 기업들의 총공급이 늘어나게 되고, 이는 물가하락을 가져오는 요인으로 작용할 수 있다.

3) 개방적 무역정책과 소비자이익

(1) 무역정책

한 나라가 국민경제의 발전을 위하여 상품의 수출과 수입을 촉진하거나 규제하는 정책을 무역정책(trade policy)이라고 한다. 무역정책은 크게 자유무역주의(free trade movements) 정책과 보호무역주의(protectionism) 정책으로 구분해 볼 수 있다. 자유무역주의는 무역에 대한 간섭을 배제하고 자유로운 대외거래를 하도록 하는 정책을 말하며, 보호무역주의는 자국 산업의 보호 등의 목적으로 국가가 무역활동에 적극적으로 개입하여 관세부과, 수입쿼터(수입량 제한), 수출보조금 지급 등을 통해 외국 상품의 국내 수입을 억제하는 것을 말한다.

보호무역을 위한 수단으로 활용되는 관세, 쿼터, 수출보조금 등을 자유무역의 장애요인이라는 의미에서 무역장벽(trade barriers)이라 부르기도 한다. 그런데 이러한 무역장벽 외에도 비관세장벽이라고 불리는 무역장벽이 있다. 비관세장벽(non-tariff barriers)이란, 관세 이외의 방법으로 정부가 국산품을 보호하기 위해 외국 상품의 수입을 억제하려는 정책 일반을 말한다. 예컨대 국내식품보다 더 복잡하고 까다로운 수입식품 위생검사기준 등은 외국산 식품류의 국내 수입을 억제함으로 무역장벽의 역할을 하게 되는 것이다.

(2) 국가간·지역간 무역협정 확대의 소비자후생 효과

우리나라는 2004년 1월의 한·칠레FTA의 발효 이후 10년간 46개국과 무역협정을 체결하여 세계 3위의 '경제영토'를 가진 무역 대국이 되었다.

한국은 이러한 개방적 경제정책을 통해 지역주의 확산에 따른 선제적 대응과 수출시장의 확대와 지속적 무역 성장을 이뤘으며, 제3장에서 설명했듯이 관세인하에 따른 수입제품의 가격 하락과, 이에 동반한 국내 제조 상품들의 가격 할인에 따라 소비자 잉여가 증가되었다. 또한 국내기업들의 기술경쟁력의 상승과 품질개선 노력, 소비자선택의 폭 확대와 같은 소비자후생 증대효과를 가져 오고 있다. 더불어 무역협정을 통한 국가간, 지역간 경제통합으로 인한 효과는 일정한 시간이 지남에 따라 서서히 나타나는 것이 일반적이며, 이는 규모의 경제(economy of scale)와 경쟁을 촉진하게 될 뿐만아니라 외국인직접투자를 유도하여 경제가 성장하고, 이는 결국 소비자의 후생증대에 긍정적 영향을 미치게 된다.

그렇지만 한편으로는 FTA를 통한 소비자후생의 증대라는 당초의 예상 목표에는 여전히 미달하고 있다는 우려도 있다. 예를 들어 칠레산 포도를 포함한 수입산 과일과 미국산 쇠고기, EU산 돼지고기 등 농산물의 경우 소비자가격 인하 효과가 인하된 관세율에 크게 못 미치며, 칠레산 포도의 경우 FTA이전 가격보다 오히려 올랐다는 연구결과도 있다. 이와 같이 무역협정에 따른 관세인하 혜택이 소비자들에게 전달되지 못하는 현상의 주 배경은 복잡한 국내 유통구조이다. 수입농산물의 관세인하 효과가 상당 부분 독과점화 되어 있는 수입·유통업자의 유통 마진으로 흡수되고 있다는 평가이다.

국가간·지역간 무역협정의 확대가 향후 소비자후생 증대라는 목표에 도달할 수 있을지의 여부는 장기적인 관점에서 지켜봐야 할 과제이다.

검토 과제

1. 중국에 진출한 현대자동차 완성차 공장과 한국의 대우자동차를 인수한 한국지엠의 완성차 공장 중 어느 것이 우리 경제에 더 기여한다고 생각하는가? GNP와 GDP의 차이점에 견주어 설명해 보라.

2. 소비자물가지수와 GDP디플레이터 지수의 차이점을 설명해 보라.

3. 통계청 자료를 이용하여 2010년도를 기준년도로 하여 2005년부터 2014년까지의 소비자물가지수를 계산해 보라.

4. 통계청이나 관련 자료를 참고하여 청년실업률의 의미와 계산법을 설명하라.

5. 생산가능인구, 경제활동인구, 경제활동참가율, 실업률, 고용률은 각각 어떻게 계산되는가?

6. 승수효과(multiplier effect)와 구축효과(crowding-out effect)를 설명하라.

7. 자유무역협정(FTA)의 소비자후생효과를 예를 들어 설명해 보라.

주요 참고문헌

▣ 맨큐(김경환·김종석 옮김, 2007), 맨큐의 경제학 제4판.

▣ 임덕호(2006), 경제학-기초이론과 경제사례, 명경사.

▣ 버냉키(곽노선, 왕규호 옮김, 2012), 버냉키프랭크경제학.

▣ 크루그먼(김재영, 박대근, 전병현 역, 2008), 크루그먼의 경제학.

▣ 국가통계포털(www.kosis.kr)

▣ 통계청(www.kostat.go.kr)

GLOBAL >>>

Globalization
and
Consumer Oriented Market Economy

제**3**부

현대 소비경제와 소비자

시│장경제의 측면들을 소비자중심의 시각에서 모두 다루기는 어렵다. 하지만 몇 가지 범주 아래 살펴볼 수는 있을 것이다. 예컨대 안전할 소비자의 권리, 건전한 신용생활, 주거안정, 온라인거래에서의 피해 예방, 유통과 소비자 편의성 등이 주된 소비(자)경제학의 영역이자 대표적인 분석 대상들이다. 또한 글로벌화하는 경제생활에 관련된 쟁점들도 빼놓을 수 없다.

제3부에서는, 앞서 배웠던 소비자 및 글로벌마켓 중심으로 살펴본 시장경제에서의 소비자문제와 경제학의 기초들을 바탕으로, 이러한 범주에 속하는 검토 주제들에 관하여 구체적으로 공부한다. 제8장에서는 유통과 관련된 소비와 소비자 문제를 다룬다. 이어 제9장에서 소비자신용과 합리적 소비, 그리고 신용카드와 소비생활에 관해 공부하고, 제10장에서는 소비생활의 안전성 문제와 중요한 안전제도를 경제적 관점에서 고찰한다. 이어 제11장에서 생활환경의 변화와 소비생활, 제12장은 환경문제와 소비자, 제13장에서는 글로벌 전자상거래의 확산과 소비자보호의 문제를 다룬다.

유통과 소비자

　한국의 유통시장은 미국에서 성공한 유통이 쉽게 적응되지는 않는다. 고로 유통환경을 잘 분석하여 현지화와 세계화가 함께 이루어져야 할 것이다. 우리나라 유통산업은 매우 경쟁적이며 역동적이다. 소비자들은 많은 유통업체 중에서 이용하고 싶은 점포를 편리하게 선택할 수 있으며, 인터넷을 통한 정보획득 용이성으로 인하여 상품 및 매장에 대해 많은 지식을 가진 까다로운 쇼핑객으로 진화하고 있다. 우리나라 유통산업시장 개방의 가속화로 대형 유통업체의 점포 대형화 및 다점포화되고 소비자의 높아진 구매력은 소매점의 규모의 경제를 실현하는 토대를 제공해 주었다. 기술 환경이 변화하고 이에 따른 무점포 소매업이 성장하게 된 것이다. 국내의 유통업체들은 국내시장의 치열한 시장경쟁과 국내시장의 정부규제 혹은 규모의 경제를 실현하기 위하여 해외시장에 눈을 돌리고 있는 추세이다.

　제8장에서는 유통의 개념과 기능 및 유통경로를 알아보고 국내·외 유통환경의 변화에 따라 소비자에게 미치는 영향력을 살펴본다. 제1절에서는 유통에 대한 기본 개념과 기능을 이해하고 유통경로와 그 과정에서의 소·도매상의 역할 및 전략적 이슈들을 검토해본다. 제2절에서는, 기술환경의 변화에 따른 새로운 유통시스템의 전략을 수립하기 위한 유통산업의 트렌드를 알아보도록 한다. 제

3절에서는, 소비자의 소비패턴과 경제상황을 고려한 새로운 유통업의 사례를 살펴보고 소비자에게 미치는 영향에 대해 생각해본다.

1 유통의 개념과 기능 및 유통경로

1) 유통의 개념

유통은 일반적으로 국민경제적인 측면에서의 유통산업과 제조업자 측면에서의 유통경로관리의 두 가지 측면에서 살펴볼 수 있다. 국민경제적 관점에서 보면, '생산자로부터 소비자에 이르는 생산물의 이전'으로 정의할 수 있다. 따라서 개별 경영관점에서의 생산물의 이전은 마케팅으로써의 유통과 구별된다. 제조와 서비스의 최초 원천에서 최종 고객가치의 범위에 포함된 다양한 관계자들 사이에 있는 기관들과 그들의 관계를 연결시키는 활동이다. 또한, 사회적 분업이 진전됨에 따라 상품과 서비스를 인간욕구 충족을 위해 생산자로부터 최종 소비자에게 이전하는 경제행위 또는 활동의 흐름을 말한다.

우리나라는 유통을 재(財)의 생산에서 소비(사용)에 이르는 단계적 계기로 보며 경제활동의 하나로써 재의 효용 창출 과정으로 유통활동을 시간, 공간, 소유의 효용 창출에 중점을 둔다. 생산물의 생산에서 소비에 이르기까지 사회전반을 둘러싸고 파생된 개념으로 1950년대 이후 사용되었다. 여기에서 유통을 크게 나누어 상적유통과 물적유통으로 대별하고 있다(윤명길 외, 2004).

2) 유통의 기능

유통기능(Distribution Function)이란 생산자로부터 소비자까지 상품과 서비스를 인격적으로 이전시켜 접합시키는 경제적 활동과 그 과정이라고 말할 수 있다. 유통업의 흐름은 상적, 물적, 촉진 기능을 통해 상품과 서비스를 소비자에게 공급하는 역할을 담당한다. 유통의 흐름에서 볼 때 제조업체에서 생산한 제품을 소비자에게 전달 또는 공급하는 과정에서 수요와 공급의 조절역할을 상적, 물적, 촉진기능을 통해 수행하고 있다.

고객니즈의 변화에 따라 소품종 대량생산에서 다품종 소량생산으로 시장 환경이 변화됨에 따라 상품의 생산과 판매 기능의 효율성이 높은 전문화 방향으로 분화되고 있다.

(1) 상적 유통기능

생산자로부터 소비자로 소유권이 이전되는 것이다. 또한 제조업자가 생산한 제품을 온라인 또는 오프라인에서 소비자에게 공급 및 판매하는 경제활동을 말하며 상품구매 및 판매기능과 도·소매업·중개업·대리업·무역업 등이 있다.

(2) 물적 유통기능

실체물량이 이동되는 것이다. 상품보관, 수송기능, 구색기능과 상품의 수송, 보관, 하역, 포장, 구색기능 등 상적 유통 지원역할을 한다.

(3) 촉진 기능

상적유통의 효율적인 경영활동을 위해 위와 같은 기능을 수행한다. 유통업의 서비스 경쟁력과 차별화 전략은 촉진기능 담당과 정보수집, 상품분류, 금융기능, 판매촉진기능, 리스크부담 등이 있다.

3) 유통경로

유통경로란 생산자로부터 최종소비자에게로 상품이나 서비스가 유통되어 갈 때 필요한 모든 활동을 수행하는 조직의 수직적 연계이다. 그 목적은 생산자와 소비자 간의 차이를 극복하게 하는 것이다.

(1) 유통경로의 기능

유통경로의 기능 〈표 8-1〉과 같이 교환과정의 촉진, 거래의 표준화, 제품구색의 불일치 완화, 소비자와 판매자의 연결, 고객서비스의 제공 등이다.

표 8-1 유통경로의 특징, 기능

유통경로	내 용			
특 징	상호의존적인 조직들의 집합체이며, 경로구성원이 수행하는 활동은 연속적인 과정			
기 능	고객이 소비하기 위하여 필요한 조직의 연계이며 교환기능 촉진, 제품구색 불일치, 소비자와 제조업체연결, 고객서비스 제공으로 나눠지며 아래와 같음			
	유통경로의 기능	교환기능 촉진	제품구색 불일치	소비자와 제조업체연결	고객서비스 제공
	내용	교환과정의 단순 촉진	소품종 대량생산체제의 다품종화	소비자와 제조업자간 탐색비용 절감	AS 제공

(2) 유통경로의 유형

일반적으로 생산자로부터 소비자 혹은 사용자에 이르기까지 상품의 유통경로는 소비재, 농산물, 수산물 또는 생산재에 따라 각각 다르게 되어 있다. 일반적 소비재의 유통경로의 유형은 〈그림 8-1〉과 같다.

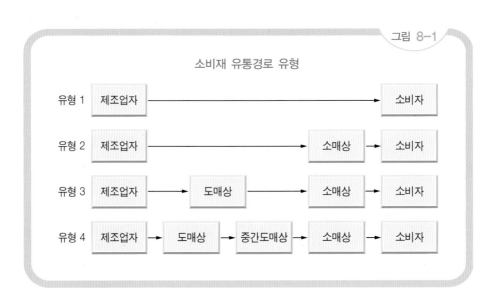

그림 8-1

소비재 유통경로 유형

유형 1 제조업자 ──────────────→ 소비자

유형 2 제조업자 ──────→ 소매상 → 소비자

유형 3 제조업자 → 도매상 → 소매상 → 소비자

유형 4 제조업자 → 도매상 → 중간도매상 → 소매상 → 소비자

산업재의 경우에는 직접판매가 일반적이고 간혹 대리인이나 산업재 유통업
자들을 이용하기도 한다. 일반적인 산업재 유통경로는 〈그림 8-2〉와 같이 네 가
지 유형으로 구분된다.

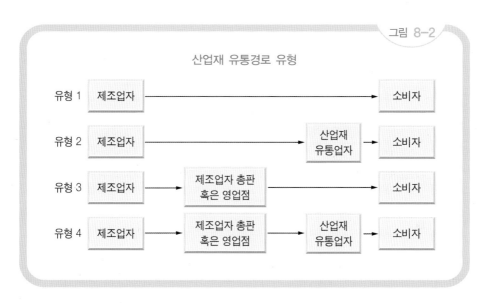

그림 8-2

산업재 유통경로 유형

유형 1 | 제조업자 → 소비자

유형 2 | 제조업자 → 산업재 유통업자 → 소비자

유형 3 | 제조업자 → 제조업자 총판 혹은 영업점 → 소비자

유형 4 | 제조업자 → 제조업자 총판 혹은 영업점 → 산업재 유통업자 → 소비자

다음으로 유통경로의 계열화로, 전통적 유통경로와 전통적 유통방식에 변화
를 기하기 위해 도입되었던 수직적 마케팅에 대해 알아본다.

전통적 유통경로는 독립적인 경로기관들로 구성된 경로조직으로, 각 경로구
성원은 다른 경로구성원의 경로성과나 마케팅기능에 거의 관심을 가지지 않고
자신들에게만 주어진 마케팅 기능들만을 수행한다. 이러한 특성으로 인해 경로
구성원들 간의 결속력이 매우 약하기 때문에 경로구성원간의 업무조정이 어렵다.
그러나 유통경로의 진입과 철수가 비교적 쉽고 수직적 마케팅시스템보다 효율성
과 효과성은 낮지만 유연성이 높다는 장점을 갖는다. 즉 급변하는 시장욕구를 즉
각적으로 충족시킬 수 있으며 따라서 표준화되지 않은 제품이나 서비스 시장에
서 보다 효과적인 것이다.

수직적 마케팅시스템(Vertical Marketing System: VMS)은 중앙(본부)에서 계획된 프
로그램에 의해 경로구성원이 전문적으로 관리·통제하는 네트워크 형태의 경로

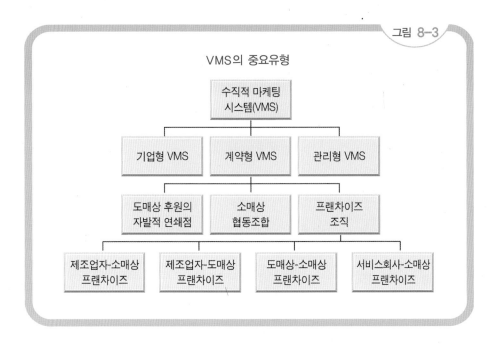

그림 8-3

VMS의 중요유형

수직적 마케팅
시스템(VMS)

기업형 VMS　　계약형 VMS　　관리형 VMS

도매상 후원의
자발적 연쇄점　　소매상
협동조합　　프랜차이즈
조직

제조업자-소매상
프랜차이즈　　제조업자-도매상
프랜차이즈　　도매상-소매상
프랜차이즈　　서비스회사-소매상
프랜차이즈

조직이다. 이 시스템은 제조에서 소비까지의 유통과정에서 경로구성원이 수행하는 마케팅기능을 통합·조정하여 규모의 경제를 달성할 수 있도록 설계된 조직형태이다.

제조업자, 도매상, 소매상 중 어느 경로구성원이라도 마케팅시스템을 주도할 수 있다. 제조업자가 주도권을 가지고 도매상이나 소매상의 활동을 조정·통제하는 것을 전방통합(Forward Integration)이라하고 소매상이 도매상이나 제조업자의 활동을 직접 통제하기 위해 계열화하는 것을 후방통합(Backward Integration)이라고 한다. VMS는 사전계획과 체계적인 프로그램에 의해 경로구성원들의 활동을 조정하며 구성원들 간의 계약 또는 소유에 의해 형성된다. 따라서 VMS는 전통적 유통경로보다 안정적이며, 특정 경로구성원보다는 경로시스템 전체의 관점에서 마케팅의사결정을 할 수 있다.

4) 유통기구의 형태

유통기구는 크게 소매상과 도매상으로 분류할 수 있다. 소매상은 최종 소비자에게 개인적인 목적으로 사용할 제품이나 서비스를 판매하는 기업으로, 최종 소비자의 필요와 욕구에 따라 상품을 조달하여 보관하며 필요한 시기에 적절히 소량씩 판매를 하고 시장정보 및 다양한 서비스를 제공해 준다.

도매상은 재판매 또는 사업목적으로 구입하는 기구이므로 여기에서는 소비자입장에서 필요한 소매상을 중심으로 살펴보기로 한다.

(1) 소매상의 의의와 유형

소매상이란 우리들은 롯데백화점이나 GS25가 소매상이란 것은 잘 알고 있지만 삼성전자의 대리점이나 워커힐 호텔, 심지어 환자를 치료하는 의사 역시 소매상이라는 것을 간과하는 경우가 많다. 유통경로에서 소매상은 소비자와 가장 가까이 있는 경로구성원이다. 유통경로에서 이들이 하는 일은 대체적으로 제조업자나 도매상으로부터 상품을 구입하여 최종 소비자에게 판매하는 역할을 한다. 이러한 기능 때문에 소매상은 "상품이나 서비스를 개인적 혹은 영리를 목적으로 사용하려는 최종 소비자에게 직접 판매하는 행위를 하는 경로구성원"이라고 정의한다. 여기에서 최종 소비자란 재판매를 위해서가 아니라 자신의 개인적인 사용을 위하여 상품이나 서비스를 구매하는 소비자를 의미한다. 그러나 소매상에 대한 정의는 사실 개념적으로 완전하지 못하다. 그 이유는 영리활동을 하는 조직체 또는 기업들 대부분이 도매상 또는 소매상 등과 같은 재판매업자나 최종 소비자 모두에게 상품이나 서비스를 공급하고 있기 때문이다. 그러므로 특정 조직체가 소매상인지 아닌지를 판단하기 위해서는 다른 기준이 마련되어야 한다. 미국에서는 전체 판매액 가운데 최종 소비자에게 판매하는 비율이 50% 이상인 조직체를 소매상이라고 정의하고 있다. 소매상의 기능으로는 소매상은 제조업자→도매상→소매상→소비자로 구성되는 유통경로상의 마지막 단계〈그림 8-4〉로서 최종 소비자와 직접 접촉한다는 점에서 제조업자와 도매상의 판매성과에 큰 영향을 미친다.

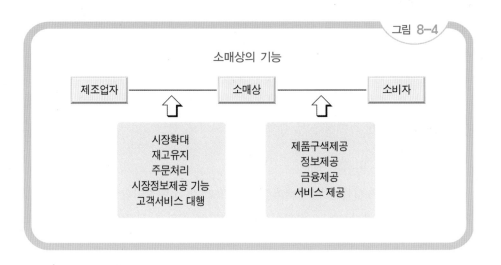

소매업의 분류는 여러 가지 분류기준으로 구분할 수 있다. 보통, 상품계열별, 취급상품의 가격대별, 판매방법별, 시스템통제방법별, 상점의 밀집도별로 분류할 수 있다. 다양한 소매업태의 구분은 〈표 8-2〉에 정리하여 제시하였다.

표 8-2 분류기준에 따른 소매업태의 구분

상품계열별	전문점, 백화점, 슈퍼마켓, 편의점, 서비스소매업
취급가격	저가격: 할인점, 하이퍼마켓 중가격: 슈퍼마켓, 콤비네이션스토어 고가격: 백화점, 고급편의점
판매방법	주문: 통신판매 무인: 자동판매, 홈쇼핑 호별방문: 방문판매
점포통제력	연쇄점, 소매상협동조합, 소비자협동조합, 프랜차이즈, 거상(브로커)
점포밀집도	중심상가지역, 지역쇼핑센터, 주거지역, 인근쇼핑센터
점포유무	유점포: 편의점, 슈퍼마켓, 전문점, 백화점, 할인점, 양판점, 슈퍼스토어, 하이퍼마켓, 전문할인점, 회원제 도매클럽 무점포: 자동판매기, 통신판매, 방문판매, 홈쇼핑, 텔레마케팅, 전자마케팅

다양한 소매업태 중 한국에서 익숙하지 않거나 중요한 업태에 대해서 살펴 보면 다음과 같다.

양판점(General Merchandise Store)

양판점이란 소비빈도가 높은 식품만 제외하고 일용품을 모두 취급하면서 백화점보다는 상품 수를 줄이고 더 실용적인 상품을 취급하며 많은 상품에 자사브랜드(PB)를 사용하는 대형소매상이다.

하이퍼마켓(Hypermarket)

하아퍼마켓은 유럽 국가에서 발전한 신종업태로 슈퍼마켓과 할인점을 조합한 형태라고 하겠다. 식품과 비식품매장을 통상 3배 이상 확대한 대형소매업체로 대규모 주차장을 설치하고 있다. 교외에 주로 입지하고 있으며 셀프 서비스 시스템으로 운영하고 저마진, 고회전을 추구하며 구색의 폭이 넓다. 특히 가격 경쟁력이 높은 소매업태로서 유통기관이 제대로 발달하지 않은 지역에서 성장률이 높다. 미국과 같이 체인점이 발달한 곳에서는 하이퍼마켓이 다소 인기가 없다. 유럽에서 하이퍼마켓이 성장하게 된 것은 도심의 공동화현상, 자동차보급률의 급속한 증대, 여성의 사회진출증가, 야간의 구매증가, 도심의 주차장시설 부족 등이다.

텔레마케팅(Telemarketing)

텔레마케팅은 전화를 사용하여 제품이나 서비스를 판매하는 것이다. TV, 라다오 광고, 카탈로그, 직접우편 등을 통해 제품이나 서비스를 알게 된 소비자가 전화를 통해 주문하여 구입하는 형태를 취하고 있다. 텔레마케팅은 상품구매권유에서 사후 고객관리까지 포함하며 시간과 공간의 제약을 뛰어 넘는 판매기법으로 각광받고 있다. 특히, 시내통화료가 저렴하여 전화로 소비자와 직접 대화를 할 수 있다는 장점으로 높은 광고비에 비하면 경제적이어서 최근 점차 증가하고 있다.

홈쇼핑(Home Shopping)

홈쇼핑이란 TV를 통해 소비자에게 직접 제품과 서비스를 판매하는 것으로 홈쇼핑 채널을 통해 제품을 판매한다. 한국의 TV 홈쇼핑은 1995년 10월부터 두 개의 특정채널(채널 39의 HS TV와 채널 45의 하이쇼핑)을 통해 제품을 판매하기 시작하였는데, 중소기업들이 개발한 아이디어 상품이 인기를 끌고 있다. TV시청을 통해 제품을 구입할 경우 제품을 직접 보지 못하고 구입하는 한계점을 극복하기 위해 구입 후 30일 내 교환 및 환불해 주는 서비스를 제공하는 등 적극적인 마케팅을 펼치고 있다.

다단계판매(multi-level marketing)

다단계판매는 상품을 팔면서 소비자에게 물건을 사용한 후 품질이 좋으면 다른 소비자에게 권하고 판매실적이 있으면 일정한 판매이익을 지급해 판매를 확산시키는 방법이다. 다단계판매는 점포가 필요 없고 광고비가 들지 않아 유통 마진을 줄일 수 있다. 또한 제조업체 입장에서는 부족한 유통망을 보완해 주기 때문에 대기업과 유통업체들이 다단계판매에 많은 관심을 가지고 있다.

프랜차이즈(franchise)

프랜차이즈란 도매상과 소매상의 관계와 같이 수직적인 유통 채널의 한 형태이다. 이는 프랜차이즈 회사 즉, 본사가 프랜차이즈를 사는 사람 즉, 가맹점에게 프랜차이즈 회사의 이름이나 상호 혹은 영업방법 등을 제공하여 상품과 서비스를 시장에 파는 시스템을 말한다. 이때 가맹점들이 본사로부터 받게 되는 권리와 면허 및 자격 등을 프랜차이즈라 한다.

(2) 소매상의 이슈와 추세

파워리테일러에 의한 시장지배력 심화

소비자들의 교육수준이 높아지고 보다 세련되어져 가며, 제품구매에서 가치를 중요하게 생각할 뿐 아니라 여가활동을 늘리는 방법에 대해 보다 많은 관심을 갖게 되었다. 이에 따라 소비자들은 그들의 이러한 욕구를 더 잘 충족시키는 대규모 소매상을 선호하게 되었는데, 이들을 파워리테일러라고 부른다. 파워리테일러란 업태에 상관없이 표적고객이 누구이며, 그들이 무엇을 선호하는지를 정확히 이해하고, 이를 토대로 잘 선정된 다양한 품목의 상품들을 공급하는 대형 소매업자를 말한다.

소매업(태)의 양극화 현상

소매업의 양극화 추세가 갈수록 심화되고 있다.

전문점들은 제한된 제품범주들에 대하여 깊은 상품구색을 제공하여 고객들의 개별적인 서비스욕구를 충족함으로써 파워리테일러로 등장하였다. 이들은 고마진추구 소매상이라 하며 고마진－저회전(저회전으로 인한 갭을 높은 마진율로 극복－예를 들면 보석판매점과 같은 전문점, 백화점)을 추구한다.

매우 낮은 마진으로 대량의 상품을 판매하기 위해 창고형의 대규모점포를 운영하며 고도의 기술과 셀프 서비스에 의존한다. 이들은 고회전－저마진(저마진으로 인한 갭을 높은 회전율로 극복－예를 들면 할인점)을 추구하고 있으며, 상품스타일과 질에 대한 엄격한 관리로 시장에서 지속적으로 높은 성장을 보이고 있다.

편의성에 대한 중요성 증가

편의성은 구매에 소요되는 시간으로 측정되는데, 이에는 점포에 가고 오는 시간, 주차시간, 그리고 구입상품의 배달시간 등이 포함된다. 가격보다 서비스의 신속성과 편의성을 선호하는 소비자들이 증가하면서 셀프 서비스를 자연스럽게 받아들임에 따라 자동현금출납기의 이용이나 자신의 컴퓨터를 이용한 데이터베이스의 접근 등과 같은 기술혁신에 의해 이용가능해진 전자보조수단의 도움을 받는 것을 더 편안하게 생각하는 고객들이 늘어나고 있는 것이다. 홈쇼핑, 홈뱅킹, 자동판매기, 직접마케팅의 급성장은 편의성에 대한 소비자욕구를 반영하는 예이다.

정보기술의 영향력증가

정보기술의 도입은 소매상의 생산성을 높이고 소비자욕구에 즉각 대응할 수 있게 하였다. 정보기술은 편의성의 강화, 서비스 향상, 재고부족 방지, 고객 욕구에 맞는 상품구색의 개발 등에 유용하게 이용될 수 있다. 소매업계에서 가장 급성장한 대표적인 기업이 바로 Wal-Mart이다. Wal-Mart가 성공할 수 있었던 중요요인들의 하나가 정보기술에 대한 과감한 투자였다. 또 다른 성공사례로는 Arkansas주에 본사를 둔 Dillards백화점을 들 수 있다. Dillards는 Quick Response

라는 컴퓨터시스템을 이용하여 미국 내 어떤 백화점체인들보다 매장에 상품을 신속히 공급할 수 있었다.

(3) 도매상의 의의와 유형

도매상은 '재판매 또는 사업을 목적으로 구입하는 고객에게 상품이나 서비스를 판매하고 이와 관련된 활동을 수행하는 상인'으로 정의된다. 일반적으로 도매상은 소매상에 비해 다음과 같은 차이가 난다.

① 최종소비자가 아니라 사업고객과 주로 거래하기 때문에 도매상들은 입지, 촉진, 점포 분위기 등에 상대적으로 주의를 덜 기울인다.

② 도매업자들은 일반적으로 넓은 상권을 대상으로 대규모 거래를 한다.

③ 도매업자들은 소매업자와는 상이한 법적 규제와 세제의 적용을 받는다.

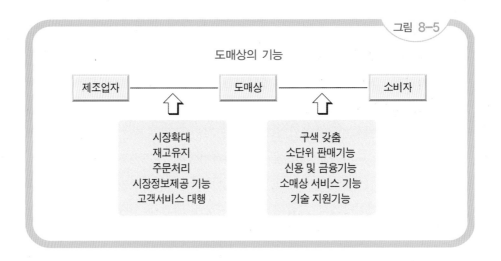

그림 8-5

(4) 도매상의 주요 전략적 이슈와 추세

집중공략

도매상들은 경쟁우위를 지닐 수 있는 제품구성과 세분시장에 그들의 역량을 집중시키고 있다. 예를 들어 캐나다의 거대한 도매업체인 Univa사는 식료품 유통만을 그들의 핵심사업으로 재구성하고 기존의 일반상품 도매업, 의약품 도매업, 스포츠와 레저상품 도매업에 대한 투자된 자산을 회수하는 계획을 집행하고 있다.

제조업자와 고객들과의 전략적 제휴

지속적인 동반관계를 고려하고 있는 고객들과 제조업자들은 보다 효율적인 재고관리를 위해 상포조정 하에 서류 없는 거래를 가능케 하는 소프트웨어와 기술에 상당한 투자를 하고 있다.

기술의 재정비

현재 유통기술은 바코딩, 스캐너 활용의 범위를 벗어나서 전자적 자료변환을 통한 의사소통 및 인공위성과 비디오 텍스, 무선 인터넷에 이르기까지 빠른

표 8-3 도매상의 유형설명

도매상 유형		유형 설명
제조업자 도매상		독립적인 도매상이 아닌 제조업자의 재고통재와 판매 및 촉진 관리를 위해 판매지점이나 판매 사무소를 설치하는 형태
상인 도매상	완전 서비스 도매상	1) 도매상인: 소매상을 상대로 거래를 하고 소매상에게 최대한의 종합적 서비스 제공 2) 산업유통자: 영업대상이 소매상이 아닌 제조업자
	한정 서비스 도매상	1) 현금거래 소매상: 회전이 빠른 한정계열제품만을 소규모 소매상에게 현금지불조건으로 판매하며 배달하지 않음 2) 트럭도매상: 판매와 배달기능 중심의 영업 3) 직송도매상: 고객이 주문하면 합의된 조건과 배달시간에 따라 고객에게 직접 제품을 선적 운반할 제조업자를 찾음 4) 진열도매상: 주로 잡화 및 의약품 소매상을 대상영업
대리인		장기적인 거래기반 위에서 구매자나 판매자가 한쪽을 대표
	제조업자 대리점	일반적으로 생산되는 제품계열이 서로 다른 2명 이상의 제조업자를 대표
	판매 대리인	제조업자의 전 품목을 판매하기 위하여 계약상의 권한을 부여 받음
	구매 대리인	구매자와 장기적인 관계를 유지하면서 구매자를 대리하여 상품을 구입, 인수, 검사하여 창고에 보관하고 구매자에게 제품을 선적해 보냄
	수수료 상인	제조업자와 단기계약을 맺어 제품소유권은 보유하지 않고 단지 제조업자의 판매협상을 대리하고 수수료와 발생비용을 제외한 제품 판매대금을 제조업자에게 지급
브로커		구매자와 판매자 사이에서 거래협상을 도움 구매자와 판매자 사이에서 거래를 촉진시키는 역할만을 하고 고용 측으로부터 일정액의 보수를 받음

속도로 발달하고 있다. 기술은 원가를 절감시키고 생산성 및 정보관리를 강화시키며 고객서비스와 마케팅 기법을 발전시킨다. 정보시스템 기술의 발전은 보다 효과적, 효율적으로 고객에게 제공하는 도매상의 능력도 강화시켜준다. 이와 같은 기술의 활용과 효과적인 정보관리시스템은 모든 유통경로에서 잠재적으로 엄청난 변화의 세력이 되고 있다. 그리고 제조업자와 소매상의 직접적인 연계 가능성은 중간상을 경유하지 않고 정보의 흐름을 지속적으로 유지하게 한다.

국내 도매업의 문제점

국내 도매업체들은 상품의 중개기능만을 담당할 뿐 소매지원, 물류, 금융 및 위험 부담 등 다양한 도매기능을 제대로 수행하지 못하고 있다. 최근 들어 소매업체들의 대규모화, 외국 대형 업체들의 대규모화, 외국 대형유통업체들의 진출, 도매업체들의 주 거래처인 중소형점 소매업체들의 영업부진으로 인해 도매업의 경쟁력이 더욱 약화되고 있다. 국내 도매업체들이 갖고 있는 주요 문제점들을 정리하면 〈표 8-4〉와 같다.

표 8-4 국내 도매업체의 문제

도매기능의 약화	최근 상당수의 소매업체들이 저가격의 제품구매를 위해 제조업자와 파트너십을 형성
무자료상거래 관행	소매점의 탈세관행으로 인해 도매업자들의 유자료 상품매입 기피
제조업체 대리점 중심의 유통구조	제조업체 주도의 폐쇄적 유통경로는 대형도매센터, 기업형 도매물류업의 성장을 방해함
물류시설 투자부족 및 물류비용 상승	물류시설 건립에 필요한 투자재원 부족으로 소량 다빈도 배송과 짧은 lead time 주문에 대응할 수 있는 물류시스템 구축 불가

2 유통환경의 변화

1) 국내 유통환경

우리나라는 현재 급속한 유통산업 발전을 경험하고 있다. 일찍이 국내 유통산업에 진입하였던 세계적인 글로벌 업체인 월마트나 까르푸 등은 이질적 국내 유통산업 환경에서 적응을 제대로 하지 못하고 철수하였지만, 테스코의 경우는 삼성과의 합작형 대형마트인 홈플러스로 두각을 나타내고 있는 등 상반된 결과를 보이고 있는 것이 우리나라 유통시장이라고 할 수 있다.

또한 어떤 의미에서는 우리나라의 유통시장이 동질적인 단일 시장이 아니라고 할 수 있다. 대도시와 지방, 중부지역과 영·호남 지역 등 국토의 면적은 넓지 않으나 지역별 다른 특징들이 존재하므로 우리나라를 하나의 단일 시장으로 분석하려는 시도는 부적절하다. 그러나 동시에 국내 유통산업 발전 상황은 첫 번째, 아직까지는 선진화된 유통산업과는 상대적으로 덜 발달된 상태에 머물러 있다는 점과 두 번째, 대기업이 주도하지 않는 지역 기반의 소매기업은 매우 드물다는 중요한 두 가지 특징을 공유하고 있다. 물론 이러한 두 가지 특징 역시 현재 변하고 있는데, 유통 시장이 성장함에 따라 소매산업 역시 발전하고 있으며 이는 많은 수의 소매기업들을 시장에 끌어들여 왔다.

이러한 기업들은 유통시장을 이미 주도하고 있으며 이들에 의해 지역 유통산업이 상당 수준 발전하게 되었다. 우리나라 유통산업은 매우 경쟁적이며 역동적이다. 소비자들은 많은 유통업체 중에서 이용하고 싶은 점포를 편리하게 선택할 수 있으며, 인터넷을 통한 정보획득 용이성으로 인하여 상품 및 매장에 대해 많은 지식을 가진 까다로운 쇼핑객으로 진화하였다. 이러한 환경변화에서 유통업체들은 저비용 혹은 차별화라는 전통적인 경쟁전략을 채택하여 활용하고 있다. 유통업체들은 비용을 낮추기 위해 혁신적 접근법을 개발하여 저가격을 실현할 것인지, 특정 소비자의 욕구를 더 잘 충족시킬 수 있도록 상품과 서비스를 조정할 것인지를 선택해야 한다. 국내 유통산업은 1996년 개방이후 급속한 구조개편기에 직면하며 재래시장, 중소수퍼 등 생계의존형 유통구조에서 백화점, 할인점, 체인화 편의점 등 기업형 유통구조로 전환이 진행됨과 함께 인터넷의 확산으로 온라인 소매점도 출현하고 있다. 다음으로 국내의 유통환경에 대해서 다섯 가지를 차례대로 살펴보고자 한다.

(1) 시장개방의 가속화

1996년 이전 우리나라 유통산업의 가장 큰 이슈는 국내 유통시장의 전면적인 대외개방에 관한 문제였다. 그 당시 우리나라와 경제 여건이 비슷한 홍콩이나 대만 등이 이미 오래 전 유통시장을 개방하였고 서비스산업 자유화의 확산과 UR협상의 결과로 우리의 유통시장 개방은 불가피한 선택이었다. 이로 인하여 1989년 도·소매업 진흥 5개년 계획 수립 당시 단계적 유통시장 개방계획을 발표하게 되었고 본격적인 대외개방 정책을 추진하게 되었던 것이다. 이후 1993년 12월 UR타결을 위한 최종 양허안을 제출하면서 1996년 1월 1일부로 우리나라 유통시장은 완전히 개방되었다. 따라서 1996년부터는 해외의 유통업체나 제조업체가 도·소매업에 단독 또는 프랜차이즈 형태로 국내에 진출할 경우 매장면적과 점포수의 제한을 전혀 받지 않게 되었다. 1996년 시장개방 이후 외국 유통업체들은 기술제휴 등 그동안의 간접적 진출방식에서 직접투자방식으로 전환하여 국내진출을 본격화했다. 이들은 성장 전망이 높은 하이퍼마켓, 슈퍼센터, 회원제 창고형 도·소매 등의 할인 새로운 형태를 중심으로 진출하고 있는 양상을 보였다.

(2) 대형 유통업체의 점포 대형화 및 다점포화의 가속화

국내 유통산업의 높은 성장성에 따라 다수의 대기업과 글로벌 유통기업들이 국내 유통업계에 진출함으로써 치열한 경쟁이 전개되었으나 대부분 실패하였다. 그리고 전통적인 유통기업인 롯데, 신세계, 현대백화점 등 소위 "빅3"라고 불리는 기존 대형 유통업체들이 유망상권을 선점하기 위해 공격적인 다점포화를 추진하면서 수도권 중심의 확장전략에서 벗어나 지방 출점을 가속화하고 있다. 또한 이들은 TV 홈쇼핑, 인터넷 쇼핑 등에도 활발히 진출함으로써 소매재벌의 형태를 띠고 있다. 그러나 2011년 경제성장은 상반기 경기회복 기대감에 따른 중산층의 소비 회복, 업체별 가격 할인 정책 및 공격적인 투자 지속 등에 기인하였다. 반면 2012년에는 대형 유통업체의 성장 둔화로 소비심리가 크게 위축되었고 상품 구색이 유사한 업태들의 간섭효과(SSM, 편의점)가 심화되었으며 정부 규제도 본격화됨에 따라 동 업태 내 전반적인 영업환경이 악화되었다.

(3) 소비자의 변화

국내의 경우 핵가족화에 따른 가구 수의 증가가 지속적으로 이루어지고 있다. 이러한 가구 수의 증가는 주로 도시에 집중되어 대규모 소매점의 성장을 촉진하고 높아진 구매력은 소매점이 규모의 경제를 실현할 수 있는 토대를 제공하였다. 경제성장으로 인한 소득수준의 향상으로 소비자들은 고급화·다양화된 상품과 서비스를 요구하게 되었고 문화·교육·오락·여가활동에 대한 관심이 증대되었다. 이는 전근대적인 유통업체인 재래시장과 구멍가게의 쇠퇴를 초래하였고 현대화된 시스템을 갖춘 백화점, 편의점, 대형마트 등과 같은 업태가 성장하는 계기가 되었다. 2006년 기준으로 우리나라의 60세 이상 인구비중이 10.8%에 달하는 등 사회의 고령화가 진전됨에 따라 실버시장이 성장하고 있다. 또한 핵가족화 현상과 맞벌이 부부의 증가로 야간 및 휴일 쇼핑이 증가하는 추세이다.

1997년 외환위기 발생 전까지 가계소득이 꾸준히 증가하여 생활필수품에 대한 지출은 감소한 반면 문화·통신·레저 등 고급 소비의 비중이 상대적으로 증가하였으며 감성을 중시하는 경향으로 인해 브랜드·디자인·색상 등을 중요시하게 되었다. 그러나 1997년 10월 이후 IMF관리체제로 들어서면서 소비가 급속히 감소하기 시작하여 1998년에는 소매 유통시장의 전체 규모가 사상 처음으로 마이너스 성장하면서 할인점 주도의 가격파괴 현상이 심화되었다. 이러한 가격파괴 현상과 최근 도입된 오픈 프라이스(판매자 가격표시) 제도의 영향으로 제조업체가 유통시장을 지배하고 있던 전통적 상품가격 결정 체제가 서서히 무너지면서 시장의 가격결정권이 강력한 구매력을 가진 소매유통업체로 이전되는 결과를 초래하게 되었다.

소비자의 변화 1인 가구 및 고령화 사례

일인 가구 증가 등 인구 및 가구 구조의 변화 국내 유통 시장에서 보여지는 변화를 주도하는 원인을 살펴보면 우선, 일인 가구 증가로 인한 인구 구조의 변화를 들 수 있다. 2013년 1월 통계청이 발간한 한국의 사회동향 2012에 따르면 1990년 9.0%에 불과했던 일인 가구는 2010년 23.9%로 껑충 뛰었다. 4가구 중 1가구가 '나홀로' 사는 1인 가구인 셈이다. 2025년에는 31.3%까지 증가할 것으로 예측된다. 반면 4인 가구 이상의 비중은 1990년 58.1%에서 2010년 30.5%로 거의 절반으로 줄었다. 주말마다 아이를 동반한 부부가 여러 품목의 물품을 대량으로 구매하는 쇼핑 방식은 점점 줄어들고 있다.

대량 구매를 전제로 한 대형마트의 선호도는 낮아지고 필요한 상품을 가까운 곳에서 소량 구매하는 근린형 소비 패턴이 확산되고 있다. 인구 구조의 변화 중 향후에 유통산업에 미칠 중요한 요인으로 눈여겨봐야 할 변화는 '고령화'이다. 우리나라 노년부양비는 선진국에 비해 아직은 낮은 수준이나 급격히 높아지고 있다. 65세 이상 인구를 20세~64세 인구로 나눈 노년부양비는 2010년 기준 15%로 일본 36%, 영국 25%, 미국 20% 등 선진국에 비하면 낮은 수준이다. 아직까지 고령화에 대한 체감도가 그리 높지 않은 이유이다. 그러나 우리나라의 노년부양비는 2030년 39%를 거쳐 2050년에 이르면 71%까지 증가하여 일본과 비슷해지고 유럽과 미국보다는 훨씬 높아지게 될 것으로 전망한다.

자료: K모바일, 기사입력 13. 5. 8, 17 : 38,
LG경제연구원, 황혜정 연구위원
〈http://www.kmobile.co.kr/k_mnews/news/news_view.asp?tableid=IT&idx=428629〉

(4) 기술환경의 변화와 이에 따른 무점포 소매업의 성장

인터넷 등과 같은 정보기술의 발전에 따라 다양한 형태의 무점포 소매업이 출현하고 있다. 우리나라의 무점포 소매업은 TV홈쇼핑과 인터넷상에서의 전자상거래에 의해 급성장하였다. 케이블 TV시대의 개막과 함께 도입된 TV홈쇼핑은 낙후된 국내 유통을 개선시킬 대안으로 대두되었는데, 높은 유통비용을 수반하는 백화점이나 대리점을 이용할 여력이 없는 중소제조업체가 유통경로에 대한 대규모 투자 없이 공동으로 활용할 수 있는 유통경로의 대안으로 부상하게 된 것이다. 그러나 TV홈쇼핑에서 판매하는 제품의 품질 및 가격에 대한 낮은 신뢰성과 진일한 무점포 소매업형태인 인터넷 전자상거래의 성장은 TV홈쇼핑의 성장에 부정적인 영향을 미칠 수 있다. 인터넷 인구의 급속한 증가, 통신·컴퓨터 관련 기술의 발달, 효율적 배달 체제, 결제시스템의 구축에 따라 구매자에게 시간적·공간적 선택권(자유)과 무한대의 상품 구색을 제공해 주는 이점을 가진 무점포 소매업은 주도적인 소매업형태로 자리 잡을 것이다.

R읽을거리 8.2
Reading

무점포 소매업의 성장사례

〈유통시장 변화의 동인〉 中

우선, 대형점의 성장세가 꺾였다. 2012년 대형마트의 성장률은 1.4%로 추정된다. 이는 2012년 물가 상승률인 2.2%에도 못 미치는 수준으로 실질적으로 전체 시장규모가 역신장한 것으로 볼 수 있다. 2003년부터 2012년까지 점포수를 매년 평균 25개씩 늘려왔던 공격적인 행보도 주춤해졌다.

주요 유통 기업은 2015년까지 대형마트 신규 출점을 자제하겠다고 발표하였다. 백화점 역시 지난해부터 성장세가 둔화되기 시작했다. 2004년부터 8년 연속 성장세를 보였고 특히 최근 3년 동안 10%이상의 고성장세를 누렸으나 2012년는 4.9%로 성장률이 한자리수로 떨어졌다. 2013년 1월 매출증가율도 2012년 동월대비 -8.2%로 역성장 하였다. 업계에 따르면 2013년 점포 개장을 계획중인 점포는 한 곳도 없다. 백화점은 2008년 금융위기에도 굴하지 않고 신규 출점을 이어

왔으나, 2013년는 1996년 이후 17년 만에 처음으로 신규 출점 계획이 없다. 이처럼 주요 오프라인 업태의 성장률이 5% 미만으로 둔화된 반면, 온라인 시장은 지난해 11.8% 성장률을 보이며 두 자리수 성장률을 5년 이상 이어 가고 있다. 인터넷 사용이 대중화되고 유통업체의 온라인 취급 품목이 고가 제품까지 확대되면서 전체 소매 판매액 시장에서 지난 해 약 12%의 규모를 차지하였고 향후에도 오프라인 업태보다 높은 성장세를 이어갈 것으로 예상된다.

백화점보다 더 커진 온라인 시장

유통 시장의 성장이 둔화되고 있음에도 불구하고 온라인 시장은 매년 20% 내외의 고성장세를 이어가고 있다. 온라인 시장은 2011년에 이미 백화점을 제치고 유통시장 규모 2위를 차지하며 지난 해 시장 규모가 30조원을 넘어섰다. 매장에서 실물을 확인하고 온라인으로 저렴한 가격에 구매

하는 쇼루밍 현상의 확산이 온라인시장 성장을 가속화 시키고 있다. 얼마 전 백화점에서 오픈한 한 쇼핑몰에서는 1,200만 원대의 수입 고가 오토바이가 팔려나갔다. 신뢰성과 저렴한 가격이라는 이점으로 쇼루밍 현상은 프리미엄 시장까지 확대되고 있다. 특히 모바일 쇼핑이 급속하게 성장하고 있다. 스마트폰 등 모바일 기기의 확산으로 2009년 30억 원에 불과했던 모바일 쇼핑 거래액은 지난 해 6,000억 원 규모로 성장하였다.

소셜커머스도 2011년 500억 원 규모로 시작하여 1년 만에 1조원을 상회하는 수준으로 성장했다. 업태 별로 1조원 규모를 달성한 기간이 백화점 15년, 대형마트와 TV홈쇼핑은 각각 6년이 걸린 것에 비해 소셜커머스의 성장률은 타 업태를 압도한다.

자료: K모바일, 기사입력 13. 5. 8, 17 : 38, LG경제연구원, 황혜정 연구위원 〈http://www.kmobile.co.kr/k_mnews/news/news_view.asp?tableid=IT&idx=428629

(5) 유통시장의 개방

정부는 세계적인 시장개방 추세에 비추어 국내 유통시장의 개방이 불가피하다는 인식하에 유통시장의 단계적 개방을 추진하였다. 유통시장의 개방이 국내 유통시장에 미치는 긍정적인 영향으로는 선진유통기법 도입의 촉진, 경쟁촉진에 따른 유통효율성의 제고, 소비자의 선택 폭의 확대와 고객서비스 수준의 향상, 수입품의 가격하락에 따른 물가안정 등을 들 수 있다.

2) 유통의 글로벌화

21C의 세계적 화두는 분명 국제시장의 통합화를 높인다는 의미의 글로벌화이다. 사실 지난 10여년을 되돌아보면, 세계시장에서 기업들의 원료 및 제품 소싱부터 판매에 이르기까지 국내시장을 넘는 글로벌화의 확산이 두드러지게 나타났다. 글로벌화는 세계 시장에서의 주요한 트렌드로 자리 잡고 있다.

유통시장 역시 글로벌화가 급속히 진행되어 왔다. 그렇다면, 유통업체들이 해외시장에 투자를 확대하면서 글로벌화에 앞장서고 있는 이유는 무엇인가. 유통업계의 글로벌화 동기는 국내시장의 포화, 국내시장의 정부규제, 규모의 경제를 위한 성장의 불가피, WTO체제하에서의 자유화 확대, 그리고 신규시장의 시장잠재성을 들 수 있다.

표 8-5 해외유통환경

유통라인	내 용	
마케팅 에이전트	- 커미션을 받고 판매를 대행 - 시장진출에 따른 비용 최소화 - 마케팅 효과가 떨어짐	
Distributer	대형소매상 대상	대형유통 체인
	생산업체	제품공급 벤더
	일반고객	인터넷 또는 전화 판매
독자 진출	현지 법인	제품유통 및 결재
	독립 법인	제품유통 및 결재
	연락 사무소	고객 지원

출처: http://blog.naver.com/PostView.nhn?blogId=ancdan82&logNo=130036084097

(1) 국내시장의 포화

1996년 국내 유통시장의 전면개방 이래 개방 10년째인 2006년 현재 국내 대형유통 점포수가 300개를 넘어서고 시장경쟁은 더욱 치열해지고 있다. 국내 시장규모를 감안할 때 적정 대형점포수에 대한 논란은 많지만 이제 포화점에 다다르고 있는 것만은 분명하다. 이제 대형유통업체들이 대도시의 신규개설보다는 지방 중소도시로 눈을 돌리고 있는 것을 볼 때 그동안 신규시장 개척을 통해 성장을 주도하여 온 유통업계가 새로운 시장창출의 과제에 고민하고 있음을 알 수 있다. 이러한 국내시장의 포화는 결국 해외시장으로 진출을 불가피하게 만들 것이다.

(2) 국내·외시장의 정부규제

세계적으로 유럽과 일본은 정부규제가 대체로 강하고 미국은 자유시장원칙에 입각하여 규제가 약한 국가로 알려져 있다. 독일과 프랑스를 중심으로 한 유럽 유통업계가 해외시장 진출에 보다 적극적이었던 것은 자국시장의 정부규제가 강한 것이 주된 이유 중 하나였다고 할 수 있다. 유럽에서는 1980년대 규제완화가 급속히 진행되었으나 이에 따른 결과로 중소유통업체의 영업활동이 크게 위축되어 실업이 증가하고, 대형매장의 난립에 따른 교통 혼잡과 차량 이용의 증대에 따른 공해 발생 등에 따라 국가별로 차이가 있지만 1990년대 중반부터 대형매장 설립에 대한 규제가 보다 강화되었다. 독일의 경우 유럽에서 가장 규제가 강한 것으로 알려져 있으며, 점포크기나 영업시간 등에 대한 규제로 실질적으로 대형점포의 확산이 어려운 실정이다. 이러한 정부규제가 독일과 프랑스를 중심으로 한 유럽유통업계가 해외시장 진출에 보다 적극적인 주된 이유인 것이다. 그러나 대형마트 의무휴업이 내수경기 저하를 초래하는 부작용을 경험한 이후 프랑스는 점차 규제를 완화하고 있으며 가장 강한 규제를 펼쳤던 독일 역시 지방정부가 규제를 탄력적으로 시행할 수 있도록 법적 장치를 마련했다. 일본의 경우 유통 관련 규제를 아예 철폐하며 2000년 이전까지는 '대규모 소매법'을 통해 대형마트의 영업시간 등을 규제하였으나 연방정부 차원의 직접규제가 없는 미국과의 통상마찰을 겪은 이후 관련 규제를 전면 폐지시켰다.[1]

한편, 미국은 근본적으로 시장의 자유를 강조하는 정책기조를 유지하고 있다. 유통업체는 철저한 시장경제의 법칙에 의해 경쟁력이 있는 업체는 생존하고 그렇지 못한 업체는 퇴출되는 것이다. 우리 국내 사정을 보면, 유통시장 개방과 함께 유통시장의 규제완화가 꾸준히 이루어져 왔으나 그 결과로 중소유통업계의 위기감이 고조되며 다시 정부규제를 강화하려는 움직임을 보이고 있다. 최근 영세 자영업 보호의 일환으로 대형 할인점의 영업시간과 출점에 대한규제 입법화가 추진되고 있다. 물론 정부의 규제완화 기조가 쉽게 바뀔 것으로 보이지는 않지만 사회 여론의 방향의 따라 그 변화가 있을 수 있을 것이다.

(3) 규모의 경제를 위한 성장의 불가피

세계의 주요 소매업체들은 신규출점 증대 및 M&A(Mergers and Acquisitions)를 통해 초대형화 추진하고 있다. 각 국가별 상위 소매업체의 시장점유율이 지속적으로 상승하고 있고 국내에서도 대형유통업체의 시장점유가 지속적으로 증대하고 있다. 국내에서 이제 백화점 빅3, 할인점 빅5 체제가 보다 강해지고 있고 앞으

---

1 http://news.mt.co.kr/hotview.php?vgb=focus&no=20131227153618608877&hpg=2

로 얼마 후에는 상위 소수업체의 시장점유 비중이 더욱 커질 것으로 전망되고 있다.

세계적으로 합병을 통한 규모화는 프랑스의 까르푸와 프로모데스, 미국시어스와 K마트의 합병과 합병을 통한 중국 최대의 유통업체 상해 백련그룹(Bailian Group)탄생 등을 들 수 있다. 그리고 또한 월마트의 일본 세이유 인수와 영국 아스다 인수, 네덜란드 아홀드의 미국 지역 슈퍼마켓 체인 인수와 같이 글로벌 유통업체들의 로컬 유통업체의 지분 인수를 통한 해외시장 진출 역시 세계 유통업계의 규모화를 통한 경쟁력 강화 노력이라 할 수 있다.

(4) WTO체제하에서의 자유화 확대

우루과이 라운드의 결과로 1995년에 설립된 WTO체제는 세계시장의 자유화를 더욱 가속화시켜 왔다. 현재 진행 중인 WTO DDA 협상의 결과에 따라 시장자유화는 더욱 증대될 것이다. 세계 최대의 시장으로 주목 받고 있는 중국 또한 WTO 가입으로 시장개방을 더욱 증대하고 있다. 이러한 세계시장개방의 흐름은 유통업계의 글로벌화를 위해 보다 좋은 시장 환경을 제공하게 되는 것이다.

한편, 세계적으로 FTA(Free Trade Agreement: 자유무역협정)가 확산되고 있다. 현재 한국도 칠레와 싱가포르와는 FTA를 이미 체결하였고 미국, 일본 등과 협상이 진행 중에 있다. FTA는 분야별로 많은 이해관계가 얽혀 있어서 협상이 순조롭지는 못하겠지만, 치열해지는 시장경쟁력에 경쟁력을 높이기 위해 지속적인 FTA에 대한 노력은 증가할 것으로 보인다. 우리나라 유통시장의 경우는 이미 전반적으로 시장개방이 이루어져 있기 때문에 FTA로 인한 국내시장의 영향은 크지 않을 것으로 보이지만, 카테고리킬러와 같은 일부 분야에서는 글로벌 유통업체의 국내시장 진입이 확대될 수 있을 것으로 보인다. 반면에, FTA를 포함하는 자유무역협정은 국내유통업체의 해외진출에 보다 크게 영향을 미칠 것으로 전망되고 있다. 국내유통업체의 해외진출 대상지역으로는 선진국보다는 개발도상국이 주요 목표시장이 될 것이다.

(5) 신규시장의 시장잠재성

선진국 시장이 점차 포화되어 감에 따라 세계 유통업계는 시장 잠재성이 높은 신규 시장 발굴에 노력하고 있다. 이미 남미 최대의 시장인 브라질에서 미국과 유럽계 유통업체들의 경쟁이 치열하고, 세계의 모든 관심이 모아져 있는 중국은 세계 글로벌 유통업체들의 각축전으로 그 경쟁이 더욱 치열해지고 있다는 것은 우리가 모두 잘 알고 있다. 아시아 시장은 1990년대 후반 금융위기를 계기로 글로벌 유통업체들의 시장진출이 보다 활발해졌고, 동유럽 시장은 유럽 유통업계의 시장 확대를 위한 동진(東進)정책으로 유통시장의 글로벌화가 이루어져 가고 있다. 이제는 BRICs(잠재적 성장시장: 브라질, 러시아, 인도, 중국) 중에서 인도와 러시아로 글로벌 유통업계의 관심이 옮아가기 시작하고 있다. 2005년 3월부터 인도 정부가 소매 유통시장에 대한 외국인 직접투자 허가를 시작하면서 월마트를 포함한 세계적 유통업체들의 발 빠른 행보가 이어지고 있다고 한다. 우리 유통업계도 중국 이외에 새로운 해외 신규시장 개척을 위해 중장기적인 진출계획을 만들어 가야 할 것이다.

3 유통과 소비자

1) 유통에서의 소비자

국내 유통산업의 경쟁구도는 1996년 유통시장 개방 이후 산업체 출현으로 인해 그 동안 재래시장, 슈퍼마켓, 백화점을 중심으로 형성해 온 산업구조가 재편되기 시작하였다. 특히 기업형 유통구조로의 전환이 가속화되고 있다. 2007 국내 소매판매액이 사상 처음으로 150조 원을 돌파하였는데, 이는 유통시장이 개방된 1996년과 비교하면 11년 만에 54.7%가 늘어난 수치이다. 또한 IMF 외환위기 이후 소비자들의 합리적이고 실질적인 가치구매를 지향하는 소비패턴이 형성됨에 따라 이러한 경제상황과 맞물려 우리 유통업계는 재빠르게 변화하고 있다.

이렇게 빠르게 변화하고 있는 환경 속에서 가장 우선적으로 가져야 할 사고는 철저한 고객 지향적 접근시각이다. 우리 상품의 최종고객이 원하는 구매서비스가 무엇인지를 그들의 관점에서 이해하는 것이 출발점이 되어야 하며, 그 다음으로는 이를 철저하게 충족시킬 수 있는 소매상이 선정되어야 하고, 또 소매상의 활동을 원활하게 지원할 수 있는 도매상이 선정되어야 한다. 물론 도매상 입장에서는 유통관리이든 소매점 입장에서의 유통관리이든 그 원리는 같다고 할 수 있고, 어떤 경우이든 기업은 최종고객의 관점에서 유통관리의 실마리를 풀어야 하며, "The next process is your customer"와 "customer chain"의 사고를 가지고 중간고객들의 관리에 임하여야 한다.

또한 유통은 흐름의 관리라는 점을 명확히 인식하고 그 흐름의 시작도 그리고 끝도 고객임을 명심해야 한다. 그리고 고객에 대한 이해는 결국 인간과 그들 조직에 대한 이해와 애정이 밑바탕이 되어야 하며, 그들의 생존과 행복에 대하여 끊임없는 노력을 기울일 줄 알아야 한다. 이러한 사고를 가진 기업일수록 고객의 새로운 욕구를 미리 파악하여 보다 나은 유통서비스를 제공해 주거나 기존 서비스의 불만을 신속히 개선시키는데 앞장서는 'Pioneering Spirits(개척자 정신)'이 강할 것이다.

R읽을거리 8.3 eading

소비자를 찾아가는 새로운 유통업 사례

소비자가 백화점이나 매장을 찾지 않아도 사업자가 맞춤형 상품으로 소비자를 찾아간다. 가치소비 열풍에 유통업도 소비자 중심으로 진화 중이다.

2012년 11월 프랑스 일간지 르피가로는 소비자를 찾아가는 한국의 새로운 유통업을 소개했다. 한 칼럼에서 '한국의 셔츠매거진이란 곳에 연회비를 내면 매월 잡지가 아닌 새 와이셔츠를 보내준다'며 '기발한 상품'이라고 평했다. 유통업계 종사자들은 한국 소비자가 겉보기보다 깐깐하다고 말한다. 신진호 GS샵 홍보팀장은 "우리나라 홈쇼핑 고객들이 미국 등 다른 나라와 달리 방송 시간 막판에 집중 구매하는 이유는 충동적이어서가 아니라 그만큼 신중해서"라며 "깐깐하게 인터넷 검색도 하면서 구매에 신중을 기하기 때문"이라고 설명했다. 실속과 품질을 동시에 따지는 가치소비도 '깐깐함'의 또 다른 일면이다. 불황에 한층 까칠해진 소비자의 마음을 잡기 위해선 유통업도 나

날이 새로워져야 살아남을 수 있다. 르피가로가 소개한 셔츠매거진은 중저가 와이셔츠 브랜드 'STCO'의 에스티코가 만든 서브스크립션 커머스(Subscription Commerce)다. 서브스크립션 커머스는 소비자가 매월 일정 금액을 내면 제품을 잡지 구독하듯 받아볼 수 있는 새로운 판매기법이다. 셔츠매거진은 1년에 10만원의 회비로 매월 셔츠 1장씩을 배송한다. 이전까지 서브스크립션 커머스는 제품을 임의로 발송하는 경우가 많았다. 셔츠매거진은 소비자가 원하는 제품을 직접 고를 수 있게 했다. 가치소비족의 특성을 파고든 것이다. 경기도 의정부에서 셔츠매거진을 '구독'하는 박현수(33)씨는 "바쁜 직장생활에 셔츠를 사러갈 시간도 마땅찮고 막상 여유가 생겨도 패션을 잘 몰라 고르기가 막막했다."며 "합리적 가격대의 셔츠와 타이를 집에서도 간편하게 받아볼 수 있어서 좋다."고 말했다. 그는 "시즌마다 40여종의 다양한 셔츠가 제공돼 취향에 맞게 고를 수 있다."며 "집에서도 꼼꼼하게 살핀 다음에 받아볼 수 있어 유용하다."고 덧붙였다.

자료: 이코노미스트(경제 주간지) 1183호
(2013. 4. 15) [23]

2) 유통여건의 소비자측면에서의 변화

소비자측면의 변화는 여러 방향에서 살펴볼 수 있다. 소비인구의 증가, 가계소득의 향상, 소비자들의 가치관 변화, 소비자출구조의 변화, 소비 패턴의 변화 등이 주요변화로서 유통산업에 영향을 미쳐 왔다. 도시화 및 인구증가는 구매력을 증가시켜 상가 집중을 초래하였고, 또한 분업과 규모의 이익을 누리게 하였다. 특히 노인인구의 증가는 노인층만을 위한 상품개발을 촉진시켰으며, 실버산업과 관련한 유통을 증가시켰다. 뿐만 아니라 소득증가 및 여가시간의 증가로 인한 미시와 젊은층 등이 새로운 소비계층으로 부각하고 있어 이들을 위한 제품유통을 촉진시켰다.

가계소득수준의 향상은 여타의 변화 중 가장 커다란 영향을 미치는 것으로 전체적인 소비의 양을 증가시켰고, 기본적인 지출보다는 선택적 지출, 즉 문화·오락·여가 등과 관련한 소비를 증가시켜 왔다. 소득증가를 통한 구매력증가는 상품의 종류를 보다 다양하게 하는 데 결정적인 영향을 미쳤고, 보다 표준화되고 구색이 잘 맞춰지는 소매업태를 활성화시켰다.

한편 경제·사회환경의 변화에 따라 소비자의 가치관이 변화하면서 다양한 소비자욕구·기호는 점포규모, 제품 믹스, 점포의 체인화 등에 영향을 미쳤다. 과거에는 소비자들이 생존과 생리적 이유에 의한 소비가 중요하였으나 점차 기호를 추구하고 자아실현을 위해 소비를 즐기게 되면서 소비환경의 변화를 초래하게 되었다. 편리지향적 소비와 시간절약형 소비가 중심을 이루게 되었고, 가격보다 품질 또는 브랜드 중심의 선택이 보편화되었다. 1980년대와 1990년대의 소비형태를 비교하면, 도시중심에서 도시주변과 신도시로, 과시소비에서 겸양의 소비로, 감성과 유행에 민감한 소비에서 이성과 지성 그리고 연속성과 안정을 추구하는 소비로, 흥미와 화려함을 추구하는 소비에서 성실과 단순함을 추구하는 소비로, 쓰고 버리는 소비행태에서 지속가능한 소비로 전환되고 있다고 하겠다.

이 같은 소비행태의 변화는 유통시장에 많은 변화를 초래하고 있다. 구체적으로 품질과 기능의 세계적 수준화를 촉진시켰으며, 상품철학을 중시하고 사회적 공헌을 하는 상품을 개발하고 판매하려는 분위기를 만들었다. 또한 소비자편의를 도와주는 기능이 편리하고 간편하며 콤팩트화된 제품의 개발과 유통을 촉진시켰으며, 환경상품을 개발·유통시키는 변화를 초래하였다. 게다가 조리취급이 단순하며 적정한 가격의 제품 및 실생활과 관련한 제품을 중시하는 방향으로 전환시키고 있다.

3) 유통시장 개방이 소비자에게 미치는 영향

유통시장이 개방되면서 가장 눈에 띄는 변화는 대형 할인점이 소비생활에서 정착되고 있다는 것이다. 이같은 변화는 소비자들의 소비문화, 나아가 삶의 패턴에도 많은 변화를 주고 있다. 과거 주부들이 재래시장에 가서 장바구니에 야채·식품 등을 사가지고 오고 수시로 동네 슈퍼마켓에서 제품을 구입하던 것과는 달리, 남성 소비자들도 대형 할인매장에서 소비활동에 적극적으로 참가하게 되는 변화를 맞게 되었다. 또 일주일동안 필요한 것을 적어 두었다가 편리한 시간, 어떤 경우에는 아주 밤늦은 시간에도 자동차를 가지고 가서 제품을 구매하는 구매 패턴이 형성되었다. 또한, 장바구니보다는 대형 쇼핑공간에서 카트를 끌며 식품은 물론이고, 잡화·의류·가전제품 등 그야말로 없는 것이 없을 정도로 상품구색이 다양한 대형 매장에서 낱개보다는 여러 개의 묶음제품, 즉 번들제품을 구매하는 구매

패턴이 형성되고 있다.

　이처럼 유통시장 개방은 소비자에게 많은 영향을 미치게 되는데, 긍정적인 영향과 부정적인 영향으로 구분하여 살펴볼 필요가 있다.

　긍정적인 영향을 살펴보면, 첫 번째, 소비자의 선택할 권리가 잘 실현될 수 있다. 유통시장 개방으로 소비자는 더 많은 상품 속에서 폭넓은 선택의 권리를 누릴 수 있다. 국내 유통시장의 경쟁 속에서 소비자는 선택의 폭이 넓어져 보다 다양한 기호와 욕구를 충족할 수 있다.

　두 번째, 유통시장개방은 가격경쟁을 촉진시켜 소비자이익을 증진시킨다. 외국 유통업체의 진출로 국내 유통업체들은 전차 가격과 품질경쟁이 촉발되어 원가절감과 경영의 효율성 제고 등의 노력을 추구하게 되므로 국내 제품가격의 하락뿐만 아니라 수입제품의 가격도 점차 하락하여 소비자는 가격경쟁의 수혜자가 될 수 있다.

　세 번째, 가격경쟁 이외에 서비스경쟁으로 인한 서비스 수준향상으로 소비자는 질 좋은 서비스를 제공받을 수 있다. 서비스수준의 향상은 가격경쟁과 상품의 다양화 못지않게 소비자에게 긍정적인 영향을 미치게 된다.

　유통시장 개방이 소비자에게 미치는 부정적인 영향은 외국소비문화의 무분별한 도입으로 사치성 소비, 과시적 소비, 계층 간 위화감 조성 등의 문제를 야기할 수 있다. 대규모 다국적기업들이 고소득자를 겨냥한 고급소비재 전문점이나 매장 그리고 공급제품의 고급화를 추진할 경우 이 같은 부정적 영향이 더욱 커질 수 있다. 결국 유통시장 개방으로 인한 소비자이익을 증가시키기 위해서는 철저한 가격과 품질의 비교를 통한 합리적인 선택과 바람직한 소비생활이 전제되어야 한다.

검토 과제

1. '파워리테일러'의 발생 이유를 설명해보라.

2. 점점 변화하고 있는, 점포소매상과 무점포소매상의 최근 특징에 대해서 설명해보라.

3. 미국의 월마트와 까르푸가 한국에서 실패한 이유를 논하라.

4. 한국유통시장이 해외진출을 실행하는 이유를 설명하라.

5. 최근 SSM문제가 사회적인 문제가 되었는데, 자본시장경제체제에서 정부의 규제가 타당한가와 골목상권보호에 대해서 생각해보라.

6. 유통시장 개방에 따른 긍정적, 부정적 영향에 대해 설명하시오.

주요 참고문헌

▣ 김기옥, 정순희, 허경옥, 김혜선(2012), 시장경제와 소비자, 교문사.

▣ 김영숙, 심미영, 이경옥(2009), 소비자와 생활경제, 대왕사.

▣ 윤명길, 김유오, 남궁석(2004), 유통이론에 대한 학문적 개념연구, 한국유통과학회, 유통과학연구, 제2권 제1호.

▣ 윤명길, 김유오(2010), 유통학원론, 두남.

▣ 이기춘, 최은숙, 박명희, 강이주, 김영신, 김외숙, 김기옥, 윤정혜, 이승신, 송인숙, 서정희, 이은희, 손상희, 여정성, 심영, 김경자(1995). 소비자학의 이해, 학현사.

▣ 박명희(1993), 소비자 의사 결정론, 학현사.

제 9 장

소비자신용과 합리적 소비

우리나라의 개인 신용불량자는 2003년 카드위기로 인해, 한때 382만 명(2004년 2월)을 기록하였다. 15세 이상 경제활동인구 중 1/10 이상이 신용불량자였던 셈이다. 한편 신용불량자 등록제도는 2005년 4월 28일자로 폐지되었는데 이는 신용불량정보가 금융기관에서 개인신용평가의 기초자료로 활용되기보다는 일률적으로 금융거래를 제한하고, 고용 시 불이익을 가져오는 등 부작용이 컸기 때문이다. 하지만 그렇다고 개인의 신용관리가 필요 없어진 것은 아니며 오히려 신용관리의 필요성은 갈수록 커지고 있는 실정이다. 2008년 미국에서 문제가 되었던 서브프라임 대출 부실화도 따지고 보면 개인의 신용관리 소홀에서 비롯된 것이다.

그렇다면 신용은 무엇을 의미하는 것일까? 신용이란 돈을 빌려 쓰고 약속한 대로 갚을 수 있는 능력이다. 개인이나 기업이 신용이 좋다는 것은 곧 빌려간 돈을 갚을 능력이 충분하다는 뜻이다. 그렇기 때문에 돈을 빌려주는 사람은 항상 돈을 빌려가는 사람의 신용이 좋은지 여부를 따져보고 빌려주게 된다.

이 장에서는 소비자신용의 문제를 다룬다. 제1절에서는 소비자신용의 의미와 종류, 특성, 중요성 및 장단점을 살펴보고 제2절에서 소비자 개인 신용관리의 중요성과 방법을 설명한다. 제3절에서는 현행 소비자신용에 관련된 여러 제도적 장치를 비교해 보고 이어 제4절에서는 라이프사이클에 맞춘 재무설계를 통한 합리적 소비에 관해 공부한다. 마지막으로 제5절에서는 신용카드 이용과 관련된 소비자문제와 그 해법에 관해 살펴본다.

1 소비자신용

1) 소비자신용의 의의

(1) 소비자 신용이란?

경제활동에서 신용(credit)은 미래에 대가를 지불할 것을 약속하고 현 시점에서 상품이나 현금 또는 서비스를 제공받기로 하는 일종의 계약행위이다. 신용은 신뢰를 바탕으로 하는 계약행위로서, 신용을 이용하여 미래의 소득을 현재에 미리 끌어서 사용하게 된다.

소비자신용이란 기업이 아닌 개인이나 가계에서 소비행위와 관련하여 신용을 사용하는 행위를 의미한다. 다시 말하면 소비자 신용이란 금융기관이나 판매업자가 일반 소비자에게 소비생활에 필요한 자금을 빌려주거나 상품 매매대금의 상환을 일정기간 연기해 주고 그 대가로 미래에 이자나 수수료를 덧붙여서 돌려받기로 약속하는 계약행위를 말한다.

(2) 소비자신용의 종류 및 특성

소비자신용은 제공되는 형태에 따라 소비자 금융과 신용판매로 구분된다(〈그림 9-1〉 참조). 소비자 금융(대출)은 금융회사에서 일반소비자들에게 자금을 빌려주고 미래 정해진 시기에 빌려 준 자금에 대해서 지불이행을 약속 받는 것으로 금융권의 담보대출, 신용대출, 현금서비스, 대부업의 사금융 등이 포함된다.

신용판매란 상품이나 서비스의 판매업자가 물품이나 용역을 판매하고 그 대가를 일정기간 후에 지급받는 외상구매 방식을 취하는 것을 말한다. 주로 카드사, 리스사, 할부 금융사, 판매업자 등이 물품이나 서비스판매를 목적으로 신용판매를 소비자에게 제공한다. 즉 신용의 발생이 자금을 빌려 쓰는 것에 대해 소비자

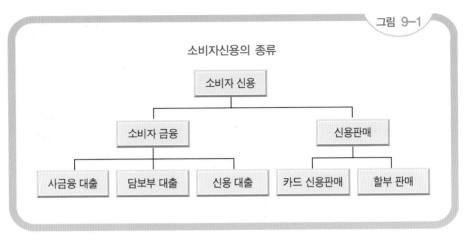

출처: 한국FPSB(2009), 재무설계 개론, 한국FPSB.

금융이라고 하고, 신용의 발생이 유형적인 물건에서부터 시작된 것을 신용판매라고 한다.

2) 소비자신용의 중요성과 장단점

(1) 소비자신용의 중요성

신용의 사전적 정의를 살펴보면, '신용'이란 장래의 어느 시점에 그 대가를 치를 것을 약속하고 현재의 가치를 얻을 수 있는 능력을 의미한다. 쉽게 말해 외상으로 물건을 사거나 담보 없이도 돈을 빌릴 수 있는 능력이 곧 신용인 셈이다.

최근에는 신용을 단순히 빚을 갚을 수 있는 능력의 차원을 넘어 하나의 자산관리도구로 여기는 경우가 많다. 예를 들어 물건을 살 때 신용카드 할부 구입을 하거나 신용카드 혜택을 따져가며 구매하는 것은 물론, 신용을 이용해 대출을 받아 더 큰 수익을 내는 투자처에 투자를 하기도 한다. 이처럼 신용의 활용범위가 넓어지면서 신용관리의 중요성도 점차 커지고 있다. 개인이 신용을 잘 관리하게 되면 우선 금융회사에서 낮은 금리로 대출을 받을 수 있게 되고, 필요한 때에 신용으로 거래가 가능하게 된다. 금융회사 입장에서는 정확하고 풍부한 신용정보를 보유하게 되면 신용공여 능력이 극대화되고, 부실대출에 따른 부실자산이 축소되어 금융회사의 건전성이 좋아지는 효과도 있다. 이처럼 각 경제주체가 신용관리를 잘하게 되면 국가경제 전체적으로 이익이 될 뿐만 아니라, 금융회사와 개인 간의 거래가 활성화되어 신용거래질서가 확립되는 긍정적인 효과를 얻을 수 있다. 또한 산업화의 급속한 진전과 금융산업의 발전으로 '신용사회'라는 표현이 등장하였는데, 신용사회는 개인의 신용을 매개로 더욱 더 많은 물질적, 정신적 풍요를 누릴 수 있게 되었으며 신용을 쌓는 것이 개인의 보이지 않는 재산가치를 축적하는 것이 된 것을 의미한다.

따라서 개인의 건전한 신용관리는 합리적인 사회구성원으로 인정받는 필수조건이라고 할 만큼 신용은 중요하다. 그러나 현금을 보유하지 않고도 물품구매, 서비스 이용이 자유롭다는 점만 생각하고 자신의 신용상태와 경제적 능력을 간과한 채 충동구매나 과소비에 현혹되어 과도한 신용거래를 할 경우 신용 장래에 갚기 힘든 채무로 남게 되어 경제적 파탄을 초래할 수 있다. 아래의 〈그림 9-2〉에서 보듯이 우리나라의 신용규모는 급격하게 증가하고 있다.

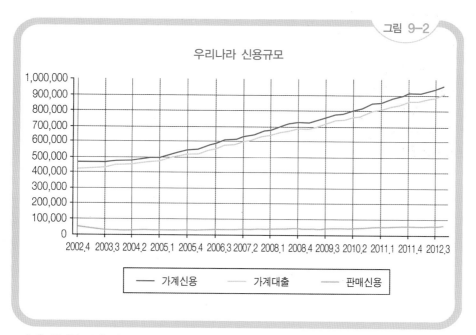

그림 9-2

우리나라 신용규모

출처: 통계청 통화금융통계 가계신용, http://kosis.kr.

가계부채 4분기 28조↑ … 12년 만에 최대폭 증가

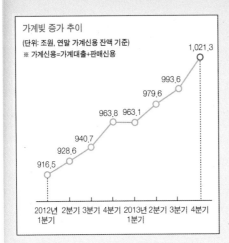

가계빚 증가 추이
(단위: 조원, 연말 가계신용 잔액 기준)
※ 가계신용=가계대출+판매신용

916.5 928.6 940.7 963.8 963.1 979.6 993.6 1,021.3

2012년 2분기 3분기 4분기 2013년 2분기 3분기 4분기
1분기   1분기

가계부채의 증가 속도가 다시 가팔라졌다. 지난해 4분기 가계부채 증가폭이 전분기보다 갑절이나 늘어나면서 가계부채 규모는 공식적으로 1,000조원을 넘어섰다. 과도한 부채로 가계의 이자 부담이 가중되고 소비를 위축시켜 경기 회복세에도 부정적 영향을 끼칠 것이란 우려가 커지고 있다.

한국은행은 25일 발표한 '2013년 4분기 중 가계신용(잠정)'에서, 지난해 4분기 가계신용이 27조 7,000억원 늘어나, 12월 말 현재 가계신용 잔액이 1021조 3,000억원(가계대출 963조원, 판매신용 58조 3,000억원)으로 집계됐다고 밝혔다. 이로써 2004년 말 494조 2,000억원이던 가계부채는 9년 만에 배 이상 늘어났다. 가계신용은 금융기관 대출과 카드결제 등 외상으로 구매한 판매신용을 전부 포함한 것이다.

지난해 가계신용 규모는 전년에 견줘 57조 7,000억원(6.0%) 늘었다. 특히 4분기 증가액이 28조원에 육박해 3분기에 비해 갑절 가까이 늘었을 뿐 아니라, 분기별 집계로 보면 2001년 4분기 이후 최대 증가폭을 나타냈다. 4분기 가계대출 급증세는 지난해 말 생애최초 주택구입자에 대한 세제혜택 종료를 앞두고 주택담보대출 증가폭이 전분기 1조원에서 6조 7,000억원으로 급증한 영향이 컸다. 같은 기간 상호금융과 새마을금고 등 비은행 예금취급기관의 가계대출 증가폭도 3조 6,000억원에서 6조 7,000억원으로 늘었다. 민효식 한은 금융통계팀 조사역은 "신용카드 구매 등 판매신용은 연말 계절적인 요인 등으로 증가폭이 확대됐다"고 말했다. 금융위원회는 "지난해 가계부채 증가는 주택거래 회복세, 전세가 상승 등의 영향으로 주거 관련 대출이 크게 늘고, 생활자금 용도의 신용대출과 비은행권 대출 등도 증가세를 지속했기 때문"이라고 분석했다.

일시적인 대출 수요 등을 고려하더라도 가계부채의 가파른 증가 속도는 우려할 만한 점이다. 소득 증가율보다 가계부채 증가율이 높아 부채상환 여력이 갈수록 떨어지고 있는 것도 문제다. 현대경제연구원의 최근 조사를 보면, 지난해 저소득층(가처분소득이 중위소득의 50% 미만)의 금융 대출은 전년에 비해 26%나 늘었고, 채무상환비율(원리금상환액/가처분소득)은 56.6%로 14%포인트나 급등했다. 채무상환비율이 40%를 넘으면 채무불이행 가능성이 높은 '과다채무가구'(한국은행 기준)로 분류된다.

과도한 부채는 이미 민간 소비의 발목을 잡고 있는 상황이다. 지난해 가계의 평균소비성향은 관련 통계를 작성한 이래 최저치로 떨어졌다. 정부가 이날 가처분소득 대비 가계부채 비율(2013년 9월말 기준 169.2%)을 2013년 말 기준보다 5%포인트 낮추는 것을 뼈대로 한 가계부채 관리방안을 내놨지만, 빚을 내 집 사기를 부추기는 부동산 부양책 등이 지속되면서 가계빚 문제를 풀기가 쉽지 않을 것이란 지적이 나온다.

자료: 한겨레뉴스(2014. 2. 25.), 가계부채 4분기 28조↑… 12년만에 최대폭 증가 ⟨http://www.hani.co.kr/arti/economy/econom y_general/625806.html⟩

(2) 소비자신용의 장단점

소비자신용의 장점

소비자신용은 적절히 잘 활용하면 개인의 소비흐름을 원활하게 함으로써 국가경제 성장에 기여하게 된다. 먼저 소비자는 신용을 이용하여 현재의 구매력을 증가시킬 수 있다는 장점이 있다. 신용은 소비자의 소득과 지출의 불일치 시기에서 미래의 소득을 현재로 당겨 미리 사용할 수 있도록 도와주어 가계 재무관리에도 융통성을 제공한다. 두 번째로 신용은 인플레이션을 대비할 수 있도록 도와준다. 인플레이션이 발생하면 물가가 점차 오르게 되며 물가가 싼 시기에 필요한 것을 먼저 구매함으로 이익을 볼 수 있다. 세 번째로 소비자 신용을 사용하는 것은 개인이 생활에서 필요한 물품을 즉시 구입할 수 있도록 도와주어 만족을 극대화하는데 도움이 된다.

소비자신용의 단점

소비자들이 과도하게 신용을 이용하면 문제가 되어 단점이 발생하게 된다. 먼저 신용의 사용은 미래의 소득을 미리 당겨서 사용하는 것이므로 미래의 구매력에 영향력을 미친다. 즉 지나치게 많은 소득을 미리 사용하게 되면 미래에 발생할 소득 중에서 이미 소비로 사용한 부분이 많아져 개인의 경제적 생활수준에 부정적 영향을 미칠 수 있다. 두 번째로 신용의 사용은 비용을 수반한다는 단점이 있다. 예로 대출을 이용하는 경우 신용을 이용하는 데 있어 그에 상응하는 비용을 이자 또는 수수료의 형태로 지불해야 한다. 세 번째로 신용의 사용은 과소비나 충동구매의 가능성을 높인다.

2 소비자 개인 신용관리의 중요성과 방법

1) 개인 신용관리의 중요성

일찍부터 신용사회가 정착된 선진국에서는 신용이 아예 없거나 나쁜 사람들은 경제활동에서 심한 제약을 받기 때문에 개인의 신용관리가 생활화 되어 있다. 우리나라도 10년 전쯤부터 본격적으로 개인 신용평가 시스템을 도입하여 개인 신용정보 관리의 중요성이 부각되고 있다. 그렇다면 왜 개개인의 신용관리가 중요한 것일까.

첫째, 개인의 재무목표 달성이 중요하기 때문이다. 과도한 신용은 개인의 소비를 부추길 뿐만 아니라 부채를 증가시켜 개인의 재무상황을 악화시키고, 더 나아가서는 사회적 문제가 될 수 있다. 합리적이고 건전한 소비생활로 저축과 투자를 늘리면 궁극적으로 개인의 재무목표를 달성할 수 있다. 기업이 재무상황이 악화되면 부도가 나듯이 개인 역시 마찬가지이다.

둘째, 금융채무불이행자(구 신용불량자)가 되면 경제활동에 제약을 받는다. 금융채무불이행자가 된다는 것은 신용을 매개로 한 소비활동에서 신용을 지키지 못하여 신용도가 낮아졌다는 것이다. 그렇기 때문에 신용이 떨어져 신용불량자가 된 개인은 법적조치, 금융기관 거래 제약, 취직 등의 경제활동에서 제약을 받게 된다.

셋째, 개인의 신용불량은 곧바로 금융기관 및 국가 모두에게 불행한 결과를 초래한다. 개인이 불필요한 소비를 증가시킴으로써 물가불안 및 국제수지 적자 등 대내외 불균형을 심화시킨다. 개인의 채무증가 및 연체로 인한 카드사 및 금융기관의 부실은 개인과 투자자, 금융기관과 국가 모두에게 영향을 끼치게 되는 것이다.

우리나라에서도 소비자 신용의 규모가 매년 빠른 속도로 증가함에 따라 금융채무 불이행자의 수 역시 급속도로 늘고 있어서 사회적으로 큰 문제가 되고 있다. 또한 신용사회 정착단계에 놓인 우리나라에서도 사회생활을 하는데 있어서 신용은 기본사항이 되었으며 중요성도 대두되고 있다. 그렇기 때문에 개인은 전문가의 도움을 받거나 스스로 철저한 신용관리를 통해 채무불이행자가 되지 않도록 관리를 해야 할 것이다.

R읽을거리 9.2
eading

당신의 신용은 안녕하십니까?

신용등급이 6등급이었던 직장인 A씨(43.남). 급전이 필요해 은행에서 새희망홀씨 상품을 통해 500만원을 빌렸다. A씨는 회사 사정이 나빠지자 1개월을 연체했다. 이 후로는 꼬박꼬박 대출금(원금)을 상환했지만 어느날 날벼락 같은 소식을 접했다. 우연히 자신의 신용등급을 확인하면서 7등급으로 한 등급 떨어졌기 때문이다. 놀란 A씨는 은행에 확인한 결과 연체를 하게 되면 연체이자가 붙는다는 사실을 몰랐고 매월 상환금만 갚기만 하면 된다는 생각만 했다. 얼마전 공공임대아파트에 당첨된 A씨는 은행을 찾았지만 낮아진 신용등급 때문에 대출 받기가 어려워져 울상이다.

쇠고기나 돼지고기도 등급이 있고 대학 진학 때도 내신등급이 있는 것처럼 현대사회는 신용사회다. 신용을 잃으면 사회생활을 하는데 필요한 모든 걸 잃었다고 해도 과언이 아니다.

그 중에서도 신용등급 특히 개인신용등급은 개인이 경제활동을 하거나 금융거래를 하는데 자신을 말해주기 때문에 더욱 중요하다.

대부분 신용등급의 중요성을 알고 있지만 자칫 관리가 소홀해 질 수 있는 부분이기도 하다.

신용이 좋지 못해 원하던 직장에 입사를 거부당하거나 금융회사와 거래 시 불이익을 받는 경우가 많다.

일례로 신용등급 1등급과 6등급의 금리차이가 1금융권에서 최대 10% 이상 나기도 한다. 신용평가회사인 KCB 자료에 따르면, 1등급인 고객이 은행창구에서 받는 대출금리는 연 6.66%로 돈을 빌릴 수 있는 반면, 최하등급인 10등급 회원은 연 21.32%의 고금리로 대출을 받을 수 있다.

결국 좋은 신용등급은 돈을 버는 비결인 셈이다.

김영복 신용회복위원회 신용관리교육원 수석조사역은 "금융기관과 대출거래를 할 경우 신용등급을 가지고 있는 분은 이자율 적용에 있어서 그렇지 않은 분보다 훨씬 유리하다"며 "신용관리를 잘하면 높은 신용등급을 유지할 수 있기 때문"이라고 설명했다.

◈ 신용등급은 어떻게 만들어지나?

개인신용등급을 매기는 목적 중 하나는 과거와 현재의 금융거래 모습을 통해 향후의 모습을 예측하기 위한 것이다. 금융사 입장에서는 고객이 대출을 받았을 때 잘 갚을 수 있는지가 무엇보다 중요하다. 이에 따라 개인신용을 평가할 때 신용거래정보, 연체정보, 금융질서문란정보 등을 중요하게 다룬다.

신용거래정보란 신용카드발급, 대출거래, 가계당좌예금 개설, 채무조정내역 등을 볼 수 있는 정보를 말한다.

부자라고 신용등급이 높을까. 정답은 그렇지 않다. 개인의 소득 또는 재산 등을 신용등급 평가 항목이 아니다. 신용등급은 신용평가회사인 KCB와 NICE가 은행, 카드사, 보험사 캐피탈, 저축은행 등 금융회사에서 제공한 금융거래정보나 국세, 관세, 지방세 등 공공기관이 제공하는 신용거래내역과 관련정보를 수집해 이를 평가한 후 가공해 결정된다. 통상 10개 등급으로 분류된다. 1~4등급까지 우량등급이며 5~6등급은 일반등급, 7~8등급은 주의등급, 9~10등급은 위험등급으로 구분된다. 나이스신용평가정보의 신용등급 공시에 따르면, 2012년 9월 기준, 가장 많이 분포된 등급은 5등급으로 832만 3,869명이며 4등급(629만 4,098명), 2등급(596만 103명), 1등급(584만 2,924명), 6등급(493만 5,842명), 3등급(454만 6,924명), 7등급(237만 9,515명), 8등급(184만 4,768명), 9등급(137만 8,970명), 10등급(43만 5,818명) 순이다. 다만 경기 침체로 9~10등급의 저신용자들이 늘고 있다는 점이 문제다. 2011년 12월과 2012년 9월 개인신용등급별 인원분포를 보면 6개월새 9등급은 132만 8,806명에서 137만 8,970명으로 5만 164명이 늘었다. 10등급은 38만 1,945명에서 5만 3,863명이 늘어난 43만 5,818명을 기록했다.

은행권 관계자는 "저신용자를 위한 서민금융상품들이 나오면서 대출문턱을 낮춘 것이 영향을 줄 수 있다"며 "저신용자일수록 소득이 크게 줄어들고 있는 상황 속에 상환능력에 문제가 생겨 연체가 많아질 수밖에 없다"고 말했다.

자료: 데일리안(2012. 11. 16.), [신용사회의 회복] 당신의 신용은 안녕하십니까?
⟨http://www.dailian.co.kr/news/view/315033⟩

2) 개인 신용관리의 방법

개인의 신용을 효과적으로 관리하기 위해 다음과 같은 신용관리 방법을 파악하고 있어야 한다.

첫째, 지출은 소득범위 내에서 하도록 한다. 생활비 부족이나 교육비를 충당하기 위해서 신용을 이용하는 경우가 종종 있는데, 개인 스스로 소득범위 내에서 생활할 수 있도록 하고, 불필요한 지출이나 즉흥적인 소비는 발생되지 않도록 예산을 세우는 습관을 갖도록 한다.

둘째, 신용카드의 사용은 1~2개 정도면 충분하다. 과도한 신용카드 남발로 인해 현재 많은 신용카드가 사용되지 않고, 지갑 속에 묵히는 경우가 허다하다. 신용카드는 1~2개만 사용함으로써 관리도 간편하게 하고, 거래실적을 누적시킴으로써 우량고객이 될 수도 있다. 이런 경우 낮은 금리혜택이나 신용한도의 증가 등 다양한 이점을 누릴 수 있음을 알도록 한다.

셋째, 지급기일을 체크하고 엄수하도록 한다. 대출상환일, 신용카드 지급기일등을 모두 철저히 지켜 개인 신용정보에 연체내용이 기록되지 않도록 주의한다.

넷째, 주소지를 철저히 관리한다. 이사로 인해 주소지 관리가 안 될 경우 대출상환일, 신용카드 등의 지급기일을 못 지킬 수도 있다. 이런 경우에는 자동이체를 이용하여 거래 실적도 쌓고, 지연이자나 주소지 관리의 번거로움을 줄일 수도 있다. 혹시나 연체가 되었을 경우에는 해당금융기관을 방문해서 담당자와의 상담을 통해 신용을 회복할 수 있는 방법을 모색하도록 해야 한다. 그리고 정기적으로 개인 신용정보를 조회해서 자신의 신용을 관리하고, 철저한 계좌관리로 연체정보의 피해를 겪지 않도록 해야 할 것이다.

3 소비자 신용회복지원제도

소비자 신용과 관련한 제도들을 신용회복지원제도라고 한다. 신용회복지원제도란 소비자가 파산에 이르기 전 단계로서 각종 금융기관이 연체이자를 감면해 주고 최대한 상환하기 유리한 조건으로 해줌으로써 소비자가 파산으로 가는 것을 막는 제도다.

신용회복지원제도는 채무금액에 따라 아래 〈표 9-1〉과 같이 적용된다.

표 9-1 신용회복지원제도 비교

구 분	사전채무조정 (프리워크아웃)	개인워크아웃	개인회생	개인파산
운영주체	신용회복위원회	신용회복위원회	법원	법원
시행시기	2009. 4. 13	2002. 10. 1	2004. 9. 23	1962. 1. 20
대상채권	협약가입 금융기관(3600여개) 보유채권	협약가입 금융기관(3600여개) 보유채권	제한 없음 (사채포함)	제한 없음 (사채포함)
채무범위	5억원 이하	5억원 이하	담보채무(10억) 무담보채무(5억)	제한 없음
대상 채무자	30일 초과 90일 미만	연체기간이 3개월 이상인 자	과다채무자인 봉급생활자 및 영업 소득자	파산 원인
보증인에 대한 효력	보증인에 대한 채권추심 불가	보증인에 대한 채권추심 불가	보증인에 대한 채권추심 가능	보증인에 대한 채권추심 가능
채무조정 수준	무담보 채권 최장 10년, 담보채권 최장 20년 신청일 기준	변제기간 8년 이내, 이자채권 전액 감면, 원금은 상각 채권에 한해 최대 1/2까지 감면	변제기간 5년 이내 변제액이 청산가치보다 클 것	청산 후 면제
법적 효력	사적 조정에 의해 변제 완료 시 면책	사적 조정에 의해 변제 완료 시 면책	변제 완료 시 법적 면책	청산 후 법적 면책

출처: 신용회복위원회(www.ccrs.or.kr).

이러한 제도에도 불구하고 채무자가 채무이행을 할 수 없게 되었을 때나 개인이 자신들의 수입에 비하여 과도하게 지출하거나, 도박에 빠지거나 잘못된 채무보증 등으로 지급불능 상태가 되었을 때 파산신청을 하면 절차에 따라 개인파산을 할 수 있다. 그러나 파산선고를 받으면 법률상 여러 가지 자격제한을 받게 된다. 그러므로 소비자 개인은 철저히 신용관리에 신경을 써야 할 것이다.

R읽을거리 9.3
Reading

신용 등급 관리 10계명

개인의 신용관리 요령이 특정된 것은 없으나 금융회사나 신용조회회사에서는 통상 다음과 같은 방법을 추천합니다.

① 주거래 은행을 만들자

주거래 은행이란 자신이 제일 많이 이용하는 은행으로 급여이체, 카드대금 결제, 금융상품 가입, 공과금 납부 및 자동이체 등을 집중하는 것이 좋습니다. 신용평가에 주거래 은행의 거래실적이 크게 반영되기 때문입니다.

② 연체상환은 금액보다 오래된 것부터

기본적으로 연체는 없을수록 좋습니다. 하지만 연체가 여러 건 있다면, 금액이 많은 것보다 오래된 연체를 줄이는 것이 신용점수 하락을 방지하는데 보다 유리합니다. 장기연체된 채무가 개인신용평가에 더욱 부정적인 요소로 작용하기 때문입니다.

③ 꼭 필요한 신용카드만

여러 장의 신용카드를 소지하기보다는 오래 사용했거나 혜택이 많은 소수의 카드만 집중적으로 사용하는 것이 좋습니다. 거래실적이 좋아 해당 카드사의 우량고객이 되면 여러 혜택뿐 아니라 현금서비스 금리도 낮아집니다.

④ 대부업자에 대한 대출신청은 신중히

대부업자의 신용정보 조회기록 또는 거래사실은 개인신용평가에 부정적으로 작용할 수 있습니다. 따라서 대부업자와 상담을 하는 경우에는 단순상담인지 대출상담인지를 명확히 밝히는 것이 좋습니다. 단순상담에 따른 신용정보조회기록은 개인신용평가에서 제외됩니다.

⑤ 보증은 가급적 피하자

신용사회에서 타인의 대출에 대해 보증을 서는 것은 본인의 대출한도를 줄이거나 신용도 하락 요인으로 작용합니다. 보증 자체가 대출과 같은 개념이기 때문입니다. 따라서 아무리 친한 사이라 하더라도 가급적 보증을 피하는 것이 좋습니다.

⑥ 카드 대금은 결제일 이전에 지급해도 좋다

카드대금이 연체중이거나 현금 서비스를 받았다면 결제일까지 기다리지 말고 미리 결제하는 것이 좋습니다. 이자도 줄어들 뿐 아니라 연체기간도 단축됩니다.

⑦ 자동이체는 필수

자동이체를 이용하면 부주의로 생기는 연체를 막을 수 있으며, 거래은행의 평점도 올라갈 수 있습니다. 하지만 통장잔액은 항상 확인하는 습관을 갖는 것이 좋습니다.

⑧ 영수증 버리지 말자

영수증은 신용 거래취소, 물품 반환, 이중청구시 거래를 입증하는 자료이자, 피해방지 수단입니다. 따라서 금융회사 실수로 불량정보가 등록되는 경우 영수증으로 구제받을 수 있습니다.

⑨ 연체독촉 전화도 잘 받자

주소지가 변경되면 은행, 통신회사 등 거래업

체에 미리 통보하여 실수에 의한 연체 등을 사전에 방지해야 합니다. 연체고객의 경우 연락두절 및 우편물 반환도 신용평가에 부정적으로 작용하므로 연체상환을 독촉하는 전화라 하더라도 응대하는 것이 좋습니다.

⑩ 본인 신용정보를 자주 확인하자
본인의 신용정보를 자주 확인하여 잘못된 신용

정보가 등록되어 있는 경우 신속히 수정하는 것이 좋습니다.

자료: 금융감독원 금융소비자보호처,
금융생활안내서
〈http://consumer.fss.or.kr/fss/consumer/beware/life/download/money_01.pdf〉

4 합리적 소비를 위한 재무설계

1) 라이프사이클

라이프사이클 가설은 이 책의 제4장 1절에서도 설명했듯이 경제학자 프랑코 모딜리아니에 의해 세워진 가설이다. 라이프사이클 가설은 밀턴 프리드만의 평

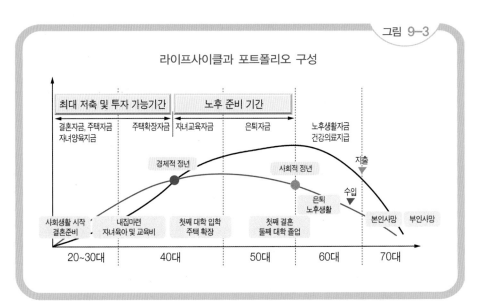

그림 9-3

라이프사이클과 포트폴리오 구성

출처: 한국FPSB(2009), 재무설계 개론, 한국FPSB.

생소득 가설에서 출발한다. 밀턴 프리드만은 '사람들은 앞으로 돈을 잘 벌 수 있다는 기대감이 있으면 미래의 소득을 대출이라는 형태로 앞당겨 돈을 팍팍 쓰지만, 앞으로 돈벌이가 시원치 않을 것 같다는 생각이 들면 지금 당장 소득이 늘더라도 소비를 억제한다'고 주장했다. 프랑코 모딜리아니의 라이프사이클은 〈그림 9-3〉과 같이 결혼, 자녀육아 및 교육, 자녀 독립 및 은퇴로 구분할 수 있다.

2) 재무설계

재무설계란 개인의 삶의 목표를 파악하고 그 목표를 달성하기 위하여 개인이 가지고 있는 재무적 및 비재무적 자원을 적절하게 관리하는 일련의 과정을 의미한다. 이 일련의 과정에는 먼저 개인의 재무목표와 비재무적 요소를 포함하는 인생목표를 파악하고 그 목표의 달성을 위하여 자산, 부채, 수입, 지출, 위험수용 성향 및 가치관 등 개인의 재무적, 비재무적 자료를 수집, 분석한 후 목표를 달성할 수 있도록 재무설계안을 계획, 실행, 점검하는 모든 과정을 포함한다. 따라서 재무설계에서는 이 과정 하나하나가 매우 중요하며 이는 서로 연관되어 이루어진다. 재무설계는 금융환경의 변화, 인구통계적 변화, 소비자 니즈 변화에 따라 필요성이 대두되고 있다. 흔히 재무설계는 자산이 많고 소득이 높은 부자들만을 위한 자산관리로만 생각하는 사람들이 많다. 그러나 재무설계는 앞서 언급했듯 인생의 목표를 파악하고 그 목표를 실현하기 위한 과정이므로 누구에게나 재무설계가 필요하다고 할 수 있다.

개인의 재무상황이 복잡한 사람일수록, 소득이 적은 사람일수록 재무설계에 대한 중요성은 더 크다고 할 수 있다. 왜냐하면 수입이 적은 사람에게는 적은 금액이라도 그 돈은 재무적으로 큰 의미가 있기 때문이다.

재무설계를 함으로써 얻는 이익

첫째, 구체적인 재무목표 및 라이프 목표를 세울 수 있고 그 목표달성이 가능하다.
둘째, 당면한 위험이나 미래 발생 가능한 위험을 사전에 파악하고 이를 효과적으로 관리하는데 도

3) 라이프사이클에 따른 재무설계

프랑코 모딜리아니의 라이프사이클 가설에 기반을 두고 이루어진 가계의 재무 목표는 〈그림 9-3〉에서 볼 수 있듯이 라이프사이클에 따라 서로 상이하게 나타나고 있고 각 라이프사이클 별로 일반적으로 제시되고 있는 재무 목표와 거의 일치하는 목표들을 가진다. 라이프사이클에 따른 재무 목표는 초기단계에서는 막연하게 설정되었던 것이 라이프사이클 단계가 진행되면서 보다 분명해 지는 것이 발견되었으며 노년기 가계에서는 특별한 재무 목표가 없어지는 과정임을 확인할 수 있다.

재정문제나 예산수립 행동도 라이프사이클에 따라 달리 나타났다. 재정문제는 동일 라이프사이클단계에 해당하는 가계라 하더라도 다양한 양상으로 나타날 수 있으나, 〈표 9-2〉와 같이 일반적으로는 라이프사이클이 가족 형성기, 가족 확장기와 자녀양육기로 진행하면서 보다 복잡한 재정문제에 직면하다가 다시 가족 성숙기와 더불어 중년기, 은퇴기가 되면 재정문제가 단순화 되는 경향을 보인다. 예산수립 행동의 경우, 라이프사이클 초기 단계 일수록 특히, 가족이 확장되는 시기에 보다 체계화된 예산수립을 하는 경향이 나타났고 은퇴기에는 예산수립을 거의 하지 않는 등 라이프사이클에 따라 가계의 재무설계의 기초가 되는 예산수립 행동에도 차이가 있음을 확인할 수 있다. 이는 서로 다른 종류의 자산 보유 행동이라든지 재무설계를 위한 포트폴리오 구성의 다양성이 라이프사이클에

표 9-2 생애주기별 재무관심사

생애주기	재무관심사
사회 초년기 (20대 후반에서 30대 초반)	• 직장선택, 소비지출관리, 저축시작, 부채 발생 시 부채관리, 결혼자금 마련
가족 형성기 (30대 초반에서 40대 초반)	• 결혼자금 마련, 주택 마련, 생활비관리, 육아비관리, 교육자금 마련, 자산증식에 대한 관심, 부채관리, 위험관리
가족 확장기 / 자녀 양육기 (40대 중반에서 50대 중반)	• 자녀교육비관리, 자산증식에 대한 관심 증가, 자녀양육 및 교육자금 관리, 지출확대로 인한 소비지출관리, 은퇴설계에 대한 관심 시작
가족 성숙기 / 중년기 (40대 중반에서 50대 중반)	• 자녀의 대학 교육자금 및 결혼자금 관리, 수입의 규모가 최대에 해당되는 경우가 발생하므로 효과적인 자산증식방법에 대한 관심, 부채관리, 은퇴설계 본격화
은퇴 및 노후 생활기 (50대 중반 이후)	• 은퇴생활비관리, 건강 및 의료비 증가에 대한 관심, 상속 준비 시작, 효과적인 은퇴생활을 위한 비재무적인 설계에 대한 관심

출처: 한국FPSB(2009), 재무설계 개론, 한국FPSB.

따라 차이가 있음을 설명해 주기도 한다.

〈표 9-2〉를 통해 볼 수 있듯 실제 재무설계를 수행할 때 가계에 속한 어느 한 개인의 연령 자체보다는 그 가계가 어느 단계에 속해있는지가 중요한지 확인할 수 있다. 그러므로 재무설계에서 라이프사이클의 개념을 적용, 분석하여 라이프사이클에 따른 전반적인 재무상황과 재무설계에 영향을 미치는 요인을 파악하여 재무설계를 수행해야 할 것이다.

또한 〈그림 9-4〉에서 보듯이 라이프사이클에 따라 가계의 예산 수립, 재정목표, 재정문제를 포트폴리오 구분에 따라 보면 첫 단계로 사회 초년기부터 가족확장기까지는 단기 목적 자금 및 비상금, 목돈 운용을 중점으로 재무설계를 하며, 두 번째 단계로 자녀 양육기부터 은퇴 전 단계인 중년기까지는 중기목적 자금으로 당장과 미래를 동시에 대비하는 재무설계를 하는 것을 볼 수 있다. 마지막으로 라이프 사이클의 마지막 단계라고 할 수 있는 중년기를 포함한 은퇴 및 노후 생활기에는 포트폴리오의 구성이 미리 준비하지 않으면 대안이 없는 성격의 장기 목적 자금에 대한 재무설계를 하고 있음을 볼 수 있다.

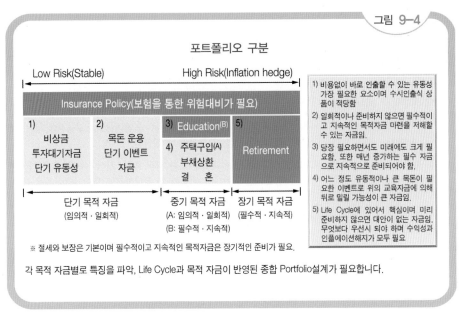

그림 9-4

포트폴리오 구분

Low Risk(Stable)　　　　　　　　　　High Risk(Inflation hedge)

Insurance Policy(보험을 통한 위험대비가 필요)

1) 비상금 투자대기자금 단기 유동성	2) 목돈 운용 단기 이벤트 자금	3) Education(B) 4) 주택구입(A) 부채상환 결　혼	5) Retirement

단기 목적 자금
(임의적·일회적)

중기 목적 자금
(A: 임의적·일회적)
(B: 필수적·지속적)

장기 목적 자금
(필수적·지속적)

1) 비용없이 바로 인출할 수 있는 유동성 가장 필요한 요소이며 수시인출식 상품이 적당함

2) 일회적이나 준비하지 않으면 필수적이고 지속적인 목적자금 마련을 저해할 수 있는 자금임.

3) 당장 필요하면서도 미래에도 크게 필요함. 또한 매년 증가하는 필수 자금으로 지속적으로 준비되어야 함.

4) 어느 정도 유동적이나 큰 목돈이 필요한 이벤트로 위의 교육자금에 의해 뒤로 밀릴 가능성이 큰 자금임.

5) Life Cycle에 있어서 핵심이며 미리 준비하지 않으면 대안이 없는 자금임. 무엇보다 우선시 되야 하며 수익성과 인플에이션헤지가 모두 필요

※ 절세와 보장은 기본이며 필수적이고 지속적인 목적자금은 장기적인 준비가 필요.

각 목적 자금별로 특징을 파악, Life Cycle과 목적 자금이 반영된 종합 Portfolio설계가 필요합니다.

출처: 한국FPSB(2009), 재무설계 개론, 한국FPSB.

　　결론적으로, 재무설계 행동도 연령에 따라 나눌 수 있겠지만 라이프사이클에 따라 어느 라이프사이클에 해당하는지 유형구분을 하는 것이 더 바람직할 수 있다. 왜냐하면 재무설계 재정문제는 동일한 라이프사이클 단계에 해당하는 가계라 하더라도 다양한 양상으로 나타날 수 있기 때문이다.

5 신용카드 이용과 소비자문제

　　신용카드는 잘만 사용하면 신용사회에 걸 맞는 유용한 경제생활 수단이 된다. 하지만 실제로 신용카드로 인해서 자신의 소득을 웃도는 과다한 소비와 충동구매를 하게 되어 개인이 파산하는 경우가 적지 않다. 카드 도난이나 분실로 피해를 보고, 비밀번호와 신용정보가 유출되어 의도하지 않은 재산적·정신적 피해를 입는 경우도 종종 발생한다.

1) 신용카드 이용의 보편화

소비자들은 현금보다도 신용카드를 더 많이 이용하고 있다. 한국은행이 발표한 '지급수단 이용행태 조사결과 및 시사점(2013)'의 결과를 보면, 물품이나 서비스를 구매할 때 신용·체크·직불카드로 대금을 지불한 경우가 전체의 54.2%로, 34.8%를 보인 현금을 앞지른 것으로 나타났다. 이어 인터넷뱅킹 계좌이체는 8.4% 정도였다. 그리고 개인당 약 3.0장의 신용카드를 갖고 있는 것으로 조사되었다.

이러한 신용카드 이용 확대의 역사적 배경을 대략적으로 살펴보자. 1960년대 후반 유통업 중심으로 도입되기 시작한 신용카드 시장은 1980년대에 은행들이 진출하면서부터 확대되어 왔다. 그 후 1990년대 후반 신용카드 이용과 가맹점 가입에 대한 세제혜택 등 정부의 각종 지원이 뒤따르자, 신용카드 시장이 외형적으로 성장을 계속하게 된 것이다. 지난 1990년대 말 IMF 외환위기 이후 카드사들의 무분별한 신용공여에 따른 이른바 카드대란으로 한때 위기를 맞기도 했으나, 세원확보와 내수활성화 등을 위한 정부의 신용카드 활성화 정책과 카드사들의 자구 노력으로 2005년 말부터는 신용카드 시장이 안정화 되었고, 근래에는 상당한 수익을 창출하고 있는 실정이다.[1]

한편 최근에 들어와서는 정부의 신용카드 이용에 대한 혜택을 줄이고 직불카드 사용을 권장함에 따라 신용카드사용 건수는 소폭 줄고 있으며 건당 이용금액 역시 감소세를 보이고 있다. 하지만, 1만원 미만의 소액결제는 여전히 늘어나고 있는 추세이다(이종인, 이슈브리프, 2011).

신용카드는 단순히 상품을 구입하거나, 소액의 현금서비스를 받는 수단뿐아니라, 은행금융거래, 보험, 통신판매, 레저 등 생활의 대부분을 포함하는 다양한 부대 서비스와 함께 사용되고 있다. 이제 버스요금이나 극장표 구입도 신용카드로 결제하는 플라스틱 머니 시대가 되었다.

특히 2003년 카드 대란의 경우를 돌이켜보면, 연간 1억장이 넘는 신용카드

---

1 2013년 10월말 현재 국민, 삼성, 신한, 비씨, 롯데, 현대, 하나 등 7개 전업카드사와, 13개 겸영은행, 8개 유통업계 카드사가 영업 중이다. 카드가맹점 수는 전국적으로 약 1,700만 업소(중복가맹점 제외 시 229만여 개) 정도이며, 신용카드 이용실적은 517조원, 수익은 2013년 말 현재 13조원 수준이다.

를 남발하는 잘못된 신용카드 정책으로 카드부채와 금융채무불이행자(신용불량자)가 크게 증가하여 경제적 위기를 겪기도 했다. 금융채무불이행자는 카드대란이 발생한 2003년 말에는 그 수가 372만명으로 급증했다. 특히 금융채무불이행자 급증의 주된 원인으로 지적된 청소년이나 무소득자 대상의 금융기관들의 신용카드 남발은 주된 사회적 이슈였다.

이러한 사회적 이슈에도 불구하고 이러저러한 인센티브를 제시하며 신규 카드발급이나 현금인출 한도 상향 등을 권유하는 금융기관들의 치열한 마케팅 경쟁은 지금도 계속되고 있다.

2) 신용카드 소비자문제와 해법

(1) 카드남발의 부작용

신용카드 사용이 많아지면서 부작용도 늘어났다. 더불어 카드부채와 금융채무불이행자(신용불량자) 급증에 대한 정부 신용카드 정책을 두고 비난이 일고 있다. 카드사 부실의 주된 원인도 결국 신용카드 발급이 남발됐기 때문이었다.

국내 금융채무불이행자는 카드대란이 있었던 2003년 말 372만명을 고비로 점차 감소하여, 2009년 말 기준으로 193만명, 2012년 말 기준으로 약 123만명 가까이 되고 있다. 이와 같이 금융채무불이행자 수가 여전히 많은 주된 원인은 바로 신용카드 발급이 크게 증가했기 때문이다. 10~20대의 학생이나 소득이 거의 없는 사람들한테도 신용카드를 남발해 특히 10~20대가 많았다.

신용카드는 잘만 사용하면 신용사회에 걸맞는 편리한 경제생활을 할 수 있게 된다. 하지만, 실제로 (1) 신용카드로 인해서 과다한 소비와 충동구매를 하게 되어 개인이 파산(신용불량)하게 되는 경우도 많고, (2) 카드를 도난당하거나 분실해서 피해를 본다든지, 비밀번호를 강취당하거나 신용정보가 유출되어 의도하지 않은 재산적, 정신적 피해를 입는 경우도 있다.

소비자 중에는 신용카드로 결제하면 일정기간 무이자로 돈을 빌리는 것으로 오해를 하는 경우가 많다. 자세히 살펴보면 그 이자를 카드수수료라는 이름으로 가맹점이 소비자를 대신해 카드사에 대납하는 것이다. 그 외에도 연회비, 할부수수료와 같은 신용수수료를 간과하는 소비자도 많다. 결론적으로 우리나라는 아직 신용의 중요성을 제대로 인식하지 못하고 신용관리시스템도 여전히 미흡하다고 판단된다.

(2) 신용카드 소비자 불만과 피해

신용카드 이용자들은 어떤 불만들을 갖고 있을까? 한국소비자원에는 연간 수십만 건의 소비자상담과 수만 건의 피해구제 내지 분쟁조정 요청이 접수되는데 그 중 신용카드에 관련된 사안도 적지 않다.

한국소비자원의 신용카드 관련 피해사례를 분석한 결과(2013)에 따르면, '할인 등 부가서비스' 분쟁(22.0%)이 신용카드 관련 불만유형 가운데 가장 많은 비중을 차지하고 있었다. 이는 카드사가 회원모집 등 고객 확보를 위해 자사의 혜택을 크게 강조하면서도, 할인서비스 이용 조건, 할인한도 등의 정보를 소비자들에게 제대로 전달하지 않거나, 그 내용에 있어서 소비자들이 이해하기 어려웠기 때문인 것으로 나타났다. 이어 신용카드 관련 불만유형은 할부 철회·항변(17.0%), 부정사용 보상(14.2%)의 순으로 나타났다.

최근에는 보이스피싱2이 사기수법의 수단으로서 사용되며 신용카드정보 및 개인정보의 유출로 인한 피해도 종종 발생하고 있다.

카드 종류별로는 은행 발급 신용카드가 절반 이상을 차지하고, 전문회사카드, 백화점카드의 순이었다. 이러한 신용카드에 관련된 이용자 불만 내지 피해의 유형은 여신금융협회나 금융감독원 등 관련기관의 자료에서도 크게 다르지 않다.

---

2 보이스피싱(voice phishing)의 우리말은 '전화 사기(電話 詐欺)'이다. 범행 대상자에게 전화를 걸어 마치 가족이 납치당한 것처럼 가장하거나, 우체국 등을 사칭하여 송금을 유도하고 개인정보와 금융정보를 캐가려고 시도한다. 보이스피싱은 분명한 범죄행위이지만, 전화사기단의 경우 대부분 해외 콜센터를 두고 있고 송금과 대포통장 개설 등 각각의 역할이 점조직으로 분담되어 적발이 어렵다고 한다. 보이스피싱 피해를 입지 않으려면 조심하는 것이 상책이다. 보이스피싱에서 피싱(phishing)은 'fishing(낚시)'라는 말에서 파생된 것으로 타인의 개인정보를 낚는다는 의미이며 경우에 따라서는 해당 정보를 이용해 사기를 친다는 의미로 쓰이기도 한다. 그러므로 보이스피싱은 음성통화(voice) 즉 전화로 피싱을 한다는 뜻이다.

미국에서 '크래딧카드'의 의미

미국과 같은 선진국에서는 개인의 신용이 매우 엄격히 관리되고 있다. 예컨대 개인간 금전거래에서 세금 납부까지 자신의 채무는 반드시 갚아야 한다는 인식과 원칙이 잘 지켜지고 있다. 한마디로 개인의 신용을 잘 쌓아놓지 않으면 사회생활 자체가 어렵게 된다.

내가 미국에 공부하러 가서 경험한 일이다.

우리와 마찬가지로 미국도 신용카드가 없으면 소비 생활하는데 여러 가지 불이익과 불편이 따른다. 여행할 때 숙소예약을 위해서는 신용카드번호가 필수적이고, 또 할인점 이용 시에도 신용카드를 이용하지 않으면 부가 보너스를 받을 수 없다.

하지만, 아무리 은행 문을 두드려도 초기에는 신용카드를 발급해주지 않는다. 세금납부 기록이라든지, 은행거래실적 등 개인 신용이 충분하지 않기 때문이다. 그러다가 한 1년쯤 지나 개인신용과 재정적 신용이 어느 정도 축적이 되면 여러 금융기관에서 보통수준의 신용카드를 발급해줄 수 있다고 연락이 온다. 그리고 또 일정한 수준의 신용이 더 쌓이면 현금서비스와 거래한도액을 높인 골드급 카드, 프리미엄급 카드 발급자격이 되었다고 연락이 온다. 그땐 정말 기분이 좋다. 사회적으로 인정받는 신용 소유자가 됐다는 의미가 된다.

미국의 경우 이러한 엄격한 카드발급 현실에 더해 최근에는 소득이 불충분한 21세 미만자에 대한 카드 발급을 엄격히 제한하는 새로운 신용카드법을 만들어 시행하고 있다. 고액의 연회비만 내면 어렵지 않게 프리미엄급 신용카드를 발급받을 수 있는 우리와 비교된다.

참고로, 미국이나 프랑스와 같은 선진국의 경우 신용카드보다는 직불카드(debit card)를 활성화하는 정책을 펴고 있다. 직불카드는 신용카드와는 달리 은행에 잔고가 있어야만 되고, 거래 즉시 돈이 통장에서 빠져나가기 때문에, 소비자가 지나친 소비나 소득이 많은 것 같은 착각은 하지 않게 된다.

자료: 이종인(2012), 세상을 바꿀 행복한 소비자 122쪽, 이담북스

(3) 카드 소비자문제의 해법

은행들과 카드사들은 법에서 정한 자격을 충족한 경우에만 신용카드를 발급하되, 개인의 신용을 엄격히 분석하여 소비자의 실제 신용도를 발급 기준으로 해야 한다. 발급된 신용카드에 대해서도 카드소지자의 신용수준이 일정수준으로

낮아지면 지체 없이 회수하고, 원하는 경우 구좌에 잔고가 있는 경우에만 결제되는 직불카드(debit card)나 체크카드로 교체해 주는 것이 바람직하다.

정부에서도 금융기관들의 신용카드 발급과 사후관리에 문제가 없는지 지속적으로 점검하여 신용카드로 인한 개인 피해와 사회적 부담이 줄어들도록 해야 한다. 신용카드 가맹점들 역시 신용카드 이용 피해를 줄이기 위한 노력이 필요하다. 신용카드 이용자의 본인 확인절차를 거치는 등 부정사용의 가능성을 줄여야 한다.

하지만, 무엇보다도 신용카드 이용자의 합리적인 카드이용 자세가 중요하다. 꼭 필요한 카드만 발급받아 사용하고, 자신의 카드를 타인에게 양도해서는 안 된다. 수시로 분실여부를 확인하고 도난이나 분실 시에는 즉시 신고해야 한다. 진정한 신용사회가 되기 위해서는 소비자도 개인의 신용에 맞는 신용카드 관리가 필요하다.

덧붙여 신용카드사용에 따른 비용부담을 제대로 인식해야 한다. 신용카드로 결제하면 일정기간 후 결제된 대금만 인출되기 때문에 해당기간의 이자가 절약되는 것으로 인식하게 된다. 하지만 앞서 언급했듯이 해당 이자가 면제되는 것은 맞지만 가맹점이 대납하는 카드수수료, 연회비, 할부수수료 등의 부담은 결국 소비자의 비용이 되는 것이다. 기만적인 판매상술에 주의하고 충동구매와 같은 불합리한 소비를 자제하도록 해야 할 것이다.

신용카드는 다른 말로 하면 '외상카드' 내지 '대출카드'이다. 빚을 내 소비를 하더라도 개인 재정을 잘 꾸릴 수 있다면 '외상카드'는 편리한 지불수단이면서 국가 경제에도 도움이 된다. 자신의 지출 가능한 소득범위 내에서 신용카드를 사용하는 합리적인 소비생활이 바람직하다.

검토 과제

1. 소비자 신용의 의미, 종류 및 특성에 관해 논하라.
2. 신용관리의 중요성을 들고, 올바른 신용등급 관리 방법에 대해 설명하라.
3. 생애주기별에 재무관심사에 따른 자신만의 재무설계안을 계획하라.
4. 신용카드와 선불카드, 직불카드 및 체크카드의 차이점을 설명하라.

주요 참고문헌

▣ 금융감독원(www.consumer.fss.or.kr) 금융소비자보호처, 금융생활안내서.
▣ 데일리안(www.dailian.co.kr, 2012. 11. 16.), [신용사회의 회복] 당신의 신용은 안녕하십니까?
▣ 신용회복위원회(www.ccrs.or.kr).
▣ 이종인(2012), 세상을 바꿀 행복한 소비자, 이담북스.
▣ 이종인(2011), 신용카드 가맹수수료 논쟁과 정책적 과제, 이슈브리프 28, 여의도연구원.
▣ 통계청 통화금융통계 가계신용, http://kosis.kr.
▣ 한겨레신문(www.hani.co.kr, 2014. 2. 25.), 가계부채 4분기 28조↑⋯ 12년만에 최대폭 증가.
▣ 한국소비자원(www.kca.go.kr).
▣ 한국은행(www.bok.or.kr).
▣ 한국FPSB(2009), 재무설계 개론, 한국FPSB.

안전한 소비생활

현대사회를 살아가는 소비자들의 가장 큰 관심사 중의 하나가 안전문제이다. 삼풍백화점 붕괴사고, 서해안 유조선 기름 누출사고, 체르노빌 원전사고 등 국내외의 초대형 안전사고를 언급하지 않더라도 일상 소비생활 중에는 크고 작은 안전문제가 빈번히 발생하며, 관련된 위험과 사고로 일상의 소비생활이 위협받고 있다. 또한 이러한 소비자 위해 및 피해를 어떻게 예방하고 구제해야 하는가의 소비자안전문제가 소비자정책의 중요한 과제가 되고 있다.

현대 산업사회에서 제품의 안전성 결함으로 인한 소비자 피해는 어제 오늘의 일이 아니다. 한 조사를 보면 우리나라 가구의 13.4%가 생명·신체상의 사고를 경험하였고, 재산상의 피해를 포함하면 약 절반가량의 소비자가 안전성 결함에 따른 손해를 경험해 보았다고 응답하였다. 따라서 정책 측면에서도 제품의 안전성을 높여 사고 위험을 예방하고, 기 발생된 피해에 대해서는 적절한 배상을 하는 것이 소비자안전 내지 제품안전에 관한 중요한 정책과제로 여겨져 왔다.1

제10장에서는 소비생활에서의 안전문제에 초점을 맞추되, 가급적 시장 경제적 관점에서 기술한다. 소비자안전의 의의와 중요성에 관해 살펴본 후에 식생활

---

1 박근혜대통령이 수반인 새 정부에서도 이러한 안전문제를 주된 국정과제로 삼고 있다. 이른바 반드시 '척결해야 할 4대 사회악'으로 사회 범죄와 식품안전의 문제를 꼽았다.

의 안전에 관해 살펴본다. 이어서 소비자안전의 확보를 위한 여러 정책 수단들과, 결함제품보상(리콜)제도와 제조물책임제도와 같은 대표적인 소비자안전 제도들에 관해 공부한다.

1 소비자안전의 중요성과 안전성 확보 수단[2]

1) 소비자안전의 경제학

(1) 소비자안전의 의의

일반적으로 소비자안전(Consumer Safety)이란 소비자가 사용 또는 이용하는 물품이나 서비스로 인해 소비자에게 노출될 수 있는 위험으로부터의 부상이나 환경적 질병, 재산적 손실의 위험성을 최소화하려고 시도하는 상태를 의미한다. 소비자안전은 소비제품의 사용에 관련된 안전과 서비스에 관련된 안전으로 구분하기도 한다.

대개 소비 제품이 '안전하다'라는 것은 '제품을 사용할 때 소비자 혹은 그 주변 사람이 신체적인 피해 또는 재산상의 손실을 입지 않는 상태'를 의미한다. 즉, 제품으로부터의 위해(harm)[3]나 위험(risk)을 입지 않는 상태를 해당 제품의 안전성으로 정의할 수 있다. 여기서 위해는 '제품사용 시 손해를 끼치거나 끼칠 가능성이 있는 것'을 말하며, 위험은 '제품의 위해에 의해 피해를 입는 것'을 의미한다.[4]

일반적 혹은 합리적으로 예측 가능한 사용상태 아래서 어떠한 위험성도 갖

---

2 본 절의 내용은 이종인, 『제조물책임과 제품안전성의 경제학』, 한국학술정보(주), 2006을 주로 참고하였다.

3 관련 연구들에서는 harm 이외에 hazard, injury, danger 등도 위해를 의미하는 용어로 자주 쓰이고 있다.

4 한편, 제품의 안전성에 관계된 용어로서 '위험'은 '리스크(risk)' 및 '위해(hazard)'와는 다른 의미로 사용되기도 한다. 즉 위험은 위해에 의해 피해를 입는 것을 의미하는 반면 리스크는 위해에 의해 피해를 입을 확률(즉 위해확률)로 보기도 한다. 예를 들어보면, 비가 올때 도로를 주행하는 상황에서 미끄러지는 '위해'상황은 초보운전자나 능숙한 운전자에게나 마찬가지다. 그러나 양자의 미끄러질 확률은 다르므로 위해에 의해 피해를 입을 확률인 '리스크'는 운전자에 따라 다르다. 또한 리스크는 제품생산의 기술수준에 따라 달라질 수 있다. 이 책에서는 제품의 안전성과 관련하여 위해와 위험의 의미를 구분하지 않고 사용한다.

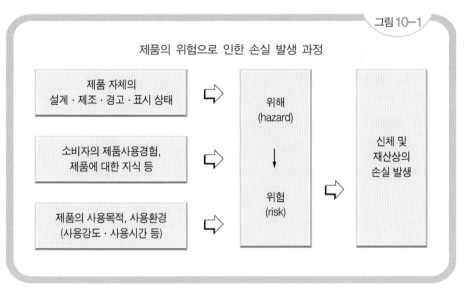

그림 10-1

제품의 위험으로 인한 손실 발생 과정

제품 자체의
설계 · 제조 · 경고 · 표시 상태

소비자의 제품사용경험,
제품에 대한 지식 등

제품의 사용목적, 사용환경
(사용강도 · 사용시간 등)

위해
(hazard)

↓

위험
(risk)

신체 및
재산상의
손실 발생

출처: 이종인(2010), 『불법행위법의 경제학』 한울아카데미, 249쪽.

지 않는 제품, 혹은 소비자의 안전 및 건강 보호에 최소한으로만 허용될 수 있는 위험성만을 가진 제품을 '안전한 제품'이라고 정의하기도 한다. 예를 들어 수돗물의 경우 각종 인체유해물질에 대한 최소허용기준치인 수질기준이 설정되어 있는데, 수질검사 결과 이 기준치 이내이면 안전한 수돗물로 간주되는 것이다.

제품 안전성을 나타내는 위험의 정도는 위해의 크기와 위해확률에 따라 달라진다. 즉, 제품 고유의 위해 그 자체를 없애거나 줄임에 따라 위해확률을 줄일 수 있고, 그 결과로서 제품의 안전성을 향상시킬 수 있다. 또한 제품의 안전성은 제품에 내재된 위해나 위해확률뿐 아니라 소비자의 태도 및 사용환경에 따라 달라진다고 볼 수 있다. 이러한 제품안전성에 영향하는 상황을 요약하여 〈그림 10-1〉과 같이 나타낼 수 있다.

(2) 소비제품 안전성의 중요성

제품의 안전성 문제가 사회적 이슈로 등장한 것은 20세기 후반에 이르러서이다. 미국의 경우 1960년대 중반 이전까지는 정부나 의회의 친(親) 기업적인 정책노선으로 인해 소비자안전과 같은 사회적 규제에 소극적이었으나, 1960년대 중반 이후 환경문제, 소비자 문제, 근로자 안전 및 복지 문제 등 인간의 기본적 권리와 사회적 형평성에 관한 요구가 높아지자 제품의 안전성 문제도 하나의 정책 이슈로 제기되었다. 우리나라의 경우 1960년대 이후 산업화 과정에서 생산자와 소비자 사이에 다양한 문제가 발생되었으나 제품의 안전 문제는 그다지 주목을 받지 못하였다. 그러나 경제가 발전하고 산업구조가 고도화되면서 결함 제품으로부터 소비자의 안전을 확보하는 문제가 중요한 정책이슈로 다루어지게 되었고 1980년 말에 제정된 소비자보호법에 이러한 '소비자의 안전할 권리'가 명문화되었다.[5]

오늘날 제품으로부터의 '안전할 권리'는 소비자가 소비생활용 제품을 사용하는 과정에서 생명·신체상의 위해를 받지 않고 소비생활을 할 수 있도록 하는 소비자의 기본적 권리 중의 하나로 인식되고 있다.

2) 안전성 확보 수단

소비제품의 안전성을 확보하기 위한 여러 정책 수단들을 대별(大別)하여 보면, 첫째 사고예방 및 재발방지를 위한 정부의 직접적인 안전규제(safety regulations), 둘째 사고가 발생한 후 그 피해에 대한 사후적 구제 수단, 셋째 간접적 규제로써 위해·위험 정보의 공개(public announcement), 끝으로 소비자에 대한 안전교육이나 홍보 등이 있다. 아래에서는 이러한 제 규제 수단들의 의미에 대해 개략적으로 살펴본다.

(1) 행정적 안전 규제

사고의 사전적 예방을 위한 제품의 안전규제는 안전기준(safety standards)에 의한 규제와 직접적인 법적 제한(legal limitations)을 통한 규제가 있다. 우선 안전기준에 의한 규제는 제품의 기술적 복잡성으로 소비자들이 사전 인지가 어려우며 피해발생 시에는 신체·생명·재산에 커다란 피해가 우려되는 제품에 대해, 정부가 개별 제품별로 안전기준을 정하여 이에 적합한 제품만을 생산하고 유통되도록

---

5 동 법의 제3조 제3호에는 "소비자는 스스로의 안전과 권익을 위하여 모든 물품 및 용역으로 인한 생명·신체 및 재산상의 위해로부터 보호받을 권리를 향유한다"라고 명시되어 있다.

하는 것이다. 이러한 규제는 식품위생법, 약사법, 전기용품안전관리법 등과 같은 법률을 통하여 정부가 일정한 기준을 제정하고, 허가·승인·검사 등을 통하여 법령으로 정해진 각종 기준을 생산자가 준수토록 하는 것이다. 한편 법적 제한을 통한 규제는 부당·과대광고의 금지, 부당 계약의 무효화 등 직접적인 법적인 제재를 통해 생산자(기업)의 활동을 제한하는 규제 형태이다.

제품의 안전에 관한 규제는 (여타의 사회적 규제와 마찬가지로) 1960년대 중반 이후부터 특히 미국을 중심으로 하여 크게 부각되기 시작하였으며, 식품·의약품 안전, 위생, 자동차 및 각종 공산품 등의 안전규제를 중심으로 이론·정책적인 발전이 있었다. 미국의 경우 1960년대 중반 이후 인간의 기본권 문제 및 사회적 형평성에 관한 요구가 높아졌으며 그 후 1980년대 초반까지 사회적 규제가 강화되어 왔다.

우리나라는 1970년대 중반이후 안전규제를 포함한 사회적 규제(social regulations)가 점차 늘어났다. 1994년의 경우 법률에 의한 정부 규제 중 안전관련 규제는 176건으로서 총 규제건수 중 12.8%에 해당하였다.[6]

이러한 안전 규제가 경제적 효율성에 미치는 영향에 대해서는 많은 논란이 있어 왔다. 애쉬(Asch, 1988, pp. 147~149)는 미국의 경우 안전규제가 전체적으로 볼 때 소비자의 후생을 높였다고 보았지만, 많은 경제학자들은 안전규제가 오히려 중대한 정부의 실패(government failure)를 초래한다는 견해를 보이고 있다.[7]

(2) 사고 피해의 사후적 구제

제품의 안전성 결함으로 인해 발생한 소비자 피해에 대한 사후적 구제는 해당 피해에 대한 금전적 보상(financial compensations)에 그 일차적 목적이 있지만, 궁극적으로는 생산자가 소비자의 피해보상에 드는 추가적 비용을 제품의 안전성 향상에 투자토록 하는 규제 수단이 된다. 책임법리를 '제품의 사고로 인하여 피해가 발생한 경우 불법행위법 등에 따라 법원이 규제하는 방식'으로 정의하는 경

---

6 이종인, "한국의 정부규제 현황과 소비자보호", 소비자문제연구, 제14호(1994. 12월), pp. 85~88. 1994년도의 경우 총 1,374건의 정부 규제 중 60%인 824건이 경제적 규제이며, 사회적 규제는 550건이었다.

7 제품의 품질에 관한 직접적인 문제점에 대해서는 김재홍 외 5인, 정책적 규제비판(한국경제연구원, 1994), pp. 149~160)을 참고할 수 있다.

우, 이는 넓은 의미로 사후적 규제로 볼 수 있다. 일반적으로 규제는 주체가 '행정부'이고 '민간'이 그 대상이 되는 행정규제를 의미한다. 그러나 규제를 '각종 재산권의 직·간접적인 보호를 위한 법과 제도를 통칭'하는 것으로 볼 경우, 피해가 발생하기 전 예방을 위한 규제를 사전적 규제(ex ante regulations), 피해발생단계에서의 정부규제와 피해발생 후 법원의 규제를 사후적 규제(ex post regulations)로 구분할 수 있다

피해구제를 위한 정책 수단으로는 본서에서 고찰하는 제조물책임법리(product liability rules)의 도입과, 재판외 분쟁해결(ADR; Alternative Dispute Resolution)체제의 정비 및 원인규명체제의 정비 등이 있다. 제품 위험으로 인한 피해는 피해의 원인과 제품 결함과의 인과 관계, 제품 사용상의 소비자 주의여부, 피해규모의 판단 등에 대해 복잡한 형태를 띠고 있기 때문에 제조물책임법리의 도입과 같은 사법적 절차 및 재판 이외의 분쟁조정기구 등과 같은 준사법적 절차의 확립이 필요하다.

제품관련 사고 시 소비자가 소송을 통해 피해구제를 받는 데에는 상당한 금전적·시간적 비용이 들게 되며 절차가 복잡한 점 등 어려움이 따른다. 이 경우 소송에 이르기 전에 제3자의 분쟁조정기구가 당사자 간의 분쟁을 조정·중재하게 되면 간단하면서도 신속한 분쟁의 해결이 가능할 수 있다. 이와 같은 재판외분쟁해결을 위해 각국들은 별도의 분쟁조정체계를 갖추고 있다. 우리나라의 경우 준사법적 권한을 가진 소비자분쟁조정위원회가 설치되어 있으며, 중앙정부와 지자체 및 업계단체들도 각 분야의 조정체계를 갖추고 있다.[8]

제품의 결함 관련 피해의 구제에 있어 중요한 것은 사고의 원인을 규명해내는 일이다. 제품의 결함 유무, 결함의 인과관계(causality) 등을 객관적으로 판명하는 것이 분쟁해결의 주된 정보가 된다. 즉, 피해의 원인을 규명할 수 있는 체계의 확충은 사후적 피해구제에 대한 정책수단의 하나이다. 우리나라의 경우 아직 사고 피해에 대한 원인규명체계가 정비되어 있지 못하다.

---

8 보건복지부 산하의 한국의료분쟁조정중재원이 대표적인 대안적 분쟁해결을 위한 ADR이다.

(3) 위험 정보의 공개

소비자에 대한 제품 안전 정보의 공개를 유도하는 수단으로는 표시규제 (labelling regulations), 등급 평가(grade rating), 제품의 표준화(product standardization) 및 위해 제품의 리콜(recall)[9] 등이 있다.

제품의 안전성 제고를 위한 보편적인 정책방안 중의 하나는 생산자에게 제품의 안전성에 대한 정보를 해당 제품에 표시토록 하는 표시규제이다. 즉, 제품의 제조일자, 사용방법 및 주의사항 등 품질에 관한 정보를 제품에 표시함으로써 소비자의 사고위험을 줄일 수 있다.[10] 제품의 품질의 정도를 판정하여 등급을 매기는 등급평가의 방법은 제품의 안전성에 대한 소비자의 정보탐색비용을 줄일 수 있는 수단이 되며, 제품의 규격, 중량, 용기, 포장방법 등을 표준화하는 것은 소비자가 동종 상품의 품질을 쉽게 비교할 수 있게 함으로써 제품의 안전성을 확보할 수 있는 수단이 된다.[11]

한편 위해의 가능성이 있는 제품을 해당제품의 생산자가 자발적으로 리콜 (voluntary recall)을 실시하거나 정부가 강제적으로 리콜을 명령(mandatory recall)하는 것도 생산자로 하여금 제품의 위해정보를 공개토록 하는 수단이다. 소비 제품의 안전성을 확보하기 위한 이러한 리콜제도에 관해서는 제3절에서 상세히 공부하도록 한다.

(4) 소비자 교육과 홍보

제품의 안전성을 확보하는 데는 앞서 고찰한 여러 정책 수단이 효과적으로 활용될 수 있을 것이다. 그러나 이러한 규제 수단들은 정부의 실패 등 여러 비효율적인 측면을 내포하고 있으며, 또 제품 위험의 본질이 거래 당사자간의 비대칭

---

9 리콜제도란 판매중이거나 판매 후 결함이 발견되어 소비자의 생명·신체에 위해를 입히거나 입힐 우려가 있는 제품에 대하여 그 제품의 제조(수입), 유통, 판매업자가 자발적 또는 강제적으로 해당 제품의 위험성에 대해 소비자에게 알리고 결함제품 전체를 대상으로 적절한 시정조치(recall; 교환, 수리, 환불)를 하도록 하는 제도를 의미한다. 본 장의 제3절에서 구체적으로 살펴본다.

10 소비자기본법 제10조 1항에 사업자의 표시기준 준수의무가 명시되어 있다.

11 제품을 표준화하는 목적은 국내 유통 및 국가간 교역시 제품의 가격이나 품질을 보다 쉽게 비교할 수 있도록 하여 경영의 성과를 높이기 위한 것이다. 즉, 제품의 안전성 확보 문제는 이러한 제품표준화의 일반적 목적의 일부분이라고 볼 수 있다.

적 정보(asymmetric information)에 기인하고 있기 때문에 보다 근본적인 안전성 확보 수단은 소비자에 대한 적절한 위험 정보의 제공과 소비자의 안전 의식의 고취에 있다고 볼 수 있다. 즉, 제품의 위험특성에 대한 정확한 정보를 교육을 통해 소비자에게 제공하고, 민간단체, 언론매체를 통하여 적극적으로 홍보토록 하는 것이 중요하다.

우리나라의 경우 그 동안 제품의 안전성에 관한 교육 및 홍보는 거의 민간[12]에 의존해 왔으며 정부차원에서의 활동은 매우 취약하였다. 그러다가 1980년대 중반에 소비자정책의 종합추진기관인 한국소비자보호원(2007년 '한국소비자원'으로 명칭이 변경되었다)이 설립된 이후 소비자 안전을 포함한 전반적인 소비자문제에 대한 교육과 홍보정책이 체계적으로 추진되고 있다.[13]

이상의 제반 안전규제 수단을 〈표 10−1〉과 같이 요약·정리할 수 있다.

표 10-1　소비자 안전규제 수단

안전성 확보 수단	규제 형태와 의의
사전적 안전규제 (행정절차상의 규제)	- 위해정보 수집·평가제도 - 안전검사 및 인증마크 제도: 안전검사제도, 안전검정제도, 형식승인제도, 품질표시제도, 품질인증제도 - 리콜제도
사후적 규제	- 소송을 통한 배상책임 부과 (제조물책임) - 재판외분쟁해결(ADR): 준사법적·소송외 분쟁조정수단
위험정보의 공개	- 근본적인 제품안전성 확보 수단
소비자교육 및 홍보	- 근본적인 제품안전성 확보 수단
기　타	- 형사적 제재, 사회적 관습

---

12 현재 제품의 안전성에 대한 홍보 등 소비자문제에 관계하는 여러 민간단체들이 활발한 활동을 하고 있다. 2014년 7월 말 현재 전국 규모의 민간단체로는 녹색소비자연대 등 10여 개 단체가 있으며 각 지역마다 이들의 지부 및 지방민간단체들이 활동하고 있다.

13 한국소비자원의 설립배경, 기능과 주요 활동 등에 관해서는 해당 기관의 홈페이지(www.kca.go.kr)를 참고할 수 있다.

2 안전한 식생활

1) 먹거리안전의 중요성

유럽지역의 광우병 파동과 우리나라와 아시아지역의 구제역과 조류독감 파동, 여름철마다 등장하는 식중독 사고, 안전성이 검증되지 않은 유전자조작식품 등, 먹거리의 안전성에 대해 소비자들은 막연한 불안감을 갖고 있다. 더욱이, 최근에는 수입식품의 잔류농약 문제, 일부 악덕 상인들의 유해식품 판매 등이 연일 뉴스거리가 되면서 식품에 대한 소비자의 불안이 가중되고 있다.

사실, 식품 안전은 소비자의 건강문제뿐 아니라 기업의 영업활동이나 국익 차원에서도 매우 중요하다. 우리나라 국내총생산(GDP)에서 식품산업 분야가 차지하는 비율이 10%를 넘고 있고 또 세계적으로도 식품의 안전성에 대한 관심이 한 나라의 경제에 중요한 비중을 차지한다. 예컨대, 인간광우병은 영국에서 처음으로 발견된 1985년 이후 10여 년간 10여명의 사람이 이 병에 관련되어 사망했다.[14] 당시 영국은 30억 달러(우리 돈으로 약 3조2천억원)에 달하는 육우축산업이 붕괴될 위기에 이르렀다. 그 후로 프랑스와 벨기에 등 다른 유럽 나라들도 큰 경제적 타격을 입었다.

우리나라의 경우 올해 초까지 계속되던 구제역[15] 대란이 몰고 온 재산상 피해는 가히 천문학적이다. 원유가격 상승과 국제정세 불안으로 가뜩이나 물가상승이 국가경제의 발목을 잡던 때 구제역 파동으로 인해 시장의 인플레 심리에 기름을 더했다. 무엇보다, 육류제품에 대한 안전성에 큰 우려를 주었다.

---

14 인간광우병은 광우병(우해면양뇌증)에 걸린 소를 사람이 섭취할 때 걸릴 가능성이 있는 변종 크로이츠펠트-야콥병(vCJD)을 말한다.

15 2010년 말 경북 안동에서 처음 발병하여, 3백만 마리가 넘는 가축을 매몰 처분해 지난 반세기 동안 최악으로 평가되는 구제역 대란은 막대한 경제적 피해 외에도 국민들의 식품의 안전성에 대한 불안 심리를 더욱 높이게 됐다. 구제역이 인체에는 무해하다고 하는데도 국민들은 소나 돼지고기를 꺼리게 되고, 결과적으로 농가에도 큰 피해를 주었다. 구제역은 소나 돼지, 사슴과 같은 발굽이 갈라진 동물(이를 우제류라 한다)의 급성바이러스성 질병으로 주로 발굽이나 입의 점막, 유두 부위에 수포가 나타나는 특징이 있는 전염성 질병이다. 구제역은 사람에게 전염되지 않으며, 인체에는 해가 없는 것으로 알려져 있다.

안전한 식생활은 모든 소비자들의 우선적인 기대치이다. 정책을 담당하는 보건복지부나 식품의약품안전처(KFDA)에서도 이러한 소비자들의 식품안전 기대치 수준을 충족시키기 위해 애쓰고 있다. 하지만 구제역이나 식중독사고 등 식품안전에 관련된 최근의 이슈들을 보면 정부의 대응이 단편적이고, 예방적이지 못한 측면이 있다. 또한 식품산업의 주체인 기업들과의 협력이 충분하지 않은 측면도 있다.

최근에 정부에서도 유통과정에서의 안전문제를 해소하기 위해 식품이력관리추적제도(foods traceability system)[16]를 2008년 6월에 도입했고 단계적으로 적용범위를 확대하고 있으나, 미국과 같은 선진국의 수준에 비해서는 여전히 부족한 편이다. 우리와는 달리 미국은 식품원료의 생산에서 제조·가공뿐 아니라 유통과 최종 소비단계까지 안전관리의 범위를 확대하고 있다. 우리도 식품이력관리추적체계를 생산단계에서 소비단계에 이르기까지 확장하는 정책을 펴야 할 것이다.

2) GMO와 표시의 적정성

(1) GMO식품의 의의

생물학과 유전공학이 발전하여 추위라든지 각종 병충해에 강한 유전자를 이용해서 만든 농수축산물이 많이 개발되고 있다. 이러한 것으로부터 만든 식품을 유전자재조합식품(Genetically Modified Organism)이라고 하고, 영어약자인 GMO식품으로 불리고 있다. 대명사격인 용어로 유전자변형농산물이나 유전자조작식품으로 부르기도 한다.

지금까지 개발된 GMO는 콩과 옥수수, 감자, 면화, 카놀라와 같은 주요 작물들이 대부분이다. 이들은 현재 세계적으로 재배되고 있으며 재배면적은 약 1억2천 5백만ha로 세계경지면적의 10%에 해당한다. 대표작물인 콩의 경우는 전 세계 재배면적의 70% 정도가 GMO라는 조사자료도 있다. 우리나라의 경우도 식품의

---

16 식품이력추적관리제도는 식품의 이력 관련 정보를 소비자에게 제공하고, 안전성에 문제가 생길 경우 해당 식품을 추적해 원인을 신속히 밝히고 회수(recall)하여 식품의 안전성을 확보하기 위한 제도이다. 이 제도는 2008년 6월에 처음 도입되어 그 다음해부터 보급을 추진했다. 식품의약품안전처에 따르면 늦어도 2014년 말까지는 영유아식품과 건강기능식품에 한해서 이력추적관리를 의무화된다. 미국이나 유럽의 여러 나라들, 그리고 일본과 아시아국들도 여러 형태의 이력추적시스템을 가동하고 있다.

표 10-2 GMO 관련 법령상의 용어 현황

구 분	유전자변형농산물	유전자재조합식품	유전자변형생물체
영문 약자	GMO	GMF	LMO
관련법령	농산물품질관리법, 유전자변형농산물 표시요령	식품위생법, 유전자재조합식품 등의 표시기준	유전자변형생물체의 국가 간 이동 등에 관한 법률
소관 부처	농림축산식품부	보건복지부 (식품의약품안전처)	기획재정부

원료로써 상당량 수입되고 있는 실정이다(국내에서 자체적으로 개발되어 팔리고 있는 GMO 작물은 아직 없다).

우리나라는 〈표 10-2〉에서 보듯이, 관련 법률들에서 GMO 용어에 대해 각각 달리 표시·규정하고 있으며, 시장에서도 이러한 법상 용어를 포함한 여러 용어가 혼용되고 있다. 유전자재조합기술 내지 현대생명공학기술이라는 동일한 내용에 대해서 법률상 그 번역어를 달리하는 것은 법률의 입법목적과는 별개로 소비자 선택상의 혼란을 야기할 수도 있으므로 동일한 용어를 사용하는 것이 바람직하다.

(2) GMO의 안전성에 대한 국가별 입장

미국은 FDA(식품의약품청)나 농무부, 환경보호청과 같은 정부기관에서 GMO 농산물에 대한 별도의 규제가 필요하지 않다는 입장을 보이고 있다. 한마디로 안전하다는 것이다. 또한 미국은 경제적인 측면에서, GMO식품의 개발과 판매에 가장 적극적인 나라이다. 하지만, 유럽 국가들은 GMO식품의 안전성에 대한 최종 판단을 유보하고 있고 또 대부분 안전성 평가나 관리를 엄격히 하고 있는 편이다. 그리고 GMO를 함유한 식품의 표시를 의무화하고 있다.

우리는 유럽과 같이 GMO식품을 반대하는 목소리가 높은 것이 사실이며, 환경단체나 시민단체에서 GMO식품의 범람을 우려하고 있다. 안전성이 입증되지 않은 상태에서 유전자조작 생명체를 재배할 경우에 생태계가 교란되고 또 사람들의 건강도 위협받을 것이라는 주장이다.

정부 차원에서는 2002년 7월부터 GMO식품 표시제도를 실시하고 있으며, 2004년 초부터는 GMO식품의 안전성평가 심사를 의무화해 오고 있다. 따라서 GMO식품을 만들거나 수입하는 업자는 사전에 해당 식품의 안전성에 이상은 없는지 평가하고 승인을 받도록 하고 있다.

R읽을거리 10.1
Reading

'GMO - 두부파동' 소보원 승리

벌써 15년 전의 에피소드가 되었지만, GMO 식품에 관련된 공방이 언론을 뜨겁게 달군 일이 있었다.

유전자재조합식품의 유해성 여부가 한창 논란이 되고 있을 때, 내가 일했던 한국소비자원에서 소비자의 알권리와 선택할 권리를 위해 시중에 유통되는 두부 제품의 GMO콩 사용여부를 실험했고, 18개 두부제품에서 GMO 성분이 나왔다고 발표했다.

그런데 모 식품회사에서는 발표와는 달리 GMO콩을 전혀 사용하지 않고 100% 국산 콩으로만 두부를 만들었다고 반박하고, 명예훼손 등의 이유로 한국소비자원을 상대로 손해배상청구소송을 제기했었다.

이 사건은 법정다툼의 도중에, 해당 회사에서 소를 취하하고 한국소비자원에서도 이를 수용하여 일단락되긴 했다. 하지만, 한국소비자원에서 공정거래위원회에 (해당회사 제품의 GMO관련) 표시광고법 위반사항을 신고했고, 공정거래위원회에서 이를 조사한 후에 해당회사를 '경고조치' 하게 됐다.

이 소송은, GMO식품의 안전성과는 별개의 '허위표시'에 초점이 맞춰진 사건이었지만, GMO식품은 건강과 환경, 그리고 윤리적이고 종교적인 문제 때문에 여전히 논란이 되고 있다.

이 에피소드에 관해 궁금한 독자는 당시의 언론기사들을 검색해보라(검색어: GMO두부, GMO콩두부 소송).

자료: 세상을 바꿀 행복한 소비자(2012, 이종인, 이담북스, 64쪽) 및 관련 언론기사

GMO의 안전성 문제는 세계적인 논란거리이지만, 아직까지 인체에 어떤 해를 야기한다는 것이 과학적으로 증명된 예는 없다. 따라서 GMO에 대해 막연한 불안감과 지나친 불신은 바람직하지 않다고 본다. 다만, 소비자의 입장에서는, GMO의 잠재적 위험성을 생각하면서 보다 정확한 정보에 근거하여 신중하게 선

택할 필요는 있겠다. 우리나라의 경우 민간단체의 의향이 많이 반영되어 유럽과 같은 다소 엄격한 GMO 관련 제도를 운영하고 있는데 소비자 안전을 우선하는 관점에서 바람직하다.

식량자원이 국력을 나타내는 지표가 되고 있는 국제 여건상 우리나라도 머지않아 GMO 작물이 개발되고 재배될 것이다. 이에 대비해 국가에서는 소비자에게 GMO 작물의 안전성에 대한 보다 많은 정보를 제공하여 신뢰를 쌓도록 해야할 것이다. 덧붙여, GMO, 유전자재조합, 유전자변형, 유전자조작 등 〈표 10-2〉에서 제시한 용어의 혼재에 따른 소비자 선택상의 혼란 문제도 정부에서 해소시켜야 한다.

3) 농산물 안전관리 제도

음식의 경우에는 특히 "자연 그대로의 것이 좋다"고들 한다. 특히 요즘 웰빙 분위기를 타고 유기농산물이나 친환경농산물의 인기가 매우 높아졌다. 일반 농산물이 농약이나 유해물질로부터 안전하지 못하다는 인식 때문인 듯하다. 화학비료와 농약을 사용하지 않고 가꾸는 유기농산물은 소비자가 안심하고 먹을 수 있는 안전한 식품이다. 또한 유기농법은 농사에 이로운 곤충이나 새들이 번식할 수 있기 때문에 자연 생태계 보호에도 도움이 된다.

(1) 친환경농산물 제도

이런 유기농산물을 제도화 한 것이 이른바 '친환경농산물'제도다. 1997년에 환경농업육성법이 제정되면서 친환경농산물 표시제도를 시행하게 되었다.

농약과 화학비료, 사료첨가제 등 화학자재를 전혀 사용하지 않거나 최소량만을 사용하여 생산한 농산물을 친환경농산물이라 한다. 우리나라에서는 농림축산식품부가 2001년 7월부터 친환경농산물 표시인증제도를 시행했다. 표시인증의 종류는 유기농산물, 전환기유기농산물, 무농약농산물, 저농약농산물의 4가지이며, 축산물도 유기축산물, 전환기유기축산물도 표기가 가능하다. 유기농산물은 농약과 비료를 전혀 사용하지 않고 생산되고 포장된 농산물을 말하며, 저농약 농산물은 일반 안전기준의 절반 이하의 농약을 사용하고 화학비료는 권장량을 지

그림 10-2

친환경농산물 표시인증 마크

유기농산물

전환기유기농산물

무농약농산물

저농약농산물

킨 농산물을 말한다. 무농약농산물은 말 그대로 농약을 전혀 사용하지 않은 권장량의 화학비료만으로 재배한 농산물이며, 전환기유기농산물은 무농약에서 유기농으로 변화시키는 과정에서 유기합성농약과 화학비료를 일체 사용하지 않고 재배한 농산물을 말한다.

2001년 7월부터는 유기농산물, 무농약농산물, 저농약농산물 등으로 구분해서 인증을 받도록 하고 또 인증마크를 붙이도록 하는 유기농산물인증제가 시행되고 있다.

(2) 농산물품질인증 제도

먹거리 안전을 포함한 농산물의 품질을 보장하기 위한 제도로 농산물품질인증제가 있다. 우루과이 라운드 타결 이후 농어촌구조개선대책과 농어촌발전대책의 일환으로 농산물의 품질향상과 대외경쟁력 제고를 위하여 도입하였다. 우리농산물의 품질경쟁력 제고, 농산물 안전성기준과 축산물 생산조건에 따른 인증으로 소비자 신뢰구축, 품질을 보증하는 농산물 공급체계 확립을 주된 목적으로 하는 제도이다.

1992년 7월 처음으로 일반재배농산물에 대한 품질인증을 실시하였다. 1993년 12월에는 유기농산물, 이어 1995년 9월에 축산물, 1996년 3월에 저농약재배농산물, 1998년 11월에는 유기농산물가공품에 대하여 품질인증을 실시하였다. 2001년 7월부터는 일반품질인증제와 앞서 살펴본 친환경농산물인증제를 구분하여 시행하였다. 인증항목은 산지·품종명·생산연도·무게 또는 개수·낱개 크기 및 중량 기준·등급·상품의 차별화·생산조건 등이다.

(3) 위해요소중점관리제도(HACCP)

식품의 안전성을 업계에서 자율적으로 보장토록 하기 위한 관리체계의 하나로써 위해요소중점관리제도(HACCP, Hazard Analysis Central Critical Points)가 있다. 1993년 7월 국제식품규격위원회에서 위해요소중점관리제도의 도입을 권고함에 따라 전 세계에 빠른 속도로 확산되고 있다.

식품의 안전성 확보를 위한 기존의 관리방식은 대부분 사후관리에 치중하여 비효율적 요인이 상존하고 있었다. 특히 최근의 식품위생관리인가제도의 폐지와 식품제조업의 영업신고제 전환, 정부 식품위생 전담부서의 통폐합 등으로 식품안전 환경이 악화되었다. 이런 여건에서 세계적으로 통용되고 있는 HACCP과 같은 사전관리 시스템의 활성화가 필요한 시점이다.

HACCP제도는 식품의 품질과 위생을 합리적이고 철저히 관리하여 위해식품의 유통을 사전에 막을 수 있도록 마련된 위생·품질의 관리 방식을 말한다. 식품의 원재료인 농수축산물의 재배와 사육, 채취 등의 생산단계에서부터 제조, 가공, 보존, 유통을 거쳐 최종 소비될 때까지의 모든 단계에서 발생할 우려가 있는 위해에 대해 조사, 분석하고, 해당 위해의 예방대책을 수립하여 계획적으로 감시하고 관리함으로써 식품의 안전성을 확보하기 위한 제도이다.

정부에서는 '식품위생법'에 식품위해요소중점관리기준 규정을 신설하여, 식품가공품(1996년), 유가공품(1997), 어묵류 등 위해발생가능성이 높은 6개 품목

(2006~2012년)에 대해 단계적으로 이 기준의 적용을 의무화해 왔다.

(4) 건강기능식품 제도

건강기능식품은 지난 2002년 8월 제정된 '건강기능식품에 관한 법률'에 의해 정의되는 각종 기능성식품(dietary supplement and functional food)을 의미한다.17 인체의 건강 증진이나 보건용도에 유용한 영양소나 기능성분을 사용하여 정제, 캡슐, 분말, 과립, 액상, 환 등의 형태로 제조·가공한 식품으로서 식품의약품안전청장이 정한 것을 말한다.

지난 2008년 7월 11일에 개정되어 고시된 '건강기능식품 인정에 관한 규정(전부개정고시안)'에 의하면 건강기능식품의 제형 제한 삭제에 따라 기능성 원료로 인정된 원료를 일반식품유형으로 제조하기 위한 인정기준, 인정방법, 인정절차, 제출자료의 범위 및 요건, 평가원칙 등에 관한 사항을 정함으로써 일반식품 유형의 건강기능식품에서의 안전성과 기능성을 확보할 수 있도록 하였다.18

'소비자기본법' 제4조에는 소비자가 스스로의 안전과 권익을 위하여 모든 상품으로 인한 '생명·신체상의 위해로부터 보호받을 권리'를 향유할 수 있음을 규정하고 있다. 소비생활에 있어서 식품의 안전문제는 공산품 안전 못지않게 중요하다. 유기농산물뿐 아니라, 일부 악덕 상인들의 음식물을 담보로 한 횡포를 근절하여 안전할 권리를 향유하기 위해서는 무엇보다도 소비자의 역할이 중요하다. 안전하지 않는 식품을 시장에서 퇴출시키는 역할은 바로 소비자의 선택에 달려 있기 때문이다.

---

17 기능성이란 인체의 구조 및 기능에 대하여 영양소를 조절하거나 생리학적 작용 등과 같은 보건용도에 유용한 효과를 얻는 것을 말한다.
18 관련법의 개정 이전에는 (구)식품의약품안전청에서 건강보조식품이라는 명칭으로 25개 품목군이 관리되고 있었다.

3 · 제품 결함에 따른 소비자피해 보상제도

1) 리콜제도의 의의와 리콜 현황

2000년대 초 미국 캘리포니아 주에서 거주했던 적이 있다. 당시에 캘리포니아 주지사인 Davis라는 사람이 주 재정 문제에 관련된 사안으로 인해 결국 주지사 자리에서 물러나는 일이 있었다. 리콜(recall)이라는 말은 원래 이 경우와 같이 임기중에 있는 선거직 공무원을 투표를 통하여 해임시키는 국민소환제[19]를 말한다. 이것이 상품과 관련해서도 쓰이기 시작했는데, 문제가 있는 제품들을 불러들인다(리콜)라는 의미로 사용되었던 것이다.

(1) 안전 규제 수단으로서의 리콜제도

일상생활에서 사용하는 제품에 관련하여 국민들의 안전할 권리를 보장하기 위한 대표적인 정책 수단으로는 (1) 정부의 직접적인 안전규제(safety regulations), (2) 피해자 구제를 1차적 목적으로 하여 기업의 책임을 묻는 형태의 제조물책임제도, (3) 제품 사용 시 소비자의 위험을 줄이기 위한 제품의 감시·회수의무에 관련된 리콜제도 등이 있다.

안전규제는 사고의 사전적 예방을 위한 것으로써, 안전기준(safety standards)에 의한 규제와 직접적인 법적 제한(legal limitations)을 통한 규제 형태가 있다. 제조물책임제도는 그 일차적 목적이 소비자피해에 대한 금전적 보상이지만, 궁극적으로는 생산자가 소비자의 피해보상에 드는 추가적 비용을 제품의 안전향상에 투자토록 하는 사후적 안전규제 수단이다. 위해 가능성이 있는 제품에 대해 해당

---

19 "자격 없는 ○○○을 주민의 힘으로 소환(recall)하자." 대통령이나 시장, 도지사와 같은 임명직공무원을 국민투표를 통해 해임시키는 이른바 '국민소환제'가 이따금 언론의 주목을 받고 있다. 몇 년 전 성사되지 못했지만 제주도지사와 하남시장 주민소환 투표가 있었고, 과천시장이 주민소환 투표의 요건이 충족되었다는 뉴스가 전해지기도 했다(전국을 단위로 하면 '국민소환제', 지역 단위는 '주민소환제'라 한다). 이 제도는 당리당략에 좌우되는 국민대표자에게 국민의 목소리에 좀 더 귀 기울이도록 하고, 직권남용과 공약 남발을 막을 수 있다는 장점이 있다. 하지만 소수의 선동정치에 악용되거나 사회적 불안정과 비효율을 낳기도 한다.

제품의 생산자가 자발적으로 리콜하도록 실시하거나,[20] 정부가 강제적으로 리콜 (mandatory/compulsory recall)토록 하는 리콜제도는 생산자로 하여금 제품의 위해정보를 공개하고 결함제품을 적절히 회수하도록 하는 정책수단이 된다.

이러한 소비자안전제도들 중 리콜제도는 사전적(ex-ante) 소비자안전의 확보 및 위해의 확산 방지를 위한 핵심적인 소비자보호 제도이며, 우리나라에서는 지난 1991년부터 단계적으로 도입되어 왔다.[21] 자동차, 식품, 의약품, 자동차배기가스배출기관 부품, 전기용품, 공산품 등의 품목들이 관련법에 의거 리콜의 대상이 되고 있으며, 1996년 개정 소비자보호법(현재의 소비자기본법)에 의해 모든 소비재로 그 대상이 확대되었다.

하지만, 이러한 외형적인 법제도의 정착에도 불구하고 시장에서는 여전히 리콜제도의 시행이 활성화되지 못하고 있어, '결함제품의 효과적인 제거를 통한 소비자안전의 확보'라는 제도도입의 취지에 못 미치고 있을 뿐 아니라 경제적인 측면에서도 제도운영의 비효율에 따른 사회적 비용부담이 상당하다는 지적이 있다.

(2) 리콜 현황

연도별 리콜실적을 보면 〈그림 10-3〉에서 보듯이 2005년도의 경우 194건으로 미국, 일본 등 선진국에 비해 매우 낮은 수준이며,[22] 일반공산품의 경우는 최근까지도 상대적으로 미미한 실정이다. 지난 2010년도에는 전년대비 2배 가까이 늘었지만, 그 후 지금까지 큰 변화를 보이지 않고 있다.[23] 한편, 품목별로 보면 〈표 10-3〉과 같이 대부분의 리콜이 자동차, 식품 및 의약품 분야에 치우쳐 있으며, 소비생활용품을 포함한 일반공산품의 리콜실적은 정수기나 압력밥솥 등 일

---

20 기업이 자사가 생산·유통시킨 제품의 결함이 발견된 경우 스스로 이를 회수 조치하는 것을 자발적리콜 내지 자진리콜이라 한다. 하지만 엄밀한 의미에서 자발적(voluntary)인 경우는 거의 없으며, 대부분 정부의 권고 등 외부 여건에 따라 스스로 결정(uninfluenced)하는 것을 의미한다.

21 리콜제도의 법적인 개념은, 제품 이용자에게 해를 끼치거나, 끼칠 우려가 있는 결함이 발견된 경우에 사업자가 이용자에게 제품의 결함내용을 알리고 환불이나 교환, 그리고 적절한 수리를 해주도록 하는 제도를 말한다.

22 일본의 경우 지난 2002년도의 경우만 해도 의약품 774건, 식품 190건, 자동차 153건으로써, 우리나라에 비해 상당히 많은 편이다.

23 (구)재정경제부 및 공정거래위원회 보도자료(2006. 9. 19, 2009. 10. 5, 2013. 6 등) 참고.

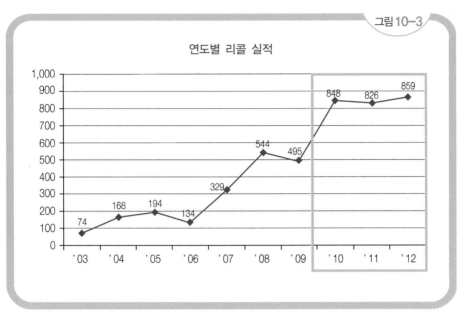

그림 10-3

연도별 리콜 실적

출처: 공정거래위원회 보도자료(2013. 6) 등 관련자료.

부 품목에 한정되어 왔다.

또한 리콜 관련분야별 법 규정상 리콜의 개념, 요건, 처리절차 등에 상당한 차이점이 존재하여 결함제품의 회수율이 저조하며, 여러 행정적 규제에 기인하여 기업의 자진 리콜이 활성화되지 않고 있는 등 제도시행상의 비효율이 뒤따르고 있지만, 이러한 리콜제도의 경제적 비효율에 대한 검토가 부진하다는 지적이 있어 왔다.

더욱이 다른 선진국들과는 달리 우리나라 기업들은 리콜로 인한 소비자 및 언론의 부정적 시각을 우려하여 자진 리콜을 꺼려하고 있는 것으로 보인다. 그동안 리콜은 소비자들에게 '불량품' 내지 '제품상의 하자'라는 부정적인 이미지로 비추어졌으나, 최근에는 자발적으로 리콜하는 기업은 '소비자의 안전을 생각하는 기업'이라는 소비자의 인식이 우세함에도 기업들은 여전히 소비자와 언론이 자진 리콜에 대해 그다지 긍정적이지 않다는 인식을 하고 있는 것으로 보인다.

이와 같이 결함있는 제품의 회수나 수리 등과 같은 리콜은 안전규제 수단으로서 뿐만 아니라 일상의 소비생활에서도 쉽게 접하게 된 생활용어이며, 소비자

표 10-3 연도별 리콜 현황

연 도		2000	2001	2002	2003	2004	2005	2006	2007	2008	2009	2010	2011	2012
품목	자동차	40	39	72	59	134	137	77	63	137	75	131	179	73
	공산품	0	8	8	4	18	8	9	18	6	44	35	142	175
	식품	1	18	23	11	15	49	47	108	219	143	513	332	350
	의약품주1)	-	-	-	-	-	-	-	140	182	230	166	172	244
	기 타	0	1	0	0	1	0	1	0	0	3	3	1	17
합 계		41	66	103	74	168	194	134	329	544	495	848	826	859

주) 공산품에는 품질경영및공산품안전관리법, 제품안전기본법, 전기용품안전관리법, 소비자기본법에 따른 리콜건수를 합한 것이며, 식품은 식품위생법과 축산물위생관리법, 건강기능식품법, 먹는물 관리법 등에 따른 건수를 합한 수치이다.

주 1) 약사법상 리콜은 2007년 5월 4일부터 시행되었다.

안전을 위한 주된 정책수단의 하나로 인식되고 있다.

2) 리콜의 법·제도적 성격과 절차

(1) 리콜의 법적 성격

사고발생 이후에 피해자에 대한 법적 배상책임(liability)을 강화함으로써 피해자 손실의 보상뿐 아니라 사고의 억제기능까지 하는 제조물책임(Product Liability)제도에 반하여, 리콜제도는 사건발생의 가능성이 있거나 발생초기 시점에 미리 결함 제품을 회수하거나 수리 및 교환해주는 행정규제의 일종이다.

사업자의 입장에서 제품의 결함으로 인해 위해가 발생했거나 위해가 발생할 우려가 있음을 알게 되었을 경우에는 지체없이 관계 기관에 해당 결함 정보를 보고하도록 관계 법에 규정해 놓고 있다. 예컨대 소비자기본법 제47조에는 물품의 결함 여부를 가장 잘 알 수 있는 사업자에게 결함 정보를 스스로 보고하도록 함으로써, 신속한 리콜 등의 조치가 이행되도록 하여 소비자의 안전을 도모하고 있다.

정부 당국에서는 이러한 법에 따른 사업자의 결함정보보고와 한국소비자원의 위해정보를 통해 위해를 인지한 후 시험·검사의 절차를 거쳐 해당 제품의 위해성 여부를 확인하게 된다.

한편, 식품위생법, 약사법, 제품안전기본법, 자동차관리법 등 12개 개별 법률에서도 리콜 제도를 두고 있다. 따라서 개별 법률에 리콜 관련 규정이 있으면, 개별 법률에 따라 리콜이 추진된다.

[소비자기본법]

제47조(결함정보의 보고의무) ① 사업자는 소비자에게 제공한 물품 등에 소비자의 생명·신체 및 재산상의 안전에 위해를 끼치거나 끼칠 우려가 있는 제조·설계 또는 표시 등의 중대한 결함이 있는 사실을 알게 된 때에는 그 결함의 내용을 소관 중앙행정기관의 장에게 보고(전자적 보고를 포함한다)하여야 한다.

※ 결함사실을 알고 보고하지 않은 경우 과태료(3천만원 이하) 부과(제86조)

---

(2) 리콜의 종류

결함제품을 시장에서 회수하기 위한 리콜은 해당 제품으로 인한 위해의 발생여부에 따라 사후적 리콜과 사전적 리콜로 구분된다. 사후적 리콜이란 결함 있는 제품이 이미 시장에서 거래된 후 소비자가 사용하고 있는 상태에서 신체 또는 재산상의 피해가 야기된 이후에 시행하는 시정조치를 의미한다. 반면에, 사전적 리콜이란 결함이 내재된 제품의 시장거래 여부를 불문하고 사고발생 이전에 시정조치를 취하는 경우를 말한다.

리콜은 대개 업계가 자발적으로 결정하고 시행하게 되지만, 정부기관의 명령이나 요청에 따라 실행될 수 있다. 즉 사업자 스스로 결정하는 자진리콜(voluntary or uninfluenced recall)과, 정부의 요청에 의한 강제리콜(mandatory or compulsory recall)로 구분됨은 앞서 설명했다. 강제리콜은 리콜명령 및 긴급리콜명령으로 구분된다. 강제적 리콜인 경우 제조·판매금지명령과 함께 결함사실을 공표하게 된다. 사업자가 제공하는 물품과 서비스의 결함으로 소비자의 생명 신체상의 안전에 현저한 위해를 끼칠 우려가 있을 경우에는 정부(중앙 행정기관의 장 또는 시·도지사)가 지체 없이 수거 파기를 명령할 수 있는데 이를 긴급리콜명령이라고 한다.[24]

---

24 우리나라에서는 자진리콜과 리콜명령 외 리콜권고라는 구분을 두고 있다. 리콜권고란 리콜 사유 발생시, 중앙 행정기관의 장 또는 시·도지사가 사업자에게 당해 제품의 리콜을 권고하는 것을 말한다. 일반적으로 이러한 리콜권고는 자진리콜의 범주에 속한다고 하겠다.

(3) 리콜 방법과 절차

요즘은 사업자 스스로 리콜을 시행하는 경우가 많으며, 정부에서도 가급적 강제리콜 대신 사업자의 자진리콜을 유도하고 있다. 업체 스스로 리콜을 시행하더라도 임의대로 할 수 있는 것은 아니며 법에서 정한 규정과 절차에 따르는 경우가 일반적이다. 결함내용이나 원인, 리콜방식과 기간을 포함한 리콜시행계획서를 당국에 제출해야 하고, 일간지 등을 통해 30일 이상 게시하고, 또 그 계획에 따라 리콜을 시행하게 된다. 대표적인 리콜 방법으로는 환급(refund), 교환(replacement), 수리(repair) 등이다.

이상에서 살펴본 리콜의 여러 구분 및 관련 규정에 따른 강제 등을 종합하여 볼 때 리콜은 소비재의 안전을 위한 대표적인 행정규제로 볼 수 있다.

한편, 품목별로 리콜제도를 비교해 보면 〈표 10-4〉와 같다.

표 10-4 우리나라의 품목별 리콜법·제도 현황

품 목	근거법(주관기관)	리콜 요건	리콜 방법
모든 상품	소비자기본법 (중앙행정기관)	소비자의 생명, 신체 및 재산상의 안전에 현저한 위해를 끼치거나 끼칠 우려가 있는 경우	수리, 교환, 환급, 파기, 제공금지
자동차	대기환경보전법 (환경부)	제작차 배출가스 허용기준을 위반한 경우	배출결함 시정
	자동차관리법 (국토교통부)	안전기준부적합 또는 안전운행에 지장을 주는 등의 제작결함 발생	제작결함 시정
공산품	품질경영법 (산업통상자원부)	안전검사기준 부적합 또는 안전검사 표시기준위반 공산품	시정, 파기, 수거, 교환, 환불, 수리
	전기용품안전관리법 (산업통상자원부)	안전기준 부적합 또는 안전인증표시 기준 위반 전기용품	개선, 파기, 수거, 교환, 환불, 수리
	제품안전기본법 (산업통상자원부)		
식품	식품위생법 (식약처, 시도지사)	식품위생상 위해발생 또는 발생가능성이 있는 경우	회수, 폐기, 성분·배합비율 등 변경
축산물	축산물가공처리법 (농림부, 시·도지사)	공중위생상 위해발생 또는 발생우려가 있는 축산물	
의약품	약사법 (보건복지부·식약처)	공중위생상 위해발생 또는 안전성 문제 제기시	회수, 폐기 및 회수에 필요한 조치

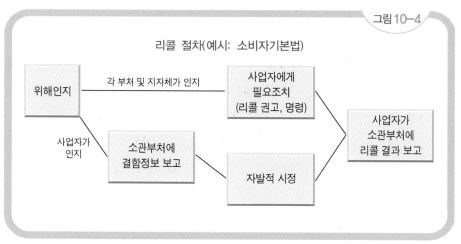

그림 10-4

리콜 절차(예시: 소비자기본법)

위해인지

각 부처 및 지자체가 인지

사업자에게
필요조치
(리콜 권고, 명령)

사업자가
인지

소관부처에
결함정보 보고

자발적 시정

사업자가
소관부처에
리콜 결과 보고

출처: 공정거래위원회 보도자료(2013. 6).

리콜의 절차는 해당 품목에 대한 개별 법령에 따라 다소 차이가 있지만, 일반적으로 위해 위험을 모니터링하는 단계에서 리콜 실시 후 사후조치의 단계까지 총 6개 단계로 구분될 수 있다. 즉 제품의 안전성에 대한 모니터링 단계, 위해를 인지하고 결함을 보고하는 단계, 해당 위험성을 평가하고 리콜 여부를 결정하는 단계, 구체적 리콜계획을 수립하는 단계, 리콜을 실시하는 단계, 리콜 후 사후조치 단계이다. 〈그림 10-4〉에는 소비자기본법상 리콜절차를 도시하였다.

3) 외국의 결함보상제도

미국이나 일본 등 선진국에서는 리콜이 활성화되어 있고 강력히 시행되고 있다. 이들 국가들에서 리콜 문제는 뒤에서 공부할 제조물책임과 더불어 기업들의 가장 큰 관심사이다.

미국의 경우, 연방식품의약품법(Food and Drug Act, 1906) 이후 식품, 의약품, 화장품, 의료기기 등의 잠재적 위해 요소를 제거하기 위한 규제와 함께 리콜제도가 도입되었다. 자동차의 경우는 미국 운수성(DOT: Department of Transportation) 산하의 국립고속도로교통안전국(NHTSA: National Highway Traffic Safety Adminstration)이 설립되면서 리콜이 실시되었다. 공산품은 결함 제품으로부터 소비자의 안전을 확보하기 위해 1967년 연방 소비자안전위원회가 설치되고 1972년 소비자제품안전법이 제정되면서 동 법에 리콜 조항이 도입되었다. 또한 1973년 소비자제품안전위원회(CPSC: Consumer Product Safety Commission)를 설립하여 일반 공산품 관련 위해로부터 소비자를 보호하기 위해 리콜의 시행을 포함한 각종 안전관련 업무를 수행케 함으로써 소비재의 리콜이 활성화되었다.

미국에서 리콜이 1960년대부터 시행된 배경에는 기업에게 엄격책임(strict liability)을 지우는 제조물책임제도와 집단소송제도가 이미 정착되어 있었기 때문에 기업들이 자사 제품의 결함으로 위해사고가 발생할 경우 어떠한 형태로든지 책임을 면할 수 없다는 것을 인식하고 있었기 때문이다. 따라서 대부분 법으로 보장된 규제당국의 명령 이전에 기업이 자발적으로 리콜을 행하고 있다.[25] 덧붙여, 자발적으로 리콜을 수행하려는 기업에 대하여 제품결함에 대한 CPSC의 예비판정단계를 생략함으로써 보다 신속한 리콜이 가능하도록 하는 이른바 Fast Track Recall 프로그램이 1997년 3월부터 도입·시행되었다.

영국의 경우도 미국과 마찬가지로 엄격책임 위주의 제조물책임제도가 도입되어 있어서 기업들의 자진 리콜이 활성화되어 있다. 정부에서도 제조업자를 안전의무 위반에 관련된 기소 여부를 결정할 때 해당 제조업자의 자발적 리콜조치 여부를 주된 고려 사항으로 간주되고 있는 현실도 활발한 자진리콜이 이루어지는 배경이 된다.

이러한 배경이 영국에서 직접 리콜을 규정하고 있는 실정 법규가 존재하지 않는 이유 중의 하나가 되고 있다. 다만, '소비자기본법(Consumer Protection Act, 1987)'과 하위 규정인 '일반제품안전규정(General Product Safety Regulations)' 등에서 규정한 안전규정 위반 제품에 대한 판매금지, 업무정지처분 등 행정벌 조항들이 간접적으로 기업들로 하여금 자발적으로 리콜토록 하는 유인을 제공한다.[26] 자동차의 경우도 직접적으로 리콜이 규정된 법규는 없으나, 기업의 자진 리콜을 활성화하기 위해 1979년에 '자동차 안전결함에 대한 행동강령(Code of Practice on Vehicle

---

25 미국의 소비자제품안전위원회(CPSC), 식품의약품안전청(FDA), 국립고속도로교통안전국(NHTSA)의 홈페이지에서 분야별 리콜통계 및 사례를 살펴볼 수 있다.
26 공산품 리콜을 감독하는 통산산업성은 사업자의 자진 리콜을 활성화하기 위해 관련업계와 공동으로 '소비재 리콜지침서(Consumer Product Recall-A Good Practice Guide)'를 마련하여 구체적인 리콜절차 등 시행방법을 제시하고 있다.

Safety Defects)'을 마련하였다.

일본은 선진 외국에 비해 리콜제도의 시행이 비교적 늦은 편이다. 지난 1973년 '소비생활용제품안전법'을 제정함으로써 리콜 제도를 처음으로 도입하였으나, 초기에는 리콜이 활성화되지 못하다가, 제조물책임법이 시행된 지난 1995년 이후 리콜을 실시하는 기업이 점차 증가하고 있다.

일본에서 리콜제도가 국내 및 국제적 쟁점화가 된 사건은 지난 2000년 자동차결함관련 리콜 정보를 조직적으로 은폐한 사실이 발각됨으로써, 63만대 이상의 차량을 강제 리콜당한 이른바 미쓰비시(三菱)자동차 리콜사건이다. 이 사건과, 일련의 리콜명령으로 인해 동 회사는 기업의 이미지 실추와 함께 판매부진과 수익악화, 주가폭락으로 이어져 도산 위기에 직면하는 어려움을 겪었다. 이 사건은 발견된 제품의 결함을 자진 리콜하지 않음으로써 겪게 되는 효과를 잘 보여주는 대표적인 사례이다.

4) 리콜의 사회적 비용과 소비자문제

(1) 위해 제품의 사전적 회수

기업이 자발적이든지 정부의 권고나 명령에 의해서든지 리콜을 시행하기 위해서는 우선적으로 제품의 결함을 소비자들에게 통지하고 가급적 신속하게 회수해야 한다.

현실적으로 자동차와 같은 고가의 소비재는 기업들이 유통단계별 기록을 잘 보전하고 있고 소비자도 제품가치의 보존을 위해 회수율이 높은 편이다. 하지만, 결함 소비재의 시장가격이 낮은 경우, 즉 극단적으로 제품의 가치가 회수비용에도 미치지 못할 경우에는 기업뿐만 아니라 소비자 측면에서도 신속한 회수의 유인이 없어지게 된다. 즉 기업들은 편익을 초과하는 비용을 지불하지 않으려고, 소비자 역시 회수절차에 응하는 기회비용을 지불하지 않으려 하는 것이다. 따라서 특히 저가 소비재의 경우 회수율이 매우 낮게 되며 결함 제품이 시장에서 제때 회수되지 못하는 소비자문제가 발생한다.

(2) 리콜의 사회적 비용

결함제품의 리콜이 제때 이루어지지 않아 소비자안전이 위협받고 있다는 점은 국내외의 여러 리콜 사례에서 잘 관찰해 볼 수 있다. 지금까지 대부분의 리콜 사례에서 문제가 되었던 것은 기업들이 자진리콜비용을 리콜회피비용보다 더 크게 판단하였다는데 있다. 다시 말해 결함제품의 리콜공지·조사·회수비용, 피해 소비자에 대한 보상비용 등 직접비용과 자사 및 해당 제품에 대한 소비자들의 부정적 이미지, 주가하락, 대외신인도 하락 등의 간접비용을 포함한 리콜비용의 크기를, 리콜을 회피할 경우 부담하게 될 손해배상비용, 불안전 기업이라는 이미지 실추에 따른 기회비용 등의 비용보다 더 크게 판단한 것이다. 이러한 리콜여부의 결정 요인들은 모두 이윤극대화를 추구하는 기업의 사적판단(리콜의 사적비용>리콜의 사적편익)에 따른 것이다.

하지만, 국가 차원에서의 리콜제도의 운영은 사회적 판단을 요구한다. 즉 결함 제품이 제때 리콜 되지 않음으로서 발생되는 소비자위해를 사회적비용 요소로 볼 수 있으며, 이는 이른바 외부효과(externality)의 존재로 설명할 수 있다. 즉 기업이 리콜을 회피할 경우 기업이 판단하는 사적비용[27]보다는 사회가 부담해야 할 사회적비용이 더 크다는 논리에서, 만일 기업이 자발적으로 리콜을 하지 않을 경우 국가가 강제명령 등을 통해 리콜하도록 하는 것이다.

리콜에 관련된 가장 큰 사회적비용으로는 위해 사고 발생에 따른 소비자들의 인적·물적 손해이며, 관련 부품업체나 하청업체를 포함한 산업 전반에 야기되는 시간적·경제적 비용을 포함한다. 예컨대, 특정 기업 제품의 리콜은 연관 분야 기업들의 주가를 동시에 하락시켜 이들에게 경제적 손실을 안겨줄 수 있다. 일례로 미국 소비제품안전협회의가 48건의 리콜로 인한 관련기업 주가를 조사한 결과 평균 하락폭은 6.9%, 절대손실액은 70억 달러로 나타났으며 미국 식품의약품안전청(FDA)의 의약품 리콜은 주가의 6% 손실을 초래하고 자동차 리콜은 1.4%의 주가 하락을 불러온 것으로 나타났다.

또한, 결함가능제품의 리콜은 소비자로 하여금 잘못된 인식과 선택을 가져

---

27 엄격한 의미에서 사적한계비용(private marginal cost: PMC)을 의미한다.

다 줄 수도 있다. 예컨대, 리콜제품이 시장에서 회수되면 소비자의 선택의 범위가 줄어들며, 따라서 시장에 남아있는 제품은 안전하다는 무의식적인 가정을 할 수도 있으며, 실제로는 그 제품이 안전하지 않음에도 소비를 증가시킬 수 있다. 더욱이 지나친 리콜제도의 시행은 사고가 소비자의 주의수준과는 관계없이 제품의 결함에 의해서만 야기된다는 잘못된 판단을 하게 되어 사용상의 부주의가 증가할 수도 있다.

덧붙여, 미국과 같이 엄격한 제조물책임법제나 집단소송제도가 뒷받침되지 않은 상태에서의 리콜제도의 시행은 경우에 따라서 사회적 비용이 사회적 편익보다 더 크게 될 수 있다.

그러므로 리콜제도의 효율성 문제는 개별 기업의 자발적 리콜을 유도하는 측면, 다시 말해 개별 기업입장에서의 비용에 대한 분석뿐만 아니라, 리콜에 따른 사회가 부담해야 할 비용의 크기가 어느 정도인지에 대한 경제적 분석도 뒷받침되는 것이 바람직하다. 물론 분석 결과 리콜에 따른 사회적 비용의 크기가 결함제품으로 인한 위험 예방 또는 소비자안전에 따른 사회적 편익을 초과할 지 여부는 분명하지 않을 수도 있다. 하지만, 리콜제도의 당위성은 사회적 비용의 크기가 사회적 편익보다는 작다는 점을 전제하고 있다는 점은 분명하다.

(3) 소비자와 기업 중 누구를 위한 리콜?

리콜에 관련된 기업 광고를 보면 소비자만을 위해 리콜하는 것으로 표현하는 경우가 적지 않은데 자신들에게는 불이익일까? 사실 사고 제품 한 두개를 수거하여 무상 수리나 환불해주는 데는 큰 부담이 없지만, 이미 팔려나간 동일 모델의 모든 제품을 리콜하게 되면 회사로서는 큰 부담이 아닐 수 없다. 경우에 따라서는 회사 재정이 휘청거리기도 한다. 하지만, 소비자의 입장에서 생각해보면, 리콜을 제때에 하는 기업과 리콜하지 않고 있다가 나중에 문제가 드러나는 기업 중 어느 쪽을 더 신뢰할 것인가는 자명하다.

소비자의 안전을 생각하는 기업은 소비자의 신뢰를 얻게 되어 경쟁력이 높아진다는 것을 알면, 제때 리콜하는 것이 기업한테는 궁극적으로 이득이 된다는 것을 쉽게 알 수 있다. 따라서 기업들은 자사 제품에 문제가 발견되면 소비자들이 모르더라도 가급적 빨리 리콜조치를 하는 것이 자사의 이익에도 부합할 것이다.

　단기적으로는 회수비용이나 보상비용, 그리고 이미지 훼손과 같은 손실이 발생하겠지만, 미쓰비시 자동차회사처럼 제때 리콜하지 않음으로써 한순간에 큰 손실을 보는 경우를 당하지 않기 위해서는 적절한 시기에 조치하는 것이 보다 유리할 것이다.

Reading 읽을거리 10.2

타임지 선정 리콜 10선

미국의 시사주간지 타임(TIME)지는 최근 '기억할 만한 최대·최악의 리콜 10선(Top 10 recalls)'을 발표했는데, 2009년 12월말 도요타가 단행한 차량 8종에 대한 리콜이 최대·최악의 리콜 순위에 올랐다. 도요타는 8월 이후 세달 동안 2번이나 리콜했는데, 2008년 11월에도 500여만대의 차량을 같은 문제로 리콜한 바 있다. 세계적으로 900만대가 리콜 대상이 될 것이라고 타임지는 내다봤다.

생후 8개월 된 영아의 죽음을 불러온 심플리시티 요람(아기 침대)은 리콜 2위로 뽑혔다. 심플리시티의 요람은 여닫는 문짝이 허술했다. 침대와 문 사이에 아기가 끼이곤 했다. 아기 1명이 숨진 후에 제조사는 약 60만개를 리콜했다. 이 회사는 2007년에도 제품 100만개를 리콜했다.

3위는 국내에서도 문제가 된 중국발 멜라민 분유 파동이었다. 원유(原乳) 생산 업체가 단백질 함량을 속이려 우유에 공업용 도료로 쓰이는 멜라민을 섞은 것이다. 이 사고로 영아 1명이 사망하였는데, 중국 정부는 원료 700톤을 압수했다.

1970년대 포드사가 '핀토(Pinto)' 차량의 연료통 결함을 알고도 판매한 것은 4위에 올랐다. 핀토는 연료통 위치가 잘못돼 후방 충돌시 불이 날 수 있었다. 하지만 회사는 "문제가 되면 법정 비용만 내자"는 식으로 출시했고, 몇 번의 법정 다툼 끝에 결국 150만대를 리콜조치 할 수밖에 없었다. 브리지스톤의 타이어 펑크 결함은 다섯 번째로 꼽혔다. 2000년 일본 타이어회사 브리지스톤의 파이어스톤 타이어는 주행 중 펑크가 나는 문제가 발생했다. 회사는 타이어 650만개를 리콜했다. 타이어 사고로 15명이 숨지고 120명이 다친 것으로 추정된다.

2008년 캘리포니아 도축장에서 다우너소를 불법도축했다가 쇠고기 6만5000t이 리콜된 것과 살모넬라균이 오염된 땅콩이 유통돼 관련 제품이 모두 리콜된 것, 1982년 시카고에서 타이레놀 캡

4 제조물책임과 소비자안전

　　제품에 관련된 사고들 중에서 사람의 고의 또는 부주의가 원인이 되어 발생하는 경우는 사전에 충분한 주의를 기울임으로써 그 피해를 예방할 수 있다. 하지만 주의소홀이나 기타 여러 원인으로 이미 피해가 발생한 경우 사고의 피해자는 가해자에게 책임을 묻고 배상을 요구할 수 있다. 이렇게 제품에 관련된 사고에 있어서 사고당사자 사이의 손해배상 문제가 바로 제조물책임의 문제이다.

　　이 절에서는 제조물책임의 여러 법리가 전개되어온 역사적 배경을 바탕으로 책임법리의 의의와 유형을 정리하고, 소비자 안전을 확보하기 위한 수단로서의 제조물책임의 문제를 공부한다.

1) 제조물책임의 경제적 의의

(1) 제조물책임의 개념과 유형

제조물책임의 개념

　　예로부터 인류는 다양한 형태의 사고로 인해 인적·물적 피해를 입어왔다. 예를 들어 집중호우나 화산 폭발 등과 같은 자연재해[天災]뿐 아니라, 항공기 추락사건, 가스관 폭발사건, 원유(原油)의 해상 누출사건, 녹즙기에 손가락이 절단되는 사건 등 많은 사고로 막대한 인체·재산상의 손실을 가져 왔다. 이러한 사고에 의한 피해들 중 사람의 고의 또는 부주의가 원인이 되어 발생하는 경우는 사전에 충분한 주의를 기울이는 등의 대책을 강구하여 피해를 예방할 수 있다. 그럼에도 피해가 발생한 경우 당연히 사고의 인과관계가 성립하게 되며 이때 사고 피해자

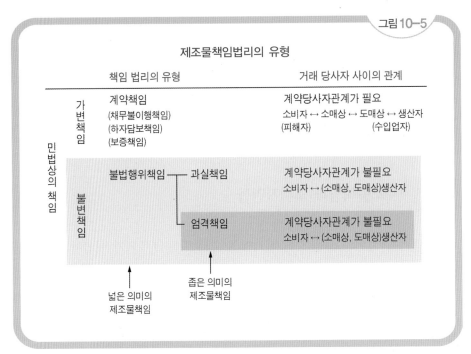

출처: 이종인(2010), 불법행위법의 경제학, 비봉출판사, 206쪽

는 가해자에게 책임을 묻고 배상을 요구할 수 있게 된다. 이러한 사고 피해에 대한 사고당사자 사이의 손해배상 문제가 바로 민법상의 책임법리의 문제이다.[28]

　　일반적으로 제조물책임은 '제품을 사용하는 사람이 그 제품의 사용과정에서 생명·신체 또는 재산상의 피해를 입은 경우 그 결함 있는 제품의 생산자 또는 공급자가 부담하는 손해배상책임'(제조물책임법 제3조)을 지칭하며, 이를 넓은 의미의 제조물책임이라고 한다. 여기서 결함이란 통상 제품을 사용할 때 예견되는 생명·신체 또는 재산에 부당한 위험을 발생시키는 제품의 결함을 의미하며, 하자(瑕疵)라고 표현하기도 한다.

---

28 가해자의 책임에는 민사책임 외에 형사책임이 있다. 그러나 일반적으로 제품의 결함으로 인한 제조물책임은 손해 발생 시 배상의무가 발생하는 민사상의 책임으로 볼 수 있다. '제조물책임(product liability: PL)'이라는 용어는 1930년경 미국의 보험업계에서 사용되기 시작했으며, 초기에는 '제조물책임(manufacture's liability)', '제조자책임(manufacturer's liability)', '공급자책임(supplier's liability)' 등의 용어가 혼용되어 오다가 점차 제조물책임(product liability)으로 굳어지게 되었다.

제조물책임의 유형

이러한 제조물책임은 영미법계 국가, 특히 미국을 중심으로 19세기 중반부터 판례에 의해 인정되기 시작한 이래, 초기에는 상품의 결함에 대해 생산자에게 과실이 있는 경우에만 생산자의 책임을 인정하는 순수한 과실책임주의였다. 그러나 점차 판례 및 입법에 의해 과실책임주의에서의 소비자 입증책임의 경감, 보증책임(warranty)29 등으로 발전하면서 생산자의 책임이 확대되어 왔으며, 1960년대에는 상품의 결함에 대해 생산자의 과실 여부에 관계 없이 책임을 부담시키는 엄격책임(strict liability)의 법원칙이 확립되었다.

이와 같이 제조물책임은 오랜 시일을 두고 형성, 발전되어 온 법원칙이며, 오늘날에는 국가에 따라 순수한 과실책임법리, 입증책임이 완화된 과실책임법리, 보증책임법리 및 무과실책임법리 등 각기 다양한 유형의 책임법리가 적용되고 있다. 이러한 제조물책임법리의 여러 유형은 〈그림 10-5〉에 정리하였다.

제조물책임의 유형을 경제학적 관점에서는 제품의 사용과 관련하여 발생한 피해를 양 당사자인 생산자와 소비자 중 누가, 어떤 조건하에서 부담하느냐 하는 손실부담 기준을 들 수 있다. 이는 제조물책임을 주로 경제학적 관점에서 구분하는 기준으로서 무책임법리(no liability rule), 과실책임법리(negligence rule), 기여과실책임법리(negligence rule with the defence of contributory negligence), 무과실책임(엄격책임)법리(strict liability rule) 등으로 구분한다.

2) 제조물책임의 내용

미국에서 정착된 제조물책임의 법원칙은 유럽연합(EC)과 일본, 중국, 호주, 브라질, 러시아, 필리핀, 헝가리 등 세계 많은 국가에서 제도화되어 시행중에 있다. 이러한 제조물책임은 나라마다 입법형식이나 내용에 다소 차이가 있어 일률

---

29 보증책임(warranty)이란 생산자(제조업자, 유통업자)가 제품 판매 시 보증서에 기재, 계약서 조항, 광고, 취급설명서 등을 통해 제품의 품질과 성능에 대해 소비자에게 보증했을 경우, 제품 사고 시 사고의 원인이 이러한 보증을 위반한 것으로 증명된 경우 생산자로 하여금 소비자의 사고손해를 배상토록 하는 배상법상의 책임법리이다. 보증책임에는 명시적 보증(expressed warranty)과 묵시적 보증(implied warranty)이 있다 (묵시적 보증이란 어떠한 명시를 하지 않아도 당연한 것으로 보게 되는 보증을 의미한다).

적으로 나타내기 어렵다. 본 절에서는 우리나라의 제조물책임법30을 중심으로 그 내용을 정리해 본다.

첫째, 제조물의 범위를 "다른 동산이나 부동산의 일부를 구성하는 경우를 포함한 제조 또는 가공된 동산"으로 정하고 있으며, 결함을 제조상의 결함, 설계상의 결함, 표시상의 결함 등으로 구분하여 정의하고 있다. 또한 제조업자를 "제조물의 제조·가공 또는 수입을 업으로 하는 자와, 제조물에 성명·상호·상표 기타 식별 가능한 기호 등을 사용하여 자신을 제조자(가공, 수입업자)로 표시한 자"로 정의하고 있다.

둘째, 제조업자는 제조물의 결함으로 인해 생명·신체 또는 재산에 손해를 입은 자에게 손해를 배상해야 한다고 명시함으로써, 제조물책임을 정의하고 있다. 이때 해당 제조물에 대해서만 발생한 손해를 제외하고 있다.

셋째, 면책규정을 두고 있는데, 제조자가 열거한 면책의 사유를 입증하는 경우에는 정책적인 사항을 고려하여 면책의 항변을 인정하고 있는 것이다

넷째, 동일한 손해에 대해 배상책임이 있는 자가 2인 이상인 경우의 연대책임이 있음을 인정하고 있으며, 손해배상책임을 배제하거나 제한하는 특약을 무효로 하는 면책특약을 제한하고 있다.

다섯째, 피해자 등이 손해배상책임을 지는 자를 안 날부터 3년간, 제조업자가 손해를 발생시킨 제조물을 공급한 날부터 10년 이내에 배상청구권을 행사하지 않으면 소멸하도록 하는 소멸시효를 인정하고 있다. 다만, 신체에 누적되어 사람의 건강을 해하는 물질에 의해 발생한 손해 또는 일정한 잠복기간이 경과한 후에 증상이 나타나는 손해에 대해는 그 손해가 발생한 날부터 기산하도록 규정되어 있다. 끝으로 동법의 규정 이외의 사항에 대해서는 민법의 규정을 적용토록 하고 있다.

덧붙여, 법 시행 이후 공급된 제조물부터 적용한다는 규정을 두고 있는데, 이는 이미 유통되고 있는 모든 제조물에 소급 적용하는 것이 기업에 너무 가혹하다는 정서를 반영한 것이라고 볼 수 있다.

---

30 우리나라 제조물책임법은 전문(全文)이 8개 조항으로 구성되어 있는 비교적 단순한 형태의 법률로서, 민법의 특별법, 소비자보호법의 일부, 독자적 특별법의 성격을 가진다고 볼 수 있다.

3) 제조물책임의 안전성 효과

그동안 제조물책임법과 관련된 주된 이론적인 논점 중의 하나는 그 효과에 관한 것이었다. 특히 우리나라를 포함한 세계적인 추세인 '무과실(엄격)책임' 위주의 제조물책임제도가 제품의 안전 결함으로 발생되는 소비자의 피해를 얼마나 예방 또는 감소시켜줄 수 있을 것인가의 문제에 관해 다양한 이론 및 실증적 접근이 시도되어 왔다. 본 절에서는 무과실책임 위주의 제조물책임법리가 제품의 안전성에 미치는 효과에 관해 살펴본다.

(1) 안전성 효과에 관한 다양한 견해

제조물책임은 대표적인 불법행위법 영역의 하나이다. 그동안 제조물책임의 경제적 효과에 관한 다양한 연구들이 있었지만, 제품 안전(사고확률)에 미치는 효과에 관한 연구는 그리 많지 않다.

책임법리의 제품 안전성 효과에 관련된 연구는 대부분 책임법리가 소비자책임에서 과실책임, 과실책임에서 무과실책임으로 전환됨에 따라 제품 안전에 어떤 영향을 미치는가에 초점을 맞추고 있다. 기존의 이론·실증적 연구들은 다음의 세 가지 관점에서 이 문제를 다루고 있다. 즉, 책임법리가 (1) 소비자책임에서 생산자에게 좀 더 엄격한 책임을 지우는 형태의 책임법리로 전환되어도 제품의 안전성에 영향을 미치지 않거나 혹은 명확하지 않다는 관점, (2) 제품의 안전수준을 낮춘다는 관점, (3) 오히려 제품의 안전수준을 제고한다는 분석상의 관점이 있다.

제품의 안전성에 무관하다는 관점

책임법리가 소비자책임에서 제조자책임으로 전환될 경우 제조자가 늘리는 주의수준이 소비자가 줄이는 주의수준과 동일하여 제품의 사고율에는 아무런 영향을 미치지 않음을 의미한다. 이러한 견해를 보이는 대표적인 분석으로는 그레이엄(Graham, 1991)과 프리스트(Priest, 1988)가 있다.

제품의 안전성을 저해한다는 관점

책임법리가 소비자책임에서 제조자책임으로 전환될 경우 제조자가 늘리는 주의수준이 소비자가 줄이는 주의수준보다 더 낮아서 제품의 사고율을 저해하게 된다는 것을 의미한다. 이러한 견해의 분석으로는 매킨(McKean, 1970)과 오이(Oi, 1973) 및 실증분석을 한 히긴스(Higgins, 1978)를 들 수 있다.

제품의 안전성을 향상시킨다는 관점

제조자책임으로 책임법리를 전환할 경우 제조자가 늘리는 주의수준이 소비자가 줄이는 주의수준보다 더 크게 되어 제품의 사고율을 감소시킬 수 있다는 의미이다. 이러한 관점에서 논의를 전개한 논문들도 대부분 코즈정리에 입각한 논지에서 크게 벗어나지 않는다. 다시 말해 거래비용이 없거나 무시할 수 있는 경우라면 제조물책임법리의 유형에 관계없이 자원배분상에 아무런 차이가 없다는 결론에 동의하고 있다. 하지만 거래비용이 존재하는 현실적인 경우에는 어떤 유형의 책임법리가 더 선호될 수 있을지에 대한 경제적 분석이 필요하다고 보고, 분석 결과 경제적 관점에서 제조자책임 위주의 엄격책임법리를 도입하는 경우가 제품의 안전수준을 좀 더 향상시킬 수 있다는 점을 보이는 논문들이 있다. 그 대표적인 분석으로는 골드버그(Goldberg, 1974)와 랜즈·포스너(Landes and Posner, 1985)가 있다.

(2) 제조물책임제도의 안전성 향상 효과

제조자책임으로 책임법원칙 전환이 소비자안전을 향상시킨다는 견해에 관해 좀 더 살펴보자. 생산자에게 좀 더 엄한 엄격책임법리가 제품의 안전성 향상을 초래한다는 관점은 역사적 자료에 의해서도 부분적으로 검증이 가능하다. 예컨대 1960년과 1970년대 전후 미국을 중심으로 한 소비자책임에서 제조자책임으로의 역사적 변천과정을 보면 제품에 관련된 사고율에 미친 영향에 대해 종합적인 이해를 가능케 해준다. 즉, 제조물책임법리의 전개과정에서 볼 수 있는 엄격책임의 채택이 사고율의 감소에 어느 정도 공헌한 것으로 보인다. 실제로 연구된 한 논문을 통해 그 의미를 살펴보자.

이종인·이번송(2000)은 실제 관련 법리를 도입하여 시행 중인 미국의 횡단면 자료(cross-section data)를 활용하여 생산자책임으로의 책임법리의 전환이 제품사고 율에 미치는 효과에 대해 실증적으로 검증했다. 이들은 우선 미국의 1960년 및 1970년의 횡단면자료를 이용하여 가정 내 사고사망률, 총사고사망률, 의약품 관련 사고사망률 및 식품 관련 사고사망률 등을 제품 관련 사고율을 대변하는 종속 변수로 설정하고, 제조물책임법원칙의 전환이 이들 사고율 변수에 미치는 효과에 대해 실증적으로 분석했다.

분석 결과를 요약하면, '가정 내 사고사망률'을 사고율변수로 놓아 분석한 경우는 제조물책임법 관련 변수들이 통계적으로 유의하지 않았다. 하지만 '총사고사 망률'에 대한 분석에서는 제조물책임법리 관련 법 변수들이 최소한 10% 유의수준에서 유의했으며, 따라서 생산자책임으로의 책임법리의 전환이 제품사고율을 낮춘다는 이론분석으로부터 도출한 여러 가설을 지지할 수 있었다. 이는 제품 위험에 대한 소비자의 정보 부족이 존재하는 현실에서는 제조물책임법리가 도입됨으로써, 다시 말해 피해의 입증책임이 제품의 제조자에게로 전환됨으로써, 생산자의 책임이 강화되어 간접적으로 제품의 안전수준이 제고될 수 있다는 관점이다.

R읽을거리 10.3 Reading

급발진사고, "내 탓이오"?

미국의 저명한 법경제학자이자 연방대법관을 역임한 예일대의 캘러브레이지(Calabresi) 교수는 자동차를 악마의 선물에 비유한 적이 있다. 자동차는 현대인들에게 없어서는 안 될 문명의 이기이지만, 재미있고 스릴감 넘칠수록 더 많은 생명을 담보하는 악마의 유혹이라는 것이다. 최근에 빈발하는 자동변속 차량의 급발진 사고도 이러한 비유로부터 무관하지 않을 것이다.

지난 2005년 3월 김영란 대법관이 탄 승용차가 급발진 사고를 일으켜 크게 부당상하는 사고가 발생하는 등 지난 수년 동안 급발진 관련 사건 사고가 끊이지 않고 있다. 필자가 일하는 한국소비자원에 접수된 급발진 사고 상담건수가 2004년 80여건에서 2006년 112건, 2008년 101건

(올 9월까지 48건) 등으로 줄지 않고 있으며, 사고의 피해자가 차량 제조업체나 수입업체를 상대로 한 소송도 잇따르고 있다.

급발진은 주로 자동변속기가 장착된 차량의 시동 때 가속페달을 밟지 않았음에도 차량이 갑자기 돌진하는 현상을 말한다. 1980년대 초 미국에서 처음으로 법정논쟁까지 가서 세계적으로 알려졌지만 지금까지도 그 원인에 대해서는 여러 가지 요인이 추정되고 있을 뿐 속 시원히 알려진 것이 없다. 우리나라의 관련 소송에서는 아직 피해자에게 최종 승소 판결을 낸 판례는 없었다. 그러나 운전자의 조작미숙이라고 결론짓기엔 미심쩍은 부분이 많다는 것은 누구나 공감하는 일이다. 많은 운전자들이 급발진 사고의 원인이 차체의 설계나 제조과정에서의 결함이라는 의혹의 눈초리를 보내고 있으나 그 누구도 정확한 원인을 입증할 수 없는 상황이다.

이런 현실에서 이번에 서울중앙지법이 급발진 관련 사고의 원인을 운전자가 아니라 차량을 판매한 회사가 입증해야 한다는 매우 의미있는 판결을 내렸다. 이번 판결은 민법 제750조의 과실책임법리에 따라, 운전자가 자신의 과실없음을 증명해 보여야 한다는 기존의 대법원 판례를 뒤집은 것이어서 주목된다.

우리나라와는 달리 미국은 이미 90년대 후반 이후부터 급발진 사고에 관련된 소송에서 '차체 결함이 없음'을 제조사가 입증하도록 하고 있다. 우리나라도 지난 2001년 급발진 사고 원인에 대한 입증책임이 소비자가 아닌 자동차 회사에 있다는 판결이 있었으나 업체의 즉각적인 항소로 인정되지 못한 적이 있었다. 이번 판결에 대해서도 업계에서는 항소의사를 보일 것으로 예상되지만, 이번 판결이 미국과 같이 입증책임이 소비자에게서 제조사로 상당부분 전환되는 계기가 되기를 기대한다. 그리하여 그동안 사고를 당하고도 적절한 보상을 받지 못했던 소비자들의 억울함과, 혹시 자신도 급발진 사고를 당하지 않을까 염려하는 소비자의 불안이 해소되고, 자동차회사들이 급발진 사고 제어장치의 개발 등 보다 안전한 차량이 생산할 수 있게 되었으면 한다.

자료: 조선일보 칼럼(이종인, 2009. 10. 7),
〈www.news.chosun.com〉

4) 제조물책임에 대한 징벌 배상

기업의 불법행위에 의한 소비자 손해의 배상에는 보상적 배상(compensatory damages)과 징벌적 배상(punitive damages or exemplary damages)이 있다. 우리나라에는 아직 도입되지 않았지만, 가해자의 악의적인 불법행위에 대한 징벌적 손해배상제도는 영국과 미국 등 영미법 국가들에서는 오래전부터 시행되고 있다.[31]

---

31 영국에서는 1763년의 Wilkes v. Wood 사건에서 처음으로 징벌배상이 인정되었지만 극히 한정된 범위에서만 인정되고 있는 반면에 미국은 1784년의 Genay v. Norris 사건에서 최초로 언급된 이래 현재 루이지애나, 매사추세츠, 네브래스카, 뉴햄프셔, 워싱턴 등 5개 주(州)를 제외한 45개 주에서 징벌배상제도를 채택하고 있다.

징벌적 손해배상의 목적은 일차적으로 피고(가해자)의 잘못된 행위를 벌하기 위한 것이지만 궁극적으로는 유사한 행위에 관여하는 잠재적 가해행위를 억제하는 데 주된 목적이 있다. 징벌적 손해배상에 관한 소비자문제에 관련해서는 크게 두 가지 문제를 생각해볼 수 있다. 첫째, 징벌적 손해배상을 인정할 수 있는 여건이 무엇인지, 둘째, 효율적인 징벌배상액수는 얼마가 될 것인가의 문제이다.

(1) 징벌배상의 인정 요건

현실에서 제조물책임제도는 완전하지 못하다. 예컨대 어떤 결함 있는 제품에 의해 손해를 입은 두 소비자 중 한 사람만 소송을 통해 배상받게 된다고 가정해보자. 따라서 소비자들 중 배상받은 비율(이를 집행오류(enforcement error)라 한다)이 2분의 1이다. 이때 소송에서 이긴 원고만이 보상적 배상을 받는다고 가정하면(즉, 두 피해자에 대한 완전보상을 해주지 않아도 되는 것으로 기대하는 경우라면), 가해자인 기업은 지나치게 낮은 수준의 주의를 하게 될 것이다.

실제로 1970년대 후반 포드자동차사의 핀토(Pinto)자동차 사건(Grimshaw v. Ford Motor Co.)이나 최근의 미쓰비시사의 자동차 결함으로 인한 소송사건의 경우 자동차설계와 제조상의 중대한 결함이 있었음에도 이를 제때 리콜(recall)하지 않고 발생된 피해나 제소된 사건의 경우에만 대응하는 낮은 주의노력을 하는 경영전략을 선택하고 있었다. 징벌 배상은 이와 같이 손해의 완전보상이 이루어지지 않는 경우에, 그 배상액 수준을 보상적 배상액 이상으로 높임으로써 가해자의 효율적 주의를 유도할 수 있게 된다.

(2) 적정 징벌배상액의 산정

가해자가 발생한 손해의 집행오류 비율만큼만 책임을 진다고 하자. 이 경우 가해자는 주의비용이 반영된 기대손해비용의 합을 최소화하는 수준의 주의를 하게 된다. 이때 가해자는 손해의 집행오류가 1보다 적으므로 효율적인 수준보다 적은 주의를 하게 된다. 또한 집행오류값이 적을수록 자신의 주의수준을 더 낮추게 된다.

이러한 이기적인 행위자의 사회적 비용을 내부화하기 위해서는 법원에서 보상적 배상액에 징벌배상액을 추가해야 한다.[32] 그런데 추가하는 징벌배상액은 가해자의 기대책임이 피해자(들)의 전체 손해액과 같도록 하는 금액이면 된다. 이러한 방법으로 징벌배상액을 구하여 이를 보상적 배상액과 함께 배상토록 하면 제조물책임제도의 불완전 집행으로 인한 가해자의 지나친 불법행위 유인의 문제를 해결할 수 있을 것이다.

이러한 경제적 접근은 법원의 징벌배상액 결정에 중요한 시사점을 제시해준다. 하지만 현실적으로 영미법계 국가의 법원에서 결정하는 징벌적 배상책임을 인정하는 여건과 그 배상액의 크기는 이러한 이론적 결론과는 거리가 있어 보인다. 미국의 경우 실제로 많은 불법행위소송에서 배심원의 자의적인 판단과 판사의 주관적 결정에 따라 징벌배상액이 결정되는 경우가 많았다. 잘 알려진 대표적인 예로 맥도널드 커피사건이 있다. 이는 미국의 뉴멕시코 주에서 79세 된 할머니가 맥도널드 드라이브인(drive-through) 창구에서 산 커피를 차에서 쏟아 다리와 엉덩이 부분에 3도 화상을 입었던 사건이다. 법원에서는 맥도날드 레스토랑의 제조물책임을 인정하여 총 286만 달러를 배상하도록 평결했는데, 이 중 보상적 배상액은 16만 달러에 불과하고 나머지 270만 달러는 징벌배상액이었다. 이 사건에서 보상적배상액의 약 17배가 되는 징벌배상액을 결정한 배심원들과 판사의 결정에는 위에서 논의한 이론보다는 자의적인 요소가 훨씬 더 많았던 것으로 보인다.

---

32 이러한 가해자의 행위는 도덕적인 관점에서는 '이기적'이어서 비난받을 수 있겠지만 경제적인 관점에서 본다면 주어진 여건하에서 '합리적'인 경제행위라고 볼 수 있다.

핀토자동차 제조물책임 사건

포드사(Ford Motor Co.)에서 1970년에 개발된 소형차 핀토(Pinto)는 원가를 줄이기 위해 제조하는 과정에서 여러 안전성문제를 소홀히 하였다. 초기 모델의 후방충돌실험 결과 연료탱크에 충격이 가해지면 화재와 함께 폭발할 가능성있음을 알게 되었다. 하지만 포드사는 이 결함을 인식하면서도 재디자인에 들어가는 추가적인 비용 때문에 이러한 문제를 무시했다.

그 결과 당시 미국에서 가장 잘 팔리는 소형차 반열에 올랐지만, 아니다 다를까 후방충돌로 인한 사고가 잇달아 발생했고, 급기야 충돌시 발생된 화재로 13살 어린이가 심한 화상을 입는 사건 등 27명의 사망자와 많은 부상자가 발생되는 결과가 발생했다. 이어 포드사는 제조물책임 소송에 휘말렸고, 여러 소송에서 패소하여 거액의 배상을 하게 되었다.

당시 패소의 이유는, 잘못된 설계에 기초하여 자동차를 만든 데 주된 원인이 있었지만, 사실 재판과정에서 드러난 사항으로서 회사가 판매 초기단계에서 핀토의 가솔린탱크에 결함이 있음을 알고 있었음에도, 제때에 리콜과 같은 적절한 안전조치를 하지 않은 점이 결정적인 패소 요인이 되었다. 당시 재판과정에서, 회사에 불리한 내부 자료가 폭로되었는데 그 내용을 보면, "핀토를 모두 리콜하는 것보다는 제기된 제조물책임 소송에 대해서만 배상해주는 것이 회사에 더 유리하다"라는 내부 자료였다. 즉 연료탱크의 안전장치를 부착하는 비용(1대당 안전조치비용)과 그렇지 않을 경우 지출되는 비용(운전자 등의사망, 부상 비용)을 산정해 본 결과, 안전조치 하지 않는 경우의 비용이 오히려 적게 든다는 내용이었다.

당연히 배심원들은 포드사 경영진들의 도덕성과 안전 불감증을 질타했으며, 통상 배상액(보상적 배상액)보다 훨씬 높은 1억 2,850만 달러의 징벌적 성격의 배상을 평결했다.

(그런데, 이러한 포드사의 핀토자동차 사건에 관한 다른 견해도 있다. 당시 핀토는 미국 운수성 산하의 국립고속도로교통안전국(NHTSA)으로부터 리콜 등 안전조치를 할 필요가 없다는 판정을 받았다는 것이다. 또한 포드 엔지니어들이 핀토의 가스탱크가 후방 추돌에 취약하다는 것을 알고 있었다는 것도 소송 원고측의 다소 악의적인 증거 제출에 기인한 것이라는 주장도 있다. 주장의 진위 문제는 우리와는 다른 미국의 소송제도에 근거한 것이므로 확인하기가 쉽지는 않아 보인다).

자료: 이종인(2010), 불법행위법의 경제학, 한울아카데미, 142쪽 및 관련자료 참조.

검토 과제

1. 제조물책임제도가 소비자를 위한 사전적 안전제도가 될 수 있는 이유를 설명하라.

2. 결함상품 리콜제도는 사전적 규제인가 아니면 사후적 규제인가?

3. 위험, 위해, 리스크의 차이점을 설명하라.

4. GMO를 부르는 여러 이름이 있다. 어떤 명칭이 보편적으로 사용되는 것이 바람직한가?

주요 참고문헌

▫ (구)재정경제부 및 공정거래위원회 보도자료.

▫ 김재홍 외 5인(1994), 『정책적 규제비판』, 한국경제연구원.

▫ 이종인(1994), "한국의 정부규제 현황과 소비자보호", 『소비자문제연구』 제14호.

▫ 이종인(2010), 『불법행위법의 경제학』 한울아카데미.

▫ 이종인(1995), "안전규제와 책임원리의 상호관계에 관한 경제학적 분석", 『소비자문제연구』 제16호.

▫ 이종인(2006), 『소비재 리콜제도의 효율성 확보방안 연구』, 한국소비자보호원.

▫ 이종인(2006), 『제조물책임과 제품안전성의 법경제학』, 한국학술정보(주).

▫ 이종인·이번송(2000), "제조물책임원칙이 제품 안전성에 미치는 효과", 『경제학연구』, 제48집 제3호(한국경제학회).

▫ George L. Priest(1988), "A Theory of the Consumer Product Warranty," Yale Law Journal, Vol. 90, No. 6, pp. 187~194, 203.

▫ Roland N. McKean(1970), "Products Liability: Implications on Some Changing Property Rights," Quarterly Journal of Economics, pp. 612~624.

▫ Victor P. Goldberg(1974), "The Economics of Product Safety and Imperfect Information," Bell Journal of Economics, pp. 683~688.

▫ Walter Y. Oi(1973), "The Economics of Product Safety," Bell Journal of Economics.

▫ William M. Landes and Richard A. Posner(1985), "A Positive Economic Analysis of Products Liability," Journal of Legal Studies, pp. 535~583.

생활환경의 변화와 소비생활

우리나라는 고도의 경제성장으로 인한 소득수준의 상승과 더불어 소비지출의 확대와 소비구조의 변화 및 소비수준의 향상을 경험하게 되었다. 경제성장과 더불어 우리 사회는 전반적인 변화를 야기하였는데 사회문화적인 변화, 인구의 변화 등 우리의 전반적인 생활환경에서의 변화와 소비생활의 변화로 이어졌다.

인간은 다양한 욕구를 가지고 있으며 이를 충족시켜나가는 과정이 삶이며 생활이다. 현대사회에서 인간의 욕구는 소비자로서의 다양한 역할을 통해 충족되는 부분이 크며, 그 결과 자신의 삶에 대한 통제를 넓힐 수 있는 중요한 수단으로 소비의 의미가 매우 중요해졌다. 이제는 기업이 판매하는 제품과 서비스는 다양한 소비자들의 소비욕구와 개성을 충족시킬 수 있어야 하고, 상품을 소유하기보다는 구매과정을 즐기는 소비자들까지 만족시켜야 한다.

1 ⊙ 생활환경의 변화

1) 소득수준의 변화

국민소득(GDP)이 5000달러가 넘어서면 대부분의 사람들은 어느 정도 생리적 욕구가 충족되므로 소비생활에서 커다란 변화를 낳는다. 소득이 낮을 때는 사회 전체가 생존을 위한 소비를 하게 되고, 모든 상품이 소비재를 중심으로, 부피가 크거나 양이 많은 것, 싸고 질긴 것이 환영받는다.

그러나 소득이 올라가면 생존수단으로 소비하기보다는 생활의 도구 내지는 생활의 연출을 위해 스스로가 생활의 연출자로 바뀌는 것이다. 이들은 종전의 획 일적인 모방소비에서 벗어나 자유로운 선택을 즐기게 되고 자신의 생활에 적합 한 상품을 원하게 된다. 또한 앞으로의 고객들은 획일화된 점포, 표준화된 점포, 소품목만을 취급하는 점포는 기피하는 반면 상품 이외의 복합적인 부가가치가 높은 점포에 집중할 것이다. 다시 말해 상품의 본질적 가치(기능)보다는 부가적인 가치(서비스)에 더 큰 비중을 두고 구매한다는 것이다. 이는 '시장의 주도권이 공급 자 우위(Seller's Market)의 시대에서 소비자 우위(Buyer's Market)의 시대'로 변화되어 가고 있음을 뜻한다(최정심, 1997).

2) 인구통계학적 변화

우리나라는 전 세계적으로 유례없는 짧은 기간 동안의 급격한 인구 변화를 겪었다. 6·25전쟁 이후 폭발적인 인구 증가를 경험하였고, 이에 따라 1970년대부 터 산아 제한 등 다양한 인구 억제 정책을 강력하게 시행하여 인구 성장 억제에 성공한 대표적인 신흥 공업국이 되기도 한다.

그 후, 1990년대까지 강력한 인구 정책이 지속됨으로써 이러한 인구 감소의 흐름은 저출산과 고령화로 나타났으며, 2000년대부터는 급격한 인구 감소에 대 응하는 출산 장려 정책을 실시하게 되었다. 급변하는 우리나라의 인구 현상은 저 출산과 고령화, 성비의 불균형, 수도권 인구 과밀, 농촌 지역의 결혼 문제, 외국

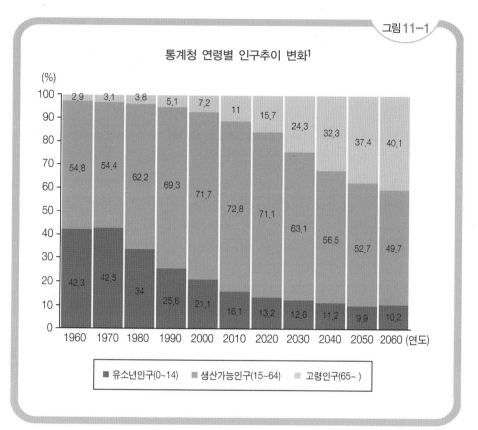

그림11-1

통계청 연령별 인구추이 변화[1]

(%)

	1960	1970	1980	1990	2000	2010	2020	2030	2040	2050	2060 (연도)
고령인구(65~)	2.9	3.1	3.8	5.1	7.2	11	15.7	24.3	32.3	37.4	40.1
생산가능인구(15~64)	54.8	54.4	62.2	69.3	71.7	72.8	71.1	63.1	56.5	52.7	49.7
유소년인구(0~14)	42.3	42.5	34	25.6	21.1	16.1	13.2	12.6	11.2	9.9	10.2

■ 유소년인구(0~14) ■ 생산가능인구(15~64) ▨ 고령인구(65~)

출처: 통계청(2013), 장래인구추계.

인 노동력의 유입에 따른 다문화 현상 등과 같은 다양한 사회 문제로 이어졌다. 그 중 가장 심각한 문제는 아무래도 저출산과 고령화 사회로의 빠른 증가일 것이다. 1990년에서 2012년까지 13년 동안 우리나라 가구구성은 노인가구와 아동이 없는 가구가 증가하고, 가구규모가 소규모화 하는 방향으로 변화했다.

---

1 http://kosis.kr/statPopulation/main.jsp#

1인가구 소비여력, 3~4인가구보다 크다

대한상의 조사 … "양육·부양부담 없는 탓"

가파르게 증가하고 있는 1인가구의 소비여력이 3~4인가구보다 더 큰 것으로 조사됐다. 대한상공회의소가 최근 전국의 20대 후반부터 40대 전반의 전국 500가구(1인가구와 3~4인가구 각 250명)를 대상으로 '1인가구 증가가 소비시장에 미치는 영향'을 조사한 결과, 월가처분 소득이 전체 월수입에서 차지하는 비중이 1인가구가 32.9%로 3~4인가구의 17.2%에 비해 두 배 가까이 높았다고 17일 밝혔다.

월주거비용은 3~4인가구(55만 5천원)가 1인가구(40만 6천원)보다 월평균 10만 가량 더 많았다. 그러나 월수입에서 주거비가 차지하는 비중은 1인가구(27.8%)가 3~4인가구(18.5%)보다 9.3%포인트 더 높았다. 높은 주거비 부담에도 불구하고 1인가구는 양육이나 가족부양 부담에서 자유로운 까닭에 소비여력이 3~4인가구에 비해 더 크다고 대한상의는 분석했다.

대한상의는 1인가구들의 소비행동을 분석한 결과 이들의 소비키워드를 'S.O.L.O' 즉, 자기지향(Self), 온라인지향(Online), 저가지향(Low Pirce), 편리성지향(One-stop)으로 정의했다. 먼저, 1인가구 증가는 나를 위한 자기지향성(Self-orientation) 소비를 증가시킬 것으로 전망됐다. 향후 적극적으로 지출을 늘리고자 하는 항목으로 1인가구는 '여행'(41.6%)을 가장 많이 꼽았고, 이어 '자기개발'(36.0%), '레저·여가'(32.8%), '건강'(32.0%), '취미'(26.0%) 순으로 나타났다. 반면, 지출을 줄이고자 하는 항목으로는 '외식'(39.2%), '통신비'(33.6%), '의류·패션'(16.4%), '식품'(16.0%)을 차례로 들었다. 〈복수응답〉 이어 1인가구 증가는 온라인(Online)의 영향력을 한층 더 높여줄 것으로 보인다. 1인가구의 품목별 구입처 비중을 조사한 결과 신선식품과 가공식품을 제외한 '패션·의류'(63.6%), '가전'(53.2%), '신발·구두'(52.8%), '화장품'(52.0%) '가정·생활용품'(41.6%) 등 대부분의 카테고리를 주로 인터넷을 통해 구입하고 있는 것으로 조사됐다. 또한, 1인가구의 증가는 저가지향(Low price) 소비트렌드를 더욱 확산시킬 것으로 보인다. 세일기간을 기다리는지를 묻자 1인가구의 과반수(51.2%)가 '그렇다'고 답했다. 〈'그렇지 않다' 13.2%, '보통' 35.6%〉, 또 다소 비싸더라도 품질이 좋은 식품·재료를 구입하는 편인지를 묻는 질문에 3~4인가구는 '그렇다'는 응답이 55.6%로 절반을 넘었지만, 1인가구는 '그렇다'는 응답이 27.6%에 그쳤다. 이어 1인가구는 간편하고 편리하게 한 번에 해결하려는 원스톱(One-stop) 소비경향이 강한 것으로 드러났다. 어떤 형태로 요리나 조리를 하느냐는 질문에 3~4인가구는 '식선식품'(76.6%), '간편식'(12.0%), '가공식품'(10.3%) 순으로 답한 반면, 〈'기타'

1.1%〉1인가구는 '신선식품'(39.1%), '간편식' (38.5%), '가공식품'(21.8%) 순으로 답해〈'기타' 0.6%〉1인가구가 3~4인 가구에 비해 간편식은 3배, 가공식품은 2배나 더 높은 이용률을 보였다. (이하생략)

김경종 대한상의 유통물류진흥원장은 "소비여력이 큰 1인가구가 새로운 소비주체로 부상하고 있다"며 "기업들은 이들의 연령별 라이프스타일과 소비특성을 세부적으로 면밀히 분석하고, 이들의 니즈를 충족시킬 수 있는 상품·서비스 개발과 유통채널 전개 노력 등을 통해, 인구구조 변화에 따른 시장구조 변화에 발 빠르게 대응할 필요가 있다"고 말했다.

자료: 뉴스한국(2013. 10. 17) 조웅규 기자. 〈http://www.newshankuk.com/news/content.asp?fs=1&ss=2&news_idx= 20131017110839106I〉

Reading 읽을거리 11.2

'유통 Hot Issue 분석' 뉴시니어를 잡아라

뉴시니어(New Senior)란 주로 현재 50대 전후의 베이비 붐 세대를 지칭하는 용어이다. 이들은 기존 시니어와는 달리 고학력에다 소득수준도 높을 뿐만 아니라 자기발전에 대한 욕구도 높아서 여러 방면에서 적극적으로 소비에 나서는 신흥 소비 세력으로 급부상 중인 세대이다. 소비시장에서 뉴시니어가 차지하는 비중의 증가 추세는 급격하게 늘고 있다. 2008년에 19%에서 2010년엔 21%로 증가하였고, 평균 뉴시니어층의 구매액은 37%로 모든 연령대 중에 가장 큰 폭으로 증가하고 있다. 이러한 뉴시니어는 젊음, 향수, 자아라는 3가지 키워드로 요약 할 수 있다. 이러한 까닭에 뉴시니어세대를 액티브시니어라고 부르기도 한다. (이하생략)

이렇듯 더 이상 뉴시니어층은 니치(Niche)가 아닌 주력시장으로서, 이들의 등장은 소비자 구조와 주력시장의 변화를 알리는 전조이며, 주요 소비층으로 소비시장에서의 비중도 점점 더 커지고 있다. 이에 발맞추어 기업들 역시 젊음, 향수, 자아 등 뉴시니어의 니즈(Needs)를 충족하는 상품으로 공략하고 있으며, 디자인, 유통, 마케팅 혁신으로 기존 상품의 경쟁력을 향상시키려고 노력하고 있다. 영국의 펭귄그룹(Penguin Group)은 시니어를 위하여 판형을 키운 도서를 선보였고, 미국의 메이시스(Macy's)와 블루밍데일즈(Bloomingdale's) 등 유명백화점은 시니어 전용 매장을 개설 하였다. 국내 백화점들 역시 뉴시니어층을 잡기 위한 전략을 짜기 위해 노력 중이다. 특히 일본의 게이오 백화점은 시니어 전용 백화점으로 특화하여, 치열해진 경쟁 속에서 생존해 나가고 있다. 다운에이징을 내세운 디스플레이, 시니어 종업원 배치, 전면에 시니어 상품 배치 등 시니어 특성에 맞는 환경을 조성하였고, 모녀가 함께 입을 수 있는 스웨터, 허리뿐 아니라 길이도 다양한 바지 등 시니어의 라이프스타일과 체형을 고려한 상품을 구비하여 시니어들을 위한 작은 배려를 몸소 실천하고 있다.

뉴시니어는 젊은 세대만큼 다양한 취향을 가진 계층으로, 상품별로 고객층 타겟팅과 연구가 필요하며, 높은 자긍심을 가진 까다로운 소비자인 만큼 직접적인 소통을 통하여 그들의 특성과 욕구를 파악하는 것이 중요하다. 이렇듯 다양한 가치관과 연령에 따라 달라지는 욕구를 제품 기획부터 마케팅까지 세심하게 반영하여 소비시장에서 블루오션(Blue-Ocean)으로 떠오르고 있는 뉴시니어층을 잡는 것은 제품기획부터 제작, 유통, 홍보, 판매의 전 과정에서 고려되어야 할, 기업들의 숙제일 것이다.

자료: (사)한국유통물류정책학회(회장 오세조) 제공.

3) 사회 문화적 변화

한국은 지난 40년간 세계 역사상 그 유래가 없을 정도로 빠른 압축 성장을 하였다. 그 결과 세계 어떤 나라보다도 세대 간의 성장환경 차이가 큰 나라가 되었다. 기성세대와 새로운 세대들이 서로 아주 다른 환경 속에서 자라서 상상, 가치관, 감성에서 커다란 차이가 있어 세대적 격변이 일어나고 있는 중이다. 영상매체의 발달에 이은 인터넷혁명은 각종 정보와 의미의 소통체계를 혁명적으로 바꾸고 있다. 우리 주변을 둘러싸고 있는 문화소통수단(영상매체나 인터넷 등 문화를 소통하여 서로 전달하고 나누고 반응하는 수단들)의 급속한 변화가 우리의 상상, 가치관, 의미, 감성을 혁신시켜 우리생활에 변화를 일으키고 있다(네이버백과사전).

현대사회는 자본주의적 생산양식과 과학기술 문명에 바탕을 두고 있으며 소비사회로 특징지어진다. 소비사회에서 소비는 단순히 물질적인 소비대상 그대로의 소비 형태를 취하는데 그치는 것이 아니고, 사회적인 이미지나 상징 등과 같은 인간생활을 형성하는 비물질적 요소를 포함한다. 따라서 소비자의 행동과 소비생활의 관습이 역사적, 제도적 산물인 것 이며 경제와 사회가 발전함에 따라 현저히 변화해 나감을 시사하고 있다. 즉, 소비는 경제적 행위일 뿐만 아니라 심리적, 사회적, 질적 측면을 지니고 있기 때문에 소비행위는 욕구를 충족하기 위한 것이지만 이러한 욕구 자체가 자생적이라기보다는 한 사회의 가치관, 제도, 규범들이 제품의 속성, 생산양식, 사용방법 등과 관련된다는 점에서 사회문화적

행위로 인식될 수 있다.

4) 환경에 대한 인식변화

세계는 요즘 기후변화에 지대한 관심으로 시선이 집중되고 있다. 지구는 최근 엘니뇨현상과 라니냐 효과 등으로 각종 자연재해가 빈발하고 그 강도가 점차 커지고 있다. 이런 현상들은 이산화탄소의 과다 배출로 지구의 기후가 점점 더워지고 있기 때문이라는 게 기후학자들의 분석이다. 이런 현상으로 세계 각국의 기후 변동이 심해 이를 극복하기 위한 방안으로 국제협약까지 출범했다. 기후변화협약(UNFCCC: United Nations Framework Convention on Climate Change)은 지구 온난화 방지를 위해 모든 온실가스의 인위적 방출을 규제하기 위한 협약으로, 공식 명칭은 '기후변화에 관한 유엔 기본협약'이다. 국내도 마찬가지로 이상이변이 급속히 증가하고 있는 상황이다. 지구온난화·사막화 그리고 해수면상승 현상이 전 세계 곳곳에서 문제로 발생된다. 2010년 연초부터 서울에 사상 최대의 폭설이 쏟아지고, 24년 만의 한파가 기승이다. 21세기 들어 폭설, 폭우, 태풍 등의 기상이변 피해가 급속히 늘어나고 있는 상황이다. 이러한 환경에 변화에 대한 관심은 전 세계적으로 더욱 깊어져 간다.

소비자들도 역시 제품이나 서비스를 소비함에 있어서 환경에 대한 관심이 증가하고 있다. 2000년대의 웰빙트렌드가 더욱 점진적으로 발전되어 앞으로 친환경적인 소비가 유행할 것으로 전망된다. 우리나라에서뿐만 아니라 전 세계적으로 친환경소비가 유행으로 번지고 있는 것이 현실이다. 일반제품보다 가격이 다소 비싸지만, 소비자의 친환경 인식이 높아지면서 수요가 지속적으로 증가하고 있는 것이다. 또한 에코백도 매우 선풍적인 인기를 끌고 있으며 전 세계적인 유행으로 번져가고 있다. 1회용 비닐팩을 대체하려고 베네통 저팬에서 내놓은 에코백은 장바구니에 디자인 감각을 입혀서 소비자들에게 패션으로 다가섰을 뿐만 아니라 환경보호에 공헌하고 있다는 소비자의 자기만족감까지 자극하는데 성공하여 크게 유행한 친환경제품이다.

2 생활환경 변화에 따른 소비 트렌드

1) 소비욕구의 다양성

소비자 행동을 이해하는데 필요한 주요 개념인 문화(Culture)는 그 시대 사회의 성격이며 소비자의 문화는 그들이 애착을 느끼는 다양한 활동과 상품에 있어서의 전체적인 우선순위를 결정하고 특정 상품과 서비스의 성공 또는 실패를 결정한다.

21세기에 들어 우리 사회는 글로벌화와 더불어 다문화가 공존하게 되었다. 이러한 환경은 개인이 각자의 개성을 추구하고 다양성을 수용하는 배경이 되었다. 우리 사회는 경제성장과 함께 정신적으로도 여유를 가지면서 자신의 취향과 감성에 맞는 상품들을 원하는 소비자를 위한 새로운 유통시스템이 필요하게 되었으며, 이는 소비자의 다양한 개성과 욕구가 패션 시장에 변화를 일으키는 요소로 작용하였음을 의미한다.

2) 소비가치의 양면성

최근 우리 사회는 개인이 소비의식이 성숙해짐에 따라 물질적 소유뿐만 아니라 가치를 중요시하게 되었다. 소비의 양면성은 동일한 대상에 대해 상반된 감정이 동시에 존재하는 상태를 말한다. 최근 소비의 양극화 현상은 사회적 소비의 양극화에서 개인적 소비의 양극화로 변화하고 있다. 최근 고급 소비와 실속 소비가 한 소비자 내에서 공존하는 현상은 소비가치의 양면성으로 볼 수 있다. 즉, 개인의 소비가치의 양면성은 소비행태에 영향을 미치게 되고 개인이 가치가 있다고 여기는 제품에 대해서는 충분한 자격을 지불하고 가격대비 가치를 높이 사지만, 그것에 비해 가치를 적게 두는 제품에 대해서는 저가의 제품을 구매하는 행동으로 나타나게 된다.

3) 라이프스타일의 변화

라이프스타일(Life Style)은 전체 사회 속에서 뚜렷이 다른 것과 구별되는 특징적인 생활양식으로 정의됨으로써, 사람들이 환경과 상호작용하여 살아가는 나름대로의 독특한 생활양식을 의미한다. 이는 개개인이 가지고 있는 가치와 생활의식, 행동방식 등과 같은 내재적인 요인이 사회적, 문화적 외부환경과 상호작용함으로써 형성되는 복합적이고 다차원적인 개념이다.

라이프스타일은 특정 개인이나 소득, 연령, 학력 등의 유사한 그룹에 속하는 집단과 또는 사회가 보편적으로 공유하는 생활양식으로 이들을 구분 할 수 있는 중요한 특성이다. 또한, 라이프스타일은 소비자 소비욕구에 영향을 미치며 소비자 행동 분석을 하는데 있어서 유형별로 집단을 구분하고 이들의 소비성향을 분석, 시장의 미래를 예측 할 수 있기 때문에 새로운 소비자 라이프스타일에 대한 트렌드의 변화를 이해해야 한다.

최근 라이프스타일 트렌드를 살펴보면 21세기는 저 출산, 고령화, 맞벌이 부부의 증가, 사회경제 양극화 등에 의해 다양하게 산업사회가 발달하고 있다. 또한 주 5일 근무제가 시행됨에 따른 여가시간의 증가로 소비자들의 스포츠·오락·독서·취미활동 등의 여가 활동이 증가하였고, 스트레스를 해소하고 자기충전을 위해 쇼핑공간에 방문하는 횟수나 시간도 증가하였다(김정현, 2012).

표 11-1 국내 소비자들의 라이프스타일의 변화

- 보편화된 소비보다는 개성화된 소비패턴을 선호하는 방향으로 변화
- 물질적 욕구보다는 정서적, 심리적 욕구 중시
- 건강과 자연에 대한 관심이 증대
- 소비패턴이 고급화 되고, 구매 욕구가 전문화
- 편의성과 합리성을 중시하는 라이프스타일이 등장
- 창조 및 문화 지향형 여가 문화가 확산

출처: 김정현(2012), 비환경 변화에 따른 복합 상업공간의 진화와 실내공간 구성요소에 관한 연구: 패션멀티숍의 출현배경과 공간계획 변화를 중심으로.

4) 개인사상의 변화

최정심(1997)은 개인사상의 변화로 인한 소비트렌드의 변화를 다음과 같이 제시하였다.

□ 탈 일상성 지향: 생활수준의 향상과 여가의 증대로 정신적, 육체적으로 새로운 영역에 대한 체험과 자극적인 탈 일상을 요구한다.

□ 개성의 다양성 지향: 상식의 붕괴와 상호간 상대의 존재를 인정하는 유러피안 문화를 토대로 한 문화 우선 시대로서 개성화, 다양화를 추구한다.

□ 효율적인 시간지향: 간편함과 편리함 선호. 자기개성 및 자기연출의 욕구가 증가되고 적극적인 활동이 증가되는 생활영역의 확대가 이루어지고 있다.

□ 전통회귀와 첨단성 지향: 현대인의 이중적 구조 속에서 자연과 인간의 상호 교감대를 형성하고 인간성 회복 및 주체성 재발견의 의지가 강해진다.

표 11-2 소비구조, 정보흐름, 구조의 변화로 인한 분석

유 형	특 징	Item
Self Creator	• 구입 여부 판단이 빠르다 • 옷에 대한 기본적인 지식이 있는 자, 관련자들로 구성 • 한 개의 Item으로 여러 코디 가능 여부에 기준 • 적극적인 자기 창조 • 자신의 공간을 스스로 창조하려는 소비자들 • 구매 장소의 차별화: 고품질을 저가에 구입하고자 함	프라이스클럽, 킴스클럽, 동대문 제일평화시장, 보세점
동시다발	• 다양한 기호에 기초해서 기생분출 • 동일한 공간 내에서 다양한 체험 경험하려 함 • 더 빨리, 더 많이 소비하고자 함 • 한 공간에서 여러 가지 기능을 동시에 수행할 수 있는 다기능 공간의 출현 등 새로운 통합화(Integration)의 흐름, '돌아다니면서 즐기는 쇼핑'에서 '시간을 절약하는 구매'로	V-Exchange, 메시지, 비포, 트랜드20, 도어즈, 에벤에셀 패션몰, 빌리지, 유투존, 오렌지 카운티
라이프스타일 집단주의	• 자연사회의 붕괴 • 직장보다는 개인을, 조직생활보다는 사생활을 업무보다는 여가를 중시하는 풍토 확산 • 취미와 기호가 같은 그룹 • 비슷한 취향, 유사한 직업의 사람들끼리 개인의 기호실현을 위한 새로운 시도	압구정동, 동호인주택, 홍대앞 '광연방'

노출표현	• 건강미와 감각미, 미래적 감각 • 자연환경에 대한 관심도 증가, 가장 자연적이며, 기본적인 육체 • 표현하지 않은 감각은 감각이 아니다 • 개성과 자기만족, 모방, 유행에 대한 부화뇌동 • 저돌적이고 거침없는 자기가 원하는 것을 위해서는 남의 시선 무시 • 인간성 상실, 환경오염 등 현대사회의 모순에 대한 성찰	슬림형 미니 원피스, Midriff 패션, 셀프누드 사진전, 비닐 옷
미래주의	• 가상현실 • 인간의 오감을 모두 만족시키고자 함 • Fashion에 하이테크한 소재사용 • 미래에 대한 인간의 욕구	3DO 플라자, 운전방, 골프방, 루키
Recycle	• 환경파괴로 인한 보호심리 • 희소가치를 과거의 것에서 찾고자 함 • 자연으로 돌아가고 싶은 심리 • 과거의 오리지널리티의 희소가치	John & Bill, 나일론, Boy Bis, 마더 마인드, 로데오
이국취향	• TV, VTR을 통해 어려서부터 외국문화에 익숙해짐 • 위성통신방송, 인터넷, 어학연수, 배낭여행으로 '세계 속의 나' 인식함 • 남들보다 많이, 남들과는 다른 개성화, 차별화 스타일 추구 • 싫증을 빨리 느끼며 한 가지에 접착하기보다는 새로운 것 계속 추구	T.G.I. Fridays's, 씨즐러, L. A. Palms
양면성	• 교복자율화 첫 세대들이 소비주도 • 강한 자기표현과 주장에 반하여 규율에 순응하고 조직에 조화하는 양면적 특성 • 남성적인 것과 여성적인 것, 부드러운 것과 강한 것, 낡은 것과 새로운 것 등의 조화	미샤, 나인식스 뉴욕
Green Power	• 환경과 건강 관련된 상품 구매 급증 • 녹색 생활주의 21C트렌드로 • 현대인들에게 스트레스 가중으로 오는 압박감에서 벗어나고자 하는 욕망에서 비롯	쓰레기 종량제, 설록차, 솔의 눈, 당근농장, 카페, 과일농장, 전원주택

출처: 최정심(1997), 유통환경의 변화에 따른 소비환경의 변화에 관한 연구, 계원논총, 2(1).

5) 소비행태의 다양화

(1) 감정중심소비

감성중심소비란 말 그대로 감성이 중시되는 소비를 말한다. 감성중심소비를 바꾸어 말하면 '소비자는 부가가치를 산다'라고 할 수 있는데, 이 말은 구매의사 결정 요인이 상품의 기능에 의존하는 본질적 기능에서 감성에 의존하는 부가적 기능으로 옮겨간다는 것이다.

그렇다면 상품과 서비스만으로는 새로운 고객을 끌어들이거나 기존의 고객을 유지하기조차 힘겨운 초경쟁상황에서, 상품과 유통 시스템의 감성적인 측면으로 새로운 고객유치와 기존 고객유치를 할 수 있다. 그리고 이것이 소비자들의 궁극적인 선택과 그들이 지불할 가격을 결정하게 될 것이다. 이때 감성적 (Emotional)이란 의미는 소비자를 감각과 감성의 차원으로 끌어들이는 방법, 즉 브랜드가 사람들을 위해 태어나고 그들과 더욱 친밀하고 지속적인 연결을 형성해 나가는 방법에 관한 것이다. 이는 소비자의 감성적 욕구와 열망을 이해하는 것이 그 어느 때보다도 성공을 위한 핵심요소임을 의미한다.

(2) 가치소비

요즘에는 다양한 가격비교 사이트의 등장, 소비자 정보 커뮤니티 등의 덕택으로 '가격의 투명화'가 이루어졌다. 가전시장을 살펴보면, 가격비교 사이트인 에누리닷컴의 경우 제휴 쇼핑몰이 850개에 이른다. 방대한 제품가격 정보를 소비자에게 실시간으로 전달해 적어도 가격 면에선 차선의 제품이 선택될 여지를 송두리째 차단한다. 결국 최고의 브랜드 가치, 멋진 디자인, 화려한 매장 인테리어 등 고품격 감성가치와 더불어 가격도 싸야만 팔리는 시대가 왔다. 자신이 느끼는 효용은 극대화하면서도 저렴한 비용을 원하는 '가치 소비자'(Value Consumer)들의 입김이 거세진 탓이다.

2003년 말부터 선풍적인 인기를 끌고 있던 저가 화장품 미샤의 립스틱과 파운데이션 가격은 각 3,300원이다. 가격은 싸지만 노점상에서 파는 싸구려가 아니다. 화려하고 산뜻한 신세대 감각의 매장도 있고, 다섯 잎 빨간 꽃 모양의 깜찍한

로고와 한류스타 보아와 원빈 등으로 이러지는 모델을 이용한 광고 콘셉트를 채택했다. 2002년 3월 이화여대 앞에서 1호점을 오픈 이후 2년 반 만에 100호점을 오픈했다.

일본에서도 가치 소비자를 끌어 모아 성공한 사례가 많다. 최근 선풍적인 인기를 끌고 있는 하나마루 우동이 그 예다. 우리 돈 1,000원 정도인 100엔 우동으로 2001년 창업한 이후 3년여 만에 매장을 180개로 늘렸다. 하나마루 우동의 주타깃은 젊은 여성층이었다. 매장 인테리어를 세련된 감각으로 꾸민 것도 이 때문인데 예전 같으면 저가격 대에서 기대하기 어려운 높은 감성의 품질을 제공하는 전략이다.

우리 사회에 본격적인 브랜드 확산기는 1980년대 초반이라 할 수 있겠는데 그 중심에는 나이키 운동화 신드롬이 있었다. 바로 그 즈음 교복자율화 조치와 소득수준의 향상으로 인한 나이키 열풍을 시작으로 한국 소비자에게 브랜드 영향력이 드세어지기 시작했다. 한편 명품의 대중화도 실현되어 부유층의 전유물이었던 트롬 세탁기가 국내가전사에서의 생산으로 중저가 명품의 대표주자로 대중화된 것이다. 이와 같이 가치소비의 목적지는 분명하다. 세련된 디자인, 고상한 브랜드 가치는 유지하면서 가격은 더 저렴해야 한다는 것이다.

이제 이유 없이 충성하는 소비자는 없다. 치열한 경쟁, 정보화가 제공하는 가치사슬의 틈새들, 완전한 경쟁시장, 게다가 정보의 홍수 속에 살고 있는 소비자들은 둘 중 하나만을 무기로 삼는 기업을 도태시킬 것이다. 기업들은 감성과 가격 둘 다 가지지 못하면 소비자들로부터 외면 받게 될 것이다.

(3) 맞춤소비

맞춤소비시대, 조직구조도 고객 맞춤형으로 세계적인 미래학자 엘빈 토플러 박사는 한 강연에서 "단순히 좋은 제품을 싼 가격에 만들어 팔던 제조 마인드의 시대는 갔다. 소비자들의 니즈가 매우 빠르게 고급화, 다양화함에 따라 지금까지의 대량소비시대는 가고 맞춤소비시대가 올 것이다. 이러한 변화의 흐름을 잘 파악해 철저하게 소비자의 니즈를 충족시킬 수 있는 기업만이 비로소 경쟁의 대열에서 성공할 것이다"라고 이야기 했다. 기존의 제조·생산중심에서 보다 소비자

중심으로 기업경영의 초점이 변화해야 한다는 예견이다.

이처럼 기업경영의 중심에 소비자가 자리 잡게 되면서, 최근에는 보다 신속하고 유연하게 소비자의 니즈에 반응할 수 있는 형태로 조직을 재편하여 소비자와의 관계를 새롭게 재설정해야 한다는 요구가 증대되고 있다. 기존의 제조중심 조직운영으로는 소비자의 새로운 요구사항들에 적절하게 대응하는데 한계가 있기 때문에, 보다 소비자 대응력을 강화할 수 있는 조직으로의 변화를 모색하고 있는 것이다.

20세기 우리 사회의 소비문화는 '획일성'과 '대중소비문화'시대로 특징지어질 수 있다. 그러나 21세기로 진입할수록 소비자는 이러한 획일성에서 탈피하고 소비자의 개성을 중심으로 점차 세분화되어 갈 것이다. 소비자들의 의식이 개인화되고 소비행위를 통한 자아실현 욕구가 커지면서 욕구충족의 방법이나 형태 또한 다양하게 나타날 것이기 때문이다. 이것은 '대중소비문화'가 '맞춤소비문화'로 넘어간다는 것을 의미한다. 최근 소비시장에서는 이미 소비문화의 변화를 반영한 마케팅 형태가 나타나고 있다.

(4) 소비의 글로벌화

범세계적인 교역자유화, 신흥개도국 소비자의 소득증대, 최신 정보미디어의 보급 확대 등으로 지구촌 전역에 소비의 글로벌화 추세가 가속되고 있다. 1990년대 들어 글로벌 소비시대가 활짝 열리고 있다. 미국, 유럽의 중년여성들이 중국산 스웨터를 즐겨 입고, 중남미지역 비즈니스맨이 한국산 자동차를 몰고, 동남아지역 청소년들이 맥도널드 햄버거를 먹으면서 소니 TV에 연결된 닌텐도 게임기에 빠지는 '소비의 글로벌화' 추세가 가속되고 있는 것이다.

전세계 50억 인류들이 글로벌 소비자, 즉 국경 없는 단일시장의 소비자로 빠르게 편입되면서 이제 미국, 유럽 등 예전부터 외국상품의 유출입이 비교적 자유로웠던 선진경제권의 소비자들뿐만 아니라 한국, 대만 등 신흥공업국가(NIEs)들과 동남아, 중남미의 후발개도국 소비자들이 글로벌 소비시장의 당당한 주체로 등장하고 있다. 여기에다 1980년대 후반부터 고속성장을 지속하고 있는 중국과 더불어 냉전체제 붕괴 이후 새로이 시장경제체제로 전환한 러시아 등 동구국가의 소비자들도 이제 글로벌 소비시장의 일원으로 빠르게 부상하고 있다.

이에 따라 지구촌 어느 나라를 막론하고 이제 원산지에 관계없이 질 좋고 값싸기만 하면 그만이라고 생각하는 소비자들이 늘고 있다. 베네통, IBM, 코카콜라, 말보로 등이 글로벌 차원에서 전개하는 단일 컨셉트의 광고 CF를 하루도 빼놓지 않고 접촉하게 되었다는 사실에서도 우리는 글로벌 소비시대의 본격적인 도래를 실감할 수 있다. 한마디로 이제 다국적 소비재 기업의 상징인 '코카콜라'를 만나지 못하는 세계 4억 명 정도(Coca Cola사의 추정)의 인구를 제외한 지구촌 인류 전체가 국적을 떠나 '글로벌 소비자'라는 이름으로 통합되고 있다.

(5) 개성과 개인화 소비

개성과 개인화 소비란 개인적인 측면에서는 철저하게 개성을 추구한다. 따라서 자신의 기호를 중심으로 소비가 이루어진다. 개성과 개인화 소비의 대표적인 예로는 얼리어답터, 매스티지, 머추리얼리즘, 메트로섹슈얼, 디날로기언, 매스쿨루시비티, 드레스 코드 등이다.

기업에서도 소비자의 이런 개성과 개인화에 맞춘 상품을 출시하고 있다. 쏘울은 '디자인 기아'를 상징하는 작품이다. 쏘울은 지난 2006년 콘셉트카로 공개된 후 30개월의 연구·개발 기간 동안 총 1,900억 원을 투입해 지난해 9월 탄생했다. 쏘울은 단순한 이동수단을 넘어 운전자의 개성을 담아 '또 다른 나'를 표현할 수 있도록 다양한 커스터마이징(Customizing) 제품을 선보이는 등 국내 자동차 업계에 새로운 트렌드를 제시했다. '커스터마이징'이란 '개인화, 소비자 맞춤'이란 뜻이고 차량의 경우 차량의 외관이나 기능·성능을 변경시키거나 재조하는 것을 뜻하며, 튜닝(Tuning)으로 표현하기도 한다. 이를 위해 기아차는 국내 완성차 메이커로는 최초로 커스터마이징 브랜드 '튜온(Tuon)'을 런칭했다. 최근에는 팝아트의 제왕 앤디 워홀(Andy Warhol)의 작품을 입혀 세계적으로 인정받은 쏘울의 개성 있는 디자인을 널리 알린다는 계획이다.

새로운 소비 트렌드는 '센스(S·E·N·S·E)'

대한상공회의소는 새로운 소비트렌드를 '센스 (S·E·N·S·E)'로 압축하고 기업들의 유연한 대응을 요구했다.

센스는 '불필요한 지출통제'(Save & Control), '여성의 감성소비'(Emotional female power), '치유받고픈 마음'(Need to heal), '키즈에 아낌없는 투자'(Spare no money on kids), '체험 갈망'(Enjoy experience)의 영문 머리글자를 딴 것이다. 대한상의는 6일 '최근 소비패턴 변화와 기업의 대응 연구'보고서를 통해 장기 불황과 인구구조·사회문화의 변화 등으로 소비지형이 달라지고 있다고 진단했다. 보고서는 가계부채, 노후, 고용 등이 불안해진 탓에 소비자들이 충동구매나 불요불급한 지출을 억제하는 현상을 우선 거론했다.

일본이 잃어버린 20년 이후 다른 소비자의 평판을 중시하고 유행이나 스타일은 우선순위에서 제외하며 가족중심 소비를 늘리는 것이 대표적인 예로 제시됐다. 제품의 구매 결정에서 여성의 영향력이 커지는 것이 두 번째로 꼽혔다.

보고서는 내년 전세계 여성의 가처분소득이 중국과 인도 GDP 합계의 2배인 18조달러에 이를 것이라는 전망과 함께 가구의 94%, 여행상품의 92%, 자동차의 80%, 주택의 91%가량이 여성에 의해 구매 결정될 것이라는 보고를 근거로 내세웠다.

또 '테크파탈'(Tech Fatale: Technology + Femme Fatale)이라는 신조어도 탄생했다고 전했다. 1980년생 이후 여성소비자로서 첨단제품을 적극 구매하고 구매후기를 남겨 제품 평판까지 좌우하는 이들을 말하는 용어이다. 핵가족화와 경쟁 심화 등으로 고독과 스트레스가 커지면서 '위로형 소비'가 늘고 있는 것도 과거와는 다른 현상으로 꼽혔다. 힐링 관련 상표출원이 2008년 26건에서 2011년 72건, 지난해 1~7월 86건으로 늘었으며, 국내 애완동물 관련시장이 매년 두 자릿수 이상 성장해 지난해 약 9천억원에 이른데 이어 2020년에는 지금의 5배 이상이 될 것이라는 전망도 나오고 있다. 보고서는 그러나 "힐링 마케팅에 소비자들의 불신과 피로감이 퍼지고 있다"며 "개인별로 다른 소비자 내면문제의 원인과 양상을 세분화해 실질적 힐링에 도움 되는 상품을 기획해야 한다."고 조언했다. 자녀에 대한 아낌없는 지출도 주목해야 할 신조류로 거론했다. 보고서는 "미국에서 10대가 원하는 최고 아이템에 애플 iPod가 등극하고, 5개 버튼만으로 조작이 가능한 레고카메라가 10세미만 생일선물로 큰 인기"라면서 기업들이 키즈만의 독특한 니즈를 찾아내 맞춤화할 것을 주문했다. 여가관련 지출이 급증하는 것도 기업들이 눈여겨봐야 할 부분이다. 미국에서 일본과 미국학생이 서로의 언어와 문화를 배우는 홈스테이 프로그램이 인기를 끌고, 일본에서 지방대학과 연계해 현지의 역사와 문화를 직접 거주하며 배우는 프로그램이 각광받는 것도 여가 추구가 늘었기 때문이라는 설명이다. 보고서는 "나이키의 'We run Seoul 10K'(10km 마라톤)처럼 브랜드가 추구하는 라이프스타일을 소비자들이 체험하도록 유도해야 한다."며 "일탈과 모험의 요소를 이용해 고객에게 신선한 충격을 주는 것이 필요하다."고 강조했다.

자료: 연합뉴스(2013. 11. 6) 박성제 기자.
〈http://www.yonhapnews.co.kr/bulletin/20
13/11/05/0200000000AKR201311051857000
03.HTML?from=search〉

3 미래 디지털 사회와 소비생활

새로운 환경인 디지털 환경은 컴퓨터의 보급에 의해 사회 전반으로 확장되었으며, 1994년 인터넷의 사용화 서비스가 시작되면서부터는 개인의 일상까지 디지털 환경에 영향을 받고 있다. 1990년대로 접어들면서 경제적 성장과 그에 따른 생활수준의 향상으로 '쇼핑이 일상화'되었다면, 1990년대 후반이 지나면서 부터는 삶을 둘러 싼 모든 것이 소비의 대상이 된다. 여기는 '시간 소비형 소비'의 형태로 쇼핑의 개념에 포함되었으며, 디지털에 기반 한 노동 시간과 가사 시간의 감소는 여가에 대한 관심을 높였고, 실제로 각종 여가 관련 상품의 소비가 증가하고 있다. 쇼핑 시설 내에 여가 시설을 구비했던 종전의 형태와 달리 쇼핑과 각종 여가 시설들이 복합된 쇼핑몰의 개발이 90년대 후반 이후 활발해 진 것도 이런 이유에서 이다(김지영, 2003).

디지털사회에서 빼놓을 수 없는 것은 바로 인터넷이다. 1980년대 후반부터 보급되기 시작한 컴퓨터 통신은 1990년대 후반, '인터넷'에 의해 '생활화'되었으며, '통신망'은 21세기 사회의 기본적 인프라로 자리매김 했다. 산업부문에서 뿐만 아니라 개인의 사회 활동과 일상생활에서도 '인터넷'이 역할 하는 부분은 상당하다. 특히 인터넷을 기반으로 한 사이버 상업 공간의 등장은 개인의 소비 행태와 실재하는 상업 공간의 공간 구성, 프로그램, 상품 전략에 많은 영향을 주고 있다.

1) 디지털사회의 특징

(1) 네트워크화

디지털경제의 핵심은 가치창출의 근원인 정보와 지식이 네트워크를 통해 쉽게 교환되고 공유된다는 데 있다. 네트워크를 통해 공유되는 정보와 지식은 과거보다 훨씬 효율적으로 화용되어 생산성의 획기적인 향상이 가능해진다. 뿐만 아니라 디지털경제의 기술적 기반을 이루는 네트워크는 연결되는 사람의 수가 늘어날수록 기존 사용자의 효용이 증가하는 네트워크의 외부 효과로 인해 그 파급효과가 대단히 커서 정치, 사회, 문화, 교육에 이르기까지 그 영향을 미치게 된다.

(2) 지식기반화

디지털경제는 정보와 지식의 창출, 축적, 확산 및 활용을 통해 가치가 창출됨으로써 정보와 지식의 중요성이 더욱 커지게 된다. 즉, 정보와 지식이 토지, 노동, 자본의 전통적인 생산요소들보다 경제성장과 산업발전에 더 많은 기여를 하게 된다. 즉, 정보와 지식은 축적규모가 확대됨에 따라 수확이 체증하는 규모의 경제효과와 산업 내 또는 산업 간에 활용범위를 확대할수록 효용이 증가하는 다양한 외부효과를 가지기 때문에 지속적인 성장의 동인으로 작용할 수 있다.

(3) 글로벌화

인터넷과 같이 전 세계를 연결하는 네트워크의 확산으로 경제활동의 세계화는 더욱 빠르게 진행되고 있다. 제품개발, 생산, 원자재 및 부품조달, 판매, 재원조달 등이 전 세계를 연결한 네트워크 속에서 행해지면서 세계경제는 통합되고 세계시장은 하나의 공정 경쟁시장이 되어 가고 있다. 경제활동에서 국가의 역할과 중요성이 감소하는 대신 확고한 경쟁력을 갖춘 소수의 기업이 세계시장을 주도하거나, 국가를 초월하여 기업 간의 전략적 제휴가 활발하게 이루어지게 된다.

(4) 사이버화

디지털경제는 인터넷과 같은 정보네트워크가 만들어내는 사이버공간에서 일어나는 경제활동의 비중을 급속히 증대시키고 있다. 제품이나 서비스의 디지털화가 가능한 유통, 문화, 오락, 광고 부문으로부터 사이버산업이 발전하여 그 영역이 지속적으로 확대될 것이다. 사이버공간에는 국경이 없고, 거래되는 제품도 디지털화된 것이기 때문에 변형, 융합 등 처리가 자유롭게 전개될 것이다. 따라서 경제활동을 규율하는 원리나 모델도 과거와 전혀 달라질 것이다.

(5) 새로운 산업과 경쟁 패러다임

디지털경제의 산업분야에서는 한편으로 새로운 고부가가치를 창출하는 새로운 사업이 나타나고 다른 한편으로는 산업 전반에 걸쳐 규모의 경제와 범위의 경제를 통한 생산성 향상이 이루어지면서 기존의 사업간 영역이 허물어져 산업간 융합과 분화가 일어나는 산업질서의 구조적 변화를 기대할 수 있다. 산업경제에서의 핵심 산업이 철강, 건설, 석유화학, 전자, 기계 산업 등이었다면, 디지털경제에서는 서비스산업, 특히 컴퓨터와 정보통신 산업 등 이른바 '제4차 산업'이 핵심 산업으로 부상한다.

또한 디지털경제에서는 한편으로는 지식과 정보를 네트워크를 통해 쉽게 공유할 수 있게 됨으로써 모방이 쉽게 이루어지고, 다른 한편으로는 소비자의 기호변화와 기술 및 신제품의 개발 등에 능동적으로 대처할 수 있는 능력, 특히 최초로 기술이나 신제품을 개발함으로써 시장을 선점하는 것이 중요해지면서 시장에서의 경쟁 양상이 바뀌게 된다.

(6) 불확실성의 증대

디지털경제에서는 경제활동 영역이 네트워크화, 글로벌화, 사이버화 됨으로써 시공을 초월하여 광범위하고, 경제활동 자체도 실시간으로 순간적으로 발생하기 때문에 경제활동의 불확실성이 기존 경제보다 더욱 증대하게 된다. 또한 디지털과 네트워크 기술의 급속한 발전은 제품의 수명주기를 단축시키고, 디지털 정보의 혼합으로 여러 가지 기술이 융합되면서 신제품이 탄생하고 어떤 기술이 새로운 산업부문을 주도할 것인지 예측하기 어려워진다. 따라서 급속한 기술변화로 경쟁이 변화무쌍하게 전개되는 디지털경제에서는 미래를 예측하는 것이 매우 어렵다.

2) 디지털사회의 도래에 따른 소비자의 역할증대

(1) 생산자로서의 소비자

1980년 Alvin Toffler는 인터넷이 상업화되기도 전에 생산자의 역할까지 담당하게 될 생산소비자의 개념으로 프로슈머라는 용어를 일찍이 탄생시킨 바 있다. 인터넷의 대중화로 소비자는 생산자와 거의 동등한 정보를 보유하고 생산자와 직접 대화를 통해 자신의 취향을 생산과정에 반영하는 일이 가능해졌다. 인터넷을 통해 생산자와 직접 대화가 가능해진 소비자는 주문처리, 제품설계, 정보관리 등의 과업을 스스로 수행할 기회를 가지게 되었다.

예를 들면 자신의 취향에 맞춰 사양을 선택한 자동차를 주문 생산할 수 있고, 자신의 관심분야에 맞는 기사로 구성된 신문을 받아볼 수 있으며, 원하는 곡들로 만들어진 CD를 주문할 수 있는 등의 맞춤형 제품과 맞춤형 서비스가 가능해졌다. 맞춤형 제품과 맞춤형 서비스의 출현으로 소비자는 생산자의 역할까지 수행할 수 있게 됨으로써 소비자의 역할은 더욱 그 폭이 넓어지고 있다.

(2) 가격설정사로서의 소비자

소비자는 가격 흥정이 이루어지는 거래에서 이미 가격설정자의 역할을 부분적으로 경험해 보았다. 그러나 인터넷의 보급으로 막강한 정보력을 갖출 수 있게 된 소비자는 네트워크의 광속성과 쌍방향성으로 인해 가격설정자로서의 역할을 할 기회가 증가하였다. 소비자가 가격을 설정하고 그 가격대의 제품을 찾아주는 전문사이트(예: www.priceline.com)가 등장하는 한편, 소비자가 가격을 정하는 경매 및 역경매 사이트가 각광을 받고 있다. 디지털 경제에서 소비자는 보다 강력한 가격 협상력을 발휘할 수 있게 되었고, 가격설정자의 역할을 담당할 수 있게 됨으로써 보다 적극적인 거래 주체로서 부상하게 되었다.

3) 디지털사회의 새로운 소비환경, 모바일(스마트폰)의 등장

1990년대 중반 PC의 보급으로 휴대폰 사용이 본격화되었다. 2002년, 휴대폰 가입자 수는 2000만 명을 넘어섰으며, 보급률은 55%를 넘어서고 있다. 2014년 스마트폰 보급률은 68% 수준으로 현재를 살아가는 사람들은 인터넷과 휴대폰에 의해 시간과 물리적 제약 없이 언제라도 다른 공간과 접속할 수 있다. 언제 어디서든 쇼핑도 할 수 있고, 원하는 장소에 도착할 수 있도록 길을 제시해주고 다양한 사람들과의 메시지(SNS)도 가능하다. 이제 나의 생활의 전반이 휴대폰 안에서 이루어지는 것이 가능한 것이다. 컴퓨터를 이용하는 것보다 언제어디서나 지니고 다닐 수 있는 휴대폰은 현대를 살아가는 사람들에게는 매우 유용하다. 시간을 단축시켜주고 원하는 정보를 실시간으로 공급받을 수 있기 때문이다.

2012년 유통 10대 조사에 의하면 모바일 쇼핑앱 이용자수가 월평균 1,000만 명을 넘어서는 등 본격 성장세에 접어들었다.

2013년 대한상공회의소에서도, 합리적소비(24%), 저가선호(14%), 모바일쇼핑(12%), 이용채널 다각화(12%) 순이였다. 이러한 모바일쇼핑의 지속적인 증가추세는, 스마트폰의 보급률이 증가하였기 때문이다. 이용자들이 스마트폰을 이용하여 보다 편리하고, 간편한 모바일 쇼핑을 이용하기 때문이다. 소비자는 Ubiquitous 기술 기반의 Cloud Network 환경 하에서 Mobile 기기로 Social Network을 이용한 Smart Consumer로 발전 중임을 알 수 있다. 이후 현재 2014년 대한상공회의소 소비키워드로 '모바일 쇼핑'이 가장 많이 뽑았다.

R읽을거리 11.4 eading

대한상의 조사, 새해 소비키워드는?

모바일 쇼핑, 합리적 소비, 멀티채널 소비

유통 전문가들은 '2014년 유통산업 핵심이슈'로 '대·중소 유통 상생협력'을 첫 손에 꼽았다. 이어 '유통업태간 융합', 'M-commerce', '유통기업간 경쟁심화', '대형유통업 규제 강화', '유통기업 사회적 책임'을 답했다. 또 '공정거래', '유통구조 개선', '대·중소 유통 갈등', '중소유통 경쟁력 강화', '해외시장 진출' 등을 차례로 꼽았다. 2014년 소비키워드로는 '모바일 쇼핑'을 가장 많이 꼽았고, '합리적 소비'(51.5%), 온·오프라인을 동시에 이용하는 '멀티채널 소비'(48.5%), 쇼핑과 함께 여가 및 문화생활을 즐기는 '몰링소비'(39.4%) 등을 차례로 꼽았다.

이어 '쇼핑편의성 추구', '소량구매', '근거리 쇼핑', '자신을 위한 소비', '건강 및 웰빙'을 응답했다. 대한상공회의소가 13일 유통업계, 학계·관련 단체 유통전문가 70명을 대상으로 '2014년 유통산업 전망 조사'를 최근 실시한 결과, 이같이 나타났다. 업태별로는 인터넷쇼핑몰(10.3%)이 유일하게 두 자리 수 성장률을 보이며 고성장세를 이어갈 것으로 전망됐다. 이어 편의점(8.1%), 홈쇼핑(5.8%), 슈퍼마켓(5.3%), 백화점(3.9%), 대형마트(2.7%)도 올해보다 높은 성장률을 기록할 것으로 전망됐다. 반면, 전통시장(-4.1%)은 마이너스 성장이 지속될 것으로 내다봤다. 인터넷쇼핑몰(10.3%)의 고성장 요인으로 유통전문가들은 '모바일 쇼핑확산'(87.9%)과 '합리적 소비패턴 확산'(81.8%)을 꼽았다.

실제로 올해 스마트폰 이용자수가 3,200만명을 넘어서면서 M-Commerce 시장규모는 올해에 이어 내년에도 성장세를 지속할 것으로 내다봤다.

편의점(8.1%)은 점포수 포화에 따라 신규출점 여력이 부족함에도 불구하고 '간편식 구매 증가'(39.4%), '소용량 상품선호'(39.4%) 확산 등에 따라 올해보다 높은 성장률을 기록할 것으로 응답했다.

또한, 'PB상품 등 지속적인 상품개발'(30.3%)과 '까페형, 베이커리형 등 점포컨셉 다양화'(21.2%) 등도 소비자들의 발길을 사로잡을 것으로 전망됐다.

이어 홈쇼핑(5.8%)이 '인터넷·모바일 연계 강화'(60.6%), '서비스상품 등 다양한 상품 개발 노력'(42.4%) 등으로 백화점(3.9%)은 '복합몰 등의 신규출점 및 증축·리뉴얼'(54.5%), '외국인 관광객 증가'(48.5%) 등에 힘입어 성장세가 올해보다 나아질 것으로 예측됐다. 대형마트(2.7%)도 '대형마트 온라인몰 강화'(36.4%), 'PB상품 강화·직소싱 확대'(33.3%) 등과 함께 올해 의무휴업 실시로 인한 기저효과로 인해 성장률이 다소 개선될 것으로 보인다. 슈퍼마켓(5.3%)은 '소량구매·근거리 쇼핑선호'(79.9%) 트렌드 강화에도 불구하고, '기업형 슈퍼에 대한 규제 강화'(47.9%) 등으로 올해와 비슷한 성장세를 이어갈 전망이다. 유일하게 마이너스 성장세가 예상된 전통시장(-4.1%)은 '온라인 시장 성장'(54.5%), '주차장 등의 편의시설 부족'(42.4%), '대형마트·슈퍼마켓의 배송서비스 강화'(39.4%), '소비자들의 소비패턴 변화'(36.4%) 등 시장 여건 변화에 대한 대응력 약화로 성장이 어려울 것으로 내다봤다.

김경종 대한상의 유통물류진흥원장은 "2013년 한 해는 소비 위축 등으로 인해 양적 성장은 둔화됐으나 대·중소 유통 상생협력, 공정거래, 모바일 쇼핑 등의 신업태 급성장 등 국내 유통산업의 질적 구조조정을 위한 초석을 다지는 한해였다"고 말했다.

자료: 세정신문(2013. 11. 13).
〈http://www.taxtimes.co.kr/hous01.htm?r_id=183071〉

1. 최근 사회적 쟁점이 되고 있는 '1인가구' 및 '뉴시니어'에 대해 논하라.
2. 감정중심소비의 의미를 구체적인 예를 들어 설명해보라.
3. 맞춤소비에 관해 예를 들어 설명하라.
4. 디지털 사회의 새로운 소비 트렌드에 관해 설명하라.

주요 참고문헌

▣ 김난도, 이향은, 이준영, 전미영, 김서영, 최지혜(2013), 「트렌드코리아 2014」, 미래
   의창.
▣ 김정현(2012), 「소비환경 변화에 따른 복합 상업공간의 진화와 실내공간 구성요소에
   관한 연구: 패션멀티숍의 출현배경과 공간계획 변화를 중심으로」, 홍익대학교 대학
   원 실내건축학과, 석사학위 논문.
▣ 김지영(2003), 「소비환경의 변화와 新소비자의 등장에 의한 도심 대형 유통 소매 시
   스템의 re-categorization」, 경기대학교 건축전문대학원, 석사학위 논문.
▣ 네이버 백과사전(http://terms.naver.com).
▣ 뉴스한국(2013. 10. 17), 1인가구 소비여력, 3~4인 가구보다 크다.
▣ 박명희외 공저(2013), 「생각하는 소비문화」, 교문사.
▣ 소방방재청, 중앙재난안전대책본부 (2009).『재해연보 2008』, 소방방재청.
▣ 이승신외 공저(2010), 「소비사회와 소비문화」, 신정.
▣ 최정심(1997), 「유통환경의 변화에 따른 소비환경의 변화에 관한 연구」, 계원논총,
   2권, 1호.
▣ 통계청(2013), 장래인구추계(http://kosis.kr/statPopulation/main.jsp#).
▣ 한국유통물류정책학회, [유통 Hot Issue 분석 12호] '뉴시니어를 잡아라'
▣ Munich Re (2009). Topics Geo: Natural catastrophes 2008.
▣ 세정신문(2013. 11. 13), 대한상의 조사, 새해 소비키워드는?
▣ 연합뉴스(2013. 11. 6), 새로운 소비 트렌드는 '센스(S·E·N·C·E)'.

제12장

환경문제와 소비자

이 장에서는 인간의 경제활동, 즉 생산활동과 소비활동에 수반되는 다양한 환경오염행위에서 비롯되는 환경문제에 관해 시장경제에서의 소비자문제 및 소비자정책의 관점에서 공부한다. 우선 제1절에서 시장경제 속에서의 환경, 그리고 환경문제의 발생 원인을 살펴보고, 최근의 글로벌 환경문제에 관련된 쟁점들을 정리한다.

환경문제, 특히 환경오염사고의 경우에는 일반적인 사고와는 다른 몇가지 특징이 있으며 그에 따른 소비자문제가 발생한다. 다수의 피해자, 인과관계 입증의 어려움, 피해의 누적성과 반복성 등의 문제들인데, 제2절에서는 이러한 환경오염에서의 여러 특징적 요소들에 따른 소비자 문제를 경제적인 관점에서 살펴본다.

제3절에서는, 이른바 공해(public bads)로 표현되는 환경문제의 해결을 위한 정부규제의 당위성과, 환경세의 부과와 오염배출권 거래와 같은 대표적인 규제수단들을 살펴본다. 이어, 소유권 확립을 통한 환경문제의 해결과 지구환경 보호의 중요성과 녹색성장의 문제에 관해 공부한다.

1) 환경과 시장경제

환경과 소비생활

앞서 살펴보았듯이 인간은 자신의 필요를 충족시키기 위한 재화와 서비스를 소비하는 경제적 존재이며, 이러한 소비는 시장에서의 생산을 통해 가능하게 된다. 다시 말해 생산과 소비는 인간의 경제활동을 영위하는 두 가지 기본적 토대가 되는 것이다. 그런데 생산은 노동과 자본 그리고 자연자원이라는 이른바 3대 생산요소의 투입을 통해 가능해진다. 여기서 자연자원은 다른 말로 자연환경을 의미한다.

자연환경은 몇 가지 측면에서 소비자의 경제생활에 영향을 미친다. 첫째, 소비활동에 필요한 자원과 에너지를 제공하는 동시에 경제활동을 일정 부분 제약한다. 예를 들자면, 소비생활에 필수적인 각종 천연자원이나 에너지를 환경으로부터 공급받기도 하지만 가뭄이나 홍수 등 경제활동에 미치는 자연환경의 영향을 우리는 뉴스를 통해 매일 전달받기도 한다. 둘째, 환경은 경제활동의 결과 발생된 잔여물(residuals)을 일정 한도 내에서 흡수하여 정화하는 역할을 수행하는데, 이 또한 소비자의 경제생활에 커다란 영향을 미친다. 셋째, 환경은 자연경관, 깨끗한 공기와 물 등을 통해 소비자들에게 직접적인 만족을 제공한다. 우리는 환경을 통해 심신의 정화, 경이로움과 기쁨 등 만족을 누리게 된다(김승우 외, 2000, 4쪽).

환경중시의 소비

소비를 포함한 경제활동은 환경을 파괴하기도 한다. 대규모 개발사업으로 인한 자연경관이나 녹지 파괴, 댐 건설에 따른 수몰지역의 발생 등과 같은 직접적인 환경파괴와 더불어, 인간의 욕망에 따른 지나친 소비와 소비과정에서 발생되는 잔여물은 환경의 훼손을 부채질하기도 한다.

인간은 생태계가 제공하는 기본적 요소를 활용해 생산과 소비생활을 영위해

오고 있다. 생태계는 인간이 오염시키는 공기와 물, 자연자원을 정화하는 기능을 하지만, 무분별하거나 지나친 소비는 '읽을거리 12.1'에서 보듯이 환경을 오염시키고 생태계를 파괴하는 주범이 되고 있다.

R읽을거리 12.1
Reading

지나친 소비, 환경파괴 주범 … 시그문드 브라우어 '페트병 온실'

비닐이나 페트병, 음료수 캔 등 썩지 않는 쓰레기를 모으고 이를 자원으로 재활용할 수 있도록 가공한다. 자원이 한정된 지구에서 분리수거와 재활용은 합리적으로 환경을 보호하는 방법이다. 하지만 쓰레기를 자원으로 재활용하는 데에는 물과 전기 등의 자원이 또다시 필요하다. 자원과 비용을 조금 들이면서도 쓰레기를 처리하고 자원으로 활용하는 방법은 '재사용'이다.

유리로 된 주스 병을 깨끗이 씻어서 물병으로 쓴다거나 어제 사과를 담았던 비닐 봉투에 오늘은 바나나를 담을 수 있다. 원래 용도 그대로 쓰는 손쉬운 재사용법이다.

'페트병 온실'은 활용보다 재사용을 강조하는 어린이 환경 동화다. 소똥 에너지, 귀뚜라미 브라우니 등 온통 환경보호로 머릿속을 채우고 있는 주인공 저스틴을 통해 환경의 중요성을 알려준다.

저스틴은 친구들과 함께 페트병을 모아 온실을 만든다. 페트병은 비바람을 막아주고 햇빛을 통과시켜 유리온실이나 비닐하우스처럼 훌륭한 온실로 태어난다. 따뜻한 온도를 유지하고자 석유나 가스, 전기를 쓰는 것이 아니라 태양 빛을 그대로

담을 수 있는 온실을 만들었다는 것은 놀라운 프로젝트다.

또 브라우니를 담은 지퍼백을 한 학기 동안 쓰기로 한 저스틴의 모습은 낯설지만, 새로운 대안을 제시한다. 비닐은 가볍고 부피가 작은 편리한 소재다. 하지만 쓰레기로 태우면 악취가 나고 유독 물질이 나온다. 땅에 묻어도 오랫동안 썩지 않는다. 분리수거해서 재활용하는 데도 또 다른 자원과 비용이 든다. 비닐을 쉽게 버리지 않고 저스틴이 하는 것처럼 다시 쓰는 방법을 생각해 볼 수 있게 한다.

"물건은 함부로 쓰기 쉽지만, 아껴 쓰는 일은 어렵다. 물질이 넘치는 세상에서 우리는 아쉬움 없이 소비한다. 새로운 물건과 소비는 살기 편하게 만들어 주지만, 지나친 소비는 환경을 파괴하는 주범이다. 이 책을 통해 친환경과 환경보호, 모두 우리 일상 한가운데에 있다는 것을 알 수 있다." 부록에서는 다른 대체 에너지와 재사용, 재활용에 대해 알려준다.

자료: 뉴시스(NEWSis, 2014년 4월 13일자) 페트병 온실(시그문드 브라우어 지음/책속물고기 펴냄.

2) 환경문제의 발생원인

(1) 환경문제의 원인

환경문제는 인간의 경제활동, 즉 생산활동과 소비활동에 수반되는 다양한 환경오염행위에서 비롯된다. 산업폐기물 유출에 따른 수질오염, 자동차 배출 가스에 기인한 대기오염, 원유 누출로 인한 해양오염, 그리고 체르노빌 원전사고와 후쿠시마 원전사고와 같은 복합적 환경오염 등이 그 대표적인 예이다.

이러한 환경문제는 산업화(industrialization)가 시작되면서 발생되기 시작되었다고 생각하는 경우가 많다. 하지만 환경에 관련된 문제는 인류문명이 시작된 이래로 늘 있어왔다고 생각된다. 예컨대 기원전 1세기경의 로마제국에서도 수질이 폐수나 중금속으로 오염되어 마실 수 없게 되었다는 기록도 있다. 예나 지금이나 인간이 자연에 순응하지 않고 자연을 이용하는 순간 환경문제는 불가피했던 것이다. 그렇지만 수질오염이나 자연파괴 등 환경문제가 근대 산업화와 더불어 심각해진 것은 사실이다. 국가마다 산업화의 시기가 다르지만, 우리나라의 경우 70~90년대 산업화기간 동안 환경오염문제가 극도로 심해졌다. 전 세계의 공장이라고 불리는 중국의 경우, 급속한 산업화의 결과로 자동차와 공장의 매연으로 인한 대기오염이 세계 최고수준을 기록할 정도로 심각화되었다.

그렇다고 환경문제가 산업화에 따른 경제성장 수준에 비례하는 것은 아니다. 세계적으로 산업화와 무관한 가난한 나라일수록 환경파괴가 심각한 경우가 적지 않다. 예컨대 북한의 경우 세계 극빈국가이면서도 산림파괴가 극심하며 대기의 질과 수질이 매우 나쁘다. 북한의 환경파괴가 심한 이유는 석탄 위주의 에너지 공급정책, 정화시설도 없는 낙후한 공장시설, 그리고 무분별한 벌목 등으로 알려져 있다. 이와 같이 경제발전과 환경 간의 관계가 일률적이지는 않다.

'읽을거리 12.1'에서 볼 수 있듯이 물질이 넘치는 세상에서 새로운 상품과 소비는 우리의 삶을 윤택하게 해 주면서도 한편으로 지나치고 무분별한 소비는 환경을 파괴하는 주범인 것이다.

(2) 환경문제와 시장실패

이러한 환경문제는 사회과학, 특히 경제학적 시각에서는 환경을 오염시킬 수 있는 재화, 이른바 '환경재'의 생산 과정에서 야기되는 외부효과(externalities)에 기인하며 시장실패의 하나로 인식된다. 환경재가 갖는 특성상 시장이 제 기능을 제대로 발휘하지 못함으로써 환경오염이나 자원의 고갈 또는 자연생태계의 파괴 등 환경문제가 발생된다고 보는 것이다.

환경오염에 따른 외부효과를 해결하는[1] 수단으로서는, 환경정책기본법이나 대기오염방지법 등 개별 환경입법에 의한 직접규제방식, 환경오염 내지 공해를 민법상의 불법행위로 간주하여 손해배상청구권(민법 제750조) 행사를 통해 강제하는 방식, 소유자나 점유자의 물권에 기초한 소유권 반환 및 생활방해청구권(민법 제213조~214조, 제217조), 하자담보책임(민법 제580조) 등에 기초한 손해배상 청구나 유지청구의 법적 수단에 의해 강제하는 방식 그리고 일정한 자유형이나 벌금의 부과와 같은 형사법적 제재방식이 있다(이종인, 2009).

환경문제, 특히 환경오염 피해의 구제는, 관련법에 의해 손해배상청구가 인정되는 경우 이외에는 대체로 민법 제750조에 근거한 불법행위책임에 의한 구제수단에 의존하고 있는 실정이다. 그 주된 이유는 환경정책기본법이나 대기환경보전법, 수질환경보전법 등의 개별 환경법에 환경오염 피해의 구제를 위한 체계적인 법적 장치가 충분히 마련되어 있지 않을 뿐 아니라, 이러한 입법에서 산성비나 오존층 파괴 및 지구 온난화 등과 같은 새로운 유형의 환경오염 문제에 관한 구체적인 사항을 모두 반영할 수 없기 때문일 것이다.

우리나라는 환경오염사고에 대한 배상책임 여부의 법적 판단에 있어서 기본적으로는 과실책임의 법원칙을 견지하고 있지만, 환경오염피해의 효과적인 구제가 어렵게 된 것을 계기로 관련법과 판결에서 일정 부분 무과실책임으로의 이행이 이루어지고 있는 실정이다. 그런데 이러한 책임법리의 전환이 경제적 효율성의 관점에서는 어떻게 정당화될 수 있는지 살펴볼 필요가 있다. 또한 일반적 사고형 불법행위와는 다른 환경오염사고의 여러 특성에 따른 문제의 해소를 위한

---

1 이를 경제학에서는 외부효과의 내부화(internalization)라고 표현한다.

불법행위책임의 구제수단들을 경제적 관점에서 재조명해보는 것도 매우 의미 있는 일이다.

3) 범지구적 환경문제

오늘날의 환경문제는 국경을 넘어 광범위한 지역에 걸쳐 발생하거나 영향을 미치는 것이 보통이다. 대표적인 사례가 지난 2011년 3월에 발생했던 후쿠시마현(福島県)의 원자력발전소의 방사능 누출사고이다. 당시 일본 동북부 지방을 관통한 대규모 지진과 쓰나미로 인해 원전의 전원이 끊어지면서 원자로를 식혀주는 노심냉각장치가 작동을 멈춰 수소폭발이 발생했다. 이어 고장 난 냉각장치를 대신해 뿌렸던 바닷물이 방사성물질이 인근 바닷물을 오염시키는 사고가 발생했다. 그 여파로 인근 지역과 어산물이 방사성물질에 오염되어 한국과 중국 등 이웃나라의 소비생활에도 적지 않은 영향을 미쳤다.

화석연료의 사용 증가에 따른 탄산가스의 증가, 산업화·도시화에 따른 분진량 증가 등 대기 중 인공오염물질의 비정상적 증가로 재 흡수되는 태양열이 증가하여 지구의 온도가 점차 상승하는 지구온난화(global warming) 현상이 심화되고 있다. 지구온난화 현상은 예기치 못한 기상이변을 초래하며 이에 따른 환경변화는 혹서, 강우량 증가, 사막화, 국지적 강수량 분포의 변화, 지역식생의 변화, 해수온도와 해수면의 상승, 잦은 지진 발생 등 광범위하다. 이러한 지구온난화의 여파는 자연생태계의 변화뿐 아니라 사업활동과 소비생활 전반 등에 광범위하게 영향을 미치며 막대한 경제적 손실을 초래한다.

태양열을 흡수하여 자외선으로부터 지구의 생명체를 보호하는 중요한 역할을 하는 오존층은 메탄, 일산화탄소, 탄화수소 등의 발생으로 파괴되고 있다. 현재 남극 상공의 오존층에 생긴 구멍의 최대 크기는 미국 대륙 면적의 3배 정도인 2천 830만㎢에 달하는 것으로 측정되고 있다. 북극에서도 매년 약 1.5~2%씩 감소하는 것으로 관측되고 있다. 각종 식물을 사용한 실험 연구에서 1%의 오존량 감소는 1%의 농산물 수확 감소를 야기하는 것으로 알려져 있다. 또한 자외선은 새우와 게의 유충에 치명적인 영향을 미치며 해양 플랑크톤을 감소시켜 결국 수산물 어획에도 영향을 미친다.

지구온난화, 오존층 파괴와 함께 현재 세계 3대 환경문제로 일컬어지는 재분비계 장애물질(Environmental Endocrine Disruptors, EDD), 즉 환경호르몬은 내분비계의 정상 기능을 방해하는 물질로 생태계 및 인간의 생식능력 저하, 기형, 성장장애, 암 유발 등과 관련하여 모든 생물종에 위협이 될 수 있다. 1990년대 들어 본격적으로 환경호르몬의 위해성을 지적하기 시작한 세계자연기금(WWF)은 현재 농약류 43종과 합성화합물류 24종 등 모두 67종의 물질을 내분비계 장애물질로 선정하고 있으며, 일본 후생성은 산업용 화학물질, 의약품, 식품첨가물 등 142종을 같은 물질로 분류하고 있다.

1980년 5월 18일 미국의 세인트 헬렌즈 화산활동은 약 40만톤의 아황산가스를 분출시켜 인근 지역에 강한 산성비를 내렸다. 산성비(acid precipitation 또는 acid rain)에 의한 수자원 피해는 주로 북유럽과 미국, 캐나다에서 많이 보고되고 있다. 캐나다에게 산성비가 관측되기 시작한 것은 고작 10년 정도지만 현재 물고기가 살지 않는 호수가 전체의 4% 이른다고 하며, 미국도 뉴잉글랜드 지방의 담수호 중 약 10%가 피해를 입고 있다. 산성비는 토양 중의 대표적인 영양염류인 칼륨, 마그네슘, 칼슘을 유출시켜 비옥도를 낮추고 알루미늄 등의 유해금속을 용출해 식물의 뿌리를 손상시킨다. 또한 토양 미생물의 활력을 저하시켜 유기물 분해를 지연시키고 물질 순환을 방해한다.

최근 개발과 환경오염으로 이러한 생물다양성이 급속히 붕괴되고 있으며, 열대림에서는 매년 생물종의 0.5%가 멸종되고 있다고 한다. 즉, 서식지 파괴, 환경오염 등으로 지구상의 생물종이 점차 감소하는 생물다양성 감소 현상이 나타나고 있다. 생물다양성 감소의 가장 큰 원인은 최근 난개발과 환경오염의 심화 등 인간 활동의 증가이다. 인간이 다른 종을 멸종시킨 가장 유명한 사례는 뉴펀드랜드 해안의 펑크섬에서 서식했고 깃털이 베개와 매트리스의 속으로 사용된 큰바다쇠오리(great auk)의 예이다. 1884년 6월 3일 아이슬랜드 남쪽 해안에서 지구상에 마지막 남은 한 쌍의 큰바다쇠오리가 포획됨으로써 이 종은 멸종되었다. 세계 인구는 계속 늘어나고 있는 반면, 인간을 제외한 영장류의 수는 급속히 줄고 있다.

이러한 환경문제에 대한 대처는 한 국가만으로는 한계가 있으며 그 효과도 충분하지 않다. 환경문제를 해결하기 위해서는 선진국과 개발도상국의 환경보전을 위한 책임과 부담에 대한 갈등을 고려해야 한다. 따라서 국경을 넘는 글로벌 협력이 필수적이며, 소비자 개개인의 전반적인 소비생활 양식의 변화가 절실하다.

2 환경문제의 특성과 소비자문제

환경오염에 대한 경제 분석은 자동차와 같은 제조물에 관련된 사고나 의료사고 등 일반적인 불법행위 사고에 관한 경제적 분석 형태와 유사하게 접근할 수 있다. 하지만 환경오염사고의 경우 일반적인 불법행위 사고와는 다른 몇 가지 특징적인 문제들—예컨대 다수의 피해자, 인과관계 입증의 어려움, 피해의 누적성과 반복성 등의 문제들—을 내포하고 있다. 본 절에서는 이러한 환경오염에서의 여러 특징적 요소들에 따른 소비자 문제를 경제적인 관점에서 살펴본다.

1) 다수 피해자 문제와 집단소송, 보상불능

(1) 다수의 피해자와 가해자

뉴스를 통해 들어온 지구상에서 발생하는 환경오염사고는 인류의 재앙(災殃)으로 불릴 만큼 다수의 피해자가 결부된 대규모인 경우가 많다. 1980년대 인도에서 발생하여 수만 명의 사상자를 발생시킨 MIC화학물질 누출 사건이나 1986년 구(舊)소련에서 발생하여 수백 명의 사상자와 수십억 달러의 경제적 손해를 야기한 체르노빌 원전의 방사능 누출 사건, 2007년 말의 서해안 원유누출사고가 대표적인 대규모 환경오염사고이다. 이러한 초대형 사고 이외에도 산업화 과정에서 다양한 환경오염사고가 지속적으로 발생하고 있고 그에 따른 피해가 크게 증가하고 있으며, 그에 따른 피해의 규모와 피해자 수가 크게 늘고 있다.

이러한 다수의 피해자가 발생하는 사고에서 경제적 보상의 문제 중 하나는 비록 다수 피해자로 인한 총합적 손해액은 대규모이지만, 개별 피해자의 피해규모는 상대적으로 미미하여 개별적으로 가해자에게 손해배상요구소송을 제기하기가 쉽지 않다는 점이다.

예컨대 n명의 피해자가 각각 D원의 개인적 손해를 입었다고 하자. 그러면 소송을 통해 요구할 수 있는 총 보상액은 nD가 된다. 이때 각 피해자가 손해배상청구소송을 제기할 경우 소요되는 비용이 각각 c원이라고 하자. 그런데 만일 $D<c$인 경우에는, 비록 사회적인 관점에서는 $nD>c$이어서 소송을 통해 보상을 받는 것이 바람직함에도 각 피해자들은 개별적으로 소송을 제기할 유인이 없게 된다.

(2) 집단적 분쟁해소

이러한 다수 피해자 문제에 대한 해결방안 중의 하나는 각 개별 소송을 묶어 함께 소송을 제기하는 이른바 집단소송(class-action suit)을 제기하는 것이다. 집단소송이란 공통의 이해관계를 가진 집단의 1인 내지 수인이 그 전체를 위해 제고하거나 피소될 수 있는 소송형태로 판결결과는 대표당사자뿐만 아니라 집단 구성원 전체를 기속(羈束)한다.[2] 이러한 집단소송은 개별 피해자들의 법적 구제를 가능케 해줄 뿐 아니라 중복 소송이 제거되어 제반 행정비용을 줄일 수 있게 된다.

(3) 소비자 보상 불능 가능성

다수의 피해자에 관한 또 다른 경제적 문제는 가해자의 파산에 따른 보상불능의 여건이 될 가능성이 높다는 점이다. 예컨대 가해자의 총자산이 A원이며, 이는 전체피해자의 총피해액보다 적다고 하자. 즉, $A<nD$이다. 이 경우 피해자들은 소송을 통해서도 적절한 보상을 받을 수 없을 뿐 아니라, 책임법리의 유형에 따라서는 가해자의 주의유인을 감소시키는 효과를 초래할 수도 있다. 예컨대 만일 무과실책임의 법리 아래에서라면 가해자는 자신의 기대배상책임액이 총손해액보다 적다고 판단하므로 사회적으로 효율적인 수준의 주의노력을 기울이지 않

---

2 우리나라는 원칙적으로 당사자주의(當事者主義)를 취하고 있기 때문에 아직 이러한 집단소송이 일반적으로 인정되고 있지 않다. 다만, 환경분쟁이나 증권분쟁에 대한 집단소송제도가 이미 도입되어 있으며, 최근에는 소비자분쟁 전반에 대한 집단소송제도의 도입이 추진되고 있는 실정이다. 한편, 집단소송과 같은 맥락에서 '단체소송'이 있다. 단체소송이란 일정한 자격을 가진 단체가 일정한 분쟁에 있어서 피해 내지 불이익을 입은 다수의 피해자를 대신하여 소송을 제기함을 인정하는 소송형태를 말한다.

게 된다. 극단적인 예를 들자면, $nD > A$인 경우 가해자는 nD원이 아니라 A원만 배상하면 될 것으로 기대하게 된다. 따라서 총손해액(nD원) 보상을 조건으로 도출되는 효율적 수준의 주의수준을 보이지 않는 것이다. 반면에, 만일 책임법리가 과실책임법리인 경우에 가해자는 주의노력을 함으로써 자신의 책임을 모두 피할 수 있기 때문에 적어도 법적주의수준 이상의 주의를 기울일 유인을 갖게 된다.

일반적 불법행위책임의 역사와 마찬가지로 환경오염사고에 적용되는 책임 법리의 경우도 과실책임에서 무과실책임으로 전환되고 있는 추세이다. 즉, 오염야기자에게 좀 더 엄격한 배상책임을 지우고 있는 것이다. 이러한 무과실책임법리로의 전환은 위에서 설명했듯이 오염야기자들로 하여금 배상책임 대신 파산을 '선택'하는 이른바 경영상의 도덕적 해이를 불러올 가능성이 있다. 역사적으로도 대형 환경오염사고의 가해자들 중에는 피해자에 대한 보상보다는 파산을 선택하는 경우가 종종 있어 왔다.

2) 인과관계 증명의 어려움과 공동책임

(1) 인과관계의 입증

환경오염사고에 관련된 두 번째의 특성으로는 가해자의 고의 또는 과실에 따른 가해행위와 손해발생 사이의 인과관계를 확인하는 데 어려움이 있다는 점이다. 특히 오염사고에 관련된 다수의 암묵적 가해자가 존재하여, 실제 오염사고 야기자의 확인이 곤란할 경우에는 인과관계의 입증이 더욱 어렵게 된다. 예를 들어 살펴보자. 어떤 지역의 토지에서 침출된 오염수가 주변의 지하수에 유입되어 인근 마을의 식수원을 오염시키게 되었다고 하자. 이때 침출수의 원인은 수년 동안 인근에서 조업하고 있는 다수의 중소규모 공장에서 폐기한 유해물질들이 토지에 스며들었기 때문으로 밝혀졌다.

(2) 공동불법행위 책임

이러한 다수 가해자의 문제는 이 책의 제5장에서 살펴본 민법 제760조에 규정된 공동불법행위(joint tort)의 문제가 된다.

현실에서 환경오염에 관련된 공동불법행위의 피해자는 가해자 1인 내지 모두를 상대로 소송을 제기할 수 있다. 영미법 체계에서 피해자가 모든 가해자를 상대로 소송할 경우에는 가해자의 배상액 비율을 피해자가 선택할 수 있는 반면에 우리나라의 경우에는 복수 가해자의 연대책임(공동불법행위책임)을 물을 수 있다. 이러한 원칙 아래서 각 가해자는 자신이 100% 배상할 것으로(다른 가해자의 비율을 0%로) 기대하지 않을 것이므로 스스로 과소한 주의노력을 기울이게 되는 것이다.

이와는 달리 과실책임의 법리 아래에서는 만일 법적주의수준이 효율적 주의수준과 같을 경우 두 가해자 모두 사회적으로 효율적인 수준의 주의노력을 기울일 것이다. 왜냐하면 법적주의수준을 준수함으로써 배상책임을 면할 수 있기 때문이다.[3]

우리나라의 경우 환경오염사고의 복수 가해자에게 민법상의 공동불법행위책임(민법 제760조)을 지우기 위해서는 공동불법행위자 각자의 행위가 독립하여 불법행위의 요건을 갖추어야 하며 공동으로 위법하게 피해자에게 손해를 가해야 한다. 하지만 환경오염피해의 경우에는 다음 항에서 살펴볼 환경오염의 장기적 잠복성의 특성 때문에 이러한 불법행위 요건이 충족되는지 규명하기가 쉬운 일이 아니다. 이러한 점 때문에 환경오염 피해의 경우에 공동불법행위에 대한 특수한 법리가 요구된다. 즉, 환경정책기본법(제31조 제2항)에는 "사업장 등이 2개 이상 있는 경우에 피해자의 피해가 어느 사업장 등에 의해 발생한 것인지를 알 수 없을 때에는 각 사업자는 연대해 배상해야 한다"라는 연대책임의 법원칙을 규정하고 있다. 실제로 법원에서도 이와 같은 취지에서 공동불법행위책임법리를 적용해오고 있다.[4] 예컨대 간사이전력(関西電力)을 포함한 10여 개 회사가 대기오염을 발생시킨 일본의 니시요도가와 공해(西淀川公害)소송이 대표적인 경우이다.[5]

---

3 과실책임의 법리 아래 법적주의기준을 준수하기 위한 주의비용이 배상책임을 면하는 이익보다 적게 됨은 쿠터·율렌, 『법경제학』, 이종인 옮김(서울: 비봉출판사, 2000), p. 320을 참고할 수 있다.

4 EU의 '환경책임지령안'의 내용을 보면, 유럽에 있어서의 환경책임의 동향은 이러한 예기치 못한 환경오염에 대한 대응책의 일환으로 손해에 대한 연대책임 조항을 두고 있다.

5 일본의 오사카(大阪)지방법원의 1991. 3. 9. 판결(平成 3年 3月 9日 判時 1384号 22頁 判決).

3) 피해의 잠재성과 장기성 및 시효

(1) 피해의 잠재성과 장기간 계속성

환경오염으로 인한 피해의 또 다른 특성은 피해의 누적성과 반복성, 그리고 격지성(隔地性)을 들 수 있다. 환경피해의 경우 흔히 유해물질에 노출된 시점과 그로 인한 신체상의 위해가 발생하기까지 일정한 기간이 소요될 뿐 아니라, 실제 피해의 발생이 반복적으로 이루어지며, 거리상으로도 오염의 발생지와 피해 발생지가 멀리 떨어진 경우가 많다.

이러한 특성에 결부된 환경오염피해의 경우 해당 위해로 인한 손해의 원인을 밝히기가 쉽지 않으며, 실제 소송에 있어서도 그 인과관계의 입증이 어렵다. 따라서 이러한 환경오염의 특성은 잠재적 가해자들이 적절한 주의노력을 기울이지 않도록 하는 유인으로 작용하게 된다.

(2) 소멸시효

이때 잠재적 가해자들로 하여금 오염행위를 효율적 수준을 하도록 하기 위해서는 소멸시효를 장기간으로 하는 무과실책임 법원칙이나 과실책임법리를 적용할 수 있어야 할 것이다. 불법행위를 규율하고 있는 우리 민법에는 소멸시효를 최장 10년으로 정하고 있어 이러한 환경오염피해의 누적성과 반복성의 특성을 반영하지 못하고 있다.[6] 그 대표적인 예가 〈읽을거리 12.2〉에서 소개하는 고엽제 사용에 따른 환경오염 피해이다. 즉, 고엽제로 인한 피해자가 고엽제 노출과 현재의 질병 내지 후유증 사이의 인과관계의 입증문제를 차치하고서라도, 베트남 전쟁이 끝난지 36년이 경과한 지금에도 배상청구소송에 의한 구제가 매우 어려운 실정이다. 반면 일본은 최장 20년의 소멸시효를 인정하고 있다.[7]

이 문제는, 입법론적 관점에서 피해의 잠재적·진행적 특성을 감안한 시효를

---

6 민법 제766조 제1항 및 제2항을 보면, "불법행위로 인한 손해배상의 청구권은 피해자나 그 법적 대리인이 그 손해 및 가해자를 안 날로부터 3년간, 불법행위를 한 날로부터 10년간 이를 행사하지 아니하면 시효가 소멸한다"고 규정되어 있다.

7 일본(민법 제724조)의 경우는 "손해를 안 날로부터 3년간, 불법행위를 한 날로부터 20년 이내"로 규정하여 차이를 보이고 있다.

명시적으로 규정하든지, 실제 판결에서 그러한 사실을 반영해 시효의 기산점을 정할 필요가 있다. 전자의 예를 들면, 제조물책임법에서는 "신체에 누적되어 사람의 건강을 해하는 물질에 의하여 발생한 손해 또는 일정한 잠복기간이 경과한 후에 증상이 나타나는 손해에 대하여는 그 손해가 발생한 날부터 기산"(법

Reading 12.2 읽을거리 12.2

고엽제와 환경오염 문제

다수피해자, 인과관계 입증의 어려움, 장기적 잠복기간 등 본문에서 살펴본 환경오염사고의 특징들이 잘 나타나는 대표적인 경우로 베트남전에서 사용된 고엽제 사례가 있다. 1960년대 베트남전에서 미군은 밀림을 없애 게릴라전을 막고자 2·4·5-T계 고엽제를 사용했다. 고엽제의 원 이름이 에이전트 오렌지(Agent Orange)였으며 미군은 이 작전을 오렌지 작전이라 불렀다. 베트남전이 계속되던 1962년부터 1971년까지 미군은 7,900만 리터 이상의 고엽제를 비행기로 베트남 전역에 살포했으며, 이에 피해를 본 베트남인만 400만 명에 이르는 것으로 추정된다. 이러한 고엽제 살포로 밀림은 제거했으나 인간에게는 재앙으로 돌아온 것이다. 사실 지금도 농가에서 사용되고 있는 2·4·5-T계 고엽제에는 유해물질인 다이옥신이 포함되어 있지 않지만, 당시 베트남전에서 사용된 에이전트 오렌지에는 다량의 다이옥신이 포함되어 있었다.

이 고엽제로 인해 전후((戰後) 베트남에서는 태아의 절반이 사산되고 기형아 발생률이 전쟁 전에 비하여 10배에 달했다. 또한 참전 군인들의 피해가 40년이 지난 현재까지 계속되고 있다. 예컨대 참전국의 하나인 우리나라의 경우 고엽제 피해자는 후유증 환자 2만 4,056명, 후유의증 환자 7만 4,909명으로 집계되었다. 이들은 대부분 치유 불가능한 신체적 피해와 정신질환 증세를 보이고 있으며, 일부는 2세에게까지 그 피해가 유전된 사실이 확인되고 있다.

그동안 베트남 고엽제 피해자들이 미국의 화학회사들을 상대로 베트남전 당시 암과 유산, 기형아 출산 등을 유발하는 고엽제를 사용해, 피해를 준 데 대해 손해배상소송을 미국 지방법원에 제기했으나, 기각된 바 있다. 당시 담당 법원인 뉴욕 주 지방법원의 잭 와인스타인 판사는 "어떤 나라, 어떤 주의 국내법뿐 아니라 어떤 형태의 국제법에도 원고들의 그런 주장을 뒷받침할 만한 근거가 없다"며 피해 배상 소송을 기각했다.

자료: 이종인, 환경오염사고에 대한 경제학적 고찰: 한국과 일본의 불법행위 책임법리를 중심으로, 『법경제학연구』, 제6권 제1호(2009), 96쪽.

제7조 제2항 내지 일본 제조물책임법 제5조 제2항)하는 것으로 규정함으로써, 피해의 잠재성이나 진행성을 인정해 시효 기산점을 정할 수 있도록 하고 있다. 후자의 예로는 일본의 구마모토 미나마타병(熊本水俣病) 소송을 들 수 있다. 즉, 피고의 원인규명에 장기간이 소요되었으며, 최초 피해 발생 이후 20년이 지나 소송이 제기됨으로써 소멸시효가 문제가 된 사건으로서, 판결문에서는, 일본 민법 제724조의 '손해 인지 시점'의 기산점을 '위법한 가해행위를 안 때' 혹은 '해당 가해행위와 손해 발생 사실과의 상당인과관계가 있는 것을 인지한 때'라는 취지로 이해할 수 있어야 한다고 판시했다.[8]

3 환경문제의 해결

1) 환경 규제의 당위성

(1) 환경문제의 해결이 어려운 이유

지금까지 여러 환경문제의 특성에 관련된 해법들을 검토해 보았다. 환경오염이나 파괴가 인간과 지구의 미래에 심각한 위협이 될 수 있다는 사실을 모르는 사람은 거의 없을 것이다. 그럼에도 불구하고 현실에서는 대기 중 미세먼지와 같은 일상생활에 밀접한 환경오염의 문제가 쉽게 해결될 기미가 보이지 않는다. 환경문제의 해결이 어려운 데는, 앞서 살펴본 여러 특성과 더불어 몇 가지 배경이 있다.

첫째, 공해(pollution)와 같은 환경오염이 외부효과의 대표적 예로 소개되는 것처럼 환경문제는 시장기구에서 자체적으로 해결되기 어렵다는 점이다. 낙동강변의 섬유공장에서 방출되는 폐수는 강물과 상수원을 오염시켜 소비자들에게 손해를 끼치지만, 별도의 조치(규제)가 없는 한 수질오염 문제는 더욱 심각해질 것이다.

둘째, 환경문제는 위에서 설명한 것처럼 장기적 지속성의 특성을 갖기도 하

---

8 구마모토(熊本)지방법원 판결(1973년 3월 20일, 판시(判時) 제696호 15면).

지만 그 수준이 갑자기 심각하게 변하는 속성이 있다. 폭우와 폭설, 가뭄과 홍수 등 세계적인 이상기후 현상도 갑자기 찾아온 자연 재해로 보이지만 사실 그 배경에는 눈에 보이지 않은 인간의 환경파괴가 누적된 결과이다. 단지 인과관계의 증명이 어려울 뿐이다.

셋째, 환경오염에 관련된 사건사고의 경우를 보면 수많은 이해당사자들이 연관되어 있으며, 이들 간의 복잡한 이해가 얽혀있기 때문에 합리적인 해법의 도출이 매우 어렵다는 점이다. 자원개발업자와 환경단체와의 이해상충뿐 아니라, 그린벨트 정책에 따른 주민들 간의 갈등만 보더라도 환경문제의 해결이 얼마나 어려운지 쉽게 짐작된다.

(2) 규제의 당위성과 규제 형태

앞서 설명했듯이 환경, 특히 환경오염의 문제는 이른바 환경재의 생산과정에서 공적외부효과(public externality)가 야기되는 전형적인 시장의 실패이며,9 그러한 관점에서 환경문제의 해결을 위한 규제당국의 개입에 당위성이 부여된다.

환경문제 해결을 위한 정부의 개입의 방식에는 크게 직접적 규제(command-and control)와, 시장유인을 이용한 규제(market-based approach) 등 두 가지 범주가 있다.

그 중 일반적인 환경규제 형태는 법률에 의한 규제이다. 우리나라 환경정책기본법에서 정의한 '환경오염'(법 제3조 제4항)에 대한 법적 규제, 즉 대기환경보전법, 수질환경보전법, 소음 및 진동규제법, 토양환경보전법 등 환경오염이나 공해문제에 관한 다양한 입법적 대책을 강구하고 있다.

이러한 환경입법에서의 규제의 기본 틀은 대개 환경오염 발생원이 되는 각각의 시설들이 일정 수준 이상의 구조를 하고 일정치 이상의 유해물질을 배출하지 못하도록 하는 개별 규제와, 배출 가능한 환경오염물질을 해당 지역 전체에서 일정량 이하로 제한하는 총량규제 등 두 가지 형태를 하고 있다. 이러한 법적 규제는 기본적으로 정부의 개입과 법적 강제의 성격을 띤다(小林秀之·神田秀木, 87쪽).

---

9 환경오염 사고에 의한 피해는 일반적으로 공적 외부효과(public externality) 또는 공공부재(public bads)의 성격을 띤다. 즉, 비경합성 및 비배제성과 같은 공공재의 특성을 갖고 있음을 의미한다. 공장에서 배출되는 매연이나 소음이 인근 주민들에게 피해를 주는 이른바 생활 방해(nuisance)의 경우가 좋은 예이다.

환경문제에 대한 이러한 법적 수단을 통한 규제는 경제이론적으로도 뒷받침된다.

환경오염(의 외부효과)에 대응하는 수단으로서는, 이러한 직접적인 법적 규제보다는 민간의 의사결정자로 하여금 스스로 문제를 해결토록 경제적 유인을 제공하는 두 번째 방식이 보다 바람직하다. '환경세 부과'의 방식과, 일정량의 오염허가권(pollution permits)을 가진 주체에게만 오염물질의 배출을 허용하는 이른바 '오염배출권' 방식이 그 대표적인 수단이다.

2) 경제적 규제 수단

(1) 환경세 부과

피구세(Pigouvian tax) 내지 배출세(effluent charge)라고도 불리는 환경세 부과 방식은 오염자로 하여금 적절한 세율의 환경세를 지불토록 함으로써 생산 활동에 따른 사적한계비용이 사회적한계비용과 일치하게 되고, 따라서 오염자에게 사회적으로 적절한 오염방출량을 자발적으로 선택토록 유도할 수 있다. 이 방식은 상술한 정부의 직접규제 방식에서는 볼 수 없는 오염자 스스로 오염을 줄이도록 하는 경제적 유인을 제공하게 된다.

우리나라는 아직 이러한 환경세 방식이 도입된 사례가 없지만, 이웃 일본의 경우 최근 환경기본법 제22조에 환경부과금을 포함한 경제적 조치에 관한 일반 규정이 포함되었다(宍戸善一, 141쪽).

이러한 환경세 부과방식은 고바야시·간다(小林·神田, 1986)가 강조한 것처럼 오염자 개인의 관점뿐 아니라 사회적 관점에 있어서도 저비용으로 오염을 억제할 수 있으며, 오염물질의 배출이 불가피한 산업의 생산활동을 효과적으로 지속될 수 있게 하는 등 여러 경제적 이점이 있다. 또한 조세수입을 오염피해자를 위한 재원으로 활용할 수 있어 정부 재정운영상의 장점도 있다. 하지만 이 방식은 적절한 세액산정의 어려움이 수반되며, 유류세의 적정성에 관한 논쟁에서 보듯이 경제적 효율성 이외의 여건들로 인해 환경오염 억제라는 환경세 본래의 취지가 퇴색되는 측면도 있다.

(2) 오염배출권의 거래

오염배출권 거래방식은 이러한 환경세 부과 방식의 결점을 극복하기 위한 방안의 하나로서, 정부가 경매를 통해 오염물질 배출권을 판매하는 형태이다.[10]

이 방식의 장점은 오염배출권이 어떤 기업에 어떻게 배분되었는지에 관계없이 경제적 효율성의 달성이 가능하다는 점이다. 오염배출권의 자유로운 시장거래에 의해 높은 오염감소비용이 요구되는 기업은 동 권리에 대한 수요가 높아질 것이고, 저비용으로도 오염감소가 가능한 기업은 그렇지 않은 기업에게 자신의 권리를 판매할 수 있다. 따라서 자유로운 오염배출권 거래시장이 존재하는 한, 해당 권리가 최초에 어떻게 배분되더라도 최종적인 배분은 효율적으로 될 것이다.

오염배출권의 거래 방식은 환경오염의 해소를 위한 현실적인 환경정책의 하나로 주목받고 있다. 예컨대 미국에서는 1990년의 대기정화법(Clean Air Act) 개정 시 이산화유황의 배출량 거래 프로그램을 법제화했으며, 2005년 2월에 발효된 교토의정서에 따라 2008년부터 선진국의 온실가스 의무 감축과 탄소배출권의 거래가 시작되었다. 온실가스 배출량 세계 7위에 해당하는 우리나라에서도 최근 탄소배출권을 제한하는 입법을 추진하는 등[11] 경제적 논리를 바탕으로 한 환경문제의 해결 시도가 현실화되고 있다.

환경오염사고의 경우, 다른 일반적 사고손해와 마찬가지로 오염의 야기자와 피해자간 협상을 통해 적절한 보상이 가능하다면 환경오염에 의한 외부효과의 문제는 대부분 해결될 것이다. 다시 말해, 환경재의 이용에는 비용이 수반되며, 과다한 환경재의 사용 시 관련 사고로 인한 피해자 보상 수준이 높아진다는 것을 오염자들이 인식하는 상황이라면, 오염자들은 자신들의 생산활동에서 적정수준만의 환경재의 사용을 위해 노력할 것이다. 그 결과 오염량이 감소되어 사회적으로 바람직한 수준의 오염만 발생될 것이다.

---

10 논자에 따라 오염권, 오염허가권, 환경권 등으로도 불리는 오염배출권 거래방식은 사회에서 수용 가능한 오염물질 배출 총량을 미리 정해 그 배출권한을 국가나 지방공공단체가 공매를 통해 공해물질 배출 기업에 판매하고, 기업 간 오염배출권의 거래를 용인하는 방식이다.

11 정부에서는 온실가스 총량제한 및 오염배출권 거래제 등을 포함하는 '저탄소녹색성장기본법'을 2009년 1월 15일 입법예고했다. 한국은 2013년부터 새롭게 적용되는 '포스트교토'체제 아래, 조만간 온실가스 의무감축국가에 포함될 가능성이 높다.

하지만 시장에서는 환경오염으로 인한 외부효과가 자체적으로 내부화될 수 있는 환경이 충분히 제공되지 않는다. 환경오염의 경우 앞서 살펴보았듯이 피해자 한 사람의 피해액은 상대적으로 작지만, 피해가 광범위해 다수 피해자 손해의 합은 상당히 크다는 특징이 있다. 또한 오염자가 다수이거나 불확실함에 기인하여 확인과 제재가 쉽지 않다는 측면에서 환경오염 문제의 해소가 한층 더 어려워진다. 따라서 법적 배상책임의 부담을 지우는 등 사후적 규제수단을 통해 환경오염의 외부효과를 억제해야 한다는 주장이 설득력을 얻는다.

3) 소유권 확립을 통한 해결

이제 환경오염과 같은 유해한 외부효과를 내부화하는 수단으로 민간부문이 스스로 해결책을 찾도록 도와주는 경우에 대해 살펴본다. 공해와 같은 외부효과가 문제가 되는 배경을 보면, 소유권이 애매하게 정의되어 있거나 바람직하지 않은 방식으로 귀속되어 있는 경우를 종종 보게 된다. 따라서 소유권을 분명하게 정의해 주거나 소유권의 재배분을 통해 환경오염의 문제를 해결을 시도해 볼 수 있다. 우선 소유권 미확립에 따른 이른바 '공유자원의 비극'을 소개하고, 이어 '코즈정리'와 연관 지어 소유권 확립의 효과에 대해 살펴본다.[12]

(1) 공유자원의 비극

시장에서 환경오염과 같은 해로운 외부효과 문제를 해결할 수 있다면, 다시 말해 오염사고 야기자 스스로가 외부비용을 내부화할 수 있다면, 국가의 행정적 내지 사법적 개입이 불필요하게 된다. 그러나 현실에서 시장을 통한 환경문제의 해결은 매우 어려운데 그 대표적인 이유가 바로 환경에 관련된 외부효과는 앞서 살펴보았듯이 공공재적 성격을 갖는 공해(public bads)라는 점이다. 즉 사람들의 선호표출기피에서 오는 정보의 부족, 높은 거래비용, 무임승차자로서의 행위 등이 시장에서의 자발적 해결을 어렵게 한다.

이러한 환경오염의 공공재적 성격을 이해하는 좋은 예로 '공유자원의 비극(tragedy of the commons)'이라는 고전적 우화가 있다. 대부분의 주민들이 양을 키워

---

12 본 절의 내용은 이종인, 『불법행위법의 경제분석』, 한울출판사(2006)의 내용을 참조하였다.

생계를 유지하는 중세의 어느 마을에 있는 목초지는 공유지이므로 누구든지 양을 방목할 수 있었다. 목초지에 풀이 많고 양들이 적을 때에는 문제가 없었지만, 양들이 많아짐에 따라 점차 목초지의 풀이 고갈되어 결국 초원이 황무지로 변하여 그 마을이 황폐하게 되었다는 내용이다. 다시 말해, 깨끗한 강물과 같은 환경자원을 시장에 맡기게 되면 사회적 관점에서 볼 때 과다하게 사용되어 결국 고갈된다는 것이다.13

환경오염과 같은 시장의 실패도 일종의 공유자원의 문제로 볼 수 있다. 깨끗한 물과 공기도 초원과 같은 공유자원이기 때문에 과다한 오염물질의 배출은 과다한 방목과 같은 현상이다. 즉 환경오염사고로 인한 물적·인적 피해는 오늘날의 공유자원의 비극이라고 할 수 있다. 이러한 환경오염의 문제는 깨끗한 환경이라는 공유자원에 대한 소유권이 명확하기 부여되지 않아 발생한다고 볼 수 있다. 따라서 만일 '공유자원'에 대한 소유권이 확립된다면 환경오염의 문제가 어느 정도 해결될 수 있을 것이다.

(2) 소유권 확립

어떤 마을에 맑은 물의 호수가 있으며, 마을사람들은 이 호수의 물을 식수원으로 사용해 왔다고 하자. 이때 호수의 소유권이 확립되어 있지 않으면 누구든지 이 호수의 물을 식수뿐 아니라 다른 용도 예컨대, 세탁이나 세차용으로 사용할 수 있으며, 수영을 하거나 낚시를 하고 또 생활폐수를 방류하여 수질을 오염시킬 수 있다. 하지만 만약 호수물의 소유주가 분명하다면 남의 호수물을 함부로 오염시키는 행위가 허용되지 않을 것이므로 식수원으로 사용가능한 수준의 수질을 보존할 수 있다. 예컨대 호수물의 소유주는 호수물 오염야기자의 행위를 아예 금할 수도 있을뿐더러 경우에 따라서는 이들과의 협상을 통해 제한적으로 오염발생 행위를 허용할 수도 있을 것이다.

이상의 논의는 호수물과 같은 환경재에 대한 소유권이 분명하게 확립되면 당사자 사이의 자발적 협상에 의해 사회적으로 바람직한 환경보호 수준을 얻을 수 있음을 보여주고 있다. 이러한 관점을 경제학에서는 '코즈정리(Coase Theorem)'

---

13 Mankiw, Essentionals of Economics, 3rd Ed.(2004), p. 231을 참고할 수 있다.

로 이해한다. 즉 민간경제 주체들이 자원의 배분과정에서 아무런 비용을 치르지 않고 협상할 수 있다면, 시장기능이 (환경오염과 같은) 외부효과로 인해 초래되는 비효율성을 해소하고 자원을 효율적으로 배분할 수 있다는 것이다. 덧붙여 호수 물과 같은 환경재에 대한 소유권을 누구에게 부여하든 그 결과에는 차이가 전혀 없다는 것이다.

이와 같이 정부의 개입이 없이도 이해당사자들의 자유로운 협상에 의해 환경오염문제가 해결될 수 있다는 주장은 상당히 매력적이다. 하지만 현실에서의 환경오염 문제는 코즈정리를 적용할 수 있는 전제가 성립되지 않는 경우가 대부분이다. 예컨대 현실에서 경험하는 공해문제에서는 다수의 이해당사자가 혼재하여 누가 가해자이고 피해자인지 판별하기가 곤란한 경우가 많다. 또한 환경문제를 둘러싼 분쟁에는 복잡하게 얽힌 여러 집단의 이해관계를 조정하는 데 상당한 거래비용이 요구되기 때문에 코즈정리에서의 '거래비용이 없다'라는 전제조건이 충족될 가능성이 별로 없다.

4) 지구환경보호와 녹색성장

한국은 자원의존도가 매우 높은 대표적인 국가이다. 특히 물이나 석유, 석탄 등의 에너지자원의 부족은 1980년대 고속성장과 산업화 이후 더욱 심각해졌다. 우리나라의 1인당 이산화탄소 배출량 증가율('08년~'09년 기준, 2.5 %), 에너지 사용량 대비 에너지 수입률(2012년 기준, 97.1%), 화석연료사용비중(2012년 기준, 82.8%)이 OECD 34개국 중 제일 높거나 상위권임에도 불구하고 신재생에너지(태양광, 수력, 풍력 등 재생이 가능한 에너지)비율(2011년 기준, 0.7%)은 34개국 중 제일 낮아 매우 심각한 상황임을 알 수 있다.

산업혁명이후 250년 만에 대기 중 이산화탄소 농도가 35% 이상 급증하고 지구 평균기온이 0.8도씨 상승하였다. 자원 부족과 환경문제는 세계화의 중요한 쟁점으로 떠오르고 있는데, 산업과 기술의 관심이 생산성 중심에서 효율성으로 이동하여 저에너지, 저탄소를 추구하면서 환경문제를 두고 각국의 의견 충돌이 증가하고 있다. '교토의정서' 발효, 발리로드맵 채택 등 지구온난화 문제에 대해 국제사회가 공동으로 대처하는 등 선진국, 개발도상국을 비롯한 여러 나라에서 환경문제에 대한 중요성을 인식하고 이를 해결하고자 노력하고 있지만, 구체적인 해결방안이나 비용에 대해서는 서로 다른 의견을 보이고 있다. 이는 국가 간 경제 발전의 차이에서 비롯되며, 때문에 경제적으로 이미 발전한 곳과, 개발이 더 필요한 나라 간에 동일한 정책을 적용하기 어렵기 때문이다.

우리나라도 친환경 기술을 개발, 저탄소 활용, 재생에너지 산업 극대화 등을 통해 국제사회에서 환경적 우위를 확보하는 것이 중요하다. 최근에 녹색성장사업이 국가발전의 새로운 이슈로 떠오르고 있으며, 여러 기업에서도 녹색경영의 중요성을 인지하고 그에 대한 노력을 지속하고 있는 것은 바람직한 현상이나 아직도 많이 부족한 것이 현실이다.

2차 녹색성장 5개년계획

정부가 지금까지 구축된 녹색성장의 제도적 기반을 바탕으로 앞으로 5년 동안 온실가스 감축, 신재생에너지 확대 등 실질적인 성과를 내는데 초점을 맞추기로 했다. 정부는 6월 3일 개최된 국무회의에서 2014년부터 2018년까지의 녹색성장 추진 방향과 3대 정책 목표, 130개 세부 추진 과제들이 포함된 제2차 녹색성장 5개년 계획을 확정했다. 즉 저탄소 경제·사회구조의 정착, 녹색기술과 ICT의 융합을 통한 창조경제 구현, 기후변화에 안전하고 쾌적한 생활기반 구축 등을 3대 정책목표로 설정하고, 효과적인 온실가스 감축, 지속가능한 에너지체계구축, 기후변화 적응역량 강화 등 핵심 분야를 중점 추진하기로 했다.

정부는 온실가스 감축 목표인 BAU(온실가스배출전망치)대비 20%를 2020년까지 달성하기 위해 감축 로드맵을 체계적으로 이행할 계획이다. 2015년 배출권거래제를 차질 없이 시행하고 탄소시장을 활성화해 시장 친화적이고 비용 효과적인 온실가스 감축 기반을 구축할 계획이다. 지속

가능한 에너지 체계 구축을 위해서는 에너지 세율 조정, 전기요금 현실화, 선진형 수요반응시장 구축 등을 통해 수요관리를 강화할 예정이다. 또한 신재생에너지 신규 의무화제도를 도입하고 분산형 발전 시스템을 구축하는 한편 원전 산업의 안전성도 강화할 계획이다. 기후변화 대응 핵심기술이나 혁신적인 온실가스 감축 기술 등을 육성해 녹색창조산업 생태계도 조정한다. ICT와 녹색기술 기반의 신산업과 신시장을 창출하고 녹색기술·제품의 공급을 확대해 '녹색창조산업'을 육성한다는 방침이다.

정부는 2차 녹색성장 5개년 계획의 효과적인 이행을 위해 중앙부처와 광역단체별로 추진계획을 수립하도록 하고 녹색성장위원회를 중심으로 이행 실적을 주기적으로 점검·평가해 나갈 계획이다.

자료: 뉴시스(2014년 6월 3일자), 2차 녹색성장 5개년계획 확정 ⋯ 실질적인 성과 도출(저자 보완).

검토 과제

1. 최근의 소비자 녹색운동이나 회사의 그린마케팅 운동이 소비자 가격과 후생에 미치는 영향을 논하여 보라.

2. 공적 외부효과(public externalities)가 야기되는 전형적인 시장실패의 예를 들어 보라.

3. 본문에서 살펴본 특성(다수피해자, 인과관계증명의 어려움, 피해의 잠재성과 장기성) 외 환경문제의 다른 특성에 대해 생각해 보라.

4. 환경문제의 해결이 어려운 이유를 사례를 들어 설명하라.

주요 참고문헌

▣ 김승우 외 7인(2005), 『환경경제학─이론과 실제』, 박영사.

▣ 이종인(2006), 『불법행위법의 경제분석』, 한울출판사.

▣ 이종인(2009), 환경오염사고에 대한 경제학적 고찰: 한국과 일본의 불법행위 책임법리를 중심으로, 『법경제학연구』 제6권 제1호.

▣ 이종인(2010), 『불법행위법의 경제학』, 한울출판사.

▣ 이준구(2004), 『재정학(제3판)』, 다산출판사.

▣ 뉴시스, "2차 녹색성장 5개년계획 확정 … 실질적인 성과 도출", 2014년 6월 3일자.

▣ 小林秀之·神田秀木(1986), 『「法と経済学」入門』, 弘文堂.

▣ 宍戸善一(2004), 『法と経済学: 企業関連法のミクロ経済学的考察』, 有斐閣.

▣ Mankiw(2004), Essentionals of Economics, 3rd Ed.

제13장

글로벌 전자상거래의 확산과 소비자보호

이 장에서는 전자상거래에 관련된 제반 소비자문제와 그 해결을 위한 방안들에 관해 공부한다. 우선 제1절에서는 전자상거래의 여러 유형과 특성을 살펴보고, 관련된 제반 소비자문제와 그 해결방향에 관해 살펴본다. 이어 제2절에서는, 확산되고 있는 글로벌 전자상거래시장의 현황과 관련된 소비자문제, 그리고 이에 대처하는 각 국가들에서의 정책들을 검토한다. 마지막으로 제3절에서는 글로벌 전자상거래에서 발생하는 소비자문제에 초점을 맞추되, 우리나라를 포함한 선진국들과 국제기구의 관련 정책을 살펴본다. 덧붙여 글로벌 소비자분쟁의 해소방안을 제시한다.

1 전자상거래의 유형과 특성 및 소비자문제

1) 전자상거래의 일반적 유형과 특성

(1) 정의 및 시장현황

전자상거래(e-commerce)는 여러 형태로 정의될 수 있으나, 컴퓨터와 네트워크라는 전자적인 매체를 통해 상품 및 서비스의 거래가 이루어지는 방식으로 거래의 여러 과정 중에서 입찰/계약/주문 중 최소한 하나의 절차가 컴퓨터 네트워크 상에서 이루어진 경우를 말한다. 법적으로는 "재화나 용역을 거래함에 있어 전부 또는 일부를 정보처리시스템에 의한 전자적 형태로 거래내역을 작성, 송·수신하는 형태로 처리가 이루어지는 상거래 행위"(전자상거래소비자보호법 제2조)로 정의하고 있다.

전자상거래는 일반적으로 전자문서에 의해 처리되는 거래(전자거래기본법 제2조)를 말하며, 네트워크를 통한 상품의 구매와 판매, 그리고 통신기술(IT)를 이용한 상거래라는 함축된 의미를 갖고 있다.

우리나라의 2012년 전자상거래 규모는 1,147조원으로 거래규모가 전년대비 14.7% 성장하였고, 2013년 1/4분기 전자상거래 총 거래액은 287조 760억원으로 전년 동분기에 비해 2.1% 증가하였다. 거래내역을 부문별로 살펴보면 전년 동분기에 비해 기업·소비자간 전자상거래(B2C) 16.1%, 소비자간 전자상거래(C2C) 5.6%, 기업간 전자상거래(B2B) 1.7% 등 모든 부문에서 증가했다.

산업별로 보면 전년동분기에 비해 전기·가스·수도업(56.9%), 운수업(16.8%), 제조업(3.2%) 등이 증가한 반면, 건설업(-16.6%), 출판·영상·방송통신 및 정보서비스업(-7.2%)은 감소했다. 경기 침체의 영향으로 전년에 비해 성장률이 떨어지고는 있으나, 전자상거래가 보편화되면서 추가 성장이 가능할 것이다. 또한 국내로 수입된 상품을 구매하거나 해외 방문 기회를 이용하여 국외생산 제품을 구매하던 과거와 달리, 인터넷 서비스와 전자상거래 시스템이 발달한 현대 사회에서 소비자들은 언제, 어디서든 시간과 장소에 구애받지 않고 전 세계 인터넷 쇼핑몰을 이용할 수 있기 때문에 해외직구에 대한 관심이 높아지고 있다. 대한상공회의소가 최근 국내 온라인쇼핑족 1,650명을 대상으로 실시한 '해외 직접구매 이용실태 조사'에 따르면 전체 응답자의 24.3%가 "해외 인터넷쇼핑몰이나 구매대행 사이트를 통해 상품을 구매한 적이 있다"고 답한 것으로 나타났다. 관세청의 통계자료에 따르면, 해외 구매 건수와 이용액은 2010년 318만 회(2억 4천 2백만 달러), 2011년 500만 회(4억 3천 1백만 달러)에 이른다. 한·미 FTA가 발효된 2012년에는 720만 회(6억 4천 2백만 달러)로 매년 급증세를 보이고 있다. 작년에는 1115만건(10억

4000만 달러)에 달해 처음으로 1000만건, 1조원을 돌파했다. 2014년에 들어와서도 지난 4월까지 496만건(4억 7800만 달러)을 기록해 증가세를 이어가고 있다.

(2) 일반적 유형

전자상거래의 형태는 몇 가지 범주에서 구분해 볼 수 있다. 먼저 거래주체 별로는 사업자와 소비자 간의 거래(B2C), 사업자간 거래(B2B), 사업자와 정부간의 거래(B2G), 정부와 소비자간 거래(G2C), 정부부처 간 거래(G2G), 소비자간 거래(C2C) 등으로 구분된다. 거래대상별로는 'On-line주문 — Off-line배송'의 형태와 'On-line주문 — On-line배송'의 형태를 띤다.

거래 분야별로 전자상거래를 구분해 보면 대개 종합쇼핑몰, 전문사이버몰, 인터넷경매, 온라인예약서비스, 디지털콘텐츠서비스(음악, 영상, 교육, 게임 등) 등으로 구분된다.

종합쇼핑몰 또는 인터넷쇼핑몰은 전통적인 오프라인 상점에서와 같이 온라인상에서 상품을 진열·판매할 수 있을 뿐 아니라, 상품의 전문분야(category)별로 분류하여 판매할 수 있기 때문에 이용자들은 온라인상에서 다양한 상품을 검색·비교해 가면서 원하는 상품을 손쉽고 편리하게 구매할 수 있다. 이 범주에는 온라인상에서 다양한 상품을 진열·판매하는 종합쇼핑몰과, 특정 상품 범주만을 특화한 전문사이버몰이 있다.

전문사이버몰은 특정 카테고리의 상품만을 전문적으로 취급하는 인터넷 쇼핑몰을 말한다. 화장품, 장난감, 의류 등 특정 상품만을 전문적으로 거래하는 온라인 쇼핑몰이 이에 해당한다.

인터넷경매는 소비자 자신이 능동적으로 거래하고자 하는 욕구를 실현시킬 수 있을 뿐만 아니라, 경매(auction)라고 하는 교환방식이 현실 경제에서 판매자와 구매자 모두에게 이익이 되는 윈윈(win-win) 전략을 세울 수 있다는 장점이 유인으로 작용한다. 경매사업자가 판매자의 상품정보를 사이트에 소개하여 구매자와 거래를 주선하고 거래를 성사시켜 그에 따른 수수료를 얻는 전형적인 중개형 서비스가 일반적이다. 근래 부각된 오픈마켓(open market), 마켓플레이스 등은 인터넷경매 형태의 거래와 여러 다양한 형태의 개인간(C2C)거래를 모두 포함한 거래

그림 13-1

글로벌 전자상거래 규모 상위 5개국 현황

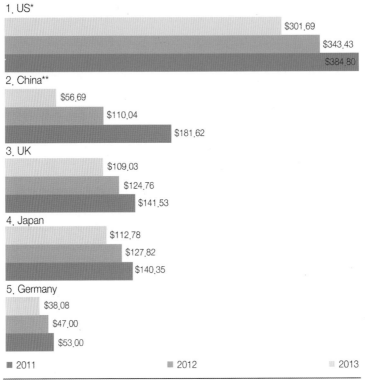

Top 5 Countries, Ranked by B2C Ecommerce Sales,
2011-2013

billions

1. US*

$301.69
$343.43
$384.80

2. China**

$56.69
$110.04
$181.62

3. UK

$109.03
$124.76
$141.53

4. Japan

$112.78
$127.82
$140.35

5. Germany

$38.08
$47.00
$53.00

■ 2011   ■ 2012   ▨ 2013

*Note: includes travel, digital downloads and event tickets purchased via
any digital channel (including online, mobile and tablet): excludes gambing:
ranked by 2013 figures: * excludes event tickets: ** inculdes sales from
businesses that occur over C2C platforms: excludes Hong Kong
Source: eMarketer, Jan 2013*

151019   www.eMarketer.com

출처. www.emarketer.com

형태로 볼 수 있다. 즉, 다수의 개인판매자가 중개업체를 통하여 다수의 소비자와 거래하게 되며, 옥션, G마켓(구스닥 이름으로 사업했던 인터파크가 런칭), 11번가(2007년초 SK에서 오픈) 등이 대표적이며, 다나와, 오미 등 가격비교업체도 이에 해당한다.

디지털콘텐츠서비스는 최근의 IT 기술의 발전에 힘입어 고속성장을 하면서 온라인 거래품목으로서의 비중이 커지고 있다.[1] 현재 국내외에서 성장산업으로 주목받고 있는 디지털콘텐츠 시장은 인터넷과 정보통신 산업의 영향으로 새롭게 등장한 산업이라기보다는 기존의 영화, 음악, 출판 등 문화콘텐츠 산업을 그 기반으로 하고 있기 때문에 그 시장 규모도 전체 문화 콘텐츠 시장의 규모와 성장에 큰 영향을 받게 된다.

한편, 통계청에서 공식 발표하는 온라인 거래형태를 보면, 다음 몇 가지로 분류되고 있다. (1) 종합몰 및 전문몰, (2) 온라인몰 및 온-오프라인 병행, (3) 개인업체, 회사법인 및 이외의 법인 등이다. 우리나라 표준산업분류상에서는 온라인 거래가 통신판매업으로 분류되고 있다(통계청 고시 2000-1 참고). 즉, 소매업 중 무점포소매업에 해당되며, 그 중 통신판매업 범주 내 전자상거래업 및 기타 통신판매업으로 분류된다.

(3) 전자상거래의 특성

전자상거래는 개방된 네트워크상의 가상공간에서 전자자료(electronic data)의 교환방식에 의한 거래를 통해서 이루어지기 때문에[2] 이와 관련된 소비자문제도 전통적인 오프라인 상거래에서의 소비자문제와는 다른 형태를 갖는 경우가 많다. 이러한 전자상거래에서의 소비자문제는 국내거래이든 국제거래이든 관계없이 상당부분 전자상거래의 제반 특성과 직·간접적으로 연관되어 발생하게 된다. 전통적인 상거래와 구별되는 이러한 전자상거래의 주요 특성을 정리해 본다.

---

1 사실 디지털컨텐츠 시장에 대한 정의와 분류가 분명하지 않아 그 시장규모나 정확한 성장률에 대한 현황 파악이 쉽지 않은 실정이다.

2 전자상거래에서의 소비자보호에 관한 법률 제2조 제1호에 따르면 전자거래의 방법으로 상행위를 하는 것을 전자상거래로 정의하고 있다. 이러한 전자상거래는 넓은 의미와 좁은 의미로 구분하여 이해할 수 있다. 먼저, 광의로는, 기업, 소비자, 정부 등 경제활동의 주체들이 전자적인 매체를 통신망과 결합하여 상품(goods and services)을 거래하는 제반행위로 이해할 수 있으며, 협의로는, 인터넷의 웹상에 구축된 사이버쇼핑몰(cyber shopping malls)을 통한 상품의 매매행위와 대금결제, 배달절차 행위를 수행하는 제반행위로 이해할 수 있겠다.

우선, 인터넷을 통한 전자상거래는 거래의 상대방을 대면하지 않는 비대면 거래이며, 익명으로도 거래가 가능하다는 특성이 있다. 따라서 거래 상대방의 정확한 신원을 파악하기 어려우며, 또 거래되는 상품의 내용에 대한 판단도 쉽지 않다. 특히 국경을 넘는 온라인거래의 경우 그 정도가 더욱 심하게 된다. 전통적인 상거래에서 판매자와 구매자는 실제로 거래하는 상품을 눈으로 관찰하거나 직접 만져보거나 맛을 보는 등 경험해봄으로써 그 품질과 안전성 등을 알 수 있다. 이때 판매자는 구매자가 상품에 대한 대가를 지불할 수 없을 것으로 보인다면 상품을 팔지 않을 것이고, 구매자는 판매자가 자기가 원하는 상품을 제공·인도할 수 있을 것이라는 확신이 있어야 구매를 결정할 것이다. 또한 인터넷쇼핑몰 등을 이용한 온라인 거래에서의 거래당사자는 상대방의 신원확인이 쉽지 않으며, 불가능한 경우도 없지 않다. 온라인상으로 신원확인을 위한 정보가 제공되고 있다고 하지만, 그러한 정보만으로 실제 인물의 정확한 신용정보를 판별하기는 쉽지 않은 실정이다. 특히 청소년이나 노인과 같은 정보통신 취약계층의 경우 이러한 비대면 거래에 따른 피해가능성이 높다.

둘째, 전자상거래는 개방적인 네트워크를 통해 이루어지므로 공간의 제약을 극복하는 격지 간 거래가 가능하다는 점이다. 이러한 특성은 소비자들이 인터넷을 통해 공간을 초월하여 국경 없이 세계시장에서 손쉽게 거래를 할 수 있도록 하는 장점으로 작용하게 된다. 하지만, 이러한 전자상거래의 특성은 여러 가지 소비자문제를 발생시킬 수도 있다. 즉, 상품의 배송지연이나 미배송, 다른 상품의 배송 등의 배송 문제가 발생할 수 있다. 또한, 상품의 품질불만이나 반품·환불의 어려움, 피해구제나 분쟁해결의 어려움 등의 소비자문제가 동반될 수 있다.

셋째, 전자상거래는 즉시성(real time)의 특성을 가진 신속한 거래가 가능하다. 즉 거래당사자가 국경을 넘어 멀리 떨어져 있더라도 인터넷을 통해 상품의 주문과 매매결정, 대금의 결제 등의 거래과정이 즉시적이고 신속하게 진행된다. 이러한 즉시성의 특성은 격지 간 신속한 거래의 특성과 함께 거래에 관련된 제반 비용(transaction costs)을 절감할 수 있는 장점으로 작용하는 측면이 있다. 반면에, 사업자의 부정확한 정보의 제공에 따른 소비자 피해, 소비자의 약관 내용 미숙지나 표시·광고내용의 착오 등으로 인한 청약철회의 어려움 등의 문제도 야기될 수 있다. 뿐만 아니라, 거래 상대방의 사기·기만적 행위에 대한 적절한 보상요구의 어려움 등의 소비자문제의 원인이 되기도 한다.

넷째, 대부분의 기업－소비자간(B2C) 전자상거래의 경우 국내 내지 국제거래를 불문하고 선지급 후배송의 관행이 유지되고 있다. 즉, 구매 결정한 상품에 대한 대금의 결제가 이루어지고 난 후 상품을 배달받게 되는 것이다. 이러한 선지급 후배송의 시스템 아래서 소비자는 부덕한 업자의 사익을 위한 행위나 허위·과장광고, 타인 명의도용 등 각종 불법적 거래에 노출될 우려가 상존하게 된다. 더욱이 일단 피해가 발생한 이후에는 보상을 받기가 어려운 상황이 놓일 수 있게 된다.

그 외에도, 전자상거래는 거래의 적시성, 격지거래의 가능성 등의 특성과도 부분적으로 중복되기도 하지만, 개방적 네트워크를 통한 거래, 무점포 거래 등의 특성을 지적할 수 있으며, 그에 따른 소비자문제도 생각해 볼 수 있다. 즉, 개방된 네트워크를 통한 거래에 기인하여 거래의 안전성 문제, 거래당사자 특히 소비자의 프라이버시 침해문제, 네트워크 접속서비스의 불량문제, 무점포 거래에 따른 상품의 미배송 문제 등이 야기될 수 있다.

2) 전자상거래 소비자문제

이러한 전자상거래의 특성에 따라 발생할 수 있는 소비자문제들을 다음 〈표 13－1〉과 같이 정리해 볼 수 있다.

전자상거래에서의 소비자문제는 이러한 전자상거래의 특성에 관련된 소비자문제뿐 아니라 전통적 거래에서의 일반적 소비자문제와 결합하여 다양한 유형으로 나타난다. 실제 거래에서도 소비자문제는 대부분 소비자 불만과 피해의 형태로 분야별, 거래형태별로 매우 다양하다.

한국소비자원은 의류, 신발 등을 판매하는 인터넷쇼핑몰의 청약철회 거부 또는 지연으로 인한 피해사례가 2011년부터 2014년 3월 말까지 총 2,487건 접수됐다고 밝혔다.「전자상거래 등에서의 소비자보호에 관한 법률」에 따르면, 인터넷쇼핑몰 사업자는 소비자가 청약철회를 요구하면 제품을 반환 받은 날로부터 3영업일 이내에 대금을 환급해야 한다. 그러나 피해 2,487건 중 소비자의 청약철회 요청에 대한 처리를 지연한 경우가 1,021건(41.1%)으로 가장 많았으며, 이 중

표 13-1 전자상거래의 특성에 따른 소비자문제 유형

전자상거래의 특성	관련 소비자문제
비대면 거래	- 사기·기만 거래적 광고·표시문제 - 불법·사기적 상행위에 따른 소비자피해 - 미성년자의 거래문제 - 부당한 개인정보의 수집·유통에 관련된 문제 - 거래상대방의 신용판단의 어려움
격지 거래	- 상품의 배송지연·미배송·다른 상품의 배송 - 상품의 반품·환불 곤란 - 피해구제·분쟁해결의 어려움
적시성	- 표시·광고 내용의 착오에 따른 청약철회의 문제 - 소비자의 약관내용 미숙지에 따른 피해 - 부정확·불충분 정보에 따른 소비자 불만·피해
선지급·후배송	- 불법·비도덕적 허위·과장광고 - 타인 명의도용 등 각종 불법적 거래 문제 - 발생된 피해에 대한 보상의 어려움
기 타	- 개방 네트워크 관련 거래의 안전성 문제 - 소비자의 프라이버시 침해문제 - 네트워크 접속서비스 불량 - 무점포 거래에 따른 상품의 미배송

출처: 이종인(2006), 전자상거래 소비자보호제도의 실효성 확보에 관한 연구, 한국소비자보호원, 22~24쪽.

'사전고지(교환/환불 불가)', '주문제작 상품', '착용 흔적', '해외배송 상품' 등의 이유를 들어 청약 철회를 아예 거부한 경우가 571건(23.0%)에 이르는 것으로 나타났다. 이외에 인터넷쇼핑몰 사업자와 '연락이 되지 않아' 적절한 조치를 받지 못한 경우가 459건(18.4%)이었고, 청약철회 조건으로 '과도한 반품비'를 요구하거나 환급 대신 '적립금으로 전환'해주겠다는 식으로 청약철회를 제한한 경우가 436건(17.5%)이었다. 소비자들이 청약철회를 요청한 이유로 '배송지연'(687건, 27.6%)이 가장 많았고 '사이즈 불만족'(525건, 21.1%), '단순변심'(502건, 20.2%), 배송된 제품의 '품질불량'(414건, 16.7%) 등이 꼽혔다. 즉, 소비자 불만이나 피해의 경우 대표적인 유형은 사업자의 부당한 계약 해제·해지 거절의 경우이며, 기타 사업자의 일방적 계약변경 등 불공정행위 문제, 상품의 품질이나 사후서비스(A/S)에 대한 불만, 계

약의 미이행이나 불완전한 이행, 계약조항이나 약관에 관한 불만, 가격·요금에 대한 불만, 표시·광고에 대한 불만 등의 유형이 있다.

이러한 전자상거래에서의 소비자 피해 내지 분쟁의 유형은 국내거래와 국제거래가 서로 유사한 측면이 있으며, 차이점이라면, 원격지간의 거래, 언어소통상의 문제 등 국제 전자상거래에서의 특성에 따라 그 비중이 커지는 경향이 있다는 점이다.[3]

3) 전자상거래 소비자문제의 해결 방향

이러한 국제 전자상거래에서 소비자는 피해가 발생하지 않도록 예방하는 것이 무엇보다 중요하다. 다음의 〈표 13-2〉는 한국소비자원에서 고지한 전자상거

표 13-2 전자상거래 소비자피해 예방수칙

전자상거래 소비자피해 예방 수칙
1. 통신판매업으로 신고된 인터넷쇼핑몰인지 확인한다.
－ 인터넷쇼핑몰 사업자의 신고 여부 및 신원정보(상호명, 연락처, 통신판매번호, 사업자등록번호, 사업장 소재지, 대표자 이름 등)는 공정거래위원회 홈페이지를 통해 확인할 수 있다.
－ 신원정보가 정확하지 않거나 통신판매업 미신고 인터넷쇼핑몰 사업자와 거래할 경우 사업자가 대금을 받고 연락이 두절되는 경우가 있으므로 미신고된 인터넷쇼핑몰 판매사업자와 거래를 하지 않는다.
2. 품질이 불량하거나 계약내용과 다를 경우 배송 받은 날로부터 7일 이내에 청약철회를 요구한다.
－ 제품을 배송 받은 즉시 제품의 색상, 디자인, 사이즈, 품질 등을 확인하고, 제품에 불만이 있는 경우에는 배송 받은 날로부터 7일 이내에 신속히 청약철회를 요구한다.
3. 부당하게 청약철회를 제한하는 인터넷쇼핑몰 판매사업자와는 거래하지 않는다.
－ '특정품(니트, 흰색, 가죽제품, 세일 상품 등)에 대해 교환·환불 불가', '환불 금액은 적립금으로 전환', '단순변심에 의한 교환·환불 불가', '상품을 받은 후 2일 이내에 신청하지 않은 경우 교환·환불 불가' 등과 같이 소비자에게 불리한 조항을 제시하는 사업자와 거래하지 않는다.
4. 고가의 제품은 가급적 신용카드 할부로 결제한다.
－ 20만원 이상의 제품을 3개월 이상 할부로 결제하면 제품 공급 등이 계약 내용과 다르게 이행되었을 때 신용카드사를 상대로 청약철회 요구 등 항변권을 행사하여 결제대금 지급을 중지할 수 있다.
5. 현금 결제 시에는 '에스크로'에 가입된 인터넷쇼핑몰을 이용한다.
－ '에스크로'에 가입된 인터넷쇼핑몰에서 현금 결제로 물건을 구입하면 배송지연 등의 피해가 발생했을 때 제3자(은행 등)에게 예치한 결제대금의 지급을 중지하거나 피해보상을 받을 수 있다.
6. 인터넷쇼핑몰 사업자가 소비자피해에 대해 보상을 기피할 경우 신속하게 관련기관에 도움을 요청한다.
－ 인터넷쇼핑몰 판매사업자의 청약철회 거부로 인해 자율적인 분쟁해결이 어려울 경우 『1372 소비자상담센터(www.ccn.go.kr)』에 도움을 요청한다.

---

3 이 문제는 본 장의 제4절에서 실태조사 자료를 통해 구체적으로 설명한다.

래에서의 소비자 주의사항이다.

하지만, 일단 발생된 피해에 대해서는 적절한 구제 내지 보상이 뒤따를 수 있도록 정책적인 배려가 필요하다. 국제 전자상거래 소비자피해를 줄이거나 예방하기 위해서는 국제기구를 통한 국제협력을 적극적으로 추진하고, 국가간 그리고 지역간 분쟁해결을 위한 국가차원의 협력이 필수라고 생각된다. 그 중에서도 각 국가들의 소비자보호 기관이나 민간단체간의 상호협력채널을 구축함으로써 국제 전자상거래 소비자분쟁의 해소가 필요하다. 더불어, 국가간 법이나 제도의 차이에 따른 상호협력 제약 문제는 장기적인 관점에서 검토하고 해법을 찾아가야 할 문제인 것이다.

인터넷을 통한 국제 전자상거래 과정에서 발생되는 분쟁은 그 해결에 있어서 여러 가지 어려운 점에 부딪히게 된다. 예컨대 국내 소비자는 해외에 있는 판매자의 신원을 잘 알 수도 없을 뿐 아니라 경우에 따라서는 판매자와의 의사소통 과정에 착오가 발생하여 피해가 커지는 경우도 있다. 더욱이 국경을 넘는 B2C 거래분쟁에 대해서는 행정적이나 사법적인 해결에도 제약이 많은 실정이다(이 부분은 본 장의 2절과 3절에서 보다 상세히 공부하도록 한다).

┌ 표 13-3 인터넷쇼핑몰 소비자 분쟁유형에 따른 해결기준

분쟁유형	해결기준	비 고
1) 허위, 과장 광고에 의한 계약 체결	계약 해제	계약 해제의 경우, 소비자가 선급한 금액에 대한 환급은 해제일로부터 3일 이내에 실시
2) 물품이나 용역의 미인도	계약 해제 및 손해 배상	
3) 계약된 인도 시기보다 지연 인도 - 지연 인도로 당해 물품이나 용역이 본래의 목적을 달성하지 못한 경우 - 기타(지연 인도로 인한 불편 야기 등)		
4) 배송 과정에서 훼손되거나 다른 물품, 용역이 공급된 경우	제품 교환 또는 구입가 환급	
5) 부당한 대금 청구	청구 취소 또는 부당 대금 환급	
6) 기타 사업자의 귀책사유로 인한 계약 미이행	계약 이행 또는 계약 해제 및 손해 배상	

모바일 쿠폰에도 환불방법 명시해야

공정거래위원회는 모바일 쿠폰에도 이용조건과 환불방법을 상세히 명시토록 하는 내용을 골자로 한 개정 상품정보제공 고시를 내년 4월 1일부터 시행한다고 30일 밝혔다. 개정 고시는 모바일 쿠폰 판매 시 환불조건과 환불방법, 발행자, 유효기간, 이용조건, 이용가능 매장 등의 상품정보를 사전에 충분히 고지하도록 했다.

모바일 쿠폰은 시장규모가 매년 2배로 급증하고 있으나 이용조건과 환불방법에 대한 정보가 부족해 소비자가 잘못 구매하거나 환불을 포기하는 등의 피해가 빈발했다.

개정 고시는 온라인에서 영화·공연 티켓을 예매하는 경우에도 관람등급, 시간, 장소, 주연(공연에 한함) 등의 기본정보와 함께 취소조건, 취소·환불방법을 구체적으로 제공받을 수 있도록 했다.

소셜커머스를 통해 피부관리, 마사지 등의 서비스 이용권을 구매하는 경우에도 서비스 제공자, 인증·허가 현황, 이용조건, 취소·환불기준 등의 정보를 적시하도록 해 저급 서비스에 따른 소비자 피해를 줄일 수 있도록 했다.

개정 고시는 또 품질보증기준과 각종 안전인증 표시방법을 구체화하는 방법도 담았다.

통신판매에서 품질보증기준이 모호한 경우가 많다는 지적에 따라 통신판매업자는 앞으로 결함·하자 등 피해에 대한 피해보상 기준을 구체적으로 명시하거나 적용되는 보상규정을 명확히 제시해야 한다. 특히 노트북, 카메라, 휴대전화 등 애프터서비스가 중요한 소형 전자제품은 품질보증 기준이 소비자 분쟁해결 기준보다 불리한 경우 그런 내용을 명시해야 한다.

전기제품의 안전인증 표시는 KC마크나 인증번호 등으로 표시하도록 했다.

이밖에 카시트, 구명조끼 등 영유아용품은 사용연령 표시 외에도 체중범위 표시를 선택적으로 제공할 수 있도록 했으며, 수입식품은 활용도가 낮은 생산자 주소정보 대신 제조국 정보를 대신 제공하도록 했다.

공정위는 3개월의 유예기간을 거쳐 내년 4월 1일부터 개정 고시를 시행하고 이행 여부를 지속적으로 점검할 방침이다.

자료: 연합뉴스(2013),
모바일 쿠폰에도 환불방법 명시해야, 2013. 12. 30.
〈http://news.naver.com/main/read.nhn?mode=LSD&mid=sec&sid1=101&oid=001&aid=0006675181〉

2 글로벌 전자상거래와 소비자문제

1) 글로벌 전자상거래의 확산

(1) 글로벌 전자상거래 트랜드

우리가 이용하는 상품의 대부분은 여러 단계를 거쳐 출시된다. 제조업체에서 생산한 상품들은 각 유통업체를 거쳐 일반 소비자에게 전달된다. 특히 해외 브랜드 상품은 생산지에서 출하되어 컨테이너 선박, 항만 검사소, 물류창고, 수입품 도·소매점을 옮겨 다니기 때문에 유통과정이 복잡하다. 유통과정은 곧 상품의 가격을 결정하기 때문에 최종 소비자들은 해외 브랜드 상품을 구매하기 위해 현지 판매 가격보다 몇 배 비싼 가격을 지불하게 된다. 그러나 인터넷을 통한 온라인 거래의 급속한 증가와 경제체제의 국제화에 따라 국내외 소비자가 해외 인터넷쇼핑몰로부터의 거래가 계속되고 있다.

마스터카드의 온라인 쇼핑조사(MasterCard Online Shopping Survey)에 따르면, 국내 사이트보다 해외 사이트에서 직구(직접구매)를 한다는 한국응답자는 10명 중 1명(9.9%)으로 2011년보다 2배가량 증가했으며, 대한상공회의소가 최근 실시한 설문 조사 결과 온라인 쇼핑족 4명 중 1명인 24.3%가 해외 온라인 쇼핑몰이나 구매대행 사이트를 통해 상품을 구매한 적이 있다고 답할 정도로 해외 직구(직접 구매)에 대한 관심이 뜨겁다. 또한 원화가치의 지속적인 상승으로 한국으로의 인바운드가 지속적으로 성장하고 있다. 과거에는 한국에서의 해외쇼핑은 구매대행사이트나 공동구매, 배송대행 등의 형태를 띠고 있었으나, 최근에는 미국의 초대형 전자상거래 기업이 한국 소비자에게 다이렉트로 판매하는 방식으로 변화하고 있다. 즉, 소비자들이 해외배송 대행업체를 통해 외국의 브랜드 상품을 직접 주문하는 것을 일컫는다. 업체의 물류센터는 미국의 뉴저지, 델라웨어 등 소비세가 없거나 낮은 지역에 위치한다. 뉴저지의 물류센터는 의류와 신발 등의 품목에 한해 세금이 면제되고 화장품, 가방, 완구 등의 품목은 델라웨어 물류센터를 이용하면 세금이 없다. 물건을 주문할 때 이 지역의 물류센터 주소를 배송지로 적고

배송대행업체가 대신 물건을 받아 한국에 보내주는 방식이다. 소비자들은 현지 판매 가격에 배송비만 추가하여 상품을 받을 수 있다.

　이러한 흐름으로 단순히 미국사이트의 상품을 구매대행하던 위즈위드나 엔조이뉴욕 등의 쇼핑몰 형태는 몰락하고 있는 반면, 배송대행 및 소화물 특송시장은 팽창하고 있다. 특히 소화물특송의 경우 국제 전자상거래의 대부분을 차지하던 우편배송 서비스를 포워딩과 로컬택배를 결합한 형태로 iherb.com에서 시작하여 점점 여러 국가로 확대되고 있다.

표 13-4　품목별 해외 직구 사이트

사이트명	품 목
6PM(www.6pm.com)	종합패션잡화 전문 쇼핑몰
다이퍼스(www.diapers.com)	유아용품 전문 쇼핑몰
아이허브(www.iherb.com)	비타민, 보조식품, 아동, 미용용품 등
아마존(www.amazon.com)	국내 오픈마켓과 동일한 쇼핑몰
샵밥(www.shopbob.com)	여성 종합 패션 잡화 명품전문쇼핑몰
드럭스토어(www.drugstore.com)	헬스, 뷰티케어 유통 전문
피니시라인(www.finishline.com)	유명브랜드 신발 판매
노드스트롬(shop.nordstrom.com)	미국 유통 전문업체
육스(www.yoox.com)	영국 명품 온라인 쇼핑몰

　직구족은 영어권 국가의 온라인 쇼핑몰에 한정되어 있던 눈길을 서서히 아시아와 유럽 국가로까지 넓히고 있다. '몰테일'은 이러한 트렌드를 반영하여 현재 일본·중국·독일에 물류센터를 운영 중인데, 중국에서 인기 있는 직구 품목은 작은 소품류이며, 일본에서는 의류나 식료품, 독일에서는 분유와 주방용품 등을 주로 구입한다. 드물기는 하지만 일부 직구족은 북유럽 국가의 상품에 대해 큰 관심을 갖고 직구를 시도하고 있기 때문에 앞으로도 해외 직구의 영역은 더욱 넓어질 것으로 보인다.

표 13-5 해외 직구 관련 용어정리

용 어	설 명
구대	주문한 제품을 현지에서 구매해 한국으로 배송해주는 서비스인 구매대행의 줄임말. 관련사이트-위즈위드, 엔조이뉴욕
직배	해외쇼핑몰에서 구매, 결제, 한국까지의 배송이 모두 가능한 직접배송의 줄임말
배대지	'배송대행업체 주소지'의 줄임말
쉽비	Ship과 비용의 붙임말
핫딜	특별히 저렴하게 판매하는 제품
목록통관	정해진 일부품목들에 대해 신청 시 통관절차를 간소화한 것으로 일반통관(15만원 이하)보다 면세범위가 크다(200불).
실측무게	구매상품이 배대지에 도착하여 실제 측정하는 무게로 대부분 LBS단위 이용 (1LBS=1pound=450g)
고시환율	세관에서 매주 금요일 고시한 전주 평균환율
관부가세	관세와 부가세를 일컫는 말로 과세대상에 해당될 경우 부과되는 세금
블랙프라이데이	추수감사절 다음날인 11월 마지막 금요일 최대 세일기간
체리시즌	대량의 미국 체리가 한국 등 아시아로 출하되는 시기로 배송 물량이 많아 오프로드가 걸리는 시기

(2) 글로벌 전자상거래의 국가별 대립

WTO는 1998년 전자상거래를 본격적으로 논의하기 시작하여, 온라인거래에 대한 무관세정책을 잠정적으로 유지하기로 하였다. 그러나 이는 무관세를 영구 유지하려는 미국과 일부 개발도상국간의 대립으로 과세차별 문제를 일으키고 있다. 미국은 전자상거래 시장에서의 주도권을 확고히 하기 위해 각국의 동의를 촉구하고 있다. 또한 1997년 미, EU의 회담에서는 온라인거래에 대한 무관세 정책에 합의하였다. 반면 인도 파키스탄, 중국 등은 이러한 미국의 무관세원칙에 부정적인 입장에 있다. 글로벌 전자상거래 관세부과와 제도적 정비방안 전자상거래에 의한 유·무형재의 거래가 급속히 증대되고 있고, 이에 따라 재정수입 및 국내산업에 대한 영향력도 점차 증가하고 있다.

때문에 전자상거래 수입의 증가에 따른 관세부분의 제도적 정비도 필요하게 되었다. 국가의 재정수입에 막대한 영향을 끼치는 만큼 전자상거래의 관세부과에 관한 연구는 지속적으로 이루어지고 있다. 김세영, 박영기(2003) 연구에서는 전자상거래 관세를 부과하기 위해서 대금 결제방법을 추적하여 과세하는 방법을 제시하고 있으며, 이제홍(2003)의 연구에서는 국내산업보호를 위해 100불 이하의 물품이라 할지라도 해외쇼핑몰에서 구매하고 결제하는 경우에는 관세를 부과해야 한다고 밝히고 있다. 또한 송선욱(2001)의 연구에서는 당분관 무관세원칙을 준수하되, 적절한 과세방안 마련이 필요하다고 하였다.

R읽을거리 13.2
Reading

식약처는 왜 해외직구 사이트를 차단하나

KCSC Warning
불법·유해 정보(사이트)에 대한 차단 안내
귀하가 접속하려고 하는 정보(사이트)에서 불법·유해 내용이 제공되고 있어 해당 정보(사이트)에 대한 접속이 차단되었음을 알려드립니다.

해당 정보(사이트)는 방송통신심의위원회의 심의를 거쳐 방송통신위원회의 설치 및 운영에 관한 법률에 따라 적법하게 차단된 것이오니 이에 관한 문의사항이 있으시면 아래의 담당기관으로 문의하여 주시기 바랍니다.

'아이허브' 사이트 차단

앞서 정부는 '아이허브'를 차단하며, 이 사이트가 광우병·요힘베 노출 위험을 초래한다는 이유를 들었다. 이곳에서 파는 영양식품의 젤라틴 캡슐을 우피로 만들었기 때문이다. 광우병이 존재하는 미국에서 수입된 젤라틴이니 광우병을 유발할 수 있으므로 국내 유입을 애초부터 차단해야 한다는 것이다. 남윤인순 새정치민주연합 의원은 지난 8일, 아이허브에서 파는 영양식품의 젤라틴 캡슐에 대한 우피(牛皮, 소가죽) 유래 여부를 검사한 결과, 캡슐 제품 20건 중 15건(75%)에서 우피 유래 성분이 확인됐다고 밝혔다.

하지만 광우병 발병 국가의 우피 유래 제품이라고 해서 광우병을 일으킨다는 근거는 희박하다는 게 전문가의 견해다. 조세일보에 따르면, 식약처 관계자는 "미국도 꼼꼼히 우피 유래 제품의 광우병 발병 가능성을 체크, 관리하고 있다"며 "따라서 미국산 젤라틴을 복용한다고 해서 광우병에 걸릴 거란 얘기는 과도한 걱정"이라고 지적했다. 영양제 캡슐은 젤라틴으로 만들어지며, 이는 소가죽을 가열·가수분해하여 추출한다. 이번 식약처 조사에서 우피 유래 젤라틴이 검출된 영양제를 정밀검사한 결과 광우병에 걸린 소의 우피를 썼다는 판정은 나오지 않았다.

게다가 아이허브 사이트는 안전성 논란을 피하려고 애초부터 국내에서 통관이 허용되지 않는 성분에 대해 아예 구입할 수 없는 시스템으로 운영되고 있다. 예컨대 이카린(Icarin), 요힘베(Yohimbe), 멜라토닌(Melatonin), 에키네시아(Enchinacea) 등 통관이 금지된 성분을 함유한 제품에 대해서는 아예 '장바구니'도 담기지도 못하게 나름의 안전장치를 만들어 놓았다.

하지만, 해외 직구 쇼핑을 활발하게 이용하던 사람들은 제품 안전에 대해 우려를 하기보다 잇따른 사이트 차단이 훨씬 더 당황스럽다는 반응이다.

식약처가 '해외 직구 쇼핑' 자체를 문제로 삼고 있다는 것이다. '아이허브'와 같은 사이트를 유해물질 판매처로 낙인 찍고, 해외 직구 자체를 못하게 하려는 것 아니냐는 의문도 제기되고 있다.

'아이허브'를 가장 먼저 차단한 것도 상징적이다. '아이허브'는 2010년부터 입소문을 타기 시작해 현재 국내에서 가장 많은 사람들이 이용하는 해외 직구 종합쇼핑몰이다. 영양제·화장품·애견용품·생활용품 등 다양한 수요를 충족시켜 20~50대 여성에게 인기가 많다. 북미에서 가격대가 높은 '비싼 쇼핑몰'로 구분되지만 한국 기준으로 가격이 굉장히 저렴하다.

자료: 허핑턴포스트코리아, 2014년 7월 현재
〈www.huffingtonpost.kr〉.

2) 글로벌 전자상거래 소비자문제

글로벌 거래의 활성화에 따른 소비자문제 중 가장 큰 비중을 차지하는 것이 국제전자상거래에서의 소비자피해이며, 매년 증가세를 보이고 있다. 또한 도하개발아젠다(DDA)[4] 등 다자간 무역질서 내지 자유무역협정(FTA: Free Trade Agreement)과 같은 양자·지역간 무역협정의 확대로 인해 글로벌 거래가 더욱 늘어날 것이다. 따라서 소비자문제도 확대될 전망이다.[5]

최근 경제체제가 국제화되고 온라인 거래가 증가함에 따라 소비자문제도 국제화되는 추세에 있다. 예컨대 국내 소비자들의 해외 쇼핑몰 이용이 빈번해지면서 여러 형태의 피해를 입는 경우가 종종 발생하고 있는 것이다.

해외 구매 대행 쇼핑몰을 이용하면 국내에서 찾기 어려운 제품을 보다 저렴하게 구입할 수 있다는 이유로 이용자들이 증가하고 있으나, 국제 배송의 특수성

---

4 세계무역기구(WTO: World Trade Organization)의 DDA는 2001년 11월 14일 카타르 도하(Doha)에서 개최되었던 제4차 WTO각료회의에서 출범시킨 새로운 다자간 무역협상이다. 그 이전까지는 '우루과이라운드' 등과 같이 '○○라운드'라고 표현하였으나, 동 회의 이후부터 '○○아젠다'로 명명하기로 하였다. 참고로, DDA협상을 위한 WTO 각료회의가 2005년 13일 홍콩에서 개최될 예정이다.

5 이종인(2004), 국제기구의 소비자정책 이슈분석 및 대응방안 연구, 한국소비자보호원.

으로 배송이 지연되거나, 청약철회·제품 하자에 따른 반품 시 국제 배송비를 소비자에게 전가하거나 위약금을 요구하는 등 소비자 피해가 발생하고 있다. 2011년 1월 1일부터 2013년 10월 31일까지 한국소비자원에 접수된 해외 구매 대행 관련 소비자 상담 건수는 2011년 608건, 2012년 802건, 2013년 10월 31일까지 699건으로 해외 구매 대행 관련 소비자 상담이 꾸준히 증가하고 있다.

특히, 해외 구매 대행의 경우 대행 사업자가 해외 판매자(제조사)에게 책임을 전가하고, 사업자의 주소지가 확인되지 않거나 해외 소재, 연락 두절, 시차 등을 이유로 처리를 지연하거나 반품을 거절하는 경우가 많이 발생되고 있다. 2011년 1월 1일부터 2013년 10월 31일까지 한국소비자원에 접수된 해외 구매 대행 관련 소비자 피해구제 건수는 모두 117건이며, 이를 피해 유형별로 분석해 보면 '배송비 부당 청구'가 41건(35.0%)으로 가장 많고, '제품 하자' 23건(19.7%), '배송 지연 또는 미배송' 19건(16.2%) 순으로 나타났다.

표 13-6 해외 구매대행 소비자 피해 유형

(단위: 건, %)

피해유형	2011년	2012년	2013. 10. 31	합 계
배송비 부당청구	10	19	12	41(35.0)
제품 하자	5	9	9	23(19.7)
배송지연, 미배송	11	4	4	19(16.2)
대금 환급 지연	5	6	3	14(12.0)
사업자 연락 두절	4	3	1	8(6.8)
기 타	5	6	1	12(10.3)
합 계	40	47	30	117(100.0)

인터넷을 통한 국제 상거래는 소비자들이 다양한 서비스와 물품을 싼 가격에 이용할 수 있는 장점이 있지만 국제 거래이기 때문에 비대면, 적시성, 선지불 후배송 등의 전자상거래의 특성에 의해 예상치 못한 피해를 입을 가능성이 매우

표 13-7 국제 전자상거래 소비자 피해 사례

1. 해외 구매 대행으로 주문한 바이올린 케이스 보내주지 않고, 연락두절
   - L모 소비자는 2012. 11. 1. 해외구매업체 인터넷 쇼핑몰을 보고 바이올린 케이스를 440,000원에 주문하였으며, 같은 해 12. 5.까지 보내주기로 하였으나 보내 주지 않고, 연락을 회피함. 「전자상거래등에서의 소비자보호에 관한 법률」에 의한 청약철회 가능
2. 해외 구매 대행으로 주문한 색소폰 과다한 위약금 요구
   - P모 소비자는 2012. 12. 17. ○○쇼핑몰을 통해 색소폰을 주문하고 대금 6,760,000원을 지불하였는데, 3개월이 지나도 보내주지 않아 계약 취소를 요구하자 위약금 30%를 요구함. 「전자상거래등에서의 소비자보호에 관한 법률」에 의거 위약금 없이 청약철회 가능
3. 구매 대행으로 주문한 기타 환급 거절
   - K모 소비자는 2012. 12. 10. ○○쇼핑몰을 통해 기타를 주문하고 대금 1,990,000원을 지불하였는데, 2013. 1.초까지 보내주기로 하였으나, 1개월이 지나도 보내주지 않고, 대금 환급도 거절함. 「전자상거래등에서의 소비자보호에 관한 법률」에 의거 청약철회 가능.

높다. 〈표 13-7〉에 실제 피해사례를 소개했다.

한국소비자원은 소비자 피해 확산을 예방하기 위하여 사업자의 부당 행위 등에 대하여 '소비자 피해예방 주의보'를 발령하고, 구매 대행으로 피해를 입은 소비자는 '1372 소비자 상담센터'에 도움을 요청할 것과, 제품 대금을 신용카드 할부로 결제한 경우 해당 신용 카드사에 잔여 할부금에 대한 지급 거절(항변권)을 서면으로 통지하는 등 피해 금액을 줄일 수 있는 방안을 제시하였다.

3 글로벌 전자상거래 소비자분쟁의 해결

1) 글로벌 전자상거래 여건과 소비자분쟁

국제거래에서의 소비자문제는 오프라인 거래와 온라인 거래로 구분할 수 있다. 국제배송, 해외이삿짐 관련 소비자피해, 해외여행자의 해외상품구매·이용에 관련된 소비자피해 등 오프라인 거래상에서의 소비자피해는 다양한 형태로 나타나고 있지만, 대부분 문서화되어 있고 거래당사자간 대면성이 높기 때문에

기존 피해구제 법제도에 의해서도 처리가 가능하다.

온라인을 통한 글로벌 상거래에서의 분쟁 역시 일반 오프라인 거래에서와 마찬가지로 거래당사자간 분쟁의 자주적 해결 외에 사법적 판결에 의한 분쟁의 해결, 기존의 관련 원칙이나 규칙, 절차 등에 따른 분쟁의 해소, 중재·조정·알선 등의 대안적 분쟁해결(ADR: alternative dispute resolution)이 활용될 수 있다. 하지만 국가 간 서로 다른 법제와 상관습에 기인하여 그 실효성이 미미한 실정이다. 예컨대, 우리나라의 소비자보호에 관련된 법과 제도들을 보면 대부분 국내 소비자문제 중심으로 편제되어 있어 국제적 표준(global standards)에 부합하지 않는 점이 많다. 또한 주요 교역대상국들의 소비자보호 관련 기본법과 같은 각종 소비자보호 법규와 제도에 대한 구체적인 분석과 활용이 제대로 이루어지지 않고 있는 실정이다.

이러한 여건 아래, 국제 전자상거래에서의 소비자피해에 대한 국제적 협력의 중요성이 높아지자 OECD, ICPEN 등 국제기구에서도 이러한 국경을 넘는 온라인 상거래에서의 분쟁해결 문제에 관심을 보이고 있다. 실제로 OECD의 경우는 세계시장에서의 분쟁해결과 피해구제의 문제를 주요 의제로 정하여 컨퍼런스를 개최하는 등 국제 거래에서의 소비자 분쟁해결을 위한 논의를 추진해 왔다. ICPEN에서도 국제ADR 형태의 국제 전자상거래 피해구제 프로그램을 추진 중이다. 하지만, 국제기구를 통한 이러한 노력들도 여러 현실적 제약 앞에 실질적인 성과가 분명하지 않은 실정이다.[6]

2) 우리나라의 관련법과 제도

(1) 전자상거래 관련법

우리나라에서는 전자상거래에서의 분쟁 해소만을 위해 마련되어 있는 별도의 법규나 제도는 없다. 하지만, '전자거래기본법' 등 전자상거래에서의 소비자 보호를 위한 여러 법제가 제정되어 시행중이다. 1999년 2월에 제정된 '전자거래기본법'은 지난 2002년 1월에 개정된 바 있으며, 2000년 1월에는 OECD의 '전자

---

6 본 절의 내용은 다음 자료를 주로 참고했다. 이종인(2007), 국제 전자상거래 분쟁해소를 위한 법·정책적 대응방안 연구, 「제도와 경제」 제1권 제1호, 110~125쪽.

상거래 소비자보호 가이드라인(Guidelines for Consumer Protection in the Context of Electronic Commerce)'의 후속조치의 하나로 사업자의 영업행위에 대한 자율규제지침의 성격을 갖는 '전자거래소비자보호지침'이 제정되었다.

한편, 1999년 2월에는 '인터넷 사이버몰 이용 표준약관'(이하 전자상거래표준약관이라 칭한다)이 마련(2003년 10월 개정)되었고, 2001년 10월에는 '전자금융거래 표준약관'이 제정되어 업계에 사용이 권장되고 있다. 또한, 2001년 10월에는 '소비자 피해보상 규정'에 인터넷쇼핑몰업, 인터넷콘텐츠업, 네트워크형 전자화폐 규정 등이 추가되었다. 2002년 3월에는 전자상거래소비자보호법7을 제정하였고 이후 여러 차례 개정되었다. 이 외에도 '전자서명법', '할부거래에 관한 법률', '정보통신망이용촉진 및 정보보호 등에 관한 법률' 등 다양한 법들이 전자상거래 분쟁해소를 포함한 제반 소비자보호에 관한 규정들을 두고 있다.

이러한 전자상거래에서의 소비자보호에 관련된 우리나라 법규에는 소비자피해와 분쟁의 해결에 관한 사항들을 규정하고는 있으나 대부분 내국 사업자(또는 수입업자)의 위반행위를 상정하여 규정하는 등 국내거래에 한정하고 있으며, 국경을 넘는 글로벌 전자상거래에서의 분쟁에 관해서는 별도의 규정은 두고 있지 않다.8

(2) 소비자문제의 해결 수단

시장경제 아래 온·오프라인 거래를 불문하고 사업자와의 거래에서 발생된 소비자피해는 소비자와 사업자 상호 교섭을 통해 해결하는 것이 가장 바람직하면서 빈번하게 이용되는 구제방법이다. 또한 소비자들은 관련 법률에 따라 스스로의 권익 보호를 위해 단체를 결성하여 소비자피해에 대처할 수 있다.

이와 같이 피해당사자나 소비자단체를 통한 자주적인 피해의 구제 내지 분

---

7 이 법의 정식 명칭은 '전자상거래에서의 소비자보호에 관한 법률'이며, 전자상거래소비자보호법, 전소법, 전상법 등으로 약칭으로 불리고 있다.

8 다만, 전자상거래소비자보호법, 전자상거래표준약관 등 국제거래에서의 재판관할과 준거법에 관한 내용을 규정해 놓은 경우는 있으나, 대부분 민법상의 관련 규정을 옮겨놓은 원칙적 수준이다. 다만, 대외무역법(제41조)과, 동법시행령(제104조) 및 상사중재법(제35조, 제39조, 제40조)에 국내외 기업 간에 발생하는 분쟁에 대한 알선과 중재에 관한 사항이 규정되어 있으나, 이 또한 기업-소비자간거래(B2C)가 대부분인 전자상거래 소비자분쟁에 적용하는 데 한계가 있을 수밖에 없다.

쟁의 해결이 원만히 이루어진다면 행정기관이나 법원 등을 통한 분쟁의 해결이 필요하지 않게 된다. 하지만, 현실적으로 상당부분의 소비자분쟁이 자주적인 상호교섭에 의해 해결되지 못하고 정부의 행정적·사법적 분쟁해결 메커니즘에 의존하게 된다.

우선, 우리나라의 행정적 분쟁해결 메커니즘을 보면, 중앙정부에서는 관련 부처에 독립(산하)기관을 설치하거나 민원실을 통해 소비자불만과 피해를 처리하고 있으며, 지방자치단체들도 소비생활센터와 같은 소비자보호 전담조직이나 지역경제과 등 기초조직을 설치하여 소비자피해를 처리하고 있다.

일반 오프라인 거래 분쟁과는 달리 전자상거래 B2C거래에서의 소비자피해 내지 분쟁의 경우는 재판을 통한 방법보다는, 법원 외의 공정하고 중립적인 제3자의 조정자로 하여금 조정, 중재 등의 방법으로 분쟁을 해결토록 하는 이른바 대안적분쟁해결(ADR) 방안이 보다 효과적일 수 있다.

소비자 분쟁의 해결을 위한 우리나라 ADR제도는 행정부, 사법부 및 민간 부문에서 각각 발전되어 왔는데, 이 중 전자상거래에 관련된 분쟁이 발생될 경우 이용할 수 있는 국내의 ADR제도로는 〈표 13-8〉에서 보듯이 한국소비자원에 설치되어 있는 '소비자분쟁조정위원회', 정보통신산업진흥원에 설치되어 있는 '전자문서·전자거래분쟁조정위원회', 한국정보보호진흥원의 '개인정보분쟁조정위원회'가 있으며, 국내외 기업 간 분쟁의 알선·중재업무를 담당하는 대한상사중재원에서도 일부 소비자분쟁의 처리가 가능하다. 하지만 국경을 넘는 국가 간 전자상거래를 포함한 국제적인 분쟁 해결을 위한 ADR은 아직까지 체계화되어 있지 않다.

다음으로, 사법적 분쟁해결 메커니즘으로써, 민사소송을 통한 방법과, 분쟁해결을 위한 사법적 간이절차로서 법원에 의한 조정 및 소액사건 심판제도가 있다. 법원에 소를 제기함으로써 피해를 보상받고자 하는 사법적 구제는 소비자피해의 최종적 구제 방법이면서 판결의 집행이 확실한 구제방법이다. 하지만, 소송을 통한 피해의 구제에는 그 절차가 까다롭고 복잡하며 많은 비용과 시간이 소요되는 단점이 있을 뿐 아니라, 피해자가 직접 피해의 원인을 규명하기 어려운 경우가 많기 때문에 특히 국제거래에서의 용이하지 않다. 하지만, 전자상거래에서의 소비자피해가 거래 당사자인 소비자와 사업자간의 상호교섭에 의해 해결되지

표 13-8 전자상거래 관련 국내의 ADR 관련 기구

구 분	소비자분쟁 조정위원회	전자문서· 전자거래분쟁 조정위원회	개인정보분쟁 조정위원회	중재판정부, 알선중재부
운 영	한국소비자원	정보통신산업진흥원	한국정보보호진흥원	대한상사중재원
근거법률	소비자기본법	전자거래 기본법 시행령	정보통신망법	대외무역법 및 시행령, 중재법
업무영역	B2C분쟁	B2B, B2C, C2C전자거래분쟁	개인정보침해관련 분쟁	국내외 B2B분쟁

출처: 이종인(2007), 국제 전자상거래 분쟁해소를 위한 법·정책적 대응방안 연구, 「제도와 경제」 제1권
제1호, 113쪽.

않거나, 앞서 살펴본 행정적 구제절차에 의해서도 해결될 수 없는 경우에, 분쟁
당사자인 피해자는 소송이나 조정요청 등 법원에 의한 피해구제를 기대할 수밖
에 없다.

3) 선진국 및 국제기구의 관련 정책

주요 선진국의 경우를 보면, 미국과 유럽연합(EU) 등은 이미 전자상거래에
관한 상당한 정도의 법적·정책적 대응을 마련하였고 지금도 전자상거래의 활성
화와 소비자보호를 위한 제도적환경의 정비를 추진해 가고 있다. 하지만, 국경을
넘는 국제 온라인 거래에서의 소비자분쟁 해소를 위한 법·제도적 기반은 우리나
라의 수준을 크게 능가하지는 않는다. 미국의 경우 전통적으로 시장경쟁과 거래
당사자간의 자유계약을 우선시하는 자율규제에 의한 소비자분쟁의 해소에 중점
을 두고 있는 반면, 영국이나 독일 등 유럽(EU)국가 들은 법적·제도적 정비에 의
한 분쟁의 해소에 중점을 두고 있는 등 나라마다 다소 차이가 있다.

최근 통신 및 물류산업의 발전으로 국경을 넘은 소비시장이 급격히 형성되
고 있다. 그렇지만, 국경을 넘은 거래에서 발생하는 분쟁을 효과적으로 해결할
수 있는 제도의 부재는 안정적인 시장형성을 저해하는 걸림돌이 되고 있다. 2010
년부터 유엔상거래법위원회(Untied Nations Commission on International Trade Law, 이하
UNCITRAL 이라고 함)는 온라인분쟁해결(Online Dispute Resolution, 이하 ODR 이라 함)을 위

한 절차규칙을 만들고 있다. ODR 절차규칙은 국경을 넘은 전자상거래에서 B2B와 B2C로 이어지는 소액의 대량피해 사건을 해결하기 위해 만든 규범모델이다. ODR은 ADR에서 파생된 것이지만 기본적으로 온라인과 오프라인이라는 실행환경에서 발생하는 근본적인 차이, 당사자에 관한 구속력, 분쟁해결 장소에 관한 지리적 접근성의 차이 등 기존의 ADR과 많은 측면에서 달리하고 있다.

한편, 인터넷쇼핑과 같은 전자적 수단에 의한 국가 간 상거래가 증가하고, 관련 소비자피해도 늘어남에 따라, 국제 전자상거래에서의 소비자피해에 대한 국제적 협력의 중요성이 더욱 증대되었고, 이에 OECD 소비자정책위원회(CCP: Committee on Consumer Policy)와 ICPEN 등 국제기구들에서 국제 전자상거래상의 소비자문제에 관심을 갖고 지속적으로 논의해 왔다.

이러한 논의의 중심이 바로 OECD CCP에서 1999년 말 채택한 '전자상거래 소비자보호 가이드라인'(Guidelines for Consumer Protection in the Context of Electronic Commerce)이며, OECD 회원국을 포함한 세계 여러 나라들이 이 가이드라인을 자국의 관련 법제에 반영해 왔다. 또한 ICPEN, 아·태경제협력체(APEC) 등 다른 여러 국제기구에서도 국제 전자상거래에서의 소비자보호 문제가 논의되어 왔으며 향후에도 지속적으로 쟁점화 될 것으로 보인다.

4) 소비자분쟁 해소 방안

국경을 초월한 글로벌 전자상거래에서의 소비자피해의 경우 내국 사업자와의 분쟁이 아니기 때문에 국내 소비자보호법규를 적용하여 처리하기가 어려운 경우가 대부분이다.

이 경우 바람직한 해결방법은 해당 사업자와의 직접적 접촉을 통한 해결일 것이다. 하지만, 국내 소비자와 외국 거주 사업자간의 분쟁의 경우 이러한 당사자 사이의 대화를 통한 해결이 쉽지 않은 것이 현실이다. 또한 국제 전자상거래에서 분쟁이 발생할 경우 이를 소송으로 해결하는 것도 쉬운 일이 아니다. 즉, 국가 간 준거법9상의 차이점과 재판 관할의 문제 등으로 인해 국외 거주 가해자인

---

9 거래에서 분쟁이 발생될 경우에 관련된 법들 중 어느 실질법을 적용할 것인가의 문제를 준거법의 문제라고 한다.

외국의 사업자를 국내 법정에 세우는 것이 현실적으로 어려운 일이다. 이에 대해, 국제 전자상거래에 관련된 분쟁을 해결할 수 있는 현실적인 방안으로 대안적 분쟁해결 수단인 ADR을 들 수 있다. 하지만, ADR 역시 집행의 강제성 취약, 관계 국가 차원의 협력수준의 상이점 등의 한계에 직면하게 된다.

이러한 사법적·대안적 분쟁해결 방안과 더불어 최근에는 국제기구 및 주요 교역상대국 간의 국제협력협정 등을 통한 다자·양자 간 협력을 통한 해결 방안이 부각되고 있다. 하지만, 국제기구와 교역상대국 간의 협력협정을 통한 국제 전자상거래 분쟁의 해소방안 역시 여러 문제점을 안고 있는 것이 현실이다.

이에 대한 몇 가지 법적, 정책적 방책을 생각해 볼 수 있겠다.

첫째, 위에서 살펴본 현실적 제약들 아래, 국내의 소비자보호 관련법을 역외 적용(extraterritorial application)하는 등 국내법의 포괄적 해석과 적용가능성에 대해 검토할 필요가 있다.[10]

둘째, 국제기구의 분쟁해소 관련 프로젝트에 적극적으로 참여하고 FTA 등 쌍무협상에서도 구체적인 소비자정책 협력사항을 포함시킬 필요가 있다. 예컨대, OECD 소비자정책위원회와 ICPEN에서의 국제 소비자분쟁 관련 논의에 능동적·주도적으로 대처하고, 국제분쟁에 관한 이슈를 민간 내지 학술 차원에서 다루고 있는 국제소비자기구(CI; Consumer International)와 국제소비자법정책협회(IACL; International Association on Consumer Law) 등의 활동에도 적극적으로 참여하여, 이들 국제기구를 통한 국제분쟁의 해결을 도모할 수 있을 것이다.

셋째, 관련된 정책을 효율적으로 추진하기 위하여 행정체계를 정비할 필요가 있다고 본다.[11] 예컨대 공정거래위원회에서 운영하고 있는 소비자정책위원회에 국제소비자문제전문위원회가 신설되어 있는데, 이 기구의 활동을 활성화하는 것이 바람직하다. 즉 소비자문제의 국제적 동향과 정보의 교류, 국제 소비자거래

---

10 실제로 경쟁법 분야에서는 경쟁법의 역외적용 법리에 따라 외국사업자의 카르텔 행위에 대해 국내의 경쟁법을 적용하여 집행하는 사례가 종종 있다. 다만, 국제 전자상거래 분쟁에 있어 국내의 소비자보호에 관한 법을 역외 적용할 경우 외국사업자의 항변이나 국가 간 통상마찰 등이 우려되므로 이러한 국내법의 역외적용법리의 적용가능성에 대한 보다 실질적인 검토가 필요하다.

11 보다 상세한 해법에 관해서는 다음 자료를 참고할 수 있다. 이종인(국제 전자상거래 분쟁해소를 위한 법·정책적 대응방안 연구, 『제도와 경제』, 제1권 제1호, 한국제도·경제학회(2007. 8).

에 따른 피해구제 및 분쟁해결에 관한 사항을 심의하는 기능을 수행할 수 있다.

일반적으로 시장거래에서의 소비자피해는 대부분 거래당사자간 정보의 비대칭상황 아래서 발생한다. 국경을 넘는 글로벌 전자상거래에서도 마찬가지다. 예컨대, 온라인 거래에서 국내의 소비자가 해외에 소재하는 사업자에 행태나 신용에 관한 정보 내지 상품의 품질 특성에 대한 정보가 부족할 경우 해당거래에서 피해를 입을 가능성이 높아진다. 바꾸어 말하면, 거래당사자간 왜곡된 정보를 적절히 교정시켜줄 수만 있다면 이러한 소비자피해 내지 분쟁의 발생을 사전에 예방하거나, 야기된 분쟁에 대해서도 적절히 대처할 수 있게 될 것이다.

따라서 정책 차원의 홍보나 교육·계몽을 통한 소비자정보의 제공이 무엇보다 중요하다.

Reading 읽을거리 13.3

하반기 아마존·이케아 상륙 … 유통업계 비상

국내 유통업계가 바짝 긴장하고 있다. 세계적인 오픈마켓 '아마존'과 가구업체 '이케아'가 올 하반기 한국시장에 진출한다는 소식 때문이다. '착한 가격'을 내세운 두 유통 공룡이 국내 시장에 상륙하면 관련 시장은 무서운 속도로 잠식당할 가능성이 크다. 가뜩이나 해외직접구매 증가와 내수침체로 어려움을 겪고 있는 국내 유통업계는 매출에 큰 타격이 불가피할 전망이다.

23일 관련 업계에 따르면 아마존 한국법인이 올 하반기 국내 오픈마켓 시장 진출을 서두르고 있다. 오픈마켓은 개인이나 판매업체 등이 인터넷을 통해 자유롭게 상품을 거래할 수 있도록 '온라인 장터'를 제공하는 중개형 인터넷 쇼핑몰을 말한다. 업계 관계자는 "올해 초 아마존은 구글코리아 사장을 재임한 염동훈씨를 한국지사장에 선임했다"며 "아마존이 한국 오픈마켓 시장에 진출한다면 파급력이 상당할 것"이라고 말했다. 실제 아마존을 통하면 해외 브랜드 상품을 국내 절반가격에 구매할 수 있다. 소비자들이 아마존으로 달려갈 수밖에 없는 이유다. 이미 해외직접구매에서 국내 소비자의 아마존 이용률은 압도적이다.

1995년 온라인 서적을 공급하며 시작한 아마존은 현재 온라인에서 구매할 수 있는 모든 제품을 판매하는 거대한 규모의 디지털 시장으로 변모했다. 지난해 매출이 740억달러(약 79조원)에 달하는 아마존은 수익 중 절반을 해외 12개국에서 벌어들이고 있다. 국내 오픈마켓 시장은 16조 원대로 이베이(G마켓, 옥션)가 70%, SK플래닛의 11번가가 30%를 차지한다.

올해 말 광명점 오픈을 시작으로 국내 시장에 진출하는 홈퍼니싱 기업 이케아도 유통·가구 업계를 떨게 만들고 있다. 1943년 스웨덴에서 설립된 이케아는 전 세계 42개국 345곳 이상의 매장을 운영 중이며 멋진 디자인과 기능을 갖춘 다양한 홈퍼니싱 제품들을 합리적인 가격에 제공하고 있다.

이케아의 한국시장 공략은 이미 시작됐다. 이케아코리아는 지난 3월 한달 동안 서울 신사동 팝업스토어를 통해 강남권 고객과 접점을 넓힌 뒤, 이달 달부터는 서울 영등포구 타임스퀘어에 대규모 팝업스토어를 열고 강북 및 강서권 고객들에게 얼굴 알리기에 나섰다.

울프 스메드버그 이케아코리아 마케팅 매니저는 "8000여개의 가구와 인테리어 소품을 더 저렴한 가격으로 선보일 예정"이라고 말했다. 이처럼 합리적인 가격을 내세운 이케아가 공식 문을 열 경우 국내 가구업계는 물론 중소 규모의 이케아 병행수입 업체들도 적잖은 타격을 받을 것으로 전망된다.

자료: 세계일보(2014년 4월 23일자, 18면).

검토 과제

1. 해외직구의 여러 가지 원인과 이것이 소비자에게 미치는 긍정적·부정적 영향을 논하여 보라.

2. 전자상거래의 제 특성을 관련된 소비자문제와 연관시켜 설명하라.

3. 글로벌 유통업계의 국내진출이 국내소비자에게 미치는 긍정적·부정적 영향을 논하고 국가 정책의 방향을 제시하라.

4. 소셜미디어나 구룹폰같은 단체구매가 소비자와 유통흐름에 미치는 영향을 논하고 전망해 보라.

주요 참고문헌

▣ 김현윤, 국은숙 (2014) 의류·신발 인터넷쇼핑몰, 소비자 청약철회 요구 나몰라라, 한국소비자원 보도자료, 2014. 5. 26.

▣ 김성천(2014), 글로벌 소비자법제 동향, 영국 소비자계약 규칙 2013, 한국소비자원.

▣ 이수경(2014), 해외직구와 새로운 시장에서 소비자의 선택, 한국소비자원 소비자 칼럼.

▣ 이종인(2007), 국제 전자상거래 분쟁해소를 위한 법·정책적 대응방안연구, 제도와 연구, 제1권 제1호.

▣ 이종인(2006), 전자상거래 소비자보호제도의 실효성 확보에 관한 연구, 한국소비자보호원.

▣ 이종인(2004), 국제기구의 소비자정책 이슈분석 및 대응방안 연구, 한국소비자보호원.

▣ 이종인(2005), 국제 전자상거래 소비자피해 구제방안 연구, 한국소비자원.

▣ 이하나(2013), 국가의 경계를 넘나드는 소비, 전자상거래 여파로 확대되는 '해외직구', 소비자시대 42-43.

GLOBAL >>>

Globalization
and
Consumer Oriented Market Economy

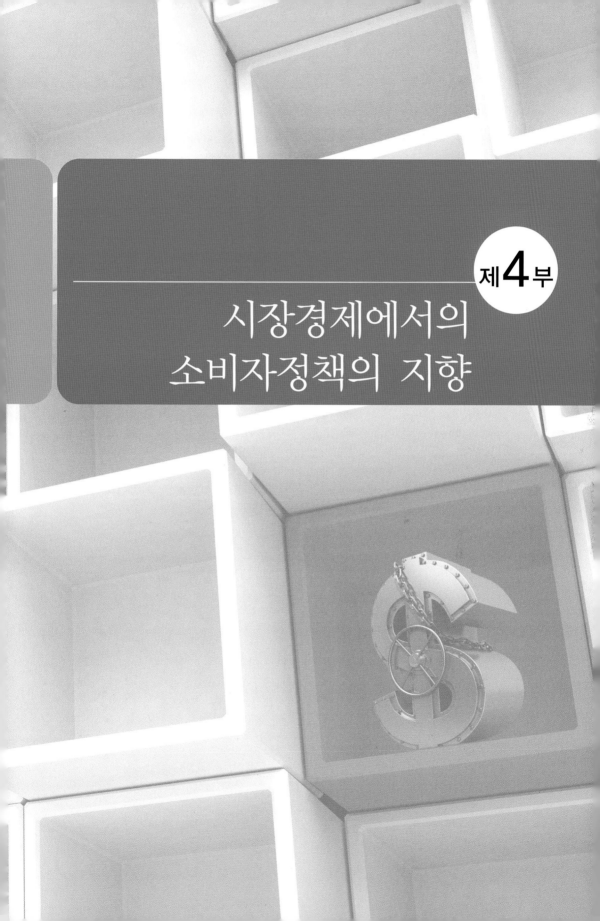

제**4**부

시장경제에서의
소비자정책의 지향

서 문에서도 피력했지만, 이 책은 소비자 중심의 시장경제과 글로벌마켓이라는 오늘날의 소비경제 여건을 강조하고자 했으며, 그런 측면에서 지금까지 다양한 논제를 다루어 왔다. 제1부에서는 소비자의 합리성과 시장의 효율성 추구와 같은 사회과학의 핵심적 개념들과 함께 시장경제에서의 소비자문제와 글로벌 경제환경에 관해 고찰하였으며, 제2부에서는 소비자중심의 시장경제를 이해하기 위한 기초적인 미시와 거시 그리고 개방경제 이론들을 살펴보았다. 이어 제3부에서는 한국의 경제발전과 소비구조의 변화, 유통, 소비자신용, 소비자안전, 생활환경의 변화, 환경, 전자상거래 등 소비자의 경제생활에서 직면하는 제반 문제를 6개의 장으로 구분하여 구체적으로 고찰하였다.

제4부에서는 이러한 이론적 배경과 현상에 더하여 시장경제와 소비자정책의 방향성에 관해 함께 생각해 본다. 공동 집필자는 소비자중심의 시장경제와 소비자정책의 주된 지향점이 글로벌화에 두어야 한다는 것에 의견의 일치를 보았다. 따라서 제4부에서는 글로벌시장 중심의 소비자정책의 진전이 바람직한 방향임을 보이고자 하였다.

제14장에서는 글로벌시장 중심의 소비자 트랜드를 살펴본 후에 하나의 글로벌 트랜드로서의 소비자협동조합의 문제를 다루고, 글로벌화와 지속가능한 개발을 위한 소비자정책에 관해 살펴본다. 제15장에서는 소비자정책의 현재와 미래를 살펴보자는 관점에서 한국의 소비자정책의 전개과정과 향후 정책방향을 제시하고, 해외소비자조직과 선진국에서의 소비자정책의 현상과 전망을 살펴본다. 이어 글로벌시대의 소비자정책의 방향을 제시한다.

제14장

글로벌시장 중심의 소비자정책의 진전

이 장에서는 글로벌 시장에서의 국경을 넘는 소비자 트렌드와 해외 소비자 조직들의 소비자문제에 대한 대응과 정책, 그리고 국제적 커뮤니티 활동에 관해 공부한다.

제1절에서 글로벌 소비자 트렌드 분석을 통해, 글로벌 경제환경 속에서 나타나는 소비자 행동의 변화에 대해 알아보고 그에 대한 대응방안을 살펴보도록 한다. 글로벌 경제환경은 세계 각국의 소비자가 비슷한 소비 형태를 띠게 하는 동시에, 개인별로 나라별로 다른 성격을 가지기도 한다. 때문에 기업이나 정부에서는 이러한 소비자 행동의 변화나 트렌드를 꾸준히 관찰하고 정확한 예측을 통해 그에 맞는 서비스나 제품, 마케팅 전략을 새우는 것이 중요하다.

제2절에서는 글로벌화와 생협의 의미에 대해 알아본다. 생협은 지역에서 시작해서, 지역으로 이익이 돌아오고, 그로 인해 지역도 동반 성장할 수 있는 새로운 모델이다. 생협 및 소비자협동 조합의 이해를 통해 글로벌 경제환경 속에서 기업과 소비자가 상생할 수 있는 방안을 모색해 본다.

마지막으로 제3절에서는 글로벌화와 지속가능한 개발 문제를 검토한다. 우선 지속가능한 개발의 의미를 공부하고, 무역, 투자, 그리고 지속가능한 개발 문제를 고민해 본다. 이어서 세계 경제의 지속가능한 개발을 위한 정책과 그 시사점을 살펴본다.

1) 스마트 컨슈머

정보 통신 기술의 발달은 소비자들로 하여금 인터넷이나 모바일 커뮤니케이션을 통해 시간과 장소에 구애 받지 않고, 상품이나 서비스에 대한 정보를 검색하고, 개인의 경험을 공유하고, 평가할 수 있게 하고 있다. 과거 젊은 연령대의 소비자에게만 국한되어 있던 이러한 스마트 컨슈머(Smart Consumer) 트렌드는 이제 전 연령층의 소비자로 확산되고 있는 추세이다.

스마트 컨슈머는 가격비교를 통해 동일한 제품을 저렴하게 구매하고, 모바일이나 스마트 결제시스템을 이용해 합리적은 구매를 하는 특성을 가지고 있다. 스마트 컨슈머의 증가는 기존의 소셜 커뮤니케이션에도 변화를 가져오고 있다. 예를 들면 카카오톡은 무료 채팅공간만을 제공할 뿐 아니라 모바일 쿠폰과 결합하여 소셜커머스와 또 다른 형태를 보여주고, 롯데, 신세계 등과 같은 국내 대형유통업체에서도 모바일 쿠폰 판매를 통해 소비자의 활용도와 만족도를 높이기 위한 노력을 기울이고 있다.

스마트 컨슈머가 많이 사용하는 쇼핑매체로는 모바일 커머스가 있고, 그 중에서는 소셜커머스가 대표적이다. 한국의 경우 티켓몬스터, 쿠팡, 그루폰, 위메이크프라이스 등이 소셜커머스로 지칭될 만큼, 소셜커머스는 할인 공동구매의 성격을 띄고 있다. 특히 다양한 모바일 커뮤니케이션 장비와 LTE 등과 같은 인터넷 보급망의 발달은, 이를 기반으로 한 소셜커머스의 규모뿐 아니라 그 범위 역시 외식, 의류, 여행, 보험, 교육 등으로 확산시키고 있다. 소셜커머스를 통해 중소업체나 지역의 소상공인 입장에서는 매출 증가 및 광고효과를 누릴 수 있고, 소비자 입장에서는 기존보다 할인된 가격이나 상품이나 서비스를 이용할 수 있다. 이러한 장점을 바탕으로 국내 소셜 커머스 규모는 2010년 8월부터 11월까지 매달

거의 2배가량 계속 증가하였고, 2013년 3조원이상으로 성장하게 되었다(아주경제).

　소비자들은 인터넷을 통해 가격정보를 상시적으로 얻을 수 있다. 가격비교 서비스 사이트들은 가격정보를 더욱 손쉽게 얻도록 함으로써 정가를 흔들고 있다. 실제로 포털 사이트에서 특정 제품의 가격을 검색해보면, 제품에 따라 조금씩 차이는 존재하지만 '○○○원~○○○원'으로 표시되는 가격을 어렵지 않게 접할 수 있다. 소비자들은 여러 선택지 중 마음에 드는 유통채널과 가격, 옵션 등을 결정해서 구매할 수 있다. 전체 소셜커머스 거래액의 60% 정도가 모바일로 이루어지고 있는 것으로 예상되고 있다. 이렇듯 상거래 전반에 인터넷이 도입되면서, 가격정보가 투명하게 공개되고 공급자간 가격경쟁도 심화되고 있다. 소셜 네트워크를 통해 연결된 소비자들은 상품과 가격 정보를 공유하고 집단을 형성해 가격결정에 영향력을 행사하고 있다. 나아가 제품, 서비스가 개인화되면서 정해진 가격이라는 개념이 약화되고 있는 것이다.

　'Price 2.0', 즉 '가격 2.0'이란 개별 고객의 컨텍스트(context)에 최적화되어 제시되는 유연한 가격을 의미한다. 고객 컨텍스트란 위치, 사회적 역할, 동반자의 유무, 취향, 성별, 연령, 인종, 문화 등 고객 한 사람의 특성을 정의할 수 있는 정보가 될 것이다. 가격 2.0 시대에는 이러한 정보를 모바일 단말기를 통해 수집하고, IT 및 지능형 시스템을 통해 실시간으로 분석해 개별 고객에게 최적화된 거래와 가격을 제시하게 될 것이다. 이처럼 가격 2.0은 스마트화, 모바일, 소셜 등의 요인들이 결합되어 나타나는 현상이다. 보다 구체적으로 들여다보면 가격 2.0을 구현하기 위해서는 수요 측면과 공급 측면의 정보를 실시간으로 분석해 적절한 거래와 가격을 제안할 수 있는 기술과 서비스의 도움이 필수적이다. 기업들은 개별 소비자들에 맞는 거래방식과 가격을 제안해야 할 것이다. 특히 이러한 거래와 가격은 지능형 시스템을 통해 실시간, 지속적(Seamless)으로 제안될 수 있어야 한다. 사실 현재로서는 완전한 가격 2.0 방식의 거래를 실현하기는 어려워 보인다. 하지만 LBS, 증강현실(Augmented Reality), 통신기술 혁신의 도움으로 개인화된 거래방식이 늘어나면서, 가격 2.0이 점차 현실화 될 것으로 보인다. 하지만, 개인정보 침해와 보안에 대한 이슈는 가격 2.0의 현실화 가능성에 의문을 품게 만드는 하나의 요인이 될지 모른다. 최근 잇달아 발생하고 있는 금융, 신상정보 유출

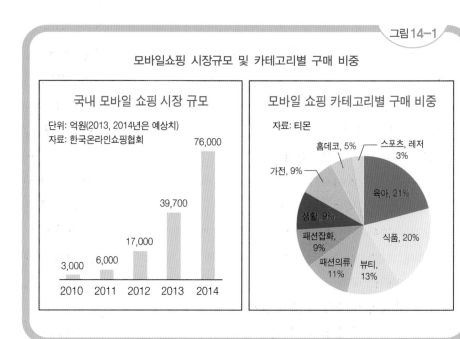

그림 14-1

모바일쇼핑 시장규모 및 카테고리별 구매 비중

국내 모바일 쇼핑 시장 규모

단위: 억원(2013, 2014년은 예상치)
자료: 한국온라인쇼핑협회

- 3,000 (2010)
- 6,000 (2011)
- 17,000 (2012)
- 39,700 (2013)
- 76,000 (2014)

모바일 쇼핑 카테고리별 구매 비중

자료: 티몬

- 홈데코, 5%
- 스포츠, 레저 3%
- 가전, 9%
- 육아, 21%
- 생활, 9%
- 식품, 20%
- 패션잡화, 9%
- 패션의류, 11%
- 뷰티, 13%

출처: 한국온라인쇼핑협회(2014. 7).

등으로 개인정보에 대한 경각심이 높아지면서, 위치정보 등을 요구하는 스마트폰 애플리케이션에 대한 논란도 가중되고 있다.

2) 그린컨슈머

글로벌화와 함께 진행된 산업화와 현대화로 인한 환경오염으로 인해 많은 소비자들이 환경에 대한 인식 및 중요성이 높아지고 있다. 이와 관련하여 그린컨슈머, 그린소비, 그린마케팅 등 그린이라는 용어가 광범위하게 사용되고 있는데, 이는 환경을 보전하고 인간과 자연과의 상호관계를 유지하는 움직임을 뜻하고 있다. 1980년 이후 환경문제에 대한 소비자들의 관심이 높아지면서, 많은 기업에서는 그린마케팅뿐 아니라 친환경 상품들을 개발하는 노력을 기울이고 있다. 그린소비(green consumption)란 환경에 부정적인 영향을 주지 않는 생산과 소비 체제의 결과물로, 자연 생태계를 파괴하지 않는 선에서 소비자의 필요와 욕구를 만족시키고자 하는 소비를, 그린소비자(green consumers)는 일반적으로는 환경문제에

그림14-2

그린마케팅 사례

출처: 키엘 코리아(www.kiehls.co.kr).

관심이 있고, 소비를 할 때 이를 의식하는 소비자를 말한다.

한국 역시 그린소비에 대한 관심이 높아지고 있는데, 2011년 한 설문조사에 따르면 설문에 참여한 70% 이상의 소비자가 친환경 제품에 대한 구매의사를 밝혔고, 친환경 활동을 긍정적으로 생각하고 있다고 응답했다.

그러나 친환경제품에 대한 불신과 높은 가격으로, 그린제품이나 그린마케팅과 관련된 실제소비 및 참여는 상대적으로 저조한 것으로 나타났다(제일기획, 2010). 때문에 그린 소비자들의 실제 구매나 참여를 높이기 위해서는, 친환경제품에 대한 신뢰도를 높일 수 있는 가시적인 장치(예. 탄소 라벨링, 푸드마일)를 개발하고, 기업은 환경개선을 위한 사회적 활동을 지속하는 등의 효과적인 전략이 필요하다. 이와 관련하여 한국능률협회인증원(KMAR)에서는 매년 그린스타 인증을 통해 혁신적이면서 친환경에 대한 성취도가 높은 상품을 선정하여 소비자에게 관련 정보를 제공하고 있다. 그린스타 인증이란 한국능률협회인증원에서 2004년부터 시작한 일로, 소비자가 인지하고 경험하는 친환경상품 및 서비스의 친환경성 수준을 브랜드 간 상대적으로 비교 측정 가능하도록 지수화 시킨 모델로 소비자에게 친환경제품이나 서비스에 대한 정보를 제공하고 있다.

그린컨슈머는 일반적으로 환경에 관련된 상품이나 마케팅 활동에 프리미엄을 지불할 의사가 있는 경우가 많이 때문에, 많은 기업과 정부에서는 그린컨슈머를 타깃으로 하는 제품개발 및 마케팅활동을 진행 중이다.

3) 바이슈머

새로운 글로벌 소비자의 형태로 바이슈머(buysumer)를 꼽을 수 있다. 글로벌화와 함께 많은 소비자들은 국내 유통업체로부터 상품을 구매하는 것이 아니라, 본인이 직접 해외에 있는 유통업체로부터 물건을 구매하고 때론 이를 유통하는 역할을 하기도 하는데, 이렇게 소비자가 단순한 소비자에 머물지 않고 바이어의 역할까지 하는 소비자를 들어 바이슈머라고 한다. Buyer와 Consumer의 합성어인 바이슈머는 대표적인 형태는 해외직구이다.

인터넷과 모바일 커뮤니케이션의 발달, 스마트폰이나 태플랫 PC 보급의 활성화는 온라인쇼핑의 급속한 성장을 가지고 왔다. 한국 온라인쇼핑협회에 따르면 2013년 온라인 쇼핑거래 규모는 55조원으로 2012년에 비해 무려 7조원이 증가하였다. 이 중 1조 950억 가량이 해외직구로 인한 매출로, 20~30대를 중심으로 빠르게 확산되고 있는 해외 직접 구매 역시 크게 성장할 것이라고 예측하고 있다.

불과 몇 년 전만 해도 해외 유학생이나, 여행객을 통해 물건을 구매하거나, 병행 수입 또는 현지의 구매대행 업체를 이용하는 것이 일반적이었으나, 최근에는 해외 온라인 쇼핑몰에서 물건을 직접 구매하는 '해외 직구족'이 크게 늘고 있다. 대한상공회의소의 온라인쇼핑족 1,650명을 대상으로 실시한 '해외 직접구매 이용실태 조사'에 따르면 전체 응답자의 24.3%가 "해외 인터넷쇼핑몰이나 구매대행 사이트를 통해 상품을 구매한 적이 있다"고 말했다(2013). 이들은 해외 직구를 이용하는 이유로 국내보다 저렴한 가격과 다양한 상품의 종류, 우수한 품질 등을 꼽았다. 이러한 해외직구 열풍으로 직접구매를 도와주는 대행업체들이 증가하고 있고, 예전 미국이나 일본 등으로 국한되던 해외직구는 이제 독일, 영국 등 유럽

시장으로도 확산되고 있다. 전체 소비시장의 10%에 달하는 해외직구는 하나의 유통채널이 되고 있고, 국내 유통시장에 대한 불신은 긴 배송기간, 불편한 고객 서비스 등의 문제에도 불구하고 해외직구 이용량 증가를 부추기고 있다.

이처럼 모바일 기기의 확산은 스마트컨슈머, 바이슈머 등과 같이 커뮤니케이션의 발달뿐만 아니라 경제생활 방식에도 변화를 가져오고 있다. 이 밖에도 건강지향적인 삶을 추구하는 힐링(Healing), 웰빙(Wellbing)열풍으로 골프, 등산 등 아웃도어에 대한 관심도 꾸준히 증가할 것으로 보여진다. 때문에 시시각각 변화하는 국내외 글로벌 소비자 트렌드에 대한 지속적인 관찰과 분석을 바탕으로 경제활동이 필요하다.

4) 사이버 오블리주

온라인 소비자들은 스스로 콘텐츠를 생산하면서 소비하는 양면적 특성을 지닌 것으로 파악됐다. 또한 온라인 활동을 통해 경제적 이익과 명성을 추구하며, 독특한 인터넷 문화를 서로 공유하며 즐거움을 느낌과 동시에 공익에도 많은 관심을 갖고 있는 것으로 나타났다. 사이버 오블리주(Cyber Oblige)에 대한 관심도 커지고 있다. 애국, 환경, 공익과 같은 '공공의 선'에 많은 관심을 갖는다는 것이다. 2007년 태안 유조선 기름 유출 사건 당시 봉사활동을 위한 카페가 자발적으로 만들어진 것이 좋은 예다. 네티즌들은 자발적으로 '공익' 코드를 수용하고 소비한다. 그들은 스스로 불안한 사회적 상황을 중화시키기 위해 이러한 활동에 직접 나서는 것이다.

트웨스티벌(Twestival)은 트위터(Twitter)와 축제(Festival)의 합성어로 도움이 절실히 필요한 사람들을 위해 지역사회가 힘을 합쳐 오프라인 행사를 기획하고 소셜미디어의 힘을 이용하여 하루 한 날에 전세계적으로 공동으로 개최하는 자선모금 행사이다.

트웨스티벌은 SNS가 시간과 공간을 뛰어넘어 공동의 목표를 가장 효율적으로 달성하는 '소통의 장(場)'이 될 수 있다는 것을 증명했다. 정치적·경제적 이익집단이 개입하지 않고 자생적 발전을 하고 있다는 것도 의미가 크다. '루머 확산의 기폭제', '괴담의 진원지' 등 SNS를 바라보는 부정적인 해석과는 정반대의 얼

글로벌기부 축제로 성장한 트웨스티벌

	2008년	2009년	2010년	2011년
참여인원	250명	1만여명	1만 5,000여명	2만여명
참여국가	영국	202개 도시	175개 도시	232개 도시
모 금 액	약 1,000만원	약 3억원	약 5억원	약 6억 5,000만원
기부분야	노숙자 지원단체 기부	에티오피아 55곳 우물 파기	라이베리아, 아이티에 학교짓기와 교사파견	일본 지진피해 아동 돕기 등

출처: 한국경제.

굴이다. 이미 지난 한 해 일본 대지진과 서울 폭우, 지역 곳곳의 화재 등 예기치 못한 재난이 발생했을 때 SNS가 놀라운 정보전달 속도와 응집력을 발휘했다는 건 검증된 사실이다.

글로벌 전자상거래

앞에서 언급한 것과 같이, 세계화와 스마트 컨슈머는 전자 상거래의 확대에 영향을 미치고 있다. 특히 한국의 경우, 모바일 기술의 발달, 빠른 네트워크망은 전자 상거래 시장의 성장을 촉진하고 있다. 원화가치 상승으로 해외 상품 및 서비스에 대한 수요가 늘고 있고, 이로 인해 한국 소비자들을 대상으로 미국회사들의 직접판매 또한 증가하고 있다. 과거에는 구매대행사이트, 공동구매, 배송대행 등을 이용해 해외쇼핑을 했지만, 현재는 미국의 대형 인터넷 기업들의 직접적으로 한국 소비자에게 판매하는 방식이 증가하고 있다. 해외구매의 단점으로 여겨졌던 비싼 배송부담금과 긴 배송기간 등의 문제는 소화물 특송을 통해 많이 개선되었다. 소화물 특송의 대표적인 예로 iherb.com을 들어 볼 수 있다. 유기농 상품 판매사이트인 iherb.com은 소화물 특송을 이용해 미국의 다양한 상품을 저렴한 가격으로 한국 및 아시아 소비자에게 제공하고 있으며, 무료 배송 프로모션을 통해 그 고객층을 크게 확대하고 있다.

또한 글로벌 전자 상거래 시장에서는 아마존이 압도적인 성장세를 보이고 있다. 2013년 기준으로 분기별 160억 달러 이상의 수익을 내고 있으며, 그 수입의 반 이상은 미국이 아닌 외국에서 발생하고 있다. 세계시장을 공략한 아마존의 글로벌 전략은 아마존이 지속 성장하는데 가장 큰 원동력이 되었다. '고객이 원하는 상품을 가장 낮은 가격에 구매할 수 있는 하자'는 전략을 바탕으로 아마존은 전 세계 소비자를 유혹하고 있다.

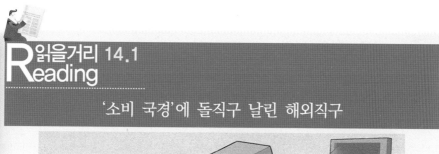

Reading 읽을거리 14.1

'소비 국경'에 돌직구 날린 해외직구

소비자들 작년 인터넷 통해 해외제품 1조원어치 직접 구매

작년 겨울 선풍적 인기를 끌었던 패딩점퍼인 캐나다구스. 한 벌의 가격이 120만 원을 훌쩍 넘는다. 1년차 직장인 한현주 씨(27)는 비싼 가격 때문에 구매를 망설였다. 그러다가 인터넷 게시판에서 보게 된 글. 미국과 캐나다의 온라인 쇼핑몰에서 똑같은 캐나다구스를 70만 원대에 살 수 있다는 내용이었다. 한 씨는 해당 쇼핑몰을 찾아냈다. 이 때부터 한 씨와 익명의 누리꾼들은 '캐나다구스 싸게 사는 법'을 공유하기 시작했다. 자신에게 맞는 사이즈 고르는 법, 배송비 줄이는 방법 등을 서로 논의했다. 구매에 성공한 뒤 경험담도 나눴다. 이들은 30% 이상 저렴하게 제품을 샀다. 소비자 스스로 일군 성과였다.

이제 소비자들은 국내 수입업자가 아닌 해외의 유통업체로부터 직접 물건을 사들인다. 소비자가 단순한 소비자(Consumer)에 머물지 않고 바이어(Buyer)의 역할까지 하는 것이다. 새롭게 등장한 바이슈머(Buysumer·Buyer+Consumer)의 증가는 유통 시장에 급격한 변화를 가져오고있다.

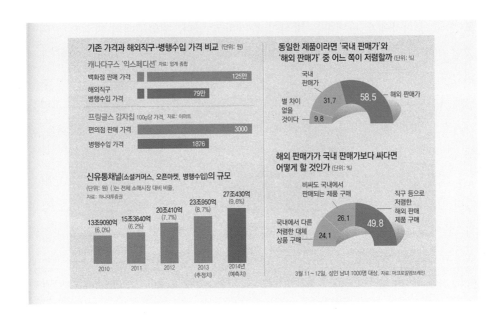

2. 글로벌화와 생협

앞에서 살펴본 바와 같이 세계화로 인한 글로벌 대기업, 해외의 기업들의 영향력이 더욱 증가하고 있다. 글로벌 대기업은 값싼 제품을 앞세워서 지역의 소규모 유통망을 위협하고 있다. 양극화가 확대되고 젊은층의 비정규직이 증가하는 등의 문제가 생겨나면서 그에 대한 대안 중의 하나로 생협이 떠오르고 있다. 생협은 지역에서 시작해서, 지역으로 이익이 돌아오고, 그로 인해 지역도 동반 성장할 수 있는 새로운 모델이다. 생협 및 소비자협동조합의 이해를 통해 글로벌 경제 환경 속에서 기업과 소비자가 상생할 수 있는 방안을 모색해 본다.

1) 소비자협동조합의 시작

협동조합에는 다양한 분야와 여러 가지 형태가 존재하며, 노동자 협동조합, 소비자 협동조합, 신용 조합 등이 대표적이다. 협동조합은 조합원들에 의해 소유되고 운영되며, 주된 목적은 고용을 창출하고 노동 안정성을 확보하는 것이다

(Staber, 1992). 그 중에서도 세계화와 함께 소비자 협동조합의 영향력이 커지고 있다. 소비자 협동조합은 소비자의 구매력을 극대화하고, 민주적으로 의사 결정하고자 하는 것이 주된 목적이다. 특히 최근에는 농축산물 수입에 따른 문제를 해결하기 위한 대안으로 소비자협동조합의 중요성이 커지고 있다. 세계화로 인해 소규모 생산자는 가격 및 품질 경쟁력을 잃게 되고, 수입품대한 인한 소비자의 관심과 염려도 커지고 있다.

이러한 문제를 해결하기 위한 방안으로 여겨지는 것이 소비자협동조합이다. 소비자 입장에서는, 생산자를 통해서 직접 상품을 구매함으로써 일반상점에서 구매할 때보다 믿을 수 있는 상품을 저렴하게 구매할 수 있고, 도시와 농장간 직거래 는 안정적인 유통망을 공급하여 농업 및 농민 문제를 해결할 수 있다. 또한 사회적으로는 고품질 환경농산물의 가격 안정화와 공정거래 기능 조성에 일조하는 등의 기여를 하고 있다. 이하에서는 선진 소비자협동의 사례를 통해서 한국의 소비자협동조합이 나아가야 할 방향을 모색해본다.

소비자협동조합(Consumer Cooperative)은 생산자와 소비자의 상호이익을 위해 소비자가 소유하고 운영하는 협력사업의 형태를 말한다. 소비자협동조합에는 의료, 보험, 주택, 신용 조합, 농업협동조합 등이 있다. 일반 사기업과 다르게, 소비자 협동조합은 경제적으로 약자의 위치에 있는 소규모 생산자가 소비자의 상호 협력을 통해 동반 성장을 목적으로 하는 공동 출자에 대한 기업이다. 협동조합의 시작은 19세기 초 유럽의 소비자 협동조합에서 찾을 수 있다. 유럽의 소비자협동조합은 1885년 이전에 사회지도층으로부터 시작되었다. 대지주나 공장소유자와 같은 사회지도층들은, 산업혁명으로 인한 대중들의 생활문제를 줄이고 경제 체제를 안전화하기 위해 협동조합을 만들었다. 초기의 협동조합은 노동자들의 풀뿌리 운동의 한 종류로 시작되어 1890년대에 이르러서는 많은 수가 만들어졌다. 때문에 초기 협동조합은 노동운동과 밀접한 관계가 있었으며, 수익금을 통해 정당이나 노동조합을 지원하기도 했다(장종익, 2014).

위와 같이 정치적인 관점으로 시작된 협동조합은 소비자나 작은 규모의 사업을 경제적으로 안정화하기에는 부족하였고, 많은 소비자 협동조합은 자본의 부족, 전문 경영지식 결여, 조합원들에 대한 수익배당 등의 문제로 파산하였다.

실패 후 많은 소규모의 소비자협동조합은 합병되거나, 도매기능을 수행하는 연합회사가 설립되었고, 기존의 구식생산시설에 대한 현대화 작업 등이 추진되었다. 세계 1차 대전 이후, 유럽의 많은 나라에서는 조합원이 증가했고, 개별 협동조합과 도매협동조합의 조직적 연결이 강화되었다. 하지만 1970년대 이후 유통시장이 품질 및 가격에 따라 여러 가지 매장으로 분화되면서, 소비자 협동조합은 다시금 쇠퇴하게 되었다. 노르웨이 및 몇몇 국가를 제외한 대부분의 유럽의 협동조합들은 어려움을 겪고 있다. 글로벌 경제환경 속에서의 대기업과의 가격경쟁 그로 인한 마진의 축소 등의 이유로 협동조합은 쇠퇴하였으나, 일부 국가에서는 소비자협동조합은 지속적으로 발전하고 있다. 때문에 다른 나라의 성공 사례를 통해 한국의 소비자협동조합이 나아가야 할 방향을 모색해보도록 한다.

2) 글로벌 소비자협동조합 성공 사례

(1) 노르웨이의 소비자협동조합

1906년 설립된 노르웨이 협동조합(NKL)은 현재와 같은 협동조합의 시작으로 여겨진다. 노르웨이에서 시작된 협동조합은 그 후 영국, 프랑스, 독일, 벨기에와 유럽 남부 지역으로 확장되었다. 전쟁 이후에 소비자 협동조합은 조직적으로 노르웨이에서 발전하였고, 1920년대와 1930년대에 경제위기에도 불구하고 노르웨이 협동조합의 조합원 수는 꾸준히 증가하였고 그와 함께 경제에 미치는 영향력도 커지게 되었다. 1939년에는 노르웨이 협동조합의 매출이 1916년보다 75%이상 증가하게 되었다.

1950년대 초반부터는 노르웨이 유통부분의 산업화, 현대화와 함께, 노르웨이 협동조합은 셀프서비스와 슈퍼마켓 형태를 바탕으로 발전을 계속했고, 당시 노르웨이 소비자협동조합의 셀프서비스 점포는 전체 셀프서비스 점포의 약 40%를 차지하게 되었다. 1980년대에 걸쳐 발달한 노르웨이의 소비자 협동조합은 90년대에 이르러서 할인점 체인, 슈퍼마켓체인, 지역 공동체 체인망으로 발전되었다(Evan, Espen, & Eivin, 2006). 이와 같은 노르웨이 소비자 협동조합의 성공에는 협동조합, 조합원, 정부의 끊임없는 노력이 있었다. 먼저 노르웨이 소비자 협동조합은 노르웨이협동조합연합회(NKL)의 주도아래 판매방법, 물류, 상품개발, 스토어 컨설턴트 교육 등 지속적인 혁신을 계속했다. 소비자의 니즈를 충족시키기 위해 다양한 기호에 맞는 상품이 구성되었고, 전국적으로 통일된 브랜드 이미지를 가지기 위해, 전국적인 관리 및 경영시스템을 도입하였다. 뿐만 아니라 안정적인 자금조달을 위해, 노르웨이 소비자 협동조합은 조합원의 경영 안정화를 위해 예금 증대운동을 벌였고, 커다란 성공을 거두었다.

1990년대 이후에는 다양한 포맷의 유통체인을 도입하여 소규모지역점포로부터 도심지역의 편의점, 슈퍼마켓, 그리고 타운지역의 대규모 하이퍼마켓 등으로 확장하였다. 다층적 포맷을 관리하기 위하여, 중앙집권적인 체인스토어 체제가 도입되었고, 'Coop'이라는 브랜드를 사용하여 전국 매장에 통일성을 주고자 하였다. 지속적인 개혁과 민주적인 조합운영은 노르웨이 소비자 협동조합의 성공을 가져왔고, 2002년에 Coop Mega 체인은 슈퍼마켓 시장의 44%, Coop Marked 체인은 소규모 스토어 시장의 41%, Coop Obs! 체인은 하이퍼마켓 시장의 50%

그림14-4

노르웨이 소비자생활협동조합(COOP)

출처: https://coop.no

를 차지하게 되었다(장종익, 2014).

(2) 이탈리아의 소비자협동조합

세계 2차 대전 이후, 이탈리아에는 5천명 이상으로 구성된 소비자 협동조합이 있었다. 1960년대 까지도 작은 규모였던 협동조합은, 1970년대 초반에는 전국적으로 통일성을 확보하고 사업의 효율성을 제고하기 위하여 도매연합회를 재조직하고 소비자협동조합의 효율성을 높이기 위한 노력과 함께, 크게 성장하였다. 1951년 137,885명이었던 조합원의 숫자는 1981년에 이르러서는 362,435명으로 크게 증가하였고, 2000년에 이르러서는 935,239명을 넘게 되었다(Menzani, 2010).

이러한 이탈리아 협동조합의 성공에는 현대화된 유통네트워크의 창출, 점포의 현대화, 합리적인 가격 및 이탈리아 협동조합의 끊임없는 노력이 있었기 때문이다. 이탈리아 협동조합연맹(Lega)은 소비자협동조합이 현대식 매장을 개설하는데 자금을 제공하기 위한 은행을 설립하고, 1990년대 다양화 전략을 선택하여 큰성장을 이루었다. 대규모 유통업의 시작으로 볼 수 있는 이탈리아의 소비자협동조합은, 현재 ANCC와 COOP 브랜드를 사용하는 140개의 소비자협동조합으로 구성되어 있다. 상위 9개 조합이 총 매출액의 90%를 차지하고 있다(장종익, 2014). 이탈리아 협동조합은 변화하는 경제환경과 지역민들의 요구의 변화에 대응하기 위하여 다양한 조합원의 요구를 수렴하고 이를 사업에 반영하고 있다. 또한 매장에서는 소비자의 다양한 요구를 만족시키기 위해 끊임없이 노력하고 식료품뿐아니라 여행, 금융상품, 서적 등으로의 확대방안도 모색하고 있다.

이탈리아의 협동조합들은 서로 네트워크를 구축하여, 통합된 체인망을 운영하고 있다. 뿐만 아니라 조합 내부의 조합원들을 위해서는 이용고배당과 포인트제도를 통해 전체적인 조합의 성장과 조합과 조합원과의 신뢰관계를 높이기 위한 노력도 지속 중이다. 타기업과의 제휴를 통해 노하우나 자원을 확보하고, 젊은 인재에게 투자하여 조합의 전문성을 확보하고 협동조합 매니저, 조합원조직의 리더나 이사, 감사를 양성하는데 투자하고 있다. 상품의 차별화 및 가치를 높이기 위해, 소비자 협동 브랜드 개발, 공정무역, 환경, 유기재배, 육아용 상품 등을 개발 중이고, 지역 단체와 협력하여 상품의 가치가 떨어져 판매할 수 없는 상품을 어려운 가정에 기부하는 활동을 전개하고 있다(Menzani, 2010).

3) 한국의 생활협동조합의 현재와 미래

(1) 한국 생활협동조합의 현재

한국의 소비자 생활협동조합(약칭: 생협)은 상부상조 협동정신을 바탕으로 조합원의 생활 개선과 건전한 생활문화 향상 및 지역사회 발전에 기여하고자 하며, 자연생태계를 보전하고 더불어 사는 사회를 만들기 위한 자조, 자립, 자치적인 조직이다. 1999년 생활협동조합법(생협법)이 제정되기 전까지는 생협은 유기농산물을 공급하는 임의의 사업체로 인식되는 경우가 많았으나, 생협법 제정 이후, 소비자협동조합으로서의 인식과 경제적 사회적 비영리, 공익적 성격의 기능까지 수행하는 생활협동조합으로서의 인식이 확산되어 왔다. 생협의 발달로 소비자는 고품질 친환경농산물을 저렴하고 안전하게 구매할 수 있게 되었고, 직거래를 통해 생산자 역시 안정적인 거래처를 바탕으로 하여 농축산물 유통구조를 개선할 수 있게 되었다.

우리나라의 생협은 1920년 '목포소비자협동조합'을 시작으로, 1970년대 이후

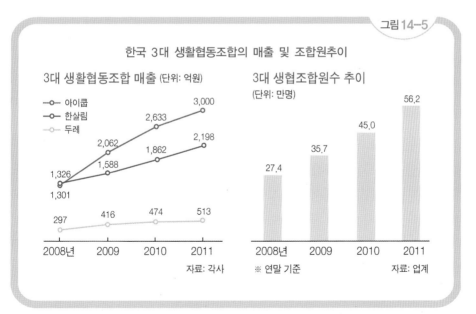

그림14-5

한국 3대 생활협동조합의 매출 및 조합원추이

3대 생활협동조합 매출 (단위: 억원)
—○— 아이쿱
—●— 한살림
—○— 두레

3,000
2,633
2,062
2,198
1,862
1,588
1,326
1,301
297
416
474
513

2008년 2009 2010 2011
자료: 각사

3대 생협조합원수 추이
(단위: 만명)

56.2
45.0
35.7
27.4

2008년 2009 2010 2011
※ 연말 기준
자료: 업계

출처: 한국경제.

지금과 같은 형태의 생협으로 확산되기 시작했다. 그 후 1982년 '경인지역소비자협동조합협의회', 1986년 '한국노총소비자협동조합연합회'라는 명칭으로 연합회를 결성하였으나, 협동정체성의 약화로 1990년대 이후는 사라졌다. 그러나 경제성장을 거치면서 참여적 시민의식이 형성되어 소비자 권리에 대한 인식이 높아지면서 1985년 강원도 원주소비조합, 경기도 안양소협(현 바른생협)이 설립되었고 1986년 한살림농산(현 한살림)이 출범하는 등 소비자가 주도하는 생협들이 확산되게 되었다.

2000년대 이후에는 생협의 사회운동 및 유통기능에 대한 인식이 커지면서, 한살림, iCOOP, 여성민우회, 두레, 한국대학생협, 한국의료생협 등으로 성장하게 되었다. 현재 iCOOP과 한살림의 경우 유통분야에서 대표적인 생협으로 꼽히며, 최근 매출뿐 아니라 조합원 수에서도 큰 성장세를 보이고 있다. 2010년 기준으로 인가된 지역생협은 480개(의료분야 298, 유통분야 182)가 있으며 조합원은 총 63만명, 총 공급 액은 약 6천 5백억원에 이르고 있다. 2011년부터는 취급품목이2011년부터는 취급허용 품목이 종전 농축수산물 및 친환경 품목에서 생필품 전반으로 확대되어, 일반 가공품까지도 취급이 가능하게 되어 그 규모가 더욱 확대되고 있는 추세이다(농협경제연구소, 2013).

(2) 한국 소비자협동조합의 미래

세계화로 인해 소비자는 다양한 제품을 저렴한 가격에 구매할 수 있게 되었으나, 그로 인해 외부자원에 대한 의존도가 높아지고, 특히 상품 및 서비스의 안전성을 위협받고 있다. 특히 안전한 먹거리에 대한 관심은 생협, 유기농운동과 같은 대안운동으로 이어졌고, 이는 대안소비자운동이라는 성격도 가지고 있다. 뿐만 아니라 지역 생협에서는 무상급식, 식생활 교육 등을 통해 단순한 이윤추구뿐 아니라 지역사회와의 공존에도 참여하고 있다.

한국의 생협은 유럽의 소비자협동조합과 다르기 때문에, 무조건 유럽의 전략을 따를 것이 아니라 한국의 유통환경과 소비자의 성격에 맞는 전략이 필요하다. 첫째, 조합원의 능동적인 참여를 기본으로 하는 유럽의 사례를 바탕으로 농협도 판매사업에 있어서 생산자, 소비자, 조합원이 상품 및 서비스 개발에 참여

할 수 있도록 하고, 이를 통해 서로 유기적인 관계를 수립한다. 또한 경영상의 어려움을 겪고 있는 지역농협과 소규모 농가 및 사업체를 위한 조합 공동 사업법인을 통해 생산자의 경영안정을 위한 노력이 필요하다. 마지막으로 유럽의 소비자 협동조합의 성공사례들처럼, 한국생협만의 독자적인 브랜드를 만들고, 고유 브랜드를 통해 기존 고객의 충성도를 높이고, 차별화된 브랜드로 경쟁이 심한 유통시장의 틈새시장을 공략하는 것이다. 코스트코와 아마존을 비롯한 여러 글로벌 유통기업들이 한국으로 진출하고 있는 상황에서, 한국의 소비자와 생산자의 신뢰관계를 바탕으로 한 생협은 하나의 새로운 유통채널로 무분별한 글로벌 확장에 대한 대안이 될 수 있다.

3 글로벌화와 지속가능한 발전 개발

세계화는 사업 결정, 자원의 이동, 생산, 판매에 이르는 전 과정을 국제적으로 이루어지게 하고 있고, 그 영향력은 민간에서 국가의 공공사업에 이르기까지 그 범위가 넓어지고 있다. 세계화는 세계 경제 성장에 크게 기여하고 있고, 이는 기술의 변화, 인구의 변화뿐 아니라 각국의 문화를 성장시키는 중요한 요인이 되고 있다. 이처럼 세계화는 무역 자유화를 통해 경제, 사회, 문화, 정부 등 광범위하게 영향을 미칠 수 있다.

그러나 자본주의와 자유무역을 중심으로 하는 세계화의 과정에서는 일방주의와 민주주의의 결핍뿐 아니라 여러 가지 문제점이 대두되고 있다. 세계화의 혜택이 골고루 돌아가지 않아서, 국가간 계층간 불평등이 심화되고 있고, 국제기구나 다국적기업들로 인해 경제주권이나 민주주의가 저해되고 있다. 가장 중요한 문제로는 국가간 빈부격차, 지역불균형, 노동불균형, 환경 파괴 등을 들 수 있다. 무분별한 개발은 이산화탄소 배출량을 증가시키고 이는 지구온난화로 이어졌다. 세계화는 불가피한 현상이지만, 지속 가능한 발전을 위해서는 그에 맞는 새로운 방향과 정책이 필요하다.

1) 지속가능 개발의 의의

지속가능 개발(Sustainable development)이라는 용어는 1987년 발표된 유엔의 보고서 "우리의 미래"(브룬트란트 보고서, The Brundtland Report)에 등장한 이후 1980년 후반부터 널리 사용되고 있다. 당시에는 "미래 세대가 그들의 필요를 충족시킬 능력을 저해하지 않으면서 현재 세대의 필요를 충족시키는 발전"으로 정의 되었고(Daly, 1990). 이를 정의하는 방법에는 여러 가지가 있다.

지속가능한 개발이라고 해서 환경 보호에만 집중하는 것이 아니라, 경제, 환경, 사회 전반의 발전을 포함하는 개념으로 볼 수 있다. 2005년 세계 정상회의에

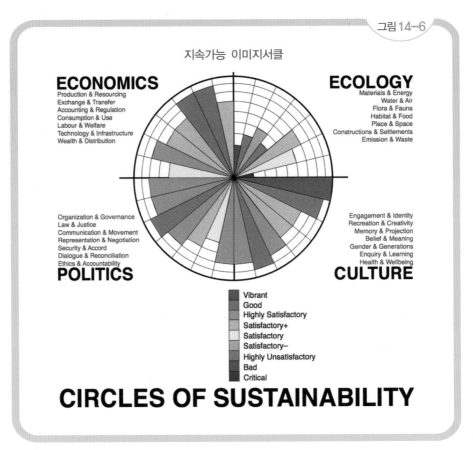

그림 14-6

출처: Assessment—Melbourne 2011.

서 "상호 의존적이고 상호 증진적인 지속가능한 발전의 기둥"으로 언급되었고, 유네스코에서는 문화 다양성 역시 지속가능 발전에 포함하고 있다.

OECD에서는 지속가능한 개발을 달성하기 위한 네 가지 핵심요소를 제안하였다(2001).

- 의사 결정 프로세스 강화 – 정부의 수준 높은 정책은, 정책의 효율성과 효과를 향상시킬 수 있고, 경제, 환경, 사회의 요구를 통합할 수 있는 투명한 정책이 필요하다. 이는 또한 국제적인 수준에서의 정책 조율도 의미한다.
- 과학의 진보와 기술의 발전 – 장기적인 관점에서 적합한 기술 혁신 및 확산이 필요하다. 또한 기술의 발달은 민간부분에서만 이루어지는 것이 아니라 정부의 강력한 역할이 필요하다.
- 세계 경제 연결 관리 – 세계 경제가 지속적으로 발전하기 위해서는 국제 무역과 투자 흐름에 대한 지속적인 관심이 필요하고, 이를 바탕으로 환경 및 사회 정책이 발전될 수 있게 해야 한다. 특히 지속가능한 개발을 위해서는 개발도상국의 적극적인 참여가 필요하다.

2) 무역, 투자, 그리고 지속가능한 개발

세계화의 문제는 세계화의 혜택이 일부 국가 또는 일부 계층에만 돌아가는 데 있다. 소득 불균형 문제는 단지 개발도상국이나 빈곤국의 문제가 아니라, OECD 국가들에서도 크게 나타나고 있다. 자유로운 국제 무역과 투자는 세계경제의 성장 및 경쟁을 촉진한다. 때문에 지속가능한 성장을 위해서는 개발도상국이나, 빈곤국에 대한 장기적인 지원이 필요하다. 경제적인 지원을 통해 빈곤층을 감소시키고, 그들의 기술 개발에 도움을 주어, 가지고 있는 자원을 효율적으로 사용할 수 있게 하는 구조적인 변화가 필요하다. 이러한 지원을 통해 가난한 나라의 생산성을 증대시키고, 이는 전반적인 경제 성장 및 국민의 구매력 향상 등에 도움을 줄 수 있다. 아직 많은 개발도상국에서는 세계화 및 경제개방으로 인한 혜택이 충분하지 않기 때문에, 때문에 개발도상국을 위해서는 무조건 경제 개방만을 강요할 것이 아니라, 사회 안정과 기술 개발 등을 위한 지속적인 투자가 필요하다.

또한 세계화는 자국의 노동 시장 및 소득 분배와 같은 사회적으로도 영향을 미치게 된다. 많은 다국적 기업은 개발도상국에 투자하고, 현지 인력 사용을 통해 고용 창출 등에도 기여한다. 일부 다국적 기업에서는 이윤 창출을 위해 인종 간 불평등한 임금정책 사용하거나, 어린 아동을 생산활동에 참여시키고 있다. 때문에 환경정책과 마찬가지로 노동에 대해서도 적절한 기준 및 이를 따르고자 하는 노력이 필요하다. 국가간 지속가능한 개발을 위해서는 자유무역으로 인한 수익을 내부에 분배하고, 개발도상국의 교육 및 기술 개발에도 투자해야 한다.

산업혁명 이후 급격한 산림 파괴, 에너지의 무분별한 사용은 환경 악화의 주범이다. 환경 문제는 단순히 경제적 이익의 문제가 아니라, 인류의 생존을 위협할 수 있는 중대한 문제이다. 때문에 무역자유화로 인한 환경 보호를 위해서는 적절한 자원관리, 환경친화적인 기술의 개발에 대한 관심과 노력이 필요하다.

3) 세계 경제의 지속가능한 개발을 위한 정책

(1) 지속가능한 발전과 정책

세계화로 인한 이익의 균등한 분배를 위해서는 경제, 환경, 사회에 전반에 대한 효과적이고 투명한 정책이 필요하다. 일부 국가만을 위한 것이 아니라 세계의 지속가능한 발전을 위한 공평하고 일관성 있는 법적인 체계가 필요하다. 개발도상국에서는 낮은 기술력, 낮은 교육수준, 낮은 인프라 등으로 경제 성장에 많이 비용이 요구된다. 때문에 국가 또는 국제 정책을 통해서 개발도상국의 역량 강화를 위한 노력을 지속해야 한다.

지속가능한 개발과 관련된 정책으로 환경 영향 사전 평가제도(environmental impact assessment, EIA)가 있다. 이는 OECD에서 적용하는 정책으로, 이를 통해 자국의 경제 성장뿐 아니라 환경 보호에도 집중할 수 있도록 한다. 환경 영향 평가를 통해 댐과 같은 자국의 환경에 영향을 미칠 수 있는 투자는 중단될 수 있다(Robinson, 1991).

또한 지속가능한 개발을 위해서는 공산품에 대한 친환경 기술 및 정부 단위의 친환경 구매를 확대해야 한다. 이러한 친환경 정책을 통해 생산자뿐 아니라 소비자를 보호할 수 있다. 그러나 때로 환경정책이 자국의 산업 보호를 위해서 사용되는 경우가 있기 때문에, 보호주의로 인한 무역 분쟁을 초래할 수 있다. 때문에 환경과 관련된 정책은 공정하고 투명하게 수립 및 적용되어야 한다. 이러한 국가정책뿐 아니라 국제적인 정책도 필요하다. 특히 다국적기업은 국가에 대한 환경, 사회적인 책임을 가지고 정책을 따를 뿐 아니라, 현지의 지속적인 개발을 위한 노력을 지속해야 한다. 환경경영, 인권보호, 공정한 노동 정책, 소비자 보호, 투명한 정보 공개 등이 필요하다.

(2) 지속가능한 발전의 사례

오슬로 협약(선박 및 항공기에서의 투기에 의한 해양오염 방지에 관한 협약)은 국제 정책에 의해 해양 환경오염이 해결되는 과정을 잘 보여주는 사례이다. 1971년 스텔라 마리스(Stella Maris)호가 북해 북부지역에 해양 투기할 650톤의 유해폐기물을 싣고 폐기할 당시에는 이와 관련한 국제적 법규가 전무했다. 그 당시에는 누구라도 무엇이든지 바다에 내다버릴 수 있었다. 스텔라 마리스 사건으로 인해 오슬로 협약이 만들어졌는데, 대상지역은 북극에까지 이르는 대서양 북동부지역 전역이었다. 오슬로 협약은 이전에는 통제되지 않았던 바다에 쓰레기폐기물을 투기하는 행위들을 규제하는 법률이었다. 그 후 영국, 네덜란드 등이 이와 관련하여 해양오염법을 제정했고, 이로 인해 오슬로 협약이 지켜지게 되었다. 1980년대 후반에는 북해에서의 투기 및 소각행위를 금지한다는 결정이 내려졌고, 관련국가 정부들은 해양 투기 및 소각행위를 완전히 통제할 수 있게 되었다. 1992년 오슬로 위원회와 협약은 파리 위원회에 통폐합되었고, 1998년 대서양 북동부지역 해양 환경보호를 위한 OSPAR 협약으로 대체되었다(Stagg, 1998).

지속가능한 발전과 더불어 사람들의 기본적인 삶의 질을 높이고, 지역 생태계와 공동체를 보호할 수 있는 수준의 지역사회를 만들기 위한 노력도 지속되고 있다. 지속가능한 발전을 실현한 예로 독일 남부의 인구 칼수르에시를 들 수 있다. 인구 27만명인 칼스루에시는 300년전에 설계한 도시계획이 현재까지 그대로 보존되고 있다. 도시는 성을 중심으로 32개의 방사선형 도로를 통해 여러 방향에서도 접근이 쉽게 되어있고, 도시의 30%가 숲이면서도, 그와는 별개로 거주공간의 1/4 이상이 녹지공간으로 조성되어 있다. 중심가에는 가로수와 녹지지대가 조성되어 있으며, 1980년엔 '수목보호조례'가 만들어져 시내의 일정규모 이상의 나무를 보호수로 지정하였고, 이를 훼손할 경우 5천만원 이상의 벌금이 부과된다. 칼스루에시는 이와 같이 환경친화적인 마을 건설을 위한 법안을 마련하고 이를 지키려고 노력하고 있다.

4) 시사점

지금까지 지속가능 발전에 대한 정의와 그의 사례를 살펴보았다. 지속가능한 발전은 사회적 결속 및 자원의 효과적 사용, 그리고 환경을 우선으로 하는 전략으로 이루어져있다. 경제발전뿐 아니라, 환경 보호를 기본으로 하는 새로운 성장전략인 것이다. 나라간, 지역간 상호 성장을 위해서는 무역 및 투자에 대한 지속적인 지원 및 환경, 사회 정책을 만들고 지키고자 하는 노력이 필요하다. 지속가능 발전 전략의 일환으로, OECD에서는 지속가능한 개발을 위한 가이드라인을 제시하였다(2001).

- 왜곡되거나 환경을 손상시킬 수 있는 무역정책 개혁
- 외국인의 직접 투자 유치와 적절한 개발을 위한 환경 및 사회 사전 영향 평가 실시
- 상호 보완적인 무역, 투자, 환경, 사회 정책 수단 마련
- 민간 부분의 경제 활동 지원 등을 통해 전반적으로 투명하고 일관된 정책 개발
- 빈곤 감소를 위한 경제 개발 정책을 마련
- 기술, 교육, 인프라 등에 대한 투자를 지속
- 자원에 대한 개발 협력

등을 통해 개발도상국에 대한 세계시장 접근성을 키우고, 이로 인해 지속 발전이 가능하도록 돕는 것이다. 지속가능한 발전은 사회, 경제, 환경 등을 동시에 고려하는 것이며, 이 원칙은 모든 국가에 적용될 수 있어야 한다.

한국에서 역시 '저탄소 녹색성장'과 같은 패러다임을 통해 지속가능한 개발을 실천하기 위한 노력을 지속하고 있다. 이에 대한 효과를 높이기 위해서는, 단순히 전략을 세우는 것뿐 아니라 실행력을 높이고 목표를 효율적으로 달성할 수 있도록 하는 평가수단을 마련해야 한다. 또한 지속가능한 생산과 이를 바탕으로 한 소비를 통해 경제성장뿐 아니라 사회, 환경, 문화 등에 발전을 위해 노력해야 한다. 앞서 살펴본 생협과 같이 친환경제품 소비, 공공구매 등을 이용하고, 환경 분야에 기술개발을 위한 지원이 필요하다.

R읽을거리 14.2 Reading

"지구 환경문제 해결 위해 녹색경제체제로 전환해야"

급속한 경제성장, 인구증가, 기후변화 등으로 전 세계가 환경문제에 직면하게 되면서 환경보전, 사회발전, 경제성장을 함께 아우르는 '지속가능발전'의 중요성이 부각되고 있다. 따라서 환경문제에 관한 인류의 대응이 보다 현명하고 효과적이어야 한다는 목소리가 높다.

이런 가운데 한국환경정책·평가연구원(아래 KEI)이 지난 17일 롯데호텔(서울 소공동 소재)에서 'KEI 국제컨퍼런스 2014'를 열었다. 환경정책연구 수행 기관인 KEI의 주최로 열린 이번 행사는 '지속가능발전을 위한 국제 환경이슈와 대응'이라는 주제로 진행됐다. 주요 국제협력사업의 성과를 공유하고 향후 발전방향을 모색하는 자리였다.

StevenStone(스티븐 스톤) 유엔환경계획 경제무역사무소장과 윤종수 유엔지속가능발전센터장 등이 기조연설자로 나섰다. 이 자리에서 Steven Stone 소장은 "지속가능발전을 위한 국제적 대응방안으로 '녹색경제'가 중요하며 무엇보다 국제적인 협력 촉진이 가장 중요하다"고 강조했다. 윤 센터장은 "지속가능발전을 실현하기 위해 KEI가 지금까지 해왔던 것처럼 앞으로도 주요한 역할을 수행해달라"고 당부했다.

세계은행(WB) 양허성자금 국제협력부의 소재항 국장은 물과 위생문제의 해결이 개도국의 빈곤퇴치의 핵심임을 강조하며 성장의 지향점으로 '포괄적 녹색성장(Inclusive Green Growth)'을 제시했다.

또한 Anne Marie Sloth Carlsen(칼슨) 유엔개발계획 서울정책센터장은 "지금까지의 갈색 경제(Brown Economy)로는 모두의 필요를 충족시킬 수 없다"면서 지구적 환경문제 해결과 지속가능발전을 실현하기 위해 녹색경제체제로의 전환이 필요하다. 연구공동체의 형성과 함께 민간과 시민사회를 참여시키는 일이 매우 중요하다"고

역설했다.

이날 발표에 나섰던 중국사회과학원의 Ying Chen(잉 천) 실장은 "중국이 급격한 경제성장을 이뤄왔으나 지속가능발전을 위해 중국이 해결해야 할 도전과제가 매우 많다"고 언급했다. 이어 그는 지속가능발전의 실현을 위한 중국의 친환경-저탄소 개발 노력을 소개하고 증가하는 지역적·국제적 협력수요의 중요성에 대해 피력했다.

노태호 KEI 글로벌전략센터장은 KEI의 연구성과와 한국의 발전과정 및 발전 지속가능성, 한계점 등을 제시했다. 노 센터장은 "동아시아지역의 Post-2015 체제의 대응방안으로 실질적 협력관계 구축 및 상호이익관계 형성, 한국의 선진국과 개발도상국(이하 개도국)간의 가교역할 등이 매우 중요하다"고 말했다.

자료: 온케이웨더.

검토 과제

1. 스마트 컨슈머가 출현하게 된 기술적 또는 정보적 환경을 예를 들어 논하고 전망해 보라.

2. 유통업계의 그린마케팅의 예를 들고 소비자의 반응과 전망에 관해 논하라.

3. 한국에서 유럽생협모델의 발전가능성과 소비자에게 미치는 영향을 설명하라.

주요 참고문헌

▣ 김기옥, 정순희, 허경옥, 김혜선(2012), 시장경제와 소비자, 교문사.

▣ 농협경제연구소(2013). 국내 생협의 사업 특징과 시사점.

▣ 박인혜(2009) 사이버 오블리주 … 온라인 소비자들 공익활동에 관심(매일경제 2009. 2. 1).

▣ 이창우(2006) 지속가능발전의 해외사례.

▣ 이병철 외 14명(2000) 생태마을 길잡이, 녹색연합

▣ 장종익(2014). 전후 유럽 소비자협동조합의 진화에 관한 연구. 동향과전망, 262-295.

▣ 정은미(2006). 한국 생활협동조합의 특성.

▣ 정재영(2011) Price 2.0 세상, 새로운 가격의 시대가 오고 있다. LGERI리포트.

▣ 한국산업연구원(2012). "세계의 구조변화와 산업자원협력" 연구보고서 2012-640 (1).

▣ Altus, D. E., Welsh, T. M., Miller, L. K., & Merrill, M. H. (1993). Efficacy and maintenance of an education program for a consumer cooperative. Journal of applied behavior analysis, 26(3), 403-404.

▣ Daly, H. E. (1990). Toward some operational principles of sustainable development. Ecological economics, 2(1), 1-6.

▣ Even Lange, Espen Ekberg, Eivind Merok(2006). A successful latecomer: Growth and transformation of the Norwegian consumer co-operatives 1920-2000.

Friedman, T. L. (2006). The world is flat: The globalized world in the twenty-first century. London: Penguin.

Menzani, T., & Zamagni, V. (2010). Cooperative networks in the Italian economy. Enterprise and Society, 11(1), 98-127.

OECD(2001) Sustainable development: Critical issues. Paris: OECD.

OECD(2001) Policies to enhance sustainable development. Paris: OECD.

Robinson, N. A. (1991). International trends in environmental impact assessment. BC Envtl. Aff. L. Rev., 19, 591.

Stagg, R. M. (1998). The development of an international programme for monitoring the biological effects of contaminants in the OSPAR convention area. Marine Environmental Research, 46(1), 307-313.

Waller-Hunter, J., & Jones, T. (2002). Globalisation and Sustainable Development. environment, 3(1).

http://www.eknews.net/xe/?mid=EU&document_srl=23231&listStyle=viewer

http://ec.europa.eu/consumers

http://eroun.net/ethicalconsumerism

제15장

소비자정책의 현재와 미래

지금까지 이 책에서는 소비자 중심의 시장경제와 글로벌마켓이라는 최근의 화두를 아우르는 여러 주제들에 관해 살펴보았다. 이러한 다양한 소비자 관련 논제들은 필연적으로 정책 이슈와 결부되어 있다. 이 책이 소비자 제도나 정책에 관한 해설서가 아니라는 관점에서 다분히 의도적으로 정책적 이슈와 정보에 관해서는 충실히 다루지 않았다. 하지만 소비자문제의 해결과 관련 논제는 정책으로 귀결될 수밖에 없으므로 이 장에서는 소비자정책의 현재와 미래에 관하여 고찰해 보고자 한다.

우선, 제1절에서는 우리나라 소비자정책의 전개 과정을 개관한 후에 당면 소비자정책의 목표와 추진체계를 살펴본다. 이어 소비자정책의 바람직한 추진 방향을 제시한다. 덧붙여서 새 정부에서 추진하고 있는 경제혁신 3개년 계획 속에서의 소비자지향적 정책의 면면을 선별하여 소비자 중심의 관점에서 검토해 본다.

제2절에서는 미국과 일본, 영국 등 해외 선진국들의 소비자정책의 추진에 관해 개관해 보고 이들 국가들에서의 특징적인 정책이 우리나라 소비자정책에 주는 시사점을 생각해 본다. 이어 OECD와 ICPEN 등 소비자정책에 관련된 국제기구들과 국제소비자조직들이 자국과 지역 또는 국경을 넘는 소비자문제에 어떻

게 대처하고 있는지 정리한 후에, 자유무역협정(FTA)의 확대 등 지역·국가간 협력의 진전이 소비자 후생에 미치는 효과를 설명하고, 바람직한 글로벌 협력 방안을 모색한다.

제3절에서는 전통적인 시장(market)의 개념이 크게 변화하고 있는 글로벌경제 속에서 발생되는 새로운 소비자문제들을 고찰하고 글로벌 협력을 통한 문제해결방안을 모색해 본다. 이어서 소비자안전과 권리보호를 위한 국제협력의 강화방안을 유엔소비자보호지침을 예를 들어 살펴본 후에, 국제 소비자분쟁의 합리적 해결과 소비자권익 보호를 위한 구체적 방안에 대해 생각해 본다.

1 우리나라 소비자정책의 현재와 미래

1) 소비자정책의 전개 과정

우리나라 소비자정책의 씨앗은 1960년대 말 배태되었다고 볼 수 있다. 소비자정책은 1970년대까지는 여성단체를 중심으로 한 소비자운동과 함께 물가안정 및 공정거래에 관한 법률 그리고 농수산물 유통 및 가격안정에 관한 법률이 제정되는 정도의 부분적인 필요에 의한 법제만 갖춘 소비자 권익 보호차원의 소비자정책이 주류를 이루었다.

현재의 우리나라의 소비자정책의 틀은 1980년도에 소비자 보호법이 제정되고 본격적인 행정체제 안에서의 소비자를 위한 정책이 시작되면서 새로운 국면을 맞이하였다. 또한, 1986년 동법을 개정하면서 적극적인 정부의 소비자 정책이 수행되었으며, 한국소비자보호원 설립을 포함하는 전면적인 개정 이후 소폭 개정된 내용들은 일부 필요한 내용들을 담고 있지만, 급속도로 변화하는 사회 환경이나 소비생활 관련 여러 여건의 변화, 소비자문제 전반에 대한 내용을 담기에는 충분하지 않았다. 1987년도에는 약관규제법과 도·소매업진흥법, 공정거래법, 부당경쟁방지법, 식품위생법을 통하여 소비자보호가 강화되었다.

1990년대에는 소비자보호 법령의 발전·보완을 통해 소비자안전과 소비자

정보 체계화 그리고 소비자 교육을 통한 내실 있는 발전을 이루었다. 1996년도에는 OECD가입을 통해 소비자 정책의 해결방안을 더 견고히 하기 시작하였다.

2000년대 이후 소비자정책의 기본 방향은 소비자가 '보호의 대상'이 아니라 '시장경제의 주권자'로 역할을 할 수 있도록 변화됨에 따라 소비자정책 방향은 소비자의 주체적 판단에 의한 선택과 시장 원리에 의해 소비자문제를 해결하는 기반 조성에 역점을 두게 되었다. 이에 소비자정보는 소비자의 주체적 판단에 의한 선택능력 제고의 주요 원천으로서 중요성이 증가하고 있다. 2006년에 '소비자보호법'이 '소비자기본법'으로 전면 개정되면서 우리나라 소비자 정책은 새로운 전기를 맞이하게 된다.

21세기에 접어들면서 소비자정책은 디지털 경제시대와 발맞추어 전자상거래와 인터넷을 통한 소비자 정보 강화의 필요성이 대두되었다. 소비자 정보의 제공기회 확대와 소비자민원 정보 확충을 통한 업무효율을 정책적으로 중요시하고 소비자안전 제고와 소비자의 알 권리 강화 그리고 소비자피해 보상기능의 강화를 위한 관련 법 제정과 시행이 시작되었다. 이를 통한 소비자의 권익보호를 위한 전문성과 효율성 제고를 위한 소비자정책을 활성화하고자 하는 노력들이 확대되었다. 또한, 2009년에는 소비자정책 기본계획을 수립하였으며, 2014년 현재는 3차 소비자정책 기본계획을 준비하고 있다. 이에 현재 소비자정책 기본계획은

표 15-1 우리나라 주요 소비자법률의 제정 추이

법률명	제정 연도	소관부처
소비자기본법	1980	재정경제부
약관의 규제에 관한 법률	1986	공정거래위원회
할부거래에 관한 법률	1991	공정거래위원회
방문판매 등에 관한 법률	1991	공정거래위원회
소비자생활협동조합법	1998	재정경제부
표시·광고의 공정화에 관한 법률	1999	공정거래위원회
제조물책임법	2000	재정경제부
전자상거래 등에서의 소비자보호에 관한 법률	2002	공정거래위원회

2009년의 정부 주도·민간 순응, 정책집행 중심, 부처 간 칸막이 운영방식에서 2013년의 민관 협조·소통, 정책평가 중심, 부처 간 협력을 중심으로 한 패러다임의 전환을 중시하는 정부 운영방식으로 반영되어 소비자행정이 진행될 것을 예고하였다.

2) 소비자정책의 목표 및 분류

(1) 소비자정책의 목표

소비자정책의 목표는 공급측면에서 사업자의 공정한 경쟁을 촉진하고, 수요측면에서 사전적으로 소비자의 합리적인 소비행동을 유도하고 사후적으로 소비자의 피해구제를 효율적으로 도모하는데 있다고 할 수 있다. 이러한 정책은 궁극적으로는 소비생활의 만족을 통해 국민생활의 질 향상이라는 최종목표와 연계될 것이다.

표 15-2 소비자정책의 목표

하위목표 →	목표 →	상위목표 →	최종목표
공급: 공정거래	소비자권리보장	소비생활만족	국민 삶의 질 향상
수요: 합리적 소비 피해 예방과 보상	소비자주권행사		

출처: 이승신(2005). 소비자정책의 현황과 연구방향. 소비자정책교육연구. 1(1). pp. 47~62.

(2) 소비자정책의 분류

소비자정책은 그 대상과 방식에 따라 규제정책, 지원정책, 조정정책으로 분류할 수 있다(백병성, 2009). 규제정책은 사업자를 대상으로 정부가 행정력을 동원하여 사업 활동을 제한하는 것이다. 정보와 지식 그리고 자금과 조직면에서 우월한 사업자는 인간의 이기적인 속성으로 인하여 힘을 남용하고 소비자에게 부당하고 불리한 조건으로 구매를 강요하거나 계약취소를 인정하지 않을 수 있다. 따라서 사업자에게 일정한 부담을 강제로 지워 사업자의 힘을 억제토록 하는 것이다.

지원정책은 상대적으로 취약한 소비자에게 정보와 교육을 제공하는 것이다. 소비자는 사업자와 비교할 때 정보, 지식, 자금 또는 조직면에서 불리하다. 그리고 무엇보다 소비자는 소비행위를 함에 있어 선택과 행동이 합리적이지 못하여 사업자와 대등한 관계에 있지 못하다. 따라서 이러한 비합리적이고 무지한 소비자에게 필요한 정보를 제공하고 소비자를 교육하는 것이 소비자지원정책인 것이다.

조정정책은 사업자를 규제하고 소비자를 지원함에도 불구하고 소비자가 피해를 당하거나 소비자와 사업자간의 분쟁이 일어나면 이를 해결하도록 제3자인 정부가 재판외 분쟁해결(ADR: Alternative Dispute Resolution) 수단을 이용하여 권고·조정하는 것이다. 소비자문제를 해결하기 위한 규제, 지원, 조정정책은 아래 〈표 15-3〉으로 요약할 수 있다.

표 15-3 소비자정책의 분류

구 분	규제정책	지원정책	조정정책
주된 대상	사업자 및 사업자단체	소비자 및 소비자단체	소비자와 사업자의 분쟁
방 법	명령·지시, 처벌, 공표, 가이드라인 제시	정보제공, 교육, 보조금지원	합의권고, 조정유도, 소송지원
목 적	시장에서 상대적으로 우월한 지위, 행위 억제	소비자의 취약한 부분 보완	소비자와 사업자의 분쟁해결
근 거	소비자기본법, 표시·광고의 공정화에 관한 법률, 방문판매 등에 관한 법률	방문판매 등에 관한 법률, 소비자기본법 등	금융감독기구의 설치 등에 관한 법률, 소비자기본법
원 인	사업자 부당행위 소비자안전 위협	소비자정보 부족·능력 부족	소비자불만·피해발생
주 체	정부 및 지방자치단체	정부, 소비자단체, 한국소비자원	한국소비자원 분쟁조정위원회, 금융분쟁조정위원회
정책시점	문제발생 전·후	문제발생 전	문제발생 후

출처: 백병성(2009), 소비자행동론, 서울: 시그마프레스.

3) 소비자정책의 방향

우리나라의 소비자정책은 7대 트렌드와 15개 소비자이슈 그리고 마지막으로 12개 소비자정책 과제를 도출하여 〈그림 15-1〉과 같이 3차 소비자정책으로 적용하고 있다.

먼저 소비자정책의 7대 트렌드는 다음과 같다.

인구 및 가구구조의 변화, 글로벌화, 경제의 서비스화 확대, 정보통신 융합기술의 발전, 환경 및 에너지 위기 심화, 사회적 양극화 지속, 소비자 권한 증대의 7가지 영역을 중심으로 정책 과제의 수행 방향을 제시하고 있다.

이를 15개 소비자이슈로 세분화하여, 12개의 소비자정책 과제를 도출하여 제3차 소비자정책 기본계획을 2015년부터 2017년까지 수행을 앞두고 있다. 소비자이슈는 고령소비자, 소가구 소비자 보호, FTA이후의 소비자후생 증대, 수입 소비재의 소비자안전 확보, 서비스 분야 소비자피해 증가, 서비스산업 발전에서 소비자관점 필요, 신기술 시장의 확대 및 소비자문제, IT·BT·NT 융합기술 발전에 따른 소비자 안전 문제, 에너지절약 및 효율성 제고 압박 증가, 친환경제품/서비스시장의 소비자문제 예방과 소비자참여 확대, 소비생활 정보제공의 범위 및 채널 확대, 시장매개형 사회서비스 분야에서의 소비자권익 강화, 사회적 갈등 예방을 위한 소비자정책의 수용도 제고, 소비자 중심 경영의 실질적인 시장성과 확산의 15개 분야로 세분화되고 있다.

이와 관련하여 12개 중점과제와 세부 실천과제 항목은 고령소비자계층의 소비자피해 예방과 구제, 국내 소비재 시장의 글로벌 경쟁 환경 구축, 소비자안전 행정 및 정보공유의 글로벌 체계 구축, 새로운 서비스 분양 시장규율 강화, 서비스 분야 소비자정보 불투명성 해소, 빅데이터 분석·활용확대에 따른 소비자문제의 예방과 해결, IT·BT·NT 융합기술 관련 리스크 거버넌스 구축, 에너지·친환경상품의 소비자행동변화 유도, 친환경제품/서비스시장의 소비자문제 예방과 소비자참여 확대, 소비자정보 생산 및 제공체계 개선, 시장매개형 사회서비스 분야에서의 소비자보호 강화, 소비자정책 거버넌스 선진화, 소비자의 시장 거버넌스 확대 등으로 구성된다. 이러한 중점과제에 거래, 안전, 정보·교육, 피해구제의 실

그림 15-1

제3차 소비자정책 기본계획의 12대 소비자정책 과제

7대 트렌드	15개 소비자이슈	12개 소비자정책 과제
인구 및 가구구조 변화	1 고령소비자 계층의 소비자피해 증가 우려	1 고령소비자 계층의 소비자피해 예방과 구제
	2 소가구맞춤형 서비스 등 새롭게 성장하는 분야의 소비자보호	
글로벌화	3 FTA로 인한 소비자후생 증대 효과 가시화 필요	2 국내 소비재 시장의 글로벌 경쟁환경 구축
	4 수입 소비재의 소비자안전 확보	3 글로벌 안전행정 및 정보공유 체계 구축
경제의 서비스화 확대	5 서비스 분야 소비자피해 증가	4 신규 성장 서비스 분야 시장 규율 강화
	6 서비스산업 발전에서 소비자관점 필요	5 서비스 분야 소비자정보 불투명 해소
	7 신기술 이용한 상품, 서비스 시장의 확대 및 소비자문제	
정보통신 융합기술의 발전	8 데이터의 개방 및 확대에 따른 소비자문제	6 빅데이터 분석, 활용 확대에 따른 소비자문제의 예방과 해결
	9 IT BT, NT 융합기술 발전에 따른 소비자안전 문제	7 IT BT, NT 융합기술 관련 리스크 관리 체계 구축
환경 및 에너지 위기 심화	10 에너지절약 및 효율성 제고 압박 증가	8 에너지, 친환경 제품 시장의 소비자정보 개선 및 참여 확대
	11 친환경제품/서비스시장의 소비자문제 예방과 소비자참여확대	
사회적 양극화 지속	12 소비생활 정보제공의 범위 및 채널 확대	9 소비자정보 생산 및 제공체계 개선
	13 시장매개형 사회서비스 분야에서의 소비자권익 강화	10 시장매개형 사회서비스 분야에서의 소비자보호 강화
소비자 권한 증대	14 사회적 갈등 예방을 위한 소비자정책의 수용도 제고	11 소비자정책 거버넌스 구축
	15 소비자중심경영의 실질적인 시장성과 확산	12 소비자의 시장 거버넌스 확대

출처: 한국소비자원(2014), 소비자정책 동향, 제51호.

천과제를 규정하고 각 과제항목별 세부 과제에 따른 실천 방안을 제시하고 있다.

이러한 정부의 소비자정책의 제정과 세부 과제의 실천을 통한 소비자의 적극적인 참여로 변화하는 소비자 시장환경에서 소비자의 역량이 강화되어 시대적인 흐름에 발맞추어 나아가는 자세가 향후 소비자정책에 무엇보다 필요할 것이다. 결국 정부와 소비자의 시장 대응 능력 측면의 통합적인 역량강화를 통한 새로운 패러다임에 적극 대응하는 노력들이 보여 질 때 소비자정책의 바람직한 방향이 드러날 것이다.

Reading 읽을거리 15.1

'고령소비자 피해상담' 4년새 23배 폭증, 법령 개정해 구제해야

급격한 고령화 속에 노인들을 겨냥한 사기 등의 범죄가 늘고 있지만, 적절한 피해구제방안이 미흡해 법령 개정이 필요하다는 주장이 국회에서 나왔다. 국회 입법조사처는 지난 6일 발간한 '고령 소비자 허위·과장 광고 피해구제방안 검토' 보고서에서 "고령소비자는 신체적 노쇠 등으로 인해 일반소비자들에 비해 상대적으로 낮은 경제 여건, 심리적 불안정, 고독감 등을 동반하는 특성을 가진 취약소비자"라며 이들의 특성에 맞는 피해구제방안을 마련해야 한다고 주장했다.

입법조사처가 인용한 한국소비자원 통계에 따르면, 60세 이상의 소비자 피해상담 건수는 2008년 한해 1034건에 불과했지만, 올해에는 9월 현재까지 2만 3,963건으로 무려 23배 가까이 폭증했다. 그럼에도 불구하고 피해구제 건수는 2008년 1,034건에서 2013년 9월 현재 1,324건으로 소폭 증가했을 뿐이었다. 그나마 올해 이뤄진 피해구제 중 278건은 사실상 피해구제라 보기 어려운 정보제공에 그치는 수준이었다.

이같은 수치는 고령 소비자 보호 정책을 제대로 갖추지 못한 한국 법령의 현실을 여실히 반영한다. 입법조사처는 "기만상술에 의한 상품구매를 규제하는 방문판매법에서는 고령 소비자를 위한 피해구제조치를 따로 고려하고 있지 않는 등 고령 소비자의 특성이 반영된 정책을 찾기는 쉽지 않다"고 지적했다.

반면 외국에서는 고령 소비자를 위한 구제책을 명시적으로 규정하고 있다. 미국은 '미국 판결 가이드라인'과 '고령자법'에서 고령자를 대상으로 한 사기 마케팅 범죄를 더 무겁게 처벌하도록 규정하고 있다. 이웃 일본 역시 계약 철회 및 취소 요건을 완화해 일반소비자보다 기만 상술에 의해 피해를 입기 쉽고 피해 발생 빈도도 높은 고령소비자를 배려하고 있다.

입법조사처는 외국의 사례를 참고로 삼아 고령소비자를 대상으로 한 범죄 처벌을 강화하고, 계약 철회 등 피해구제 권리를 보장할 것을 제안했다(헤럴드경제=김성훈 기자).

자료: 헤럴드경제(2013), '고령소비자 피해상담' 4년새 23배 폭증, 법령 개정해 구제해야, 2013. 12. 9. 〈http://m.news.naver.com/read.nhn?mode=LSD&mid=sec&sid1=100&oid=112&aid=0002500641〉

4) 경제혁신 3개년 계획과 소비자정책

정부는 2014년 2월말 「경제혁신 3개년 계획」을 발표한데 이어 3월초에는 59개로 구성된 '세부 실행과제'를 공개했다. 한편 소비자정책도 금년에 중요한 전환기를 맞이하고 있는 바, 소비자정책의 상위 범주로서 경제정책의 변화를 수용하지 않을 수 없는 상황이다. 2014년은 2012년에 시작된 제2차 소비자정책기본계획을 마무리하고 2015년부터 2017년까지 시행될 제3차 기본계획을 수립해야 할 중요한 시기로서 소비자정책의 이행기라 할 수 있다.

경제혁신 3개년 계획은 '목표-3대 추진전략-9+1과제-59개 세부 실행과제'로 구조화되어 있다. 경제혁신 3개년 계획의 목표는 "대한민국 대도약을 통한 '국민 행복 시대' 구현"이다. 그리고 "기초가 튼튼한 경제", "역동적인 혁신 경제", "내수 수출 균형경제" 등 세 개의 추진 전략을 표방하고 있다.

경제혁신 3개년 계획을 보면 '공공부문 개혁'부터 '통일 시대 준비'까지 이른바 '9+1과제'로 구성되어 있고 그 중의 59개 실행과제 가운데 소비자 권익증진을 직접 목적으로 하는 과제는 '금융소비자 권익 강화'(과제번호 14번)라고 할 수 있다. 구체적인 내용을 보면, 금융소비자 보호 기능을 전담하는 '금융소비자보호원'을 신설하고, 금융소비자 보호를 위한 기본법인 '금융소비자보호법'을 제정하며, 불합리한 금융 관행의 발굴 개선을 통해 '금융소비자 편의제고'를 도모한다.

정부 계획에 따르면, 향후 제정될 금융소비자보호법에는 금융상품 비교공시 등 정보제공, 맞춤형 금융교육, 금융상품 판매행위 규제, 위반시 과징금 부과 등 제재에 관한 사항 등이 포함될 것으로 보인다.

---

① (개인정보보호 강화) 공공부문, 금융, 의료, 통신 등의 분야에서 개인정보보호 실태조사를 실시하고, 그 결과를 바탕으로 개인정보보호대책을 수립.

② (가계부채 구조개선) 가계부채 증가율을 경제성장률 수준으로 관리하여 가처분소득 대비 가계부채 비율을 현재보다 5%p 인하하고, 정책모기지 공급을 확대하며, 가계대출의 금리와 상환방식의 개선을 추진.

③ (사교육비 부담 완화) 공교육을 정상화하고, 방과 후 교육을 강화하며, 대입 전형 간소화 방안을 시행.

출처: 관계부처 합동(2014).

소비자 권익증진을 직접 목적으로 표방하지는 않지만 소비자후생에 직간접적으로 영향을 줄 수 있는 과제라고 할 수 있다. 최근 사회적으로 크게 문제가 되고 있는 '개인정보보호 강화'(과제번호 13번), '가계부채 구조개선'(과제번호 41번), '사교육비 부담 완화'(과제번호 44번) 등이 있기 때문이다.

경제혁신 3개년 계획을 보면 모든 정책 중 거의 유일한 소비자 관련된 정책은 '금융소비자 권익강화'이다. 그러나 '금융소비자 권익강화'는 사실 새로운 내용이라 보기 어렵고, 이미 국정과제에 포함되어 추진되고 있었던 사항이었다.

2013년에 발표된 박근혜정부의 140대 국정과제를 보면 '소비자권익 보호'라는 표제의 정책과제가 들어 있다. 구체적인 실행계획에는 "소비자역량 강화와 피해구제 실효성 제고", "금융소비자보호 강화" 및 "서민생활 밀접 분야 담합" 등 불공정 행위 시정 등이 포함되어 있다.

박근혜정부 국정과제 중 '소비자권익 보호' 과제를 정리한 결과는 〈표 15-4〉와 같다.

표 15-4 박근혜정부 국정과제 중 '소비자권익 보호' 과제

세부 과제	내 용
소비자역량 강화 및 피해구제 실효성 제고	소비자의 합리적 구매선택에 필요한 정보제공을 확대하고, 표시·광고법에 '동의의결제'를 도입하며, '소비자보호기금'의 설립 운영을 추진.
금융소비자보호 강화	'금융소비자보호법' 제정안의 조속 처리를 추진하고, 신용조회회사가 개인 신용등급 변동 사항 통지 서비스를 제공
서민생활 밀접 분야 감시 강화	생필품 금융 교육 등 서민생활 직결 분야에 대한 모니터링을 지속적으로 실시하고 담합 등 불공정행위를 시정

실행계획 가운데, 비교 소비자정보 제공 확대는 '비교공감 서비스'를 통해 이루어지고 있고, 지난 해 표시 광고법이 개정되어 동의의결제도가 도입되었다. 소비자보호기금 설립은 공정거래위원회, 기획재정부, 소비자단체 등 이해관계자 간 의견 조율이 진행 중이고, 금융소비자보호법은 법안이 국회에 계류 중인 상태이다.

경제혁신 3개년 계획에 소비자 관련 정책 과제를 반영하는데 한계가 있다고 생각한다. 최근 사회 문제가 되고 있는 경제 디플레 우려, 소비생활의 양극화 심화, 중산층의 축소, 가계통신비 절감, 단말기 유통구조 합리화, 공공 및 의료서비스 민영화, FTA의 소비자후생 효과, 복지서비스와 소비자선택, 사회적 경제와 윤리적 소비, 집단소송 및 징벌적 손해배상제의 도입 등과 같은 이슈가 이번 3개년 계획에 포함되었으면 좋았을 것이다.

2 글로벌 소비자정책의 현재와 전망

세계경제는 2007년 미국의 서브프라임모기지(sub-prime mortgage loan) 사태와 2008년의 리먼(Lehman Brothers Holdings) 파산사태 등, 파생금융상품 손실과 이와 연관된 각국 금융기관 등이 경제적 손실을 입으면서 글로벌 금융위기를 겪게 되었다. 그러한 위기속에서 세계경제는 저금리, 저출산, 고령화, 인플레이션 등 여러 가지 사회적 이슈들이 복잡하게 서로 연관되어 우리의 삶과 소비생활에 직접적인 영향을 미치고 있다. 이 절에서는 이러한 글로벌 경제의 변화 속에 소비자 권익 옹호를 위한 선진국들과 국제기구, 글로벌 소비자조직의 소비자 관련 정책은 어떻게 추진되고 있는지, 그리고, FTA와 같은 국가·지역적 경제협력의 진전은 소비자 후생에 어떤 영향을 미치는지 등에 관해 살펴본다.

1) 주요 선진국의 소비자정책

(1) 미 국

소비자정책의 연혁

미국에서 소비자문제와 관련된 정책 문제가 본격적인 사회적 이슈가 된 시점은 1960년대라고 할 수 있다. 당시 전후(戰後) 경제성장 과정에서 주택문제, 인플레이션과 같은 다양한 경제사회적 어려움이 존재하는 상황 아래 1962년 케네디(John F. Kennedy)대통령의 '소비자의 권리'선언으로 소비자보호에 관한 사회적 관심이 높아졌으며, 연방정부 차원에서도 여러 소비자보호 관련 입법과 조치가 뒤따랐다.

예컨대 1964년에는 연방 차원의 소비자보호전담 기구인 소비자보호청(U.S. Office of Consumer Affairs)이 대통령 소비자이익위원회(Committee on Consumer Interests)의 후신으로 설치되었다. 이 기구는 연방정부기관 중에서 소비자보호를 위한 가장 활발한 활동을 해온 기관이며, 편의상 후생성(Department of Health and Human Services) 산하에 설치되어 있었으나 실질적으로는 대통령에게 직접적인 업무보고를 하는 등 독립적인 조직으로서의 업무를 수행하였다. 소비자청은 소비자정책의 심의와 종합조정, 소비자교육, 소비자주간의 실시, 소비자이익의 국제적 대변, 기업의 소비자보호 지원 등과 같은 미국의 소비자정책의 주관기관으로서 기능을 담당해 왔지만, 예산상의 제약으로 1998년 폐쇄되었다.

1966년에는 고속도로안전법이 제정되고 이듬해 제품안전위원회가 설립되었으며 1972년에는 미국 최초의 독립적 소비자보호 연방기관인 소비자제품안전위원회(CPSC)가 설립되었다. 물론, 상거래에서의 부당경쟁방지를 위하여 1914년 설립된 연방거래위원회(FTC)도 1938년부터 소비자보호법에 관련된 사항을 처리할 수 있는 권한이 부여되고 조직내 소비자보호국이 설치되었다. 또한 고속도로 교통사고로 인한 상해·사망 및 경제적 손실을 줄이기 위한 조치로 1970년에 전미고속도로교통안전위원회(NHTSA)가 설립되었다. 그 외에도, 상무성, 법무성, 노동성 등 연방정부부처에 일정단위의 소비자보호부서가 설치되었으며, 주정부 차원에서는 대부분의 주에서 소비자보호를 위한 내부 조직이 설치되었다.

이러한 일련의 소비자보호를 위한 연방정부 내지 주정부의 기구설치·운영에도 불구하고, 소비자 입장에서 적절한 보호를 받지 못하는 경우가 많았으며, 또한 소비자보호청(OCA)의 경우와 같이 정부예산 삭감으로 소비자정책의 종합조정기능이 폐지되기도 하였다. 그러한 배경에는 기본적으로 시장 중심의 자유방임주의 경제 사조 아래 민간소비자단체의 역할 증대와 소비자보호를 위한 기업의 자율규제의 활성화가 자리 잡고 있다.

정책 추진 체계

미국의 소비자정책 추진체제는 크게 연방정부 차원과 주정부 차원으로 구분되며, 연방정부 차원의 소비자정책담당기관의 경우도 해당 주에 직할 분소 등을 설치하여 해당 주정부의 소비자행정과 직간접적인 협력관계를 갖고 있다.

연방 차원에서는 거래와 관련된 것은 연방거래위원회(FTC)가, 각종 공산품 안전에 관해서는 소비자제품안전위원회(CPSC), 식품이나 의약품 등의 안전은 식품의약국(FDA)이 각각 담당하고 있다. 기타 증권이나 금융에 관련된 소비자문제는 증권거래위원회(SEC), 도로교통안전에 관련된 문제는 전미고속도로교통안전위원회(NHTSA), 환경에 관련된 문제는 환경청(EPA), 술·담배나 소화기 및 폭발물 등에 관한 문제는 법무성(Department of Justice) 내의 주류담배화기단속국(ATF)에서 담당하고 있으며, 연방차원에서 시민정보센터(FCIC)가 설치·운영되고 있다.

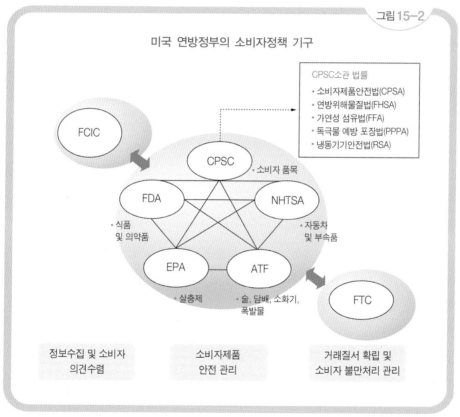

그림 15-2

미국 연방정부의 소비자정책 기구

CPSC소관 법률
· 소비자제품안전법(CPSA)
· 연방위해물질법(FHSA)
· 가연성 섬유법(FFA)
· 독극물 예방 포장법(PPPA)
· 냉동기기안전법(RSA)

FCIC

CPSC · 소비자 품목

FDA
· 식품 및 의약품

NHTSA
· 자동차 및 부속품

EPA · 살충제

ATF · 술, 담배, 소화기, 폭발물

FTC

정보수집 및 소비자 의견수렴

소비자제품 안전 관리

거래질서 확립 및 소비자 불만처리 관리

출처: 이종인(2008), 해외주요 소비자기관의 기능 및 정책추진체계 연구, 한국소비자원, p. 82.

이러한 소비자관련 연방 기관들은 (1) FCIC와 같은 정보수집 및 의견수렴기구, (2) CPSC, FDA, EPA, NHTSA, ATF 등 품목별 안전관리업무 담당기구, (3) FTC와 같은 거래질서 및 소비자불만 처리담당기구 등으로 구분해 볼 수 있으며, 기구별 역할분담이 기능에 따라 세분화되어 있다. 이러한 각 기관들은 해당 법률에 따라 독립적으로 운영되고 있다.

한편 각 주 차원에서는 대개 해당 주정부 내 사법장관부처를 두고 있으며, 일부 주의 경우는 주정부내 소비자문제전담부서를 설치·운영하고 있다. 예컨대, 캘리포니아주의 경우 소비자행정업무를 전담하는 기구로서 '소비자보호청(Dept. of Consumer Affairs, 1970년 설립)'을 두고 있을 뿐 아니라 주내 LA 카운티(county)에도 소비자보호국을 설치·운영하고 있다.

이상에서 논의한 미국의 소비자정책 관련기구 및 체제를 〈그림 15-2〉와 같이 나타낼 수 있다.

소비자정책 추진 기관

미국 연방 차원의 소비자정책 추진은 앞에서도 소개했던 연방거래위원회(FTC), 소비자제품안전위원회(CPSC), 식품의약품국(FDA), 연방시민정보센터(FCIC) 등이 대표적이다.

연방거래위원회(FTC)는 연방거래위원회법(FTC법) 등에 기초하여 경쟁 및 공정거래를 담당하는 연방독립기관으로써, 소비자들이 양질의 상품을 저렴한 가격에 구입할 수 있도록 시장에서의 건전한 경쟁을 유지하기 위한 목적으로 1914년 설립되었다. 설립초기에는 상거래의 불공정 경쟁의 방지 등 경쟁정책부문에 주력하였으나, 1938년에는 의회에 의해 특정 산업의 불공정·기만적 행위 등 반경쟁적행위에 대한 규제권한이 추가되었다. 이어 관련 법에 의해 다양한 형태의 소비자보호를 위한 기능이 추가되었는데, 방문판매법(Telemarketing Sales Rule), 페이퍼콜법(Pay-Per-Call Rule), 평등신용기회법(Equal Credit Opportunity Act)이 그 대표적인 경우이다. 연방거래위원회는 미국에 있어서 가장 광범위한 소비자문제 관련 권한을 갖고 있는 연방기관으로서, 소비자문제에 관해서는 '소비자보호국(Bureau of Consumer Protection)'에서 담당한다.

소비자제품안전위원회(CPSC)는 소비자제품안전법(Consumer Product Safety Act, CPSA), 위해물질법(Federal Hazardous Substance Act, HSA), 가연성섬유법(Flammable Fabric Act, FFA), 독극물예방포장법(Poison Prevention Packaging Act, PPPA) 및 냉동기기안전법(Refrigerator Safety Act, RSA) 등을 관장하기 위해 1973년 독립 연방기구로 설립되었으며, 연방정부의 소비자제품의 안전성 확보를 위한 중심적 기관으로서 관련 업무를 담당하고 있다. 위원회는 (자동차와 식료품등을 제외한) 약 1만 5천종 이상의 가정·교육·여가용품 등 소비자제품으로부터 발생하는 불합리한 위험을 제거·저감하여 소비자를 보호하는 것을 주된 목표로 하고 있다. 제품의 안전정책의 기획, 검증, 기업에 대한 감사·현장조사, 제품안전에 관한 업계의 자율기준 설치활동 지원, 제품의 리콜(recalls)이나 제조금지명령, 잠재적 위험성에 대한 조사, 사고정보관련 데이터베이스의 구축과 관리, 자발적리콜 정보의 수집·제공 등의 업무를 수행하고 있으며, 이러한 다양한 활동에 관련된 정보를 언론을 통해 제공하며 소비자를 계몽하는 활동을 담당하고 있다.

식품의약국(FDA)은 미국 보건성(Department of Health and Human Services) 산하의 독립된 행정규제기구로써, 식품과 의약품 등의 잠재적 위해로부터 공공의 안전을 도모하고, 국민의 건강을 증진시키는, 우리나라의 식품의약품안전처와 유사한 역할을 수행하고 있다. 즉 미국 내에서 생산되는 식품, 건강보조식품, 의약품, 화장품뿐만 아니라 수입품과 일부 수출품의 효능과 안전성을 확인하고 승인하는 업무를 담당하고 있다 예컨대 치료약이나 기구는 순도·강도·안전성·효능 등에 대한 FDA 기준을 충족해야만 시판이 가능하다. 새로운 의약품은 동물 실험을 거친 뒤 FDA의 인증을 받아야만 하며, FDA는 의약품의 안전성이나 효능에 문제가 있다고 판단되면 회수 명령을 내릴 수도 있다.

연방시민정보센터(Federal Citizen Information Center, FCIC)는 미국 연방정부의 종합서비스국(General Service Administration)에서 운영하고 있으며, 지난 40년동안 제반 소비자문제의 해결방법을 제공하고, 정부기관이나 정부서비스에 관한 정보를 제공해오고 있다. 소비자들은 동 센터의 무료전화, 발간자료 및 웹사이트를 통해 필요한 정보를 얻을 수 있다.

(2) 일 본

소비자정책의 약사

일본은 전후 회복기를 거쳐 1960년대부터 고도경제성장기를 맞으면서 대량생산·대량소비의 과정에서 결함상품에 의한 소비자위해나 부당 표시에 따른 소비자피해 사건이 빈발했다. 이에 일본 정부에서는 소비자보호를 위한 법령을 정비하고 행정조직을 개편하는 등 소비자정책 추진체제를 마련하였다. 그 대표적인 예가 소비자정책의 기본골격이 되는 1968년의 소비자보호기본법 도입과, 1970년의 소비자정보제공과 불만처리를 담당하는 국민생활센터(NCAC)의 설립이다. 그후 1970~80년대는 경제의 상대적 번영기로써, 역시 소비자보호기본법을 토대로 한 정부규제 강화에 초점을 맞춰왔다.

1990년도에 들어와서는 소비자의 권리보장과 소비자권리 침해에 대한 구제를 위한 민사적 책임을 정하는 관련 법률의 제정에 소비자정책의 역점이 주어졌다. 이에 따라 1994년에는 피해자가 해당 제품의 결함유무만 입증하면 되도록 하는 제조물책임법이 제정되었고, 1999년에는 양질의 주택건설의 보장을 위한 주택품질개선법이 제정되었다. 이어, 2001년 4월에는 사업자와 소비자간의 계약에 있어서 정보와 협상력 격차를 줄여 공정계약을 유도하기 위한 소비자계약법이 시행되었다. 또한 2001년 4월에는 금융상품에 관련된 여러 정부부처 소관의 규정들을 통합한 금융상품판매법이 제정되었다.

그 후 최근까지 일본의 소비자정책은 소비자보호 수단으로써 사업자의 자율규제를 강화하는 형태로 추진되고 있다. 예컨대 2002년 12월에는 국민생활심의회에서 '소비자신뢰 획득을 위한 기업의 자발적 행동규범 지침'이라는 가이드라인을 발표하였는데, 이는 기업들로 하여금 자율적으로 사회적 책임을 다하도록 유도하는 의미를 가진다. 또한 2004년 6월에는 소비자보호기본법이 소비자가 독립적인 주체가 될 수 있도록 지원하는 노력을 소비자정책의 기초로 설정한 '소비자기본법'으로 개정됨으로서, 시장에서의 소비자의 선택권 제고와 사업자의 자율규제가 강조되는 밑받침이 되었다.

이러한 일련의 소비자정책의 연혁을 소비자위원회 위원장을 역임하고 현재 일

표 15-5 일본 소비자정책의 역사

	50년대 이전		타 목적 법규의 집행 결과	부수적 소비자보호의 시대
첫번째 물결	60년대	행정 중심	행정규제 + 행정에 의한 피해상담·알선	Hard Law 시대
두번째 물결	90년대	사법(司法) 중시	법원 등을 통한 권리의 행사	민사규범의 시대
세번째 물결	2000년대 이후	시장 중시	시장을 이용한 소비자보호	Soft Law 활용의 시대

본국민생활센터 이사장직을 맡고 있는 마쓰모토 교수(松本恒雄, 一橋대학 법학연구과 교수)는 〈표 15-5〉에서와 같이, 50년대 이전, 첫 번째 물결(60년대), 두 번째 물결(90년대), 세 번째 물결(2000년대 이후)로 구분하여 정리하고 있다.

일본의 소비자정책·행정 추진체계

일본에서는 지난 2000년대 중반 이후 수년간, 독성 농약이 함유된 중국산 만두나 곤약젤리, 그리고 결함 있는 가스순간온수기 등으로 여러 희생자가 생겨나고, 소비기한(우리나라의 '유통기한'에 해당) 위조 사건이나 국민연금자료의 증발사건과 같은 소비자문제가 연이어 발생하자 소비자 행정을 개혁해야 한다는 목소리가 높아졌다.

이러한 배경 아래 소비자 정책의 사령탑 역할을 할 소비자청 설치 법안이 2009년 5월에 의회를 통과됨으로써, 같은 해 9월 소비자청이 세워졌다. 이어 소비자청의 감시기구인 소비자위원회도 설치되었다. 신설된 소비자청은 지방 조직(소비생활센터)을 통해 접수되는 전국의 다양한 소비생활정보와 위해정보를 심층적으로 조사·분석하고, 사업자의 부당·위법 행위에 대한 현장조사를 통해, 필요한 행정처분을 하고 관계부처에 권고하는 기능을 수행하고 있다.

국민생활센터(NCAC)는 종래 특별법에 의해 설치된 정부 산하 특수법인으로써 소비자보호기본법에 규정되어 있지 않아 소비자정책상의 지위가 애매하였다. 하지만, 2003년 10월부터 '독립행정법인국민생활센터법'에 의거 독립행정법인화되었으며, 소비자기본법(제25조)에 '국민생활센터의 역할'규정이 삽입됨으로써 법적 지위를 부여받게 되었다. 현재 소비자청 소관으로써, 전국의 소비생활센터들과 연계하여 소비자상담과 피해구제 정보 및 소비자 위해정보들을 수집하여 분석하고 제공하는 역할을 하고 있다. 상품테스트와 교육 연수 업무도 수행하며, 신설된 소비자청과 연계하여 정책을 추진하는 기능도 갖고 있다.[1]

한편, 우리나라의 공정거래위원회의 기능을 수행하는 공정취인위원회는 자유주의경제에 있어서 경쟁정책의 촉진을 목적으로 1947년 7월에 설립된 내각총리대신 소관의 합의제 행정위원회이다. 동 위원회는 경제헌법으로도 불리는 '사적독점의 금지 및 공정거래에 관한 법률'을 운용하며, 독점금지법의 특별법인 하청법과 부당경품류및부당표시방지법(경품표시법)을 운용하고 있다. 또한 사적 독점, 부당거래의 제한(가격 카르텔, 시장 분할 카르텔, 입찰 담합 등) 및 불공정한 거래 방법(부당염가판매, 우월적 지위의 남용 등)을 적발하는 등 공정한 거래질서를 위한 정책을 통해 소비자 권익 증진에 기여하고 있다. 하지만 우리나라 공정거래위원회에서 수행하고 있는 소비자정책 추진 기능은 갖고 있지 않다.

지방정부

일본은 지방소비자행정 체계가 잘 되어 있는 편이다. 도도부현(都道府縣) 등 지방자치단체는 이미 1970년대 초반부터 중앙정부 시책에 준하여 소비생활센터라는 소비자행정 전담부서를 전국에 약 400여개소에 두고, 관련 조례를 제정하는 등 지역 실정에 부합되는 세부시책을 강구하여 소비자행정을 추진해 오고 있다.

소비생활센터는 국민생활센터와 제휴하여 전국소비생활정보네트워크(PIO-NET)을 통한 소비자정보 제공, 불만처리, 상품테스트 등의 소비자보호 업무를 수행하고 있다. 소비생활센터는 지방자치단체가 조례 등에 의해 독자적으로 설치되어, 생활과학센터, 소비자센터, 현민생활센터(県民生活センター) 등 명칭이 일정하지 않으며, 그 규모도 지역실정에 따라 다양하다.

---

1 자세한 사항은 센터의 홈페이지에서 확인해 볼 수 있다(www.kokusen.go.jp).

(3) 영 국

소비자정책의 연혁

1961년의 소비자보호법(Consumer Protect Act) 제정으로부터 가시화된 영국의 소비자보호정책은 1973년 공정거래법이 제정되고 이에 근거하여 공정거래청(Office of Fair Trading, OFT)이 설립되면서부터 본격화되었다. 하지만, 소비자문제는 그보다 훨씬 앞선 19세기 중반으로 거슬러 올라간다.

19세기 중엽 영국은 자본주의의 확산과 실업의 증대 등으로 불만이 커진 노동자들과 자본가의 대립이 격화됨으로 인해 노동운동이 활발히 전개되고 있던 시기이다. 1844년 영국의 로치데일(Rochdale)에서 공장 노동자들이 '로치데일 공정 개척자조합(Equitable Society of Rochdale Pioneers)'을 설립하여 조악한 품질과 유해한 식품 및 높은 소비자물가에 대항하였는데 이 조직이 영국의 협동조합형 소비자운동의 시초이다. 하지만, 이러한 협동조합형 소비자운동으로는 과잉·저질생산으로 인한 소비자의 불만과 위해 문제가 해결될 수 없었으며, 당시 영국에 존재했던 공적보호는 판례법 형태인 커먼로(common law)에 의한 것이 전부였다.

이러한 배경아래 1887년에 상품표시법과 상표법, 1893년에는 상품판매법이 제정되었고, 20세기에 들어와서는 1938년에 할부매매법, 1955년에 식품의약품법 등이 마련되었다. 이어 상술한 바와 같이 1961년에 소비자보호법이 제정되었고, 1973년에는 공정거래법에 의하여 공정거래청(OFT)이 설립되었으며, 동 기관에 소비자보호자문위원회(Consumer Protection Advisory Committee, CPAC)가 설치되어 소비자보호 행정을 전담하게 되었다.

소비자정책 추진 체계

영국은 기본적인 소비자정책과 관계법의 제·개정은 중앙정부에서 담당하지만, 실제의 소비자생활에 필요한 소비자보호행정, 예컨대 소비자정보제공, 시장감시, 사업자단속, 위험제품의 리콜, 소비자불만처리 등의 업무는 지방자치단체 단위에서 수행되고 있다. 각 시·군단위에 별도의 지역기관으로 설치되어 있는 거래기준국(Trading Standards Service, TSS)에서 지방의 소비자행정을 중추적으로 수행한다.

중앙정부의 경우, 소비자정책의 축인 비즈니스·기업·규제개혁성(BERR)을 중심으로 소비자안전, 공정거래, 피해구제 등의 정책이 입안·수립되고, 공정거래청(OFT)과 식품기준청(FSA) 등의 중앙정부기관과 전국의 지방자치단체에 설치되어 있는 거래기준국(TSS)과 같은 지방정부기관 및 소비자포커스와 같은 정부지원기관 등이 상호 유기적으로 역할을 분담하고 협력 집행함으로써 소비자보호정책을 추진해가고 있다.

소비자정책 추진 기관

소비자정책과 연관된 영국의 대표적인 조직으로는 비즈니스·기업·규제개혁성(BERR), 공정거래청(OFT), 거래기준국(TSS), 소비자포커스 등이다.

비즈니스·기업·규제개혁성(Department for Business, Enterprise and Regulatory Reform, BERR)은 2007년 6월 영국의 행정조직 개편 시 신설된 부처로써, 종래 소비자정책을 소관하고 있던 통상산업성(Department of Trade and Industry, DTI)에 규제개선국(Better Regulation Executive, BRE)과 통산성(Department of Community) 및 내각부(Cabinet Office)의 일부를 통합한 것이다. 이 조직은 국가경쟁력 강화와 기업친화적 정부를 지향하는 정책목표의 달성을 위해 경쟁력 있고 유연한 시장조성 등 경기 활성화를 기관의 목표로 하고 있다. 이를 위해 국가경제의 생산력 제고를 위해 규제개혁을 추진하고 타 정부부처 및 지방정부와의 상호협력을 지향하고 있다. 또한, '소비자주권의 확립과 기업의 성장을 통해 경쟁적시장을 확대함으로써 국가의 이익실현'이라는 전략목표 속에 BERR의 소비자정책을 추구하고 있다.

영국의 공정거래청(Office of Fair Trading, OFT)은 기업법(Enterprise Act, 2002)에 의한 독립 행정전문기관으로서, '소비자를 위해 시장이 건전하게 기능하도록' 감시하는 것을 기관의 미션으로 하고 있으며, 공정한 기업활동, 경쟁과 소비자의 이익보호·촉진·권리강화를 도모하고 있다. OFT는 1973년 경쟁정책의 효과적인 집행을 위해 DTI의 감독을 받는 독립행정기관으로 설립되었으나, 2003년 4월 기업법이 시행되면서 조직이 개편된 바 있다. OFT에서는 개별소비자의 상담업무를 수행하지 않지만,[2] 조직내 정보제공창구웹사이트인 Consumer Direct를 운영하고

---

2 개별소비자 상담은 후술하는 각 지방자치단체에 설치되어 있는 거래기준국(TSS)에서 담당한다.

있다.

거래기준국(Trading Standards Services, TSS)은 식품표시나 식품안전 등을 포함한 80여 개의 소비자 및 거래 관련법의 준수여부의 감시 등 법의 집행을 담당하는 지방단위의 조직으로 각 지방자치단체에 설치되어 있다. TSS는 관련법의 집행 이외에도 소비자상담, 상품테스트, 정보제공 등의 소비자관련 업무를 수행한다. 또는 정부기관으로서 약 200여개의 지역에서 소비자보호업무를 담당하며, BERR 및 OFT와 업무연계하여 제품안전, 공정거래, 부당표시 등을 규제하는 기능을 수행한다.

소비자포커스(Consumer Focus)는 영국의 독립된 소비자 권익증진 기구인 국립소비자위원회(National Consumer council, NCC)를 전신으로 하여 출범한 소비자 권익보호기구이다. 영국 정부는 2008년 10월 1일 NCC와 Postwatch[3] 및 Energywatch를 통합하여 170여명의 직원을 가진 영국 역사상 최대 규모의 소비자 권익보호기구를 출범시켰다. 이 기구는 영국 전역(England, Wales, Scotland, Northern Ireland)을 포괄하는 소비자보호 법정 기구로서, 업무 영역은 기존의 NCC업무에 에너지, 우편분야 등 공공부문까지 확대됨으로써, 부문 간 업무전문성 교류를 통한 효율적이고 강력한 소비자권익의 보호기능을 수행할 것으로 기대된다.

2) 우리나라 소비자정책에의 시사

지금까지 미국과 일본, 그리고 영국의 소비자정책의 연혁과, 추진체계, 주요 추진기관의 활동 등을 살펴보았다. 이러한 선진국에서의 소비자정책의 특징에서부터 우리가 어떤 정책적 시사점을 얻을 수 있는지 살펴본다.

우선, 미국은 시장경제를 기반으로 한 정부와 사업자 및 민간의 협력이 원활한 국가이면서도 특히 제품안전에 관한 한 소비자제품안전위원회(CPSC)라는 작지만 강력한 규제기관의 역할이 두드러져 보인다. 우리나라도 CPSC의 Fast Track Recall과 같은 일종의 '신속리콜절차'를 활성화할 필요가 있다. 즉 사업자의 자발적 리콜 여건을 지원하고 조장함으로서 위해(가능) 제품의 위험성에 의한 사회적

---

3 2001년 설립된 우편관련 소비자보호기구, 법적 명칭은 the Consumer Council for Postal Service이다.

비용을 줄여주는 효과를 기대할 수 있을 것이다. 또한, 해외로부터의 결함 있는 수입제품으로부터 소비자를 보호하기 위한 보다 적극적 조치도 필요하다. 더불어, 우리나라도 CPSC와 같은 소비자제품의 안전성 제고를 위한 독립된 규제기관을 설치할 것도 검토해보면 좋을 것이다.

일본의 국민생활센터는 지자체에서 운영하는 소비생활센터와의 PIO-NET을 이용한 연계를 통해 소비생활상담, 위해정보 데이터베이스의 허브로서의 기능을 수행하고 있는 점이 특징적이다. 우리나라도 일본과 같은 범국가적 '소비생활정보네트워크' 시스템을 활성화하면 좋을 것이다. 현재 우리나라는 10개 소비자단체와 16개 광역시도 지자체 그리고 한국소비자원이 함께 참여해 운영하는 통합 1372소비자상담센터가 운영 중에 있다. 하지만 일본의 PIO-NET과 같은 종합 데이터 허브로서의 기능은 미진하다. 사회 전체적 공유 인프라로서의 기능을 하기 위해 시스템의 활용도를 높일 필요가 있으며, 이를 위해 지자체의 소비자상담창구(소비자상담실)의 수적 확대도 추진할 필요가 있다. 또한 네트워크의 운영주체와 지자체·유관기관 등의 상담창구간의 역할분담을 통해 원활한 협조가 이루어지도록 하는 체계를 구축해 나가는 것이 바람직하다.

영국은 전통적으로 정부의 핵심부처에서 소비자정책을 총괄하며, 중앙정부간, 중앙정부와 지방정부간 협조체제와 독립된 소비자권익보호기구(소비자포커스)의 역량을 강화하고 있는 것이 특징적이다. 우리나라도 영국의 소비자포커스와 유사한 한국소비자원의 독립성과 법적 권한을 강화할 필요가 있다. 예컨대 한국소비자원에 조사권과 사업자의 정보공개요구권 등을 부여하여 감독기관인 공정거래위원회와는 독립적으로 소비자정책 기능을 수행하도록 하는 것이 바람직하다. 또한 영국과 같은 정부부처·기관 간 유기적인 역할의 분담과 상호 협력하여 집행되는 체제를 강화해가는 것이 좋을 것이다. 필요하다면 소비자포커스의 업무범위 확대 등 역량강화 측면에 관한 사항을 벤치마킹할 수도 있을 것이다.

한편, 지금까지 살펴본 것과 같이 경쟁촉진과 공정한 시장거래를 위한 미국의 연방거래위원회, 영국의 공정거래청, 일본의 공정취인위원회는 해당 국가의 소비자정책을 전담하지 않고 있다. 미국의 연방거래위원회는 거래분야에 관해서만 소비자보호국에서 담당하며 제품안전, 식의약품화장품안전, 교통사고, 환경문제 등은 별도의 연방 기관에서 전담하고 있다. 영국의 공정거래청과 일본의 공정 취인위원회 역시 거래질서 확립에 관련된 소비자관련법 등의 효율적 집행 기능을 수행하며 소비자정책은 다른 기관에서 수행하고 있는 형태이다. 하지만, 우리나라의 경우 2007년 3월부터 국가의 소비자정책이 공정거래위원회로 일원화됨으로써, 거래뿐만 아니라 제품안전, 식의약품안전, 소비자교육·훈련, 소비자불만처리와 피해규제 등에 관련된 제반 소비자정책을 공정거래위원회에서 맡게 되었다. 더불어서 그동안 소비자정책의 추진을 정부로부터 일정부분 위임받아 수행해 왔던 한국소비자원도 독립적 정책개발과 정책의 추진에 많은 제약을 받고 있는 실정이다. 이러한 공정거래위원회 전담 형태의 국가 소비자정책의 추진체계가 바람직하지 않다. 부처 간 정책의 중복수행과 소비자권익증가기관으로 설립된 한국소비자원의 역할 저하에 따른 비효율은 없는지 등에 문제에 관해 앞서 살펴본 미국과 영국, 일본 등 선진국들에서의 경우를 비교 검토해 봄으로써 개선방안을 생각해 볼 수 있을 것이다.

앞서 살펴본 미국과 일본, 영국 이외에도, 국민의 대리인 성격의 '옴부즈만' (Ombudsman) 제도가 활성화되어 있는 스웨덴의 소비자정책을 눈여겨볼 필요가 있다. 스웨덴은 옴부즈만제도와 더불어 정부조직인 '소비자청'과의 결합된 형태의 특징적인 소비자정책 추진체제를 하고 있다. 옴부즈만제도는 입법통제·사법통제 이외의 제3의 수단에 의해 행정의 책임성을 높여 소비자의 권익보호가 가능한 시스템이다. 우리나라도 이러한 소비자옴부즈만 제도의 장점을 살릴 수 있는 소비자정책을 추진하면 좋을 것이다. 부분적 도입을 추진할 필요가 있다. 국민권익위원회에서도 옴부즈만 제도를 일부 시행하고 있으나 소비자옴부즈만이라고 보기는 어렵다. 또한 스웨덴은 소비자분쟁의 처리체계가 독립된 기구·기관간(소비자분쟁조정위원회−소비자청·소비자옴부즈만−소비자상담서비스) 유기적으로 연계되는 형태를 하고 있는 점이 우리도 참고할 만한 사항이다.

소비자권익에 눈 뜨는 중국

12기 전국인민대표대회 상무위원회 제5차 회의가 2013년 10월 25일 열린 가운데 소비자권익보호법 관련 개정안이 통과되었다. 소비자권익보호법은 발표된 지 거의 20년 만에 처음으로 개정에 들어갔으며 신소비자권익보호법은 2014년 3월 15일부터 시행된다.

본 개정안에서는 소비자에게 온라인 쇼핑 '후회권'을 부여해 소비자가 온라인 방식 등을 통해 제품을 구매했을 경우에 '7일내 무조건 환불'이 가능하도록 규정하였다. 즉 운영자가 인터넷, TV, 전화, 우편 쇼핑 방식을 통해 제품을 판매할 경우에 소비자는 제품을 수령한 후에 7일내 무조건 환불할 수 있는 권리가 주어진다.

아울러, 권리의 남용을 방지하기 위해 환불이 불가능한 경우에 대한 조항도 명시해 놓았다. 만약 소비자가 주문 제작한 물건이거나 부패가 용이한 생물, 납부된 신문 및 간행물과 같은 제품일 경우에 별도의 약정이 있는 경우를 제외하고는 환불 운송료는 소비자가 부담하도록 규정했다.

운영자의 의무 강화 차원에서 '증거책임전도' 규정은 소비자의 '권익수호의 어려움'과 '권익수호 고(高)비용'을 해결하는 방안으로 마련되었다. 그리고 운영자가 제공하는 차량, 계산기, TV, 냉장고, 에어컨, 세탁기 등과 같은 내구재와 인테리어 서비스의 경우는 소비자가 제품을 수령하고 또 서비스를 받은 지 6개월 안에 하자가 발생해 분쟁이 발생하면 운영자가 관련 하자에 대한 증거책임을 져야 한다고 규정했다.

자료: 중국 人民網 한국어판, 2013년 11월 18일자.
⟨http://kr.people.com.cn/203087/203280/
843960.html⟩

3) 소비자정책의 국가·지역간 협력

외국사업자에 의한 국내 소비자피해의 증가 등 국제화되어 가는 소비자문제에 효과적으로 대응하기 위해서는 글로벌 협력이 필수적이며, 그 주된 방안으로는 소비자보호에 관련된 국제기구와의 적극적인 교류를 통한 협력과, 주요 교역국과의 양자 내지 지역간 협력채널의 구축을 통한 협력이 있을 수 있다. 또한 다양한 형태의 민간 국제소비자활동을 지원함으로써 글로벌 협력의 기초를 다질 수 있으며, 글로벌 상거래에 관련된 나라들의 소비자보호 제도에 관한 기초연구와 글로벌 스탠더드에 부합하는 국내의 관련 법체계를 마련함으로써 간접적으로 글로벌 소비자문제에 대처할 수도 있다(이종인, 2004b).

(1) 국제기구 및 국제조직에서의 소비자정책의 추진

새로운 글로벌 경제·사회적 여건 아래 경제협력개발기구(OECD) 등 여러 국제기구에서 소비자 관련 이슈를 주요 정책으로 다루고 있다. OECD의 소비자정책위원회(CCP: Committee on Consumer Policy)의 경우 최근 수년 동안 전자상거래를 통한 소비자편익 증대방안과 국가간 집행 협력을 위한 소비자정책 개발 등을 추진해왔으며, 국제소비자보호집행기구(ICPEN: International Consumer Protection Enforcement Network)는 국제 상거래의 사기적 행위를 근절하고 국제 전자상거래에서의 소비자피해 구제를 위한 여러 방안을 마련해오고 있다. 기타 WTO(세계무역기구), APEC(아시아·태평양경제협력체), ISO(국제표준화기구)의 COPOLCO(소비자정책위원회) 등의 국제기구들도 국제 및 지역간 경제협력기조 아래 전자상거래, 안전, 환경, 경쟁, 제품·서비스의 국제표준 등 소비자와 관련된 쟁점들을 의제화해 오고 있는 실정이다.

또한 110여 나라에서 270여개 단체가 회원으로 활동하고 있는 국제소비자기구(CI: Consumers International)와, 각국의 소비자법과 정책전문가들과 학자들이 참여하고 있는 국제소비자법협회(IACL: International Association for Consumer Law) 등의 소비자보호 관련 민간 차원의 국제기구들도 해당 기구의 성격에 부합하는 소비자보호 쟁점들을 개발하고 문제의 해결책을 모색하는 노력을 기울여 오고 있다.

그동안 우리나라는 이러한 소비자보호에 관련된 국제기구들의 활동에 정부나 민간, 또는 학술적 차원에서 활발히 참여해왔으며, 국제기구에 참여하는 회원국들과의 교류도 비교적 잘 추진해왔다. 그럼에도 불구하고, 이러한 국제기구를 통한 글로벌 협력활동에는 몇몇 문제가 있었다고 생각된다. 예컨대 OECD나 WTO와 같은 국제기구들의 소비자정책 동향에 대한 장기적이고 지속적인 분석이 미흡하다는 점, 국내의 관련 정부부처, 기관, 업체, 단체 간 정보교류 등 상호협력이 원활하지 못한 점도 지적할 수 있다. 또한 여러 국제기구와 해당 기구에 속한 주요 회원국의 소비자정책과 법제도에 대한 체계적인 연구와 자료화도 부족하다. 더불어 WTO, ISO COPOLCO, APEC 등과 같은 기구들에 대해서는 소비자정책 차원의 대응이 그다지 활발하지 않은 모습이다.

이러한 문제점들은 향후 주요 국제기구들의 소비자문제 관련 논의동향이나 정책 이슈 등을 정확하게 파악하여 분석하는 한편 민간 소비자보호 국제기구와의 상호 교류를 활성화함으로써 해소해나갈 수 있을 것이다. 더불어 이러한 국제기구와 조직들에서의 동향을 국내의 소비자정책 수립에 적극적으로 반영함으로써, 국내 소비자의 권익도 함께 증진할 수 있을 것이다.

(2) 지역·국가간 협력과 소비자 후생

자유무역협정(FTA)와 소비자후생

최근 글로벌화 및 세계적인 지역주의의 확산에 따라 국가간 내지 지역간 경제통합의 형태인 자유무역협정(FTA)이 활발히 추진되고 있다. 우리나라는 2004년 4월 최초의 FTA인 한－칠레 FTA발표를 시작으로, 싱가포르, 아세안, 인도, 유럽연합, 페루, 미국, 터키 등 세계 46개국과 자유무역협정(FTA)를 체결함으로써, 무역 장벽이 허물어지고 있으며, 이외에도 여러 국가들과 FTA협상 중이거나 진행 예정에 있다.[4]

이러한 국가 간 그리고 지역 간 FTA의 진전으로 인해 섬유산업을 필두로 한 전기, 전자, 통신, 자동차 산업에서의 수출 및 수입이 증대되었으며, 이러한 활발한 제휴는 우리 기업들의 세계 경쟁력을 높이는 데 일조하고 있다.

이와 같이, 세계 무역의 확대와 더불어 FTA를 통한 지역간, 국가간 협력이 진전되면서 생산자와 기업뿐 아니라 소비자에게도 후생을 높여주는 등 긍정적인 효과를 미치고 있다. 그 중 가장 즉각적으로 나타나는 소비자 후생 효과는 수입 상품의 가격인하이다. 예를 들면 한미 FTA 경우, 관세인하와 철폐로 인해 약 10% 미국 제조업 제품들의 가격이 인하되었다(김도훈, 2007). 이러한 가격인하는 미국제품에만 국한되는 것이 아니라, 그와 경쟁관계에 있는 다른 일본, 유럽의

---

4 2014년 7월 현재 FTA가 체결되어 발효된 국가(지역)는 칠레, 싱가포르 EFTA(유럽 4개국), 아세안(10개국), 인도, 유럽연합(세계최대경제권), 페루, 미국, 터키 등이다. 콜롬비아와 호주, 그리고 캐나다와는 타결되어 발효를 기다리고 있다. 더불어 인도네시아, 중국, 베트남, 한중일, RCEP, 뉴질랜드와는 협상 중에 있으며 타결 가능성이 높은 상황이다. 또한 뉴질랜드와 일본, 멕시코와는 협상이 재개될 예정이다.

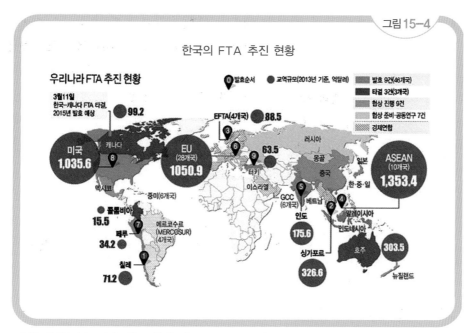

출처: 연합뉴스(2014년 3월 27일자) 및 blog.naver.com/ksh388/20206745532

수입상품들, 또한 국내 제조업 제품 등의 가격도 함께 할인하게 되는 것이다. 뿐만 아니라 선진 기업들과의 기술제휴는 국내 기업들의 기술경쟁력을 높이고, 이는 품질개선으로도 이어지게 된다. 궁극적으로는 좋은 품질의 상품을 저렴한 가격에 구매할 수 있게 되고, 이는 소비자 후생으로 이어지게 된다.

　마지막으로는 국, 내외 기업들의 경쟁에서 비롯되는 소비자 선택의 폭을 증대시키는 효과가 있게 된다. 이와 같은 세계화의 긍정적인 효과는 연령 및 계층을 초월하여 모든 소비자에게 두루 나타난다고 볼 수 있다.

주요 교역국과의 지역간 소비자정책 협력

　우리나라는 그동안 국가간에 소비자보호를 위한 구체적인 상호협력채널을 구축한 사례는 거의 없다. 다만, 지난 2000년 초 공정거래위원회가 일본의 내각부와 경제산업성, 공정취인위원회의 실무책임자가 참여하는 한·일간 소비자정책 실무협의체를 구성하여 정례모임을 추진하기로 하였으며, 2004년 가을에도 한·중·일 3국간 소비자활동의 협력을 위한 정책포럼이 개최되기도 했었다. 그 이후에도 최근까지 한국과 일본, 한국과 중국 등 인근 국가간 소비자보호 및 소비자 정책의 상호 협력을 위한 시도가 이따금 추진되어 왔으나 지속적이고 활발하지는 않은 실정이다.

앞으로 이러한 협력 활동들이 지역간 공통의 소비자문제에 대한 실질적인 해법을 찾는 채널이 지속될 수 있는 것이 바람직하다. 또한 장기적인 관점에서 볼 때 일본과 중국 뿐 아니라 우리나라와 지리적으로 인접한 여러 국가들과의 상호협력채널의 마련과 추진도 필요할 것이다.

3 글로벌시대의 소비자정책의 방향

1) 글로벌 소비자문제

(1) 글로벌시장의 단일화

글로벌경제 속에서 전통적인 '시장(market)'의 개념이 크게 변화하고 있다. 즉, 급격한 세계화의 흐름에서 국제경제는 WTO체제와 지역 또는 국가간 FTA 등을 거치면서 개별 국가의 물리적 경계선에 한정 되던 전통적인 의미의 시장이 국경을 넘어서는 시장으로 확대된 것이다. 여기에는 교통수단의 발달뿐만 아니라 정보통신기술(IT)의 급속한 발전이 큰 역할을 담당했음은 물론이다. 이는 또한 소비자의 경제생활에도 큰 영향을 미치고 있다. 예컨대 교통수단의 발달은 건강하고 여유로운 삶을 즐기려는 소비자들의 해외여행의 증가를 가져와 해외에서의 신용카드사용 등 해외 소비지출을 증가시켰고, 정보통신기술의 발전에 힘입은 초고속 인터넷의 보급과 디지털 스마트기기의 대중화는 소비자들이 온라인을 통해 직접 해외 쇼핑몰에서 구매를 하거나 전문업체를 통해 구매대행을 하는 등 새로운 소비패턴을 정착시키고 있다.

이러한 글로벌 경제는 보다 많은 선택의 기회 속에 보다 저렴한 가격으로 양질의 제품을 구매하고자 하는 소비자들의 욕구가 국경을 넘어서는 소비의 확산을 가져오는 바탕이 되고 있는 것이다. 결국 세계경제는 지금 국가, 기업, 소비자 등 모든 경제활동 주체가 그 동안 경험하지 못했던 단일화된 시장의 효과를 톡톡히 누리고 있다고 하겠다.

(2) 새로운 소비자문제들과 배경

고도화된 산업사회에서 교역의 증가와 시장의 확대로 대변될 수 있는 세계 경제의 변화는 제품을 선택하고 구매하는 소비자의 입장에서 볼 때에 제품 선택의 폭 증가와 품질 향상 및 가격 저하 등의 결과를 가져와 소비자의 삶을 보다 윤택하고 풍요롭게 하는 긍정인 효과가 있음은 분명하다. 하지만 동시에 그 동안 예상하지 못했던 다음과 같은 새로운 문제들을 발생시키기도 한다(송순영, 2008).

첫째, 먹거리의 안전성이다. 농수산물 및 육류제품의 수입과 관련하여 유전 자변형농산물(GMO)의 안전성 문제, 미국산 수입쇠고기에서 야기되었던 광우병 문제, 방사선조사식품의 안전성 문제, 전염성이 강한 조류독감의 문제, 알레르기 유발식품 등의 안전문제 등을 제기할 수 있으며 둘째, 공산품의 안전성이다. 수입과 관련하여 유해중금속이 함유된 공산품과 안전 검증이 안된 의약품의 수입 등의 문제를 제기할 수 있다. 셋째, 글로벌 소비자 보호이다. 최근 급격하게 증가하고 있는 국제 전자상거래로 인한 소비자 피해 즉, 온라인 거래 시 발생할 수 있는 구매취소 및 반품 등에 있어서의 외국 소비자에 대한 각종 권리제한과 분쟁 발생시 불리한 해결 정책 등 소비자의 안전과 권리보호를 위한 문제를 제기할 수 있다. 마지막으로, 지구적 차원의 지속 가능한 소비의 문제로 산업화와 도시화로 인해 발생한 천연자원 및 수자원의 고갈, 열대림과 생물다양성의 파괴, 지구온난화, 산성비, 토양오염 등의 문제를 제기 할 수 있을 것이다.

이러한 문제가 발생하는 가장 큰 이유는 국제경제에서 각 국가가 통합된 단일 시장의 형태로 비슷한 소비패턴과 소비문화를 공유하는 등 급격하게 변화하고 있는 반면에 이와 대조적으로 각국의 소비자정책은 급격하게 변하고 있는 국제경제의 현실을 따라가지 못하고 있는 것으로 풀이될 수 있다. 또한 아직까지 최근 새롭게 나타나고 있는 글로벌 소비자의 안전과 권리보호 문제에 대한 심도 있는 연구와 정착이 부족하여, 타국 소비자에 대한 배려와 상호공존 등 국제적 수준의 시각을 담고 있는 매뉴얼로서의 국제적 기준 및 합리적인 해결제도 또한 마련되어 있지 않기 때문인 것으로 이해된다.

(3) 글로벌 협력을 통한 소비자문제 해결 노력

이와 같은 배경 속에 비록 세계 여러 나라에서 '유엔소비자보호지침(UNGCP)'을 참조하여 각 국의 소비자관련 법규와 정책을 수립하였지만, 현실적으로 그 나라에 맞게 수용된 이상 각 국가는 저마다 서로 다른 소비자의 안전과 보호를 위한 기준을 가질 수 밖에 없고, 그 나라의 현실에 맞추어 소비자 정책과 제도를 만들 수밖에 없었다. 따라서 앞에서 지적된 문제점들을 해결하기 위하여 몇 몇 선진국의 기준만을 가지고 타국에 강요할 수도 없는 것이다. 왜냐하면, 법 제도와 정책은 그 나라의 고유한 역사와 문화, 관습법을 반영하며 그것의 규범화 및 집행수준은 그 국가의 경제적 수준과 국민들의 의식수준에 따라 결정되기 때문에 타국에 일방적으로 그 기준을 강요하는 것은 국제사회에서 주권 침해행위로 비판 받을 소지가 충분하기 때문이다(윤정혜, 2007). 결국 국제화 시대에 타당한 글로벌 소비자의 권익보호와 안전을 위한 새로운 국제적 기준과 합리적인 분쟁해결 방법 등이 필요하고 이를 위해 각 국가간의 긴밀한 협력과 공조는 반드시 필요하다고 할 수 있다.

이러한 맥락에서 앞절에서도 소개되었던 OECD CCP(소비자정책위원회)의 활동이나 '유엔소비자보호지침'의 개정 움직임 등 최근 소비자의 안전과 권리보호를 위해 소비자문제에 대한 대응과 소비자정책이 더 이상 개별국가 또는 지역적인 문제로 국한되는 것이 아니라 모든 국가의 공통된 문제임을 인식하고 상호협력을 통해 이에 대한 국제적인 표준을 만들려는 움직임이 활발히 전개되고 있는 것은 다행스러운 일이라고 판단된다(안현선, 2007).

이러한 문제의식 하에 소비자보호에 있어 국제적인 표준을 준수하지 않는 경우에 국제경쟁에서 뒤쳐질 수밖에 없고, 소비자경쟁력이 곧 기업 경쟁력의 원천이므로 이를 통해 국가 경쟁력을 확보해야 한다는 정책결정자의 시각(안현선, 2007)은 매우 정확하고 타당하다고 판단된다.

2) 글로벌마켓에서의 소비자정책의 방향

이 절에서는 글로벌마켓에서 발생되는 이러한 새로운 소비자문제들을 해결하기 위한 우리나라 소비자 정책의 방향에 관해 고찰해본다.

기본적으로 글로벌 소비자의 문제는 결국 우리 국민의 안전과 권익증진을 위한 문제라는 인식하에, 이를 적극적으로 보호하기 위하여 다음과 같이 정리할 수 있다. 첫째, 글로벌 소비자의 안전과 권리보호를 위해 국제협력을 강화하고 적극 협조한다. 둘째, 타국과 소비자분쟁이 발생한 경우에 이를 신속하고 합리적으로 해결하기 위한 제도가 마련되어야 한다. 셋째, 실질적인 소비자 보호를 위해 구체적인 방안이 제도화되어야 한다. 이상의 세 문제와 관련한 이슈들을 각각 검토하도록 한다.

(1) 소비자 안전과 권리보호를 위한 국제협력의 강화 - UNGCP를 중심으로

소비자정책에 관련된 국제규범 중에 '유엔소비자보호지침(United Nations Guidelines for Consumer Protection; UNGCP)'이 있다.

이 국제규범은 국제적으로 각 국가들로 하여금 소비자정책 및 법제를 마련하도록 촉구하고 각 영역별로 구체적인 실천사항을 제시하고 있다. 1985년 제정된 UNGCP는 강제력은 없지만 세계 각 국에 영향을 주어 다양한 형태의 소비자정책과 제도의 확립에 필요한 방향을 제시하여왔다. 우리나라를 포함한 여러 국가들은 이 지침을 근간으로 그 나라의 정치경제 현실을 적절히 반영하여 자국의 경제적 문화적 수준에 적합한 제도와 정책을 수립할 수 있게 되었다.

또 지구온난화와 환경오염 문제가 전 인류의 번영과 발전에 심각한 위협이 되자, UNGCP의 제정에 주도적 역할을 해왔던 국제소비자기구(Consumers International; CI)의 요청으로 1999년 UNGCP는 각국이 '소비자보호'를 '환경보호'와 함께 추구할 수 있도록 '지속가능한 소비(Sustainable Consumption)'를 촉진하는 내용을 추가하였다.

UNGCP는 총 4개의 장(제1장 목적, 제2장 일반원칙, 제3장 지침, 제4장 국제협력) 69개의 조문으로 구성되어 있다. 특히 소비자 문제의 '국제협력'과 관련하여 제1장 목적에 '소비자보호분야에 있어서 국제협력을 강화'해야 한다는 내용을 분명히 밝히고 있고, 제4장은 '국제협력'으로 따로 분류 하여 그와 관련한 내용을 자세하게 규정하고 있다. 이를 통해 UNGCP가 소비자의 권익보호를 위한 국제협력을 매우 중요하게 인식하고 있음을 유추해 볼 수 있다.

우리나라의 소비자정책과 그 제도는 UNGCP의 영향을 받아왔으며, 특히 소비자기본법은 UNGCP의 변화를 직접적으로 수용해왔기 때문에, 향후의 변화 역시 우리나라 소비자 정책과 제도에 영향을 미칠 것으로 예상된다. 따라서 최근 급증하고 있는 디지털제품과 금융서비스 소비자문제를 반영한 CI의 개정 방향을 참고로 하여 소비자 정책을 수립하는 것이 국제적 기준을 따르는 것으로 판단된다. 향후 관련된 소비자분쟁으로 타국과 대립할 경우가 생길 경우에는, 우리나라와 같은 입장을 견지하는 여러 국가들과의 이 규범에 바탕을 둔 협력을 통해 공동으로 대응하는 것이 효과적일 것이다.

(2) 국제 소비자분쟁의 합리적 해결 – 국제전자상거래 분쟁 중심으로

UN, OECD 등 국제기구는 소비자의 권익보호를 위해 소비자분쟁해결정책을 정부의 중요한 소비자정책으로 책정하고 회원국들로 하여금 합리적인 소비자분쟁해결체계를 구축하도록 촉구하여왔다. 특히 OECD CCP에서 1999년 12월에 제정된 '전자상거래 소비자보호 가이드라인'은 국제거래에서의 소비자불만처리와 분쟁해결에 대한 내용을 규정하고 있으며, 회원국은 국제 소비자분쟁의 효율적 해결을 위해 노력한다고 명시하고 있다. 또한 '소비자불만을 수집하고 시장동향을 분석하기 위한 시스템을 운영하고 이 경우 국가 간 상호활용의 필요성을 고려'해야 함을 강조하고 있다(백병성, 곽윤영, 2011). 유럽연합(EU)의 경우에도 소비자분쟁해결과 관련한 각종 소비자보호지침 들을 제정하고 소비자보호협력규정(총 5장 22조) 등을 제정하면서 실효성 있는 소비자 분쟁해결을 위한 노력을 경주하고 있다(김성천, 2012).

이처럼 소비자 분쟁의 공정하고 합리적인 해결 절차의 확립과 피해자의 신속한 구제는 국내 소비자정책에 있어 매우 중요한 부분을 차지하는 핵심적인 요소라 할 수 있겠다. 이와 같은 관점에서 국제거래에 있어 국제 소비자 분쟁의 합

리적인 해결 절차의 확립과 그 실효적인 집행 역시 국제화 시대에 글로벌 소비자들의 권익보호를 위해 매우 중요한 요소라고 할 수 있다. 이에 다음에서는 제13장 3절에서도 설명했던 국제전자상거래의 합리적인 분쟁해결제도 마련을 위한 동향을 살펴보도록 한다.

국제전자상거래 분쟁해결 동향

일반적인 국제거래로 인한 분쟁의 경우에는 전통적인 사법체계를 통한 분쟁의 해결 방법인 법원의 재판과, 대안적 분쟁해결의 일종인 '국제상사중재' 등을 통한 해결이 많이 활용된다. 법원의 재판의 경우 제13장에서도 고찰했듯이 계약 당사자간의 재판관할권과 준거법에 대한 합의(주로 거래계약서에 명시되어 있음)가 되어 있다면, 재판을 진행하는 데에 큰 무리가 없지만, 현실적으로 법원 판결의 집행에 대한 실제적인 어려움이 있다는 단점이 존재한다. 따라서 많은 경우에 사법적인 해결보다는 ADR인 '국제상사중재' 등의 방법을 선호하고 있는 편이다. 왜냐하면 중재결정(판정)의 집행은 "외국중재판정의 승인 및 집행에 관한 협약(1958년)"을 따라 그 집행이 보장되고 있어 법원의 재판보다는 효율적이기 때문이다. 그러나 두 방법 모두 비용과 시간이 많이 소요된다는 단점이 있다.

국제 전자상거래는 기존의 국제거래와 성격을 달리한다. 즉, 온라인에서 국적을 초월하여 불특정 다수간에 B2B, B2C 및 C2C의 형태로 신속하게 이루어지는 특성으로 인해 분쟁발생시 그 해결을 위해 드는 비용이 상거래로부터 얻는 이익보다 큰 경우가 많다는 특징이 있다. 따라서 기존의 법원의 재판이나 국제상사중재를 통한 분쟁의 해결은 그 해결에 소요되는 비용이나 시간 등의 측면에서 비경제적이고 비효율적이다. 결국 국제전자상거래의 특징에 적합한 간편하면서도 경제적이고 효율적인 새로운 분쟁해결의 절차와 방법을 필요로 하게 되었다. 이에 따라 '유엔국제상거래법위원회(United Nations Commission on International Trade Law: UNCITRAL)'는 2010년부터 국제 전자상거래에서 발생하는 소비자 분쟁의 합리적인 해결을 위해 '온라인분쟁해결(Online Dispute Resolution: ODR)'을 위한 절차와 규칙을 만들고 있다.

ODR은 ADR의 일종으로 종전 UNCITRAL의 중재기준과 달리 국제전자상거래에서 B2B와 B2C로 이어지는 '소액의 대량피해(Low Value High Volume Dispute)' 사건을 해결하기 위해 만든 규범으로 그 방법이 신속하고 저렴하여 기존의 분쟁해결 방법보다 효율적이라는 평가를 받고 있다. ODR은 '화해교섭(negotiation)', '조정 (mediation)', '중재(arbitration)' 등으로 이루어져있는데, 우선 당사자 사이에서 화해교섭이 진행되고, 이 과정에서 화해가 성립되지 못하면 중립자(neutral)를 선정하여 분쟁을 처리하게 된다. 또한 중립자의 화해교섭도 실패하는 경우에는 최종적으로 중재결정(판정)이 내려진다. UNCITRAL ODR은 국외 사업자와 국내 소비자 사이에 발생할 수 있는 소비자문제를 효율적으로 해결하기 위한 기준을 제시하고 있다. 또, 분쟁해결의 방법을 오프라인 중심에서 온라인 중심으로 발상의 전환을 가져오면서, 온라인 플랫폼을 통해 합의를 진행시킬 수 있다면 전자상거래로 인해 발생한 소비자 분쟁을 저렴하고 신속하게 해결할 수 있다고 판단된다(김도년, 2014).

(3) 실효적 소비자권익보호 방안 - 보증보험과 대불제도

지금까지 국제화 시대에 소비자보호를 위한 여러 방안(국가간 협력강화, 국제소비자분쟁의 합리적인 해결방안 마련)들을 살펴보았으나, 이 또한 종국적으로 피해자인 소비자의 권리구제를 실효적으로 담보하기 위한 제도적인 장치가 없다면 소비자의 권익보호를 위한 노력이 무효화 될 수 있다는 우려를 낳게 한다. 따라서 피해자의 종국적인 권리구제를 위해 법적으로 어떠한 제도를 마련할 수 있을지에 대하여 기존제도를 검토해봄으로써 그 방안을 생각해 본다.

사업자의 부도나 파산 등 경제적 사정으로 인하여 소비자가 손해배상을 받지 못하는 사건이 지속적으로 발생하고 있으나 이에 대한 근본적인 대책은 찾기 쉽지 않다. 한국소비자원의 보고서(지광석, 2013)에 따르면 해당 기관에 피해구제가 접수되었으나 합의권고 또는 분쟁조정 단계에서 사업자의 경제적 사정 등으로 인하여 소비자가 배상 받지 못하는 사건이 연 500건이 넘고 이로 인한 소비자 피해액은 연 11억원을 넘는 것으로 보인다.

이러한 소비자들의 피해를 구제하기 위해서는 실효적인 제도가 마련되어야 할 것이며, 그래야만 비로소 소비자의 권익이 증진된다고 말 할 수 있다. 특히 최근 글로벌 소비자 분쟁이 급격하게 증가하고 있는 시점에서 우리나라 소비자가 외국에서 피해를 입는 경우도 충분히 발생할 수 있고, 또 외국인 소비자가 국내에서 피해를 입는 경우도 충분히 발생할 수 있다. 이에 논의의 초점을 우리나라를 방문한 외국인 소비자의 피해구제 방법으로 한정할 경우에, 좋은 예로는 우리나라를 치료 목적으로 방문한 외국인환자의 피해구제를 위한 제도를 들 수 있다.

'의료법'에는 외국인환자를 유치한 국내의 유치업체(facilitator)에게 유치업체의 고의 또는 과실로 환자에게 손해를 끼쳤을 경우에 이를 배상해주기 위하여 의무적으로 '보증보험'에 가입하도록 규정하고 있다. 기본적으로 유치업체의 불법행위(고의 또는 과실)로 인하여 외국인환자(의료소비자)에게 손해가 발생하였다면 채무자인 유치업체가 그 손해를 배상해주어야 한다. 이는 법논리적으로 너무나 당연하다. 그러나 문제는 위에서 언급한 것처럼 이 유치업체가 부도 또는 파산 등 경제적 사정으로 인하여 그 배상금 지불능력을 상실한 경우에 외국인환자는 그 피해를 보전 받을 방법이 없게 된다. 따라서 의료법은 이 경우를 미리 예정하고 외국인환자의 실효적인 권익보호를 위해 의무적으로 유치업체에게 '보증보험'을 가입하도록 강제하고 있는 것이다. 결국 유치업체가 손해배상금을 지불할 수 없는 경우에 '보증보험회사'가 유치업체를 대신하여 피해자인 외국인환자에게 배상금을 지급하고(가입한 보증보험의 한도액 내에서), '보증보험회사'는 후에 유치업체를 대상으로 구상권을 청구하게 된다. 의료법의 이 규정은 국제화 시대에 의료소비자인 외국인환자의 종국적인 권익보호를 위해 매우 바람직한 규정이라고 할 수 있다.

외국인환자의 권익보호를 위해 유치업체에게 보증보험 가입을 의무화 하였다면, 형평에 맞게 외국인환자 유치 의료기관에도 이와 유사한 법률 규정이 있어야 할 것이다. 즉, 의료인의 책임있는 사유로 의료사고가 발생하였고 그로 인해 외국인환자에게 손해가 발생하였다면 이를 배상해주기 위한 의료사고 배상보험 가입 의무를 명시하는 법률적인 규정이 있어야 한다. 그러나 아쉽게도 그러한 규정은 존재하지 않는다(내국인환자의 의료사고 배상을 위한 보험가입 규정도 없음). 하지만 이러한 미비점을 보완하기 위하여 '의료사고 피해구조 및 의료분쟁 조정 등에 관한 법률' 제47조에 '의료사고 손해배상금 대불제도'를 규정하고 있다. 즉, 의료기관으로부터 받아야 하는 손해배상금 지급이 늦어질 경우 의료중재원이 환자에게 우선 지급하고, 추후 의료기관에서 배상금을 수령할 수 있도록 규정하고 있는 것이다.

이러한 대불제도는 의료사고 피해자 손해배상금 대불제도 말고도, 응급의료 미수금 대불제도, 의료급여비용 대불제도, 범죄피해자 구조금 지급제도, 임금채권보장제도, 자동차손해배상 보장 사업 등도 있다. 이처럼 피해자의 신속한 구제를 위해 마련된 대불제도를 소비자 분야에도 적용하자는 주장(지광석, 2013)이 제기되었다. 즉, 소비자는 사업자의 경제적 사정 등으로 인하여 손해배상과 관련해 법적으로 매우 불안정한 상태에 놓이게 되고, 심지어 권리를 포기하는 사례도 빈번히 발생하고 있어 이러한 경우 국가가 일정한 재원을 통해 우선 손해배상금액을 대신 지급하고 추후에 사업자에게 구상권을 행사하는 이른바 '소비자분야 대불제도'의 도입을 검토할 필요가 있다는 것이다. 소비자분야 대불제도를 통해 소비자들은 피해구제와 관련하여 법적으로 불안한 상태에서 신속히 벗어날 수 있음은 물론 실질적으로 피해구제를 받을 수 있어 경제적, 시간적 비용 절감을 통해 소비자의 권리를 보다 효율적으로 보장받을 수 있다는 것이다. 재원마련에 대한 충분한 검토와 이해관계자들의 합의 및 엄격한 적용을 통한 재원의 누수를 방지하는 제도적 장치가 마련된다면 충분히 설득력 있는 주장이라고 판단된다. 결국 사업자의 경제적 사정으로 인하여 소비자가 손해배상을 받지 못하는 불합리한 상황을 극복하기 위해서는, 피해에 대한 신속한 구제를 통해 소비자의 종국적인 권익을 보호할 수 있는 보증보험이나 대불제도의 도입은 반드시 필요하다고 생각된다. 다만 모든 사업에 이를 일괄 적용하기는 현실적인 어려움이 있을 것이고, 한정된 재원과 제도적 지원을 효과적으로 활용하기 위해서는 소비자의 피해가 어느 분야에서 제일 큰지 또는 어떤 분야의 피해를 우선적으로 구제하는 것이 보다 효율적인지에 대하여 먼저 객관적인 연구와 분석을 통해 분류를 해야 할 것이다. 그 후에는 이렇게 분류된 여러 사업들 중에 여론 수렴과정을 거쳐 우리사회의 다수가 긍정하는 분야부터 우선적으로 사업이 시행되어야 할 것으로 생각된다.

국제화 시대에 글로벌 소비자의 실효적인 권익보호를 위한 제도의 마련은 소비자의 안전과 보호를 위해서도 반드시 필요하지만, 그로 인해 부수적으로 발생하는 우리나라의 대외적 신뢰도 구축은 결국 국제 소비자 분쟁에 있어 우리나라 소비자의 권리를 강화시키는 쪽으로 유리하게 작용할 가능성이 크다. 따라서 향후 우리나라 소비자 정책의 방향은 당장 눈앞에 놓인 자국민 보호에만 연연하지 말고, 국제화 시대에 맞게 글로벌 소비자를 배려하고 그들과 우리 소비자의 상생을 이야기 할 수 있는 차원에서 논의가 되어야 할 것이다.

검토 과제

1. 소비자정책 중 지원정책의 종류와 특징을 설명하라.

2. 새정부의 경제혁신 3개년 계획의 장단점을 소비자 권익 측면에서 설명하라.

3. 선진국에서 소비자안전을 전담하는 정부기구들은 어떤 것이 있는가?

4. 소비자옴부즈만 제도의 장점과 단점을 검토하여 정리해 보라.

5. 유엔소비자보호지침(UNGCP) 개정에 관한 최근 논점은 무엇인가?

주요 참고문헌

▣ 강성진(2013), 새 정부의 국정과제와 소비자정책에의 시사점, 소비자정책동향, 제
  41호.

▣ 관계부처 합동(2013), 창조경제 실현계획(안) – 창조경제 생태계 조성방안.

▣ 관계부처 합동(2014), 경제혁신 3개년 계획 세부 실행과제.

▣ 김광용·이상철·서영호(2013), 소비자 이슈에 대한 CSR 활동의 산업별 차이분석,
  Journal of the Korean Society For Quality Management vol. 41, No. 4, 567–580.

▣ 김도년(2014), 국경을 넘은 소비자거래에 관한 국제적 규율 정비현황과 과제, 글로벌
  소비자법제 동향, 제1권 2호, 한국소비자원.

▣ 김도훈(2007), (재)아이쿱협동조합연구소 제24회 포럼.

▣ 김성천(2013), 유엔소비자보호지침(UNGCP): 과거, 현재 그리고 미래, 소비자정책동
  향 제47호, 한국소비자원.

▣ 백병성(2009), 소비자행동론, 서울: 시그마프레스.

▣ 백병성·곽윤영(2011), 온라인 분쟁해결에 관한 국제적인 논의와 시사점, 소비자정
  책동향 제27호, 한국소비자원.

▣ 산업통상자원부(2014), 제품안전기본법 일부 개정 법률안.

▣ 안현선(2007), 국제화시대 소비자정책 방향(지정토론 2), 제12회 소비자의 날 기념
  세미나, 국제화개방화에 따른 소비시장의 변화와 소비자운동.

▣ 윤정혜(2007), 국제화시대 소비자정책 방향(지정토론 1), 제12회 소비자의 날 기념 세미나, 국제화개방화에 따른 소비시장의 변화와 소비자운동.

▣ 이득연 배순영 이경아 나광식 지광석 송민수 곽윤영(2013), 제3차 소비자정책 기본 계획 수립방향 연구, 한국소비자원.

▣ 이승신(2005), 소비자정책의 현황과 연구방향. 소비자정책교육연구.

▣ 이종인(2004a), 국제기구의 소비자정책 이슈분석 및 대응방안 연구, 한국소비자보호원.

▣ 이종인(2004b), 소비자보호 국제협력활동의 현황과 정책추진 방향, 소비자문제연구 제27호.

▣ 이종인(2008), 해외 주요소비자기관의 기능 및 정책추진체계 연구, 한국소비자원.

▣ 지광석(2013), 소비자분야 대불제도의 필요성에 대한 소고, 소비자정책동향 제42호, 한국소비자원.

▣ 한국소비자원(2014), 제3차 소비자정책 기본계획 수립.

▣ 공정취인위원회(www.jftc.go.jp)

▣ 미국 식품의약품국(www.fda.gov).

▣ 미국 연방거래위원회(www.ftc.gov/ftc/about.shtm).

▣ 미국 연방시민정보센터(www.pueblo.gsa.gov).

▣ 미국 제품안전위원회(www.cpsc.gov/about/about.html).

▣ 영국 소비자포커스(www.ncc.org.uk).

▣ 일본 공정취인위원회(www.jftc.go.jp).

▣ 일본 내각부(www.cao.go.jp).

▣ Consumer Focus(2008), Consumer Focus Wo가 Programme to March 2010.

▣ CPSC(2008.2), 2009 Performance Budget Request.

▣ Matsumoto Tsuneo(2004), 'Some Features of Japanese Consumer Policy', 「한·중·일 3국간 소비자문제의 특징 및 소비자 권익향상을 위한 협력방안」(한·중·일 소비자 정책 포럼 자료).

▣ 内閣府(2007), 日本の消費者政策体制の概要.

Globalization
and
Consumer Oriented Market Economy

찾아보기

집필자 소개

■ 이승신(李承信)

서울대학(소비자학)과 Illinois State University(수학: 제2학사)를 졸업하고 University of Illinois (Urbana-Champaign)에서 소비자경제학 박사학위를 받았다. 1989년 수원대학교와 1990년부터 건국대학교 교수로 재직중이며, Oregon State University와 KDI 객원교수, 한국소비자(보호)원 원장 (2004-2007)을 역임하였다. ICPEN(국제소비자보호강화위원회) 위원장, 소비자정책위원회 위원, 물가정책위원회 위원, 한국소비자교육지원센타 회장직을 수행했다. 아시아가정학회 회장, 한국소비자학회 고문, 한국소비문화학회 이사, 한국소비자교육정책학회 이사, 금융소비자학회 자문위원 등의 학회 활동중이다. 또한 소비자 관련 정부기관, 기업, 민간단체 위원으로 활동중이다.

소비자학의 이해, 소비자상담, 소비자 그리고 소비문화, 소비자교육과 정보, 디지털사회의 소비자정보론, 가계경제분석, 고객서비스 어떻게 할 것인가? 등의 저서와 소비자 행동, 정책, 경제 등의 소비자 관련 분야의 다수의 논문과 연구보고서가 있다.

이메일: Lchung@konkuk.ac.kr

■ 이종인(李種仁)

서울대학(임산공학·농경제학)을 졸업하고 연세대학에서 경제학 석사, 캘리포니아주립대학에서 부동산도시계획학 석사, 서울시립대학에서 경제학 박사학위를 받았다. 한국소비자원에서 연구위원을 역임했고, 2010년부터 여의도연구원의 연구위원으로 재직하고 있으며, 건국대학 겸임교수로 활동 중이다. University of California(Berkeley) 로스쿨과 동아시아연구소 및 히토쓰바시(一橋)대학 객원연구원, 서울시립대학, 명지대학, 경희대학, 인하대학, 건국대학 등에서 경제학과 법경제학, 소비자경제학을 강의했다.

법경제학(역저, 비봉, 2000), 불법행위법의 경제학(한울, 2010), 소비자의 시선으로 시장경제를 바라보다(이담북스, 2011), 세상을 바꿀 행복한 소비자(이담북스, 2012), 범죄와 형벌의 법경제학(한울, 2013) 등의 저서와, 법경제학과 소비자정책에 관한 다수의 논문과 연구보고서가 있다.

이메일 jongin_lee@yahoo.com

■ 박정근(朴汀根)

테네시주립대학(Knoxville, 경제학)을 졸업하고 일리노이주립대학(Urbana-Champaign)에서 경제학석사, 테네시주립대학에서 유통·소비자학 박사학위를 받았다. 테네시주립대학의 강사와 퍼듀대학(소비자·유통학과)에서 교수를 역임했으며, 지금은 휴스턴대학 국제유통학과 교수로 재직중이다. 온라인마케팅과 소비자행동에 관련된 여러 국내·외 저널의 편집자로 활동했다.

온라인유통학과 전략, 소비자행동, 기술과 소비자, 온라인서비스경영, 유통업계 인사와 종사자의 감정관리 등에 걸쳐 60여 편의 논문이 있으며, 국제학술지에 100여 편의 논문이 있다.

이메일: viroid2007@gmail.com

소비자와 글로벌마켓 중심의 시장경제

초판인쇄	2014년 8월 8일
초판발행	2014년 8월 22일

지은이	이승신·이종인·박정근
펴낸이	안종만

편 집	김선민·이재홍
기획/마케팅	김원국
표지디자인	홍실비아
제 작	우인도·고철민

펴낸곳	㈜ **박영사**
	서울특별시 종로구 새문안로3길 36, 1601
	등록 1959. 3. 11. 제300-1959-1호(倫)
전 화	02)733-6771
f a x	02)736-4818
e-mail	pys@pybook.co.kr
homepage	www.pybook.co.kr
ISBN	979-11-303-0128-0 93320

정 가   26,000원